国家社会科学基金重点项目（14AZD142）

湖南大学出版社
图书出版基金资助项目

U0564401

化司法职权配置研究

张智辉　主编

副主编　卢乐云　蔡俊伟

撰稿人（以撰写章节先后为序）
张智辉　迟大奎　朱玳萱
蔡俊伟　邓志伟　刘方勇
李伟华　陆银清　周晓丹
卢乐云　魏建文　姚　诗
洪　流　曾　亚　宁利昂
田健夫　邱慧敏

湖南大学出版社
·长沙·

内 容 简 介

本书是国家社会科学基金重点项目"优化司法职权配置研究"（14AZD142）的最终研究成果、湖南大学出版社图书出版基金资助项目。全书共十章，内容包括三个方面：一是基础性研究，从司法职权配置研究的进路、作为权力配置层面的体制问题、作为权力运行层面的机制问题等方面对已有研究成果进行了系统的评述；对国外司法职权配置的理论和现状进行了客观的分析；对司法体制改革的进展情况进行了实际考察和评估。二是宏观性对策研究，从宏观上剖析了司法职权配置方面存在的突出问题，提出了优化司法职权配置应当坚持的原则，以及优化司法职权外部配置和内部配置的对策性建议。三是微观性研究，从微观上对审判权、检察权配置及其运行中存在的具体问题进行了深入的分析，从诉讼结构上对公检法之间的诉讼权力关系中存在的问题进行了深入分析，提出了具体的对策性建议。

图书在版编目（CIP）数据

优化司法职权配置研究/张智辉主编 . —长沙：湖南大学出版社 . 2020. 11

　ISBN 978-7-5667-2003-0

　Ⅰ . ①优…　Ⅱ . ①张…　Ⅲ . ①司法制度—研究—中国　Ⅳ . ①D926. 04

　中国版本图书馆 CIP 数据核字（2020）第 190660 号

优化司法职权配置研究
YOUHUA SIFA ZHIQUAN PEIZHI YANJIU

主　　编：张智辉
责任编辑：谌鹏飞
印　　装：广东虎彩云印刷有限公司
开　　本：787 mm×1092 mm　1/16　印张：19　字数：451 千
版　　次：2020 年 11 月第 1 版　印次：2020 年 11 月第 1 次印刷
书　　号：ISBN 978-7-5667-2003-0
定　　价：68.00 元

出 版 人：李文邦
出版发行：湖南大学出版社
社　　址：湖南·长沙·岳麓山　　　邮　　编：410082
电　　话：0731-88822559（营销部），88821691（编辑室），88821006（出版部）
传　　真：0731-88822264（总编室）
网　　址：http://www.hnupress.com
电子邮箱：presschenpf@163.com

前　言

　　2015 年 2 月，"优化司法职权配置研究"被全国哲学社会科学规划办公室列入 2014 年国家社会科学基金重点项目之后，课题组负责人按照项目申报时论证的研究方案，进行了充分的准备工作，并组织课题组成员围绕优化司法职权配置问题进行了深入的研究。

　　在本课题研究过程中，课题组成员围绕司法职权配置问题，进行了多方面的调研。项目负责人亲自带队在重庆、贵州、广东、湖南等四省市进行了近两个月的实地调研，先后到 18 个不同级别的检察院召开座谈会，听取了 160 余名不同岗位检察官对司法职权配置的感受和看法，收集相关资料。在课题研究的后期，又亲自到甘肃、陕西等地就正在实施中的司法体制改革情况进行专题调研，走访了 20 个不同级别的检察院，与 230 多名不同类别的检察人员进行面对面的交流。课题组其他成员也在湖南、河南等地进行了专题调研，收集了许多很有研究价值的资料。其中，有的课题组成员采取解剖麻雀的方式，对一个省的 14 个市州中级人民法院、125 个基层法院、3 个铁路运输法院进行问卷调查，共向法官和法院其他工作人员发放并收回有效调查问卷 1784 份，同时采取专题座谈会、个别访谈、查阅案卷、旁听庭审等方式，进行深入的实证调研。通过这种调研，课题组成员对我国司法职权配置的现状及问题有了比较清晰的认识。

　　在文献梳理和实地调研的基础上，课题组确定了本课题研究的总体思路，即以党的十八大政治报告，十八届三中全会、四中全会决议和十九大政治报告为指导思想，以单一制国家权力架构的基本原理和权力制约理论为分析框架，以解决我国司法职权配置方面存在的突出问题为研究重点，以建设公正高效权威的社会主义司法制度为目标，对司法职权的优化配置和有效运行进行系统研究。根据这个研究思路，课题组制定了研究大纲，进行了任务分工，分别撰写了课题研究的初步成果。对于已经形成的初步的研究成果，课题组撰写了《优化司法职权配置研究（初稿）》并召开了专家咨询会议，邀请业内著名专家学者对之进行点评。全国哲学社会科学规划办公室也组织专家对本课题研究的成果进行了鉴定。根据专家们提出的意见，并根据十九大政治报告的精神，课题组成员对初稿、送审稿多次进行了仔细的修改，形成了最终研究成果。

　　本课题研究成果的主要内容包括三个方面：一是基础性研究，即从司法职权配置研究的进路、作为权力配置层面的体制问题、作为权力运行层面的机制问题等方面对已有研究成果进行了系统的评述；对国外司法职权配置的理论和现状进行了客观的分析；对司法体制改革的进展情况进行了实际考察和评估。二是宏观性对策研究，即从宏观上剖析了司法职权配置方面存在的突出问题，提出了优化司法职权配置应当坚持的原则，以及优化司法职权外部配置和内部配置的对策性建议。三是微观性研究，即从微观上对审判权、检察权配置及其运行中存在的具体问题进行了深入的分析，从诉讼结构上对公检法之间的诉讼权力关系中存在的问题进行了深入分析，提出了具体的对策性建议。本项目在研究过程中，课题组成员多次与司法机关各级领导进行沟通交流，其学术观点已经对司法体制改革特别是司法责任制的推进，产生了积极的影响。

参加本课题研究和成果撰写的人员有（以撰写章节先后为序）：

张智辉（负责统稿并撰写前言，第三、四章，第五章第一、二、四部分，第六章）；迟大奎（负责撰写第一、二章）；朱玳萱（负责撰写第五章第三部分）；蔡俊伟、邓志伟、刘方勇、李伟华、陆银清、周晓丹（负责撰写第七章）；卢乐云、魏建文（负责撰写第八章）；姚诗（负责撰写第九章第一部分）；洪流（负责撰写第九章第二部分）；曾亚（负责撰写第九章第三部分）；宁利昂（负责撰写第九章第四部分）；田健夫（负责撰写第九章第五部分）；邱慧敏（负责撰写第十章）。

在本课题的研究和成果撰写过程中，我们力求遵循司法规律和中国司法体制改革的实际，全面准确地解读党的十八大、十九大政治报告以及中央有关司法体制改革的精神；力求以当前司法体制改革所要着力解决的问题为导向，深入地研究我国司法职权配置方面存在的实际问题；力求系统地提出优化司法职权配置应当坚持的基本原则，完整地论证从制度上保证司法机关依法独立公正行使审判权、检察权的制度构建；力求有针对性地提出优化司法职权配置的对策性建议；力求为推进司法体制改革、完善中国特色社会主义司法制度提供有价值的参考。但由于水平所限，也由于条件限制，未能组织全体研究人员集中时间集体讨论，观点的片面性甚至不当之处在所难免。敬请读者批评指正。

张智辉

2020 年 5 月 30 日

目 次

绪编 优化司法职权配置的基础性研究

上编　优化司法职权配置的宏观问题

下编　优化司法职权配置的微观问题

绪　编

优化司法职权配置的基础性研究

第一章　司法职权配置研究的现状

　　在我们国家，关于"司法"一词，历来存在着广义、最广义的理解，和狭义、最狭义的理解之分。在广义上，司法是指依法行使国家权力进行侦查、起诉、审判的活动。在最广义上，司法不仅包括人民法院、人民检察院的业务活动，而且包括公安机关、安全机关、司法行政机关和律师的业务活动。在狭义上，司法仅指人民法院、人民检察院的业务活动。在最狭义上，司法仅指审判活动。与之相关的制度规定即为司法制度。

　　尽管对"司法"一词，在不同的场合或者不同的学者之间存在着不尽相同的理解，但是，关于"司法机关"，在我们国家，较为一致的看法，是仅指人民法院、人民检察院。特别是作为一种体制性的制度安排，我国宪法在"国家机构"中，不仅规定了人民法院，而且规定了人民检察院，并且，只把人民法院、人民检察院作为同一类别的国家机关规定在一起。在执政党的有关文件中，人民法院、人民检察院被正式称为"司法机关"。① 法学界也普遍认为，在我们国家，人民法院和人民检察院都是司法机关。② 本课题研究的"司法职权"也就因此而界定为人民法院、人民检察院的职权，即审判权、检察权。

一、司法职权配置相关研究的基本情况

　　对我国司法职权的研究，基本上是由国内学者来主导进行的。相关研究起始于20世纪80年代，经过短暂沉寂后在20世纪末21世纪初得以兴盛。尤其是近二十来年，我国司法改革各项措施相继启动、推进，与学界开展的研究逐渐形成良好互动。从研究视野来看，既有宏观把握，也有微观分析。从研究对象来看，既有将司法职权视为单一对象来与其他权力进行比对的研究，也有深入司法职权内部来对审判权、检察权等具体权力进行分解、剖析的研究。从研究方法来看，既有立足于本土的实证研究，也有与国外相关理论或制度进行比较的研究。从研究人员的组成来看，主要为法学领域的科研人员与司法实务界的工作人员。截至2017年10月，在中国知网（CNKI）以"司法权"为主题搜索出的文献记录达18676条，以"审判权""检察权"为主题搜索出的文献分别为

---

　　① 《中共中央关于进一步加强人民法院、人民检察院工作的决定》（2006年）明确指出："人民法院和人民检察院是国家的司法机关。"

　　② "我们认为，从我国的国情出发，我国的司法机关应当包括法院和检察院。"见陈光中等著：《中国司法制度的基础理论问题研究》，经济科学出版社2010年版，第14页。"司法的核心是对案件的实际处理权，在我国只有检察机关和审判机关才享有。"见季卫东等著：《中国的司法改革：制度变迁的路径依赖与顶层设计》，法律出版社2016年版，第147页。

6076 条、4429 条。可见，我国学者对司法权的研究投入了大量的精力。然而，通过搜索发现，以"优化司法权配置"为主题的文献记录只有 132 条，以"优化审判权配置""优化检察权配置"为主题的记录分别只有 149 条、208 条。这说明尽管司法权相关研究的成果丰硕，但直接以司法权的优化配置为议题的研究还为数不多。这种情况的存在，与该议题的"中观性"有一定的关系。一方面，在司法改革整体展开的讨论中其处于必然提及但又不深入的内容之一，而另一方面在其之下又存在诸多颇有价值的微观议题。这反映出，对司法职权优化配置的研究尚处在起步阶段，如何将在微观问题研究上取得的成就与发现的不足整合起来，进行更为系统、深入的论证与探讨，还有大量工作要做。

迄今为止，比较有影响力的著作和论文有：苏力的《论法院的审判职能与行政管理》(1999)，徐显明的《司法改革二十题》(1999)，顾培东的《中国司法改革的宏观思考》(2000)，周其华的《检察机关司法权配置研究》(2000)，王利明的《司法改革研究》(2001)，梁慧星的《关于司法改革的十三项建议》(2003)，顾培东的《从经济改革到司法改革》(2003)，谭世贵主编的《中国司法改革理论与制度创新》(2003)，陈文兴的《法官职业与司法改革》(2004)，姚莉的《反思与重构——中国法制现代化进程中的审判组织改革研究》(2005)，谢佑平的《刑事司法权力的配置与运行研究》(2006)，张智辉的《检察权研究》(2007)，陈文兴的《司法权配置的两个基本问题》(2007)，张智辉的《优化刑事诉讼职权配置的几个问题》(2008)，姚石京、李克英的《"司法拆分论"与我国的检察权配置》(2008)，孔璋的《中国检察权配置的方向》(2008)，陈卫东主编的《刑事审前程序与人权保障》(2008)，信春鹰、李林主编的《依法治国与司法改革》(2008)，徐汉明的《中国检务保障体制改革研究》(2008)，沈德咏主编的《中国特色社会主义司法制度论纲》(2009)，樊崇义的《一元分立权力结构模式下的中国检察权》(2009)，胡云腾、袁春湘的《转型中的司法改革与改革中的司法转型》(2009)，熊秋红的《刑事司法职权的合理配置》(2009)，徐美君的《刑事司法职权优化配置论》(2009)，丁寿兴的《司法功能完善与审判职权配置模式的构造》(2010)，汤维建的《司法职权配置改革中的若干尖端问题》(2011)，刘家琛、钱锋的《司法职权配置的探索与实践》(2011)，谭世贵的《中国司法体制若干问题研究》(2011)，顾培东的《人民法院内部审判运行机制的构建》(2011)，李麒的《刑事司法职权配置的思考》(2011)，秦倩、李晓新的《国家结构形式中的司法权配置问题研究》(2012)，朱秋卫的《我国检察权的定位及职权配置研究》(2012)，蒋惠岭的《论诉讼程序中影响司法职权配置的五个因素》(2012)，公丕祥的《当代中国的审判管理》(2012)，陈卫东的《未来五年我国司法体制改革的若干建议》(2012)，陈光中、龙宗智的《关于深化司法改革若干问题的思考》(2013)，张智辉的《司法改革：问题与思考》(2013)，冀祥德《论司法权配置的两个要素》(2013)，杨力《中国法院职权优化配置研究》(2013)，张智辉主编的《检察权优化配置研究》(2014)，詹建红、吴家峰等的《人本法律观下的检察职权配置及其实现》(2014)，陈卫东的《司法机关依法独立行使职权研究》(2014)，徐汉明的《论司法权和司法行政事务管理权的分离》(2015)，徐秉晖、袁坚的《对审判权优化配置的实证分析与改革建议》(2015)，肖建国、黄忠顺的《论司法职权配置中的分离与协作原则——以审判权和执行权相分离为中心》(2015)，朱孝清的《司法职权配置的目标和原则》(2016)，徐汉明、王玉梅的《我国司法职权配置的现实困境与优化路径》(2016)，卜开明的《刑事司法职权配置论》(2016)，李爽的《优化司法职权配置的理论解读与制度建构——"第 12 期金杜明德法治沙龙暨优化司法职权配置研讨会"综述》(2016)，詹建红的《司法责任制语境下的主任检察官制度改革———以检察官的职权配置为中心》(2017)，张能全的《论以审判为中心的刑事程序改革与刑事司法职权优化配置》(2017)，刘敏的《裁判请求权保障与法院审判人员的优化配置》(2017)等。

二、司法职权配置研究的进路

对司法职权的配置进行研究，从方法论上看，主要有三种进路：

（一）分层式研究

分层式研究，即从宏观、中观、微观等层面分别对司法职权的配置情况进行研究。有学者通过对十七大报告的解读指出，"十七大报告分别从宏观层面的体制革新——深化司法体制改革，中观层面的机制改革——优化司法职权配置，微观层面的行为调整——规范司法行为入手提出具体改革方略。我们可以看出，优化司法职权配置在其中发挥着承上启下、融贯体制与行为的功用。可以说，司法职权配置的科学、合理与否，是检验司法体制改革是否深化的重要尺度，是司法行为能否得以依法、有序实施的前提条件"（陈卫东：《如何实现优化司法职权配置》，载《人民法院报》2012 年 12 月 12 日）。

（二）部门式研究

部门式研究，即从不同部门之间的关系中研究司法职权的配置问题。有的学者认为，中国的司法职权配置主要涉及四个方面的问题：一是纵向中央与地方之间的司法权配置问题；二是相同性质不同层级之间的职权配置问题；三是同一部门内部之间的职权配置问题；四是横向不同性质部门之间的司法职权配置问题。如杨力的《中国法院职权优化配置研究》(2013)。

（三）二分法研究

二分法研究，即把司法职权的配置分为外部配置与内部配置，分别进行研究。有的学者将其二分，即司法职权的外部配置与内部配置。前者主要涉及国家权力体系中司法权与立法权、行政权之间的权力分配关系；后者主要是指司法权在不同司法机关之间和在同一司法机关不同层级和内部的机构设置、权限划分以及相互关系问题，如李爽的《优化司法职权配置的理论解读与制度建构——"第 12 期金杜明德法治沙龙暨优化司法职权配置研讨会"综述》(2016)。

至于研究的具体问题，我们将其分为司法体制方面的问题和司法工作机制方面的问题，下面分别加以概述。

三、宪政理论视角下的国家权力配置的一般原则

司法职权配置是国家权力配置的一个环节，而宪法是国家的根本大法，关涉权力配

置的顶层设计，司法职权的配置不能脱离宪法所确定的基本原则与框架。在对优化司法职权配置进行研究的过程中，宪政理论的探讨有助于提升理论高度，高屋建瓴，准确定位优化司法职权配置的着力点。

（一）关于议行合一

"议行合一"是否是国家权力配置的基本原则，产生了学术争论。支持者如刁田丁的《议行合一的再认识》（1988），刘建军、何俊志、杨建党的《新中国根本政治制度研究》（2009）以及杨光斌的《当代中国政治制度导论》（2007）等。反对者如周永坤的《议行合一原则应当彻底抛弃》（2006），童之伟、伍瑾、朱梅全的《法学界对"议行合一"的反思与再评价》（2003），王玉明的《议行合一不是我国国家机构的组织原则》（1989），吴家麟的《"议行"不宜"合一"》（1992）以及蔡定剑的《中国人民代表大会制度》（2003）。

传统宪法理论认为，议行合一是社会主义国家进行权力配置的基本原则，并且与国家的制度实践密切关联。马克思在巴黎公社早期对"议行合一"做出了描述，将公社区别于资产阶级的国家机构。马克思在《法兰西内战》中论述道："公社不应当是议会式的，而应当是同时兼管行政和立法的工作机关。"有学者通过历史考察的视角，认为马克思所论及的"议行合一"仅仅是针对巴黎公社而言，并没有上升到一般国家政权的高度，"议行合一"无法超出公社范围而适用于现代国家的权力配置，"议行合一"在实践中不可能实现，并通过考察苏联与我国宪法的实践来证明这一论点。例如，我国1975年宪法"以行代议"并实现了"议行合一"，但导致了权力过度集中。在吸取教训的基础上，我国1982年宪法从组织、人员和职权三个维度对"议行分离"予以确认。因此，有学者提出，在现行宪法下，"议行合一"并非为国家权力配置的原则，而应该在"一切国家机关由人大产生"的基础上，研究"合理分工"的具体内涵，推进治理能力和治理体系的现代化。见钱坤、张翔的《从议行合一到合理分工：我国国家权力配置原则的历史解释》（2018）。

1949年，董必武在政协全体会议上作《中华人民共和国中央人民政府组织法草拟的经过及基本内容》的报告时指出："我们的制度是议行合一的，是一切权力集中于人民代表大会的政府。"但有学者指出："即使是作为最高国家权力机关的全国人民代表大会，其最高也不是绝对的、无限的，而是必须以承认司法机关与行政机关独立为前提……虽然它可以对行政与司法机关构成一种单向的制约从而超越于其上，但不可能越俎代庖而代行司法和行政权力。"见占美柏的《在文本与现实之间：关于"五四宪法"的回顾与反思》（2004）。

因此，就当代宪法理论而言，很多学者基于我国宪法在事实上进行了权力分工，对"议行合一"原则提出质疑，如杨景宇的《人民代表大会制度实行的是议行合一，还是议行分开？》（2017）。部分宪法学教材也不再将"议行合一"作为国家政权的组织原则（如《宪法学》编写组：《宪法学》，高等教育出版社、人民出版社2011年版）。

（二）关于分权学说

关于分权学说的学术研究可以分为两个方面，即分权学说的历史演变与当代实践。

分权学说可以追溯到古希腊和古罗马时代，形成了分权学说的雏形。例如，亚里士多德认为："一切政体都有三个要素作为其构成基础，其一为有关城邦的一般公务的议事机能，其二为行政机能，其三为审判机能。"分权学说在发展的过程中，吸收了混合政体理论的合理成分，并通过洛克和孟德斯鸠的阐述而使得分权学说最终确立。之后，三权分立学说被美国立宪者所接受，形成了分权学说的制度实践。洛克和孟德斯鸠作为分权学说重要论述者，学者也从不同角度对其学说展开评述。如明喻的《洛克与孟德斯鸠权力分立思想的比较分析》（2017），吕冰的《论孟德斯鸠的分权制衡思想及其当代价值》（2016），顾肃的《公民自然权利与分权制衡学说的经典阐述者——洛克〈政府论〉第二篇译者序言》（2016）。

而对分权学说的梳理，一般都是从分权的"纯粹学说"开启，英国学者维尔将其表述为："为了政治自由的建立和维护，关键是要将政府划分为立法、行政和司法三部门或三部分。三个部门中的每个部门都有相应的、可确定的政府职能，即立法、行政和司法的职能。政府的每个部门都一定要限于行使自己的职能，不允许侵蚀其他部门的职能……每个部门将对其他部门都是一个制约，没有任何一群人将能控制国家的全部机器。"纯粹的分权理论不能归入历史研究的范畴，其是梳理分权理论的工具，见施向峰、王岩的《西方分权学说的发展脉络考辨》（2009）。

（三）关于功能适当原则

按照传统宪法理论，议行合一是我国进行国家权力配置的基本原则，但是新近的宪法理论对议行合一提出了多方面的致疑。一是在应然层面上，绝对的议行合一会造成国家权力的过度集中，不利于权力的制约；二是在实然层面上，我国宪法在议行合一的体制之下，依然具有分权的实践。

在西方国家，分权学说一直是国家权力配置的基本原则，但是分权学说也有相当程度的局限性。分权学说的逻辑正当性是从"分权可以保证自由"这一原点出发的，即通过分权达到制衡的作用，以防止权力的滥用，损害个人自由。有学者认为，这是一种典型的以"消极自由"为目的的分权理论，"基于自由的分权正当性论证是一种被普遍信奉的自由主义的意识形态"。但是任何极端的分权都无法保障国家的有效治理，而虚弱的国家无法保障自由，因此任何权力分立都必须与权力混合相结合。例如，在司法职权配置的过程中，司法机关拥有一定的"造法"职能，并不违背权力分立的目的，纯粹的权力分立理论在权力配置的实践中并无立锥之地。

因此，面对纯粹分权学说或形式分权学说的困境，有学者介绍了分权的功能主义进路，即"功能主义更看重各机构之间的'制衡'，而形式主义更看重各机构之间的'严格分立'"。以功能主义为原则的权力配置，强调国家效能和治理能力，重视国家权力行使的正确性以及国家的权能和效率。权力配置的功能适当原则主张从国家共同体角度出发，不仅要关注国家权力机关之间的制约与平衡，而且要关注国家职能的有效实现。因此，功能适当原则提出了"任务—功能—机构"的权力配置思路。见张翔的《国家权力配置的功能适当原则——以德国法为中心》（2018）。

可以说，功能主义的进路为国家权力的配置提供了新的正当性论证，尼克·巴伯也认为，权力分立的核心不在于保障自由，而在于实现效率。功能主义的权力配置原则注重国家决策的正确性和理性化。见张翔的《我国国家权力配置原则的功能主义解释》（2018）。

四、作为权力配置层面的司法体制问题

司法体制是司法职权配置的深层次问题，从宏观上看是国家的政治体制问题，涉及以下几个问题：一是党的领导权与司法权的关系；二是人大监督权与司法权的关系；三是行政权与司法权的关系。从中观层面看是司法职权的纵向配置问题，主要涉及司法机关不同层级之间的职权配置，核心问题在于如何解决司法职权中的地方化和行政化问题，是"三大诉讼"所共同面临的体制性问题。从微观层面考察是司法职权的横向配置问题，即相同属性的司法职权在司法机关内部的配置问题。

（一）宏观上的司法体制

1. 关于党的纪检监察权与司法权的关系

代表性研究有，张步文的《"双规双指"：相对合理性与适法有限性》（2005），马方、周鸿广的《纪检监察机关与检察机关相互移送案件机制若干理论问题分析》（2010），张利兆的《应确认检察机关职务犯罪侦查优先权》（2010），李晓明、韩海军的《反腐败合力的形成：资源整合与优势互补——兼论纪检监察部门与检察机关在反腐败中的关系》（2012），周长军、纵博的《论纪检监察机关办案方式的调整——以刑事诉讼法的最新修正为背景》（2013），邹绯箭、郭华的《纪检监察机关与检察机关办案证据衔接及拓宽机制研究——基于司法解释相关规定的展开》（2013）等。相关研究围绕党的纪检监察机关与检察机关在当前职务犯罪查办中的协作机制展开讨论，主要涉及案件移送、证据转化、人员调用等协作机制各个组成部分。近年来，开始出现检察机关主导职务犯罪侦查的看法，将研究视野拓宽到了新的水平与层次。

在监察体制改革的背景下，如何调整监察权与司法权的关系，学界也进行了深入的讨论，如杨克勤的《论国家监察体制改革背景下的检察工作发展新路径》（2018），陈邦达的《推进监察体制改革应当坚持以审判为中心》（2018），李声高的《新监察制度下的侦诉关系之重构——兼论监察权与法律监督权关系》（2018）等。

2. 关于政法委的领导权与司法权的关系

党的政法委员会是党对政法工作进行领导的重要组织形式。理顺政法委与司法机关的关系，是实现党的正确领导的重要环节。相关代表性研究有，侯猛的《司法改革背景下的政法治理方式——基层政法委员会制度个案研究》（2003），向朝阳、冯露的《功能主义视角下的政法委执法监督》（2008），严励的《地方政法委"冤案协调会"的潜规则应该予以废除》（2010），吕智霞的《法律社会学视野下的政法委员会——对我国"政法委"的几点法理思考》（2010），冯之东的《政法委与纠纷解决资源的整合》（2011），曾军、师亮亮的《地方政法委协调处理刑事案件的制度考察及分析》（2012），钟金燕的《中共政法委制度的历史考察》（2014），段瑞群《党委领导政法工作法治化的路径选择——以党委政法委功能定位为视角》(2016)，刘忠的《政法委的构成与运作》(2017)等。

这些研究，从不同方面、不同视角详细地阐述了政法委制度的历史由来、确立初衷、领导方式等多项内容，对政法委领导司法工作取得的成就与存在的问题给予了分析，从制度建设、改进的角度提出了意见与建议。有的学者认为，政法委依照政治逻辑进行运作，能够使执政者在社会治理过程中达到资源的整合，因而肯定会商研判的模式与联合办案的模式(冯之东，2011)。也有学者认为，政法委协调案件的潜规则是政策治国的产物，与依法治国、依法执政的理念相冲突，在现实中也与冤案产生有重大关联，应当坚决废除该潜规则(严励，2010)。大多数学者主张，在坚持政法委的正当性前提下，要改进政法委的协调功能，理顺执政党与司法之间的关系。要通过明确协调期限、强调协调而非决定、严格限制执法监督的案件范围等方面来解决政法委预设功能与实际功能在实践中的背离问题(曾军、师亮亮，2012；向朝阳、冯露，2008)。

3. 关于人大监督权与司法权的关系

不同于西方国家的三权分立，我国的司法权派生于立法权并受到后者的制约，处理好人大监督司法的问题也是值得思考的内容。相关代表性研究有：谭世贵的《我国人大监督制度的改革和重构》(1999)，卞建林、姜涛的《个案监督研究——兼论人大审判监督的合理取向》(2001)，魏斌、余茜的《司法独立与人大监督之调适》(2004)，王力群的《人大对审判、检察机关监督定位和方式探讨》(2005)，谢小剑的《人大对检察机关个案监督的反思与改革》(2008)，郑贤君的《论我国人民法院和人民代表大会关系的法理基础——兼议司法权的民主性》(2008)，韩大元的《地方人大监督检察机关的合理界限》(2011)，方明、王斌的《检察监督与人大监督的协调配合机制初探》(2011)，杨子强的《论人大监督司法的功能结构与模式兼容》(2013)，张兆松、张利兆的《强化人大对司法权监督的思考》(2010)，章群的《人大检察工作监督机制完善》(2014)，杨柳的《论人大监督司法的范式转换》(2016)，秦前红、刘怡达的《人大司法监督与检察院法律监督衔接机制论纲》(2017)等。

关于人大监督司法的问题，主要聚焦于个案监督这个议题上。现有成果大多注意到了绝对的肯定论与绝对的否定论都存在各自的问题，而采取了折中的取向。就人大监督与检察监督的关系而言，相关研究基本从协调与分权这两个方面展开，对不同监督的功能定位、合理界限、具体方式等议题予以了考察。有学者认为，地方人大对检察机关的监督要遵循集体性、谦抑性、原则性，不能超越地方权力，限于合法性监督，要具备严格的规范性与程序性(韩大元，2011)。也有学者认为，应当在人大常委会内部设置相对独立主体进行监督，同时要坚持"事后原则"、突出监督意见的"建议性"及公开监督程序(谢小剑，2008)。

4. 关于行政权与司法权的关系

行政权应当受到司法权的监督与制约，已经成为现代法治国家的重要标志之一。相关代表性研究有：赵永行的《论行政权与司法权的关系》(1997)，林莉红的《行政权与司法权关系定位之我见》(2000)，张睿的《论司法权的行政化与行政权的司法化》(2001)，高秦伟的《中国宪政架构下的行政权与司法权关系之重构》(2003)，童兆洪的《司法权概念解读及功能探析》(2004)，丁浩的《对立法权、行政权和司法权的法学考察与思考》

（2008），孙森森的《司法权与行政权良性互动的路径建构——基于行政诉讼实践的观察》（2017）等。

以上研究，集中关注了现行行政诉讼制度的局限及改进的可能。有学者认为，目前行政诉讼案件受案范围仅限于具体行政行为的合法性审查，应当修改行政诉讼法，扩大对行政权实施司法审查的范围（高秦伟，2003）。也有学者认为，从我国的现实情况来看，行政权与司法权的关系还呈现出错综复杂的面貌：行政权渗透至司法权、司法权渗透至行政权、行政权超越司法权、司法权超越行政权（林莉红，2000）。还有学者认为，我国作为一个传统上的行政主导型国家，司法与行政的分化不彻底，既存在法院设置、司法审判运作模式、法官管理模式的行政化，又存在行政权的司法化倾向（张睿，2001）。

代之以宏观的原则性论述，有学者研究了行政权侵蚀司法权的具体案例，即行政鉴定在司法裁判中的作用。行政鉴定只是对事实问题做出的专业性判断，不能代替法官对法律问题的价值判断。见罗翔的《论行政权对司法权的侵蚀——以刑事司法中行政鉴定的乱象为切入》（2018）。

（二）中观上的司法体制

1. 关于司法的地方化

早在世纪之交，就有学者提出司法权地方化的命题，并对其表现、是否正常、利弊评价及其改革思路进行了研究，如蒋惠岭的《司法权力地方化之利弊与改革》（1998），王旭的《遏止司法权的地方化倾向》（2001）。一般认为，我国是一个单一制国家，司法权在理论上是一种中央权力，而司法权的"中央事权属性"则是学界对于该问题研究的理论展开。有学者提出"司法权国家化"改革的理论，司法权属于国家，是国家的一种专属权和专有权司法权，是不能转让的，是不能授予其他主体行使的，因而不能有"地方司法"，不能有"授权司法"。见刘作翔的《中国司法地方保护主义之批判——兼论"司法权国家化"的司法改革思路》（2003）。我国目前的司法实践中，存在着严重的司法权地方化倾向。人民法院在行使司法权的过程中时常受到地方权力的不当干预乃至控制，不能独立、公正地行使其权力，司法公正难以实现。在一些情况严重的地方，设在地方的国家法院甚至已沦为代表地方特殊利益的地方法院。同时也有学者认为，司法地方化是地方法院能动性的表现，必须予以尊重。将法院贴上地方保护主义贬义标签的根源在于法院被地方权力行政化，而非法院的地方性和司法活动的地方化（李小萍，2013）。

在改革司法地方化问题的基础上，主要的改革举措即建设"跨行政区划司法管辖"。通过提级管辖、指定管辖，审理部分行政案件、跨行政区划的民商事案件或环境保护案件，同时通过建立巡回审判机制，破除地方保护主义的干扰，见何帆的《夯实依法独立公正行使审判权的制度基础》（2013）。也有学者认为，全国90%以上的案件是在基层、中级法院审理，司法的去地方化、行政化在这两级法院尤为急迫，见孙洪坤的《论建立与行政区划适当分离的司法管辖制度》（2014）。对于司法行政区划的划分，学界也有不同的观点：其一，调整司法区划，行政区划维持原状不动；其二，调整行政区划，司法区划维持原状不动；其三，同时调整司法区划和行政区划。有学者曾指出，重新划定司法区域是必要的，见王利明的《司法改革研究》（2001）。还有学者认为，最彻底的和最妥当的去除司法地方化方案，就是要通过设置不同于行政区划的司法区划，让法院与行政区划完全脱钩，并重新构造单一的或复合的司法体系，见贺卫方的《中国的法院改革与司法独立——一个参与者的观察与反思》（2003）。另有学者认为，在社会主义法律体系已经基本形成的背景下，中级人民法院和基层法院完全可以在管辖地域范围上，打破与地方行政区划的对应关系，并设立相应的独立司法管辖区，见蒋惠岭的《法律体系形成后的司法改革》（2011）。

2. 关于司法行政化

学界一致认为，司法权地方化的问题与司法权行政化的问题不可分割。司法地方化是指以地方保护主义为特征的司法，其实质是司法行政化；司法行政化是指司法在宏观权力结构、内部组织体系、司法主体、司法行为、司法目标诸方面向行政转化，见周永坤的《司法的地方化、行政化、规范化——论司法改革的整体规范化理路》（2014）。同样有学者认为，司法行政化不除，司法地方化就有生存土壤。司法的地方化只不过是司法的行政化的一种表现形式而已，如果说司法地方化的实质在于地方政府机关将司法机关当成其下属的一个部门的话，那么这恰恰是司法行政化的一种表现，见崔永东的《司法改革与司法管理机制的"去行政化"》（2014）。也有学者通过考察我国司法行政事务管理权配置的历史沿革并总结一般规律，认为司法行政管理权与审判权之间的关系经历了"从分到统"再"由统届分"的发展历程，并导致出现了司法行政化、司法地方化等现实困境，见李志明的《司法行政事务管理权配置：历史沿革、现实困境与发展趋势》（2017）。因此，为解决司法地方化与行政化的牵连问题，提出了省级以下司法机关人财物的统一管理的举措。同时，也有学者对司法去地方化的改革举措进行了冷思考。例如有学者认为，在推行省级以下法院人财物归由省级统管的改革过程中，可能会衍生出一些新的问题，其中最为突出的是省级以下法院与同级人大的关系以及上下级法院的关系问题，见陈瑞华的《法院改革的中国经验》（2016），提出了是否会走向省级地方保护主义、上级法院对下级法院的"垂直领导"的担忧，见陈瑞华的《司法改革的理论反思》（2016）。

从总的改革进路来看，为解决司法行政化的问题，有学者提出"司法规范化"的思路，以"规范化司法"取代行政化司法，见周永坤的《司法的地方化、行政化、规范化——论司法改革的整体规范化理路》（2014）。

司法权的"裁判权"与"判断权"属性论是破局司法行政化问题的理论展开。司法活动的判断主体应具有"高度的独立性、中立性和专业性"，这是确立法院人员分类管理、建立法官员额制度、完善法官选任制度等项改革措施的理论基础。但这一理论也有缺陷，一是没有对司法裁判活动和司法行政管理活动进行介分；二是这一理论表述没有回答究竟由谁行使司法裁判权的问题，见陈瑞华的《司法改革的理论反思》（2016）。对于前一问题，有学者提出，对司法行政事务进行民主化改造，以充分保障法官、检察官的职务独立性，用专业自治对抗政治考量，以内部民主代替上级独断，见陈卫东的《合法性、民主性与受制性：司法改革应当关注的三个"关键词"》（2014）。对后一问题，审理权与裁判权不统一的问题，有学者提出"法官个人独立"的论断，也有学者提出仅仅维护法院的整体独立，而不尊重法官的独立审判权，这仍然有着明显的制度缺陷，见陈瑞华的《司法改革的理论反思》（2016）。有学者亦认为，司法独立作为司法的一项准则，其核心价值要求就在于法官依法独立行使职权。以依法独立行使职权为核心构建我国的司法独立有助于在司法改革过程中强调法官个体的独立性，淡化司法独立的政治色彩，见陈卫东的《司法机关依法独立行使职权研究》（2014）。但也有学者提出相反的观点，认为"法官独立"不是我国法院改革的方向。审判权运行存在的主要问题是运行秩序的紊乱。法院内各主体职责不清、责任不明、行为失范、权力失控导致的审判权运行失序才是当下我国法院审判权运行存在的主要问题，见顾培东的《再论人民法院审判权运行机制的构建》（2014）。

有的学者认为，司法行政化问题包括两方面：一是审判管理机制行政化和审级关系行政化；二是法院内部组织的科层化，主要表现是案件审批制度、案件请示制度、审判委员会制度。

对于案件请示制度，有的主张予以废除，认为这一制度违反了审级独立的原则，使二审、再审形同虚设；这一制度背离了审判工作的特点和规律，使上下级法院之间审判工作上的监督与被监督的关系变成领导与被领导的关系，见周道鸾的《独立审判与司法公正》（2002）。有的主张规范下级法院向上级法院的请示、汇报制度，即下级法院向上级法院请示的问题应限于纯适用法律方面的问题，而不得请示具体个案。

关于审判委员会制度的存废问题，一种观点认为应逐步弱化以至取消审判委员会讨论案件的制度，因其违背诉讼的直接原则、言词原则和不间断原则；另一种观点认为应当对审判委员会制度进行改革完善，见陈光中的《中国司法制度的基础理论问题研究》（2010）和洪浩、操旭辉的《基层法院审判委员会功能的实证分析》（2011）。

（三）微观上的司法体制

微观上的司法职权配置的问题包括两个方面：一是审判权的配置问题；二是检察权的配置问题。

1. 关于审判职权配置问题

就审判权的配置而言，在微观上，主要涉及两个方面的问题：

第一，关于陪审制度改革。

我国陪审制度存在的主要问题在于，一是所选任人民陪审员的人员构成不合理；二是人民陪审员参审案件数量不均且存在"陪审专业户"；三是人民陪审员参与审判"陪而不审"现象突出。因此，有学者提出，人民陪审员制度改革呼吁裁判权的主体回归，见施鹏鹏的《审判中心：以人民陪审员制度改革为突破口》（2015）。也有学者通过考察人民陪审员改革的历程，《人民陪审员法》还存在适用范围过大、裁判权威性亟待确立、事实与法律区分不明等问题，有待进一步完善，见施鹏鹏的《人民陪审员制度的改革历程及后续发展》（2018）。同样是基于陪审制度改革的历时考察，有学者提出，应当围绕完善配套机制、法官指示制度等方面，解决如何参与及有效参与的问题，见步洋洋的《中国式陪审制度的溯源与重构》（2018）。

有学者对陪审制度的功能定位作了宏观上的解读，见姚宝华的《论人民陪审员制度的功能定位》(2017)，亦有学者从司法公信力和司法民主的角度对陪审制度改革进行论述，见齐文远的《提升刑事司法公信力的路径思考——兼论人民陪审制向何处去》(2014)，认为现行人民陪审制重象征意义而轻实际效果。对于人民陪审制的改革，主要有以下几种观点：一是主张废除人民陪审制，人民陪审员不能满足司法实践的需要。司法专业化使许多人难以胜任陪审员职责，人民陪审制可能影响诉讼的效率，即使是专业问题，也可以通过专家证人的形式解决，见吴丹红的《中国式陪审制度的省察——以〈关于完善人民陪审员制度的决定〉为研究对象》(2007)。二是参照英美法系国家的做法以陪审团制替代人民陪审制，见刘加良的《人民陪审团制：在能度与限度之间》(2011)。然而，我国司法改革选择了改良陪审制度。有观点认为，在合议阶段需要分为两个不同阶段：第一个阶段由法官和陪审员一起对案件事实问题进行认定和合议。第二个阶段由法官单独对案件法律适用问题进行认定和合议，陪审员不得参与，见张嘉军的《人民陪审制度：实证分析与制度重构》(2015)。

第二，关于审判权与执行权的分立问题。

提出审判权与执行权分立的目的在于通过审执分离解决长久以来的"审而不执""审而难执"和"审而乱执"的局面，以提高司法公信力。对审执分离的研究包括目标定位和路径选择两方面的问题。一般认为，审判权和执行权属于不同的权属性质，二者存在着单向性与多向互动性、不平等性与平等性、主动性与中立性、形式化与判断性、强制性与和平性、职权主义与当事人主义、效率取向与公正取向等紧张关系，将两者分立实有必要，且可行(肖建国，2004)。执行权的内在司法性包括结构与行使两方面，从执行权的结构而言，经过对执行权性质的充分讨论后，执行权包括执行实施权和执行裁判权已被大多数人认同，见章武生的《司法现代化与民事诉讼制度的构建(修订本)》(2003)。从执行权的行使而言，执行权是国家的固有权力，执行权的行使，必须基于当事人的意思表示，即"执行须依当事人的请求，方可行使"，执行请求权是执行权行使的必要基础。亦有学者从从机制到体制深化的角度提出审执分离与衔接，见洪冬英的《论审执分离的路径选择》(2015)。有学者将执行机构改革实践类型分为横向静态分权、横向动态分权、集中裁决型纵向分权、集中实施型纵向分权、双重集中型纵向分权等五种模式，并认为民事执行权主要包括执行裁决权、执行命令权、实施事务权三种权能，其中前两种权能应当保留由执行法官行使，而无涉实质判断的简单实施事务的权能可以交给由执行员及其辅助人员行使，见黄忠顺的《民事执行机构改革实践之反思》(2017)。

2. 关于检察职权配置问题

就检察权的配置而言，在微观上主要涉及四个方面的问题：

第一，关于检察权的属性。

我国对于检察权配置问题的展开几乎都是从检察权的属性展开的。而分析检察权属性的研究视角，主要有以下三种：

其一，以"学说——类比"为脉络，分析检察官的"一般行政官说""等同法官说"。"一般行政官说"的立论基础在于，检察机关内部组织仿效行政机关，采行"阶层式建构"，上令下从。因此检察官行使权力，应当"依法行政"，不得逾越立法之规定，"法定主义"理所当然成为上令下从的界限。检察官之不起诉决定，决不能有实体确定力，否则架空司法权。相反，"等同法官说"的立论基础在于，检察官"如同法官般"执行司法领域内的重要功能，检察官与法官具有近似性，检察权与审判权具有接近度。例证：侦查终结后检察官的起诉与不起诉决定。在控审分离的原则下，检察官行使除审判权之外的一切刑事追诉任务，主导侦查，参与审判，提起上诉。因此，检察权是审判权不可或缺的"附件"。其具体主张在于：法官人身及事务独立性之保障规定"直接适用"于检察官。就检察首长对下属检察官的指令权（内部指令），应设定界限，但未质疑内部指令权有违宪之嫌，见林钰雄的《检察官论》（2008）。

其二，以"历史——目的"为脉络，以检察权的产生以及在资本主义中的发展历程为线索。就检察权的产生而言，检察权的产生与国家打击犯罪的需要是分不开的。在大陆法系国家，因制约纠问式诉讼中司法的蛮横而催生检察权，法院集侦查、控诉、审判于一体，角色冲突，先入为主。因此需要将侦控权从司法权中分离出来由专门国家机关承担。在英美法系国家，则是为改变控告式诉讼方式对犯罪打击不利的倾向，由公共弹劾主义向起诉权检察监理主义方式的过渡，最终发展到起诉权由专门机关行使。并在考察资本主义法律制度发展的基础上提出，检察权的法律本质是行政权，是由资产阶级国家政权组织形式、政府职能、检察权的法律渊源所决定。资本主义发展，行政权力扩张，表现在加强指挥监督权、集中公诉权、检察自由裁量权，使检察权逐步拥有司法权的特性。而法律监督权仅是检察权在行使自身职能时所"兼担"的职能，见洪浩的《检察权论》（2001）。

其三，以"实然性——合法性"为视角，以我国宪法对检察机关的性质定位为依据。我国宪法规定，检察院是国家的法律监督机关，因此检察权的本质为法律监督权，并将法律监督界定为国家专门机关运用国家权力对法律实施的状况进行的具有法律效力的监督，其对象不能是一般或所有的法律活动，而是严重违反法律的犯罪行为和其他违法行为，并在此基础上对检察权展开配置，见张智辉的《检察权研究》（2007）。

除此之外，还有两种打破常规的分析进路。一是，由于我国坚持司法的二元划分，有学者对检察权的司法属性作了理论上的定位，认为其是相对于法院"消极司法权"的"积极司法权"，见孔璋的《中国检察权配置的方向》（2008）。二是，司法权可以划分为程序性裁判权与实体性裁判权。我国检察权的核心内容是"司法权中的程序性裁判权"，即司法权拆分的产物。赋予检察机关完整的"程序性裁判权"，并进一步理顺现行检察权中"程序性裁判权"与"控诉性监督权"及"侦查性监督权"的关系。

第二，关于检察权的构造。

其一，对于审查批捕权，有学者提出，赋予犯罪嫌疑人申请法院审查批准逮捕的权利，事实上把逮捕羁押的决定权转移到法院，而不批捕的决定权依然在检察院，见卜开明的《刑事司法职权配置论》（2016）。也有学者提出，由法院统一审查逮捕，基于逮捕审查的程序裁判性质及各国的经验，应实行法官独任审查制，见刘计划的《逮捕审查制度的中国模式及其改革》（2012）。同样，有学者提出实行司法令状制度，对侦控机关限制或剥夺公民人身自由与财产的强制行为实行司法授权，见谢佑平、闫自明的《宪政与司法刑事诉讼中的权力配置与运行研究》（2005）。也有人提出了反对意见，因为在我国坚持法院整体独立的基础上，批捕权和裁判权合一，就可能使裁判权依附于批捕权。

其二，对于刑事执行检察监督的性质，通说认为，刑事执行检察权属于诉讼监督权。有学者认为，监所检察并不是诉讼监督，而是非诉讼活动监督，其本质是行政执法监督权。但是，更多的学者更倾向于将其定性为一种"独立的复合性的法律监督权"，包含了公诉权、职务犯罪侦查权和诉讼监督权的部分内容，但又不同于上述三种检察权的第四种检察权。就执行检察监督的整合而言，刑事执行检察的职能定位于八项：刑罚变更执行同步监督、羁押必要性审查、指定居所监视居住执行监督、社区矫正监督、死刑执行临场监督、强制医疗执行监督、财产刑和没收违法所得执行监督以及在押人员诉讼权利保障。就刑事执行检察而言，法律明文规定的监督手段仅仅是纠正意见、检察意见、检察建议三种。见袁其国、尚爱国的《试论刑事执行检察理论体系之构建》（2015）；卞建林、谢澍的《刑事执行检察监督：资源整合与体系建构》（2015）；周伟的《刑事执行检察：监所检察理论与实践的发展》（2013）。

第三，关于检察职权的内部划分。

检察职权的内部职权划分，主要是通过其内设机构的设置来体现的。当前检察机关内设机构呈现出的乱象，说明检察权的二次分配还存在不合理之处，这也成为应予以优化的重点内容。相关研究对当前检察机关内设机构存在的混乱现象予以了批判。如，张智辉（2011）指出，检察机关目前的内设机构，一是内设机构设置乱，二是内设机构名称乱，三是派出机构乱。又如，向泽选（2012）认为，一是内部机构的设置没有统一的数量标准，二是内设机构的职责分割及命名标准不统一，三是派出机构的法律地位不明确，四是不同层级检察院内设机构的职能模糊。相同或类似的见解，还有徐鹤喃、张步洪（2007）和邓思清（2013）等的文章。

从内设机构改革应坚持的原则来看，有以下几种观点：（1）三原则说，如邓思清（2013）认为，应坚持保证检察权全面公正高效行使原则、优化检察权内部配置原则、统一分级设置原则；（2）四原则说，如徐鹤喃、张步洪（2007）主张，应坚持全面履行法律监督职能原则、保障检察官相对独立行使检察权原则、依检察院层级区别设置内设机构原则、精简高效和优化检察人员结构原则；（3）五原则说，如何江波、付文亮（2011）认为，在基层检察机关内设机构的改革中，应坚持依法设置原则、精简高效原则、直指目标原则、检察一体化原则、切合业务原则；（4）六原则说，如谢鹏程（2003）认为，应坚持全面履行法律监督职能原则，检察一体原则，检察官相对独立原则，内部制约原则，加强业务部门、精简非业务机构原则，地县两级人民检察院内部机构设置因地制宜原则。

第四，关于检察机关提起公益诉讼的职权。

相关研究关注议题较多、视野宽广，涉及检察机关提起公益诉讼的法律地位、种类、范围、权利义务、举证责任、判决效力、诉讼费用、立法、限度等多个方面的内容。见洪浩、邓晓静的《公益诉讼制度实施的若干问题》（2013）；刘学在的《民事公益诉讼制度研究——以团体诉讼制度的构建为中心》（2015）。

关于检察机关提起公益诉讼的理论观点。在我国，是否应构建检察机关民事公益诉讼制度，理论界主要有两类观点，即肯定说与否定说。否定说认为，检察机关的民事公诉权缺乏法律依据，不符合民事诉讼基本原理：其一，检察机关与案件之间没有利害关系，不是适格主体。其二，是否提起诉讼是当事人的权利，检察机关提起公益诉讼损害了当事人的处分权。其三，检察机关提起公益诉讼破坏了民事诉讼的平衡机制。其四，监督权与起诉权相矛盾。因此，有学者亦提出，只有行政诉讼中存在公益诉讼的问题。肯定说认为，检察机关提起民事公益诉讼具有充分的理论依据。其学说主要有三：一是公益说，认为检察机关提起民事诉讼是为了维护社会公共利益，检察机关是公益的代表。二是干预说，认为检察机关提起公益诉讼是对司法关系的干预。三是监督权说，认为检察机关提起民事公益诉讼的权力来源于对民事审判获得的监督权。除此之外，还有公益说和监督权说相结合的学说。

关于检察机关提起公益诉讼的基本原则。汇集学界研究成果，主要包括以下内容：其一，保护公益原则，保护国家利益和公共利益是提起公益诉讼的条件和范围。其二，依法监督原则，是监督民事法律事实的方式之一。其三，公益案件救济原则，严格限定民事公益诉权的范围。其四，诉讼地位平等原则。其五，权利处分受限原则。其六，检察机关的民事公诉权优先行使原则。其七，行政公益诉讼中行政程序前置原则。

关于检察机关提起公益诉讼的案件范围。民事公益诉讼和行政公益诉讼的案件性质具有"同源性"，其受案范围基本相一致。有学者认为，检察机关提起公益诉讼的范围不宜过宽，主要应当包括三类：一是侵犯国有资产案件；二是公害案件；三是其他公共利益案件。除此之外，还应当包括环境污染、垄断、不正当竞争等案件。

关于检察机关提起公益诉讼的程序。检察机关提起公益诉讼应当遵循以下程序：（1）受理和初查。（2）确定管辖。对于涉及公共利益比较重大的案件应当由市级以上人民检察院提起诉讼，可能在全国范围内有重要影响的案件，由省级人民检察院提起诉讼。（3）立案及调查取证。人民检察院在审查后立案，并展开调查取证。（4）审查起诉、提起诉讼。（5）诉讼费用。检察机关应当免交案件受理费，检察机关败诉，案件费用应当免除。（6）检察机关在败诉后，可以上诉，也可以抗诉。（7）检察机关提起公益诉讼不应适用一般时效和最短时效，而应受最长时效限制。（8）检察机关享有当事人的权利。

公益诉讼是我国经济社会发展过程当中出现的新事物。检察机关提起公益诉讼，更是处在初始的探索阶段。现有研究成果既有对国外相关制度的参考，又有结合本土情况的调查分析，为我国公益诉讼施行做了一定的理论准备。对于公益诉讼在我国诉讼体系中的定位与存在的争议问题，还应予以明确化、规范化。

五、作为权力运行层面的司法机制问题

司法职权的配置最终的落脚点在于司法机制的顺畅运行，司法机制运行之所以不畅，原因在于司法体制不顺，司法机制与司法体制是不能分割的。而司法体制与司法机制的改革最终都有一个归属，即依法独立、公正行使审判权和检察权，让人民群众在每一个司法案件中感受到公平正义。

（一）以审判为中心的诉讼制度改革

1. 以审判为中心的诉讼制度改革与刑事诉讼构造

刑事诉讼构造就是诉讼中侦查、控诉、审判三职权的配置及其关系问题，以审判为中心的诉讼制度改革就是改变原有以"侦查为中心"的诉讼构造所带来的弊端。

刑事诉讼法学界即早有审判中心论与诉讼阶段论之争，见陈瑞华的《刑事诉讼前沿问题》（2013）。对于"以审判为中心"，学界基本达成共识，认为以审判为中心，应理解为以审判活动为中心，而不是以审判权、法官或者以审判阶段为中心，见闵春雷的《以审判为中心：内涵解读及实现路径》（2015）。亦有学者认为，以审判为中心有三个层面的含义：第一，审判是整个刑事诉讼程序的中心；第二，一审是整个审判体系的中心；第三，法庭审判是整个审判程序的中心，见樊崇义、张中的《论以审判为中心的诉讼制度改革》（2015）。

就实现路径而言，主要包括以下几个方面：其一，从"侦查中心"到"审判中心"。核心要求是作为裁判根据的案件信息形成于审判程序，侦查和审查起诉是审判的准备。为了保证作为裁判基础的案件信息形成于审判，需要"侦审阻隔"，人为割断侦查和起诉信息顺利进入审判程序的通道。其二，从庭外裁判到庭审中心。充分发挥庭前会议整理明晰事实及证据的功能，最大限度地限缩主审法官庭外阅卷活动，限制合议庭庭外调查权。其三，庭审证明的形式化到实质化。严格贯彻证据裁判原则，强化直接言词原则。其四，实现"一审重心主义"。见魏晓娜的《以审判为中心的刑事诉讼制度改革》（2015），叶青的《以审判为中心的诉讼制度改革之若干思考》（2015）。

2. 以审判为中心与"相互分工、互相配合、互相监督"原则

关于"相互分工、互相配合、互相监督"原则，有学者认为（谢佑平、万毅，2002），其一，公、检关系之错位。公检关系的实质是检警一体化，即检察院主导警察机关进行侦查。其二，检、法关系之扭曲。检、法互相配合违背了刑事诉讼的本质，控审分离原则是调整检、法关系的基本准则，它强调控诉职能和审判职能之间的分权制衡。其三，公、法关系之缺位。公安机关在侦查活动中享有的侦查权是十分广泛的。对此，有学者提出，"以审判为中心"对侦查、起诉和审判三者之间的诉讼地位做出了重要界定。公安机关的侦查与检察机关的起诉都要围绕"审判"这个中心来开展，要接受"审判"的检验。依法独立行使审判权，为"互相分工"原则树立榜样，以"递进制约"为主线，为"互相制约"注入新元素，见樊崇义的《"以审判为中心"与"分工负责、互相配合、互相制约"关系论》（2015）。也有学者认为，"以审判为中心"的诉讼制度改革在"配合制约"司法体制下难以取得实质性突破。为此，需要在全面改革"配合制约"的传统刑事司法体制基础上进行根本性的和系统性的司法变革，见张能全的《论以审判为中心的刑事程序改革与刑事司法职权优化配置》（2017）。

（二）审级制度改革

有学者认为，我国的审级制度改革面临的问题在于，一方面，第一审程序存在天然的缺陷，对于犯罪嫌疑人、被告人的保护显然重视不够；另一方面，第二审程序复审时奉行全面审查原则，违背不告不理原则。第二审程序基本上参照第一审程序来进行，以发回重审方式监督下级人民法院，因事实不清、证据不足发回重审，违背无罪推定原则。面对这种情况，有学者主张，首先，应当强化第一审程序中被告人的公正审判权，从源头上加强裁判的程序正当性。加强审前程序中的司法控制；提高审前程序中对犯罪嫌疑人的保护，赋予犯罪嫌疑人应当享有的权利。其次，完善现有的第二审程序模式，使之更加符合审级制度的建构原理。见刘哲的《刑事二审程序问题研究——兼评〈刑事诉讼法〉修改相关内容》（2012），刘玫、耿振善的《审判方式视角下刑事二审程序的制度功能——兼评新〈刑事诉讼法〉第 223 条》（2013）。

有学者认为，我国刑事再审程序存在严重缺失：一是坚持"有错必纠"原则，容易导致任意启动刑事再审，破坏生效裁判的既判力；二是法院主动启动刑事再审不符合诉讼规律；三是我国法律对当事人的申诉没有赋予其"诉"的性质；四是再审不存在所谓"有利于被告人的再审"与"不利于被告人的再审"之区分。针对以上问题，学者提出的改革意见是：应该注重将申诉纳入诉讼程序、贯彻再审程序诉讼化。见陈瑞华的《刑事再审程序研究》（2000），邓思清的《完善我国刑事再审启动程序之构想》（2004），陈卫东、赵恒的《刑事申诉听证制度研究》（2016）。

有学者认为，我国应当建立三审终审制度。其理由在于：首先，有利于使案件的终审权握在高级法院或最高法院的手中，减少行政权对司法权的干预；其次，有利于充分发挥最高法院的审判职能；最后，有利于缓和当事人的不满情绪，化解矛盾，减少缠诉和涉诉上访，节约社会资源，维护社会稳定，见李麒的《刑事司法职权配置的思考》（2011）。此外，建立三审终审可以摆脱司法地方化。

（三）司法责任制改革

司法责任制是近年来关于司法职权配置研究中讨论最多的话题之一。有关这个问题的论述，主要涉及三个方面：一是司法责任与司法独立之间的关系；二是以审判为中心与法官责任追究的关系；三是司法责任制的追究模式。

有学者将司法责任追究制度划分为三种模式：一是结果责任模式；二是程序责任模式；三是职业伦理责任模式。见陈瑞华的《法官责任制度的三种模式》（2015）。其中，结果责任模式是社会舆论和政治压力下的应激反应，存在先验的可知论误区。与结果责任不同，程序责任建立在法官存在程序性违法行为的基础上。程序责任模式，可以有效规范法官的审判行为，便于认定法官的主观过错，有效防范冤假错案。但是，程序责任对审判独立存有负面影响。对法官的责任追究将从以裁判结果为中心走向以法官职业伦理行为为中心是司法责任制的应然走向。在职业伦理责任模式下，以职业伦理责任取代法官的结果责任和程序责任，其实质就是确立法官的办案责任豁免权，走出"裁判结果中心主义"的怪圈，摒弃那种"客观归责"的非理性做法。亦有学者提出，由于审判权是包含了审理权和裁判权在内的司法权力，具有同行政权力所不同的属性，因此对该项权力的归责应有其特殊性，即以豁免为原则，以归责为例外，见陈卫东的《司法责任制改革研究》（2017）。

有学者通过考察从错案责任追究到司法责任制近二十年改革的实践，得出结论：司法责任制改革只有综合配套地推进才会具有生命力，要同时考虑理念、制度、人员、保障、纠偏五个方面，并使这五个方面协调一致地推进。在司法责任制综合配套改革中，应该突出司法权的主业地位、充实一线办案力量、改革考核制度以及分案制度等方面，对司法责任制作综合配套改革，见张智辉的《论司法责任制综合配套改革》（2018）。

六、对司法职权配置研究的评述

（一）现有研究的借鉴意义

总体上看，关于司法权优化配置的研究成果，数量丰富，成果显著。第一，一些研究达到了一定的深度，对具体制度的原理、功能、价值、方式等均有一定的论述。第二，研究范围宽广，从总体性的制度改革阐述，到具体制度的理论剖析，再到完善路径或立法建议等，均有涉及，实现了对我国司法体制改革相关部署的基本覆盖。第三，研究方法多元化，既有理论上的探讨，又有对特定地区、时期司法实践的实证研究，还有对国内外相关制度的比较研究。这些成果，都为我国实现司法权的优化配置奠定了厚实的理论基础。

具体而言，现有研究的借鉴意义主要体现在以下几个方面：

1. 司法职权配置的问题意识突出

司法的地方化和行政化是优化司法职权配置所面临的两大基本问题。一方面，司法的地方化所触及的问题比较广泛，如涉及司法权的中央事权属性、司法权独立行使以及法律的统一适用等问题。另一方面，司法权的行政化，主要在于探索建立符合司法规律的权力配置及运行机制，如推进司法人员的专业化、贯彻落实司法责任制等问题。对于这些重大问题，学界给予了必要的关注和充分的研究。

2. 对优化司法职权配置的研究方法多元化

对优化司法职权的配置，学者分别从历史的、实证的、比较的视角展开了翔实的研究。通过历史研究的视角，可以很好地把握我国司法职权配置的历史逻辑，了解司法职权配置过程中的利害得失，为进一步优化司法职权配置提供经验知识。通过实证研究的视角，可以洞悉司法体制改革过程中，推进体制与机制改革的具体措施在实践中得以运用的是实际效果进一步发现改革的盲点和新近问题。通过比较研究的视角，一方面可以了解本国实践的特色，另一方面又可以趋利避害，探讨符合司法权运行规律的普适性经验。

3. 注重优化司法职权配置的整体主义视角

例如，有博士学位论文从"立宪主义"的视角探讨检察权的配置，将检察权作为整个国家权力的一部分，根据其在整个国家权力的架构中所承担的职能来探究权力合理配置之道，见田坤的《立宪主义视野下我国检察权配置研究》（2017）。与此相类似，也有博士学位论文从"结构主义"的视角来探讨检察权的配置。还有学者基于结构主义中，"整体相对于部分具有逻辑上的优先性"的基本观点，探究检察权的配置。

（二）现有研究的不足

从学者们的研究中也可以发现，现有研究在一些方面存在不足之处。总体而言，主要体现在：第一，缺乏系统性的研究。多数研究都是针对我国司法权配置中存在的某个方面的问题（无论是宏观的还是微观的）进行研究的，很少有对这些问题的综合性、系统性的研究，以至于所提出的改革建议普遍性地局限于具体问题的解决方案，难以形成改革的顶层设计。第二，缺乏均衡性。各个议题的研究表现出极不平衡的状态，没有达到均衡的程度。有的研究比较翔实，有的研究则过于原则化而未进一步展开，使得整体研究呈现出参差不齐的面貌。第三，对具有关联性的两个或多个子议题的研究，在沟通性思考方面做得不太好，单独分析偏多，造成了相关研究的碎片化倾向。第四，部分研究注意到了相关制度的立法改进，但大多只是原则性倡议或寥寥几笔谈论，并未形成论证充分、清晰而有条理的立法构想，缺乏实践中的可操作性。第五，尽管有的研究运用了实证方法，但在整体研究中所占比重十分微小，在契合当前司法改革实际这方面存在严重缺失。

（三）继续研究的必要

优化司法职权配置是一项涉及宏观、中观及微观的系统工程。如何实现司法职权的最优化配置，一方面，需要厘清优化司法职权配置的基本原则。然而，学界对权力配置的一般原则还存在巨大的争议，些许论述甚至向极端化的方向发展。例如，否弃将议行合一作为权力配置的一般原则。实际上，任何绝对化的理论观点都是站不住脚的。纯粹的"议行合一"会导致人员、机构与职能的高度统一，权力无法得到有效制约，因此"议行合一"必然需要与适当的分权思想相结合。另一方面，纯粹的"权力分立"是不现实的，也无法实现国家职能的有效行使，因此权力分立与权力混合并不冲突。如何把握优化司法职权配置的基本原则，中庸的路径比较可取。

在"积极稳妥推进政治体制改革"的过程中，意识形态问题不可动摇，我国是社会主义国家，应当从根本上区别于资产阶级的政治体制。关于国家权力配置的议行合一模式和三权分立模式有着强烈的意识形态之争。在优化司法职权配置的宏观原则的把握上，我们可以区别作为意识形态的政治体制问题和作为权力配置的方法论问题。这是一个值得研究的问题。换言之，虽然议行合一是我国进行国家权力配置的基本原则，但是在议行合一的原则之下并不排斥采取分权制衡的方法优化权力的配置，而实际上我国宪法一定程度上也采取了这种进路。

面对分权学说与议行合一的争论，有学者另辟蹊径，提出国家权力的配置的功能适当原则。这一原则以实现国家整体效能为核心，通过权力合理配置，实现机构本身应有的功能。因此，在功能适当的视角之下，应当首先探究司法机关本身应当承担的功能为何。例如，在美国，联邦最高法院因其所具有的法律解释权，承担了一定的政策决定功能。面对司法机关能否承担政策决定功能，又形成了司法去政治化的主张。司法机关究竟应当承担怎样的功能，这并不具有先验性，需要我们进一步研究。

第二章　司法职权配置的国际视野

在资产阶级革命和民族独立运动时期，立宪往往是分配各种利益的均衡器，利益的分配通过对权力的配置体现在整个政治体制当中。但在政局稳定的和平发展时期，法治语境下的司法权转而成为人们可欲利益均衡的依赖。各国在国家制度的建构与改革中，司法权的配置也都具有极其重要的地位。在司法权的范畴之内，涉及两个维度：一是面向政治国家的司法权，具有国家一般权力的特征；二是面向市民社会的裁判权，是司法权的本质属性，重在纠纷处理的程序设计。因此，在第一个维度探讨司法权配置，基本上是从宪政制度角度展开，而第二个维度则是从司法权具体运行，即诉讼程序角度来探讨司法职权的配置。同时，在这两个维度之间还存在一个过渡地带，即司法权力组织结构的配置问题。司法权力组织具体掌握着司法权力的行使，它上承国家权力的制度特色，下启诉讼程序的运作。

一、分权制衡视角下的司法职权配置

法治的最高形式是宪政，而宪政是以宪法治理国家的政治体制。在对各国宪政实践的描述中，情况复杂多样，很难找到统一化的路径勾画出各国司法职权配置的脉络。各国有着迥异的历史传统，有的国家崇尚司法，认为司法权具有"最小危险"，而有的国家则不信任司法。在各国的宪政实践中，有的国家通过成文立宪分配司法权力，而在普通法系国家则是最高司法机关通过"自食其力"强化司法权。从各国的制宪理念上看，有的国家坚持人民主权、议会至上，而有的国家则坚持权力分立与制衡。因此，很难找到一个关于司法职权配置的一般描述。那么，如何破局各国权力体系中的司法权配置，找到解析问题的突破口？我们以为，考察各国司法权与立法权、行政权的关系及其实践，实际上就是一个关于分权理论、制衡理论的学说史，其蕴藏了各国的历史积淀和经验主义的制度表达。分权是宪政的基础，恰如英国学者维尔所言，"即使有时相当多的意见拒绝以分权学说作为政府的恰当构成的指南，但以这样或那样的一些形式，这一学说仍然是分析西方政府制度最有用的工具，仍然最有效地体现了支持这些制度的精神"。① 可以说，分权学说是西方立宪主义全部格局的核心，并且也深刻影响着一些非西方国家。

---

① ［英］M. J. C. 维尔：《宪政与分权》，苏力译，三联书店1997年版，第2页。

（一）分权理论中的司法权

对分权理论稍有了解的人，当谈到这一理论时，首先浮现于脑海的必然是孟德斯鸠的三权分立理论，以及孟氏对三权分立理论的经典表述："当立法权和行政权集中在同一个人或同一个机关之手，自由便不复存在了；因为人们将要害怕这个国王或议会制定暴虐的法律，并暴虐地执行这些法律""如果同一个人或是由重要人物、贵族和平民组成的同一机关行使这三种权力，即制定法律权、执行公共决议和裁决私人犯罪或争讼权，则一切便都完了"。①现代意义上的权力分立理论确是孟德斯鸠的功劳，之所以说他具有现代性的精神是因为他将裁判权从执行权的陈旧用法中独立出来，英国学者维尔评价道，"至关重要的还有这样一个事实，即他将这一权力从立法机构中的贵族部分中分离出来，并毫不含糊地授予国家的一般法院……司法机关'对人类是如此可谓'，他不应当附属于任何的阶级或职业……这个司法部门将完全独立于国家中各种利益冲突"。②孟德斯鸠在理论上的重大贡献与创新在于，他明确提出了"裁判权"这一新的政府职能，这是先前分权理论所没有考量的因素。然而，权力分立学说并非孟德斯鸠所创立，在孟德斯鸠之前，权力分立学说已经走过了漫长的发展道路。沿着分权学说发展的历史，我们可以清楚地发现资本主义国家权力配置的基本脉络和西方立宪主义的全部格局。

在探究分权学说之前，必须明确一个前提，即权力分立的"基准"或"理想型"的权力分立，英国学者维尔将其称为分权的"纯粹学说"。③虽然各国的宪政实践中并不存在纯粹的权力分立，但是各国实践与分权理论的发展史，都是这一"理想型"的"衍生型"。权力分立理论包含三个最基本的要素，即机构、职能和人员的分立。首先，就机构的分立而言，最早的权力分立理论是实行政府两分（最典型的即洛克的政府两分理论），直到 18 世纪才普遍接受权力三分的格局。其次，就职能的分立而言，现代意义上的权力分立理论中的职能分立是抽象的权力性质上的分类，是从权力自身属性的角度进行的分类，而非指具体的政府活动的种类。如果将职能分立看成是国家税收、宏观调控、惩罚犯罪等处理具体事项的职能分立的化，就偏离了分权理论的研究轨迹。最后，人员的分立是分权理论最鲜明的特点，若只有机构和职能分立则并不能够保障自由，各项职能还必须掌握在不同的人手中。

但是，从三权分立的理想型向衍生型的转变还需要一个至关重要的因素，即如果一个机构侵蚀另一个部门如何加以限制。对此，分权学说吸收了混合政体理论和制衡理论。追诉权力分立理论的发展历史，可以回溯到古希腊、罗马时代，并且大多数学者会谈及亚里士多德的民主政治理论。亚里士多德把政体划分为三个要素——议事机能、行政机能和审判机能，而这些要素与现代政府职能概念之间非常接近。虽然有学者认为，"亚里士多德政体三要素思想并没有涉及分权，但为后人分权思想提供了素材"。④这一评价太过敷衍，实际上亚里士多德作为古希腊的政治理论家，他所关注的是一切公民都

---

① ［法］孟德斯鸠：《论法的精神》（上），商务印书馆 1961 年版，第 154 页。
② ［英］M. J. C. 维尔：《宪政与分权》，苏力译，三联书店 1997 年版，第 81 页。
③ ［英］M. J. C. 维尔：《宪政与分权》，苏力译，三联书店 1997 年版，第 11~13 页。
④ 叶皓：《西方国家权力制约论》，中国社会科学出版社 2004 年版，第 22 页。

参与国家管理的过程中如何实现"社会各阶级之间的利益平衡",这就是混合政体理论的最基本特征,而一切公民参与政府事务是与分权理论直接相悖的。如前所述,分权理论所要求的职能分立是权力性质的分类,而非"国家事务的清单",亚里士多德只是详述了"国家具体的事务组成",而非作为分权基础的、抽象的国家权力职能。再如,博丹在提出他的主权理论的同时,又列举了九种主要的"主权权力"(如宣布战争与和平权、铸造货币权和征税权等)。对此维尔评道:"分权学说发展中,很明显,关键的一步是使'政府的诸多权力'合并成为几个少数的范畴,而不是构成一个包括我们会称之为政府'任务'的长长清单。"①

因此,从古典的混合政体理论向现代分权学说的转化,必然要完成对国家各项事务的类型化分类。将"诸多权力合并成少数范畴",一个至关重要的人物就是马西利乌斯,他提出了"立法—执行"的基本区分。两权分立是分权理论的发端。然而,在两权分立理论中,现代意义上的立法职能、行政职能和司法职能混沌并难以区分,尤其是后两者。进而,分权理论下一步发展就是进行明确化的国家权力划分,这一过程又包含了两个节点,一是作为国家职能机构的分立,二是对独立的司法部门的承认。② 这一阶段实际上就是对古典混合政体理论的升华过程。

君主制、贵族制和民主制的混合是混合政体理论的最基本形式,这一理论的特点之一就是对阶级性的强调,通过各阶层共同参与政府事务,来防止专横,这就与古希腊先贤所倡导的"中庸"模式相一致。比如,柏拉图就主张,权力集中在一个地方就会导致任性,只有坚持中庸才能避免恣意的统治。在此,我们也可以清楚地发现混合政体理论与分权理论的不同,前者是权力在阶级之间的分配,后者是将权力分配给不同的部门。分权理论脱胎于均衡政治理论,并不是理论家的功劳,而是得益于革命的实践。17世纪的英格兰在摧毁了君主制和贵族院的情况下,均衡政治理论就失去了平台。混合政体理论是将权力分别配置给不同的社会阶级,进而防止权力的集中,分权理论也坚持相同的思维脉络。但是,混合政体中的君主、贵族院和平民院与分权学说的立法、行政和司法并不对称。

在这一过程中,首先要对君主权力加以限定,"君权无限"是排斥任何分权理论与实践的,因此"君权有限"并受制于法律是分权学说的起点。例如,在法国大革命前的两百年的时间里,国王垄断国家权力,是一切权力的最终来源,"朕即国家"是对无限君权最典型的表达。法国大革命后,革命者虽然摧毁了旧制度,根据1791年法国宪法的规定,"立法权委托给由人民自由选出的临时性的代表们所组成的国民议会,由国民议会在国王的批准下来行使;政府形式采取君主制;行政权委托给国王,在他的统治之下由部长和其他负责的官员行使;司法权委托给人民按时选出的审判官来行使。"③从法国的整体安排上来看,君主已经演变为执行部门,君权被限制为执行权,对于其他权力的行使自然就要分设出独立的机构,那就是国会和司法机关。对于政府机构的安排,产生困惑的地方在于立法部门,即对国会的安排上,这个问题也一直是后来时代所困惑不

① [英]M. J. C. 维尔:《宪政与分权》,苏力译,三联书店1997年版,第17页。
② [英]M. J. C. 维尔:《宪政与分权》,苏力译,三联书店1997年版,第34页。
③ 程春明:《司法权及其配置·理论语境、中英法式样及国际趋势》,中国法制出版社2009年版,第42页。

解的问题。如何继续采用均衡政治理论在国会中实现国王、贵族、平民等不同阶层的调和？在 17 世纪中期，国王和国会公开对敌，已经宣告了这种保守的、妥协的举措失利了。因此，赋予国王对国会立法的否决权，给予立法机关弹劾权，即赋予各机构有限的干预权成为一种可行的路径，这实际上就走向了一种分权制衡理论，类似于当今美国分权制衡政体下的模式。但是，在这里也有一种独特的英国模式，即虽坚持国会至上，但并非实行议行合一，而是实行"君主议会制度"，国王、内阁共同参与议会，混合政体的精神依然还活着。①

在最开始的两权分立理论中，一直适用立法职能和执行职能的术语表达，司法职能并不独立于执行职能。甚至说，司法职能就是执行职能，执行职能内含了司法职能，而行政职能只是现代意义上的术语。一方面，在英国表现得十分明显，由于英国国王并没有建立起强大的中央集权，英国国王对国家的统治主要通过更加温和的司法途径进行。例如，亨利二世建立巡回审判制度，名义上是司法制度，实际上执行了现代意义上的行政事务。普通法学者贝克对此评论道："总巡回审不仅是一个法院，它更像是一种监督地方政府的方式，在某种意义上是一个巡回的政府。"②我国有学者将其称为"行政司法化"，③ 也有学者将其称为"普通法司法治理模式"。④ 另一方面，混合政体理论只涉及君主、贵族院和平民院的机构划分，司法职能更加无处容身。

从政府职能的两重划分到三重划分，乔治·劳森做出了重要贡献。劳森认为，国家有三层权力，第一是立法，第二是司法，第三是执行。在劳森眼里，司法就是"管辖的权力"，即判决行为和执行判决，执行职能就是执行判决，而非"贯彻实施总体法律"。劳森将混合政体中的权力明显区分开来，但是他主张三个机构共享立法权，并认为立法权至高无上，是"一切管理活动的基础和准则"。⑤ 在此，他又提出了一个分权理论发展史上的难题，即国家各权力之间的位阶关系问题。分权理论的要旨是要实现对权力的相互制约，但如果坚持人民主权、议会至上，那么就相当于用更大的、更高位阶的权力限制权力，而高位阶的权力并不受制约。那么，权力分立要求的权力对等就失去了基础，这种情况下也难免"前门拒狼，后门进虎"，即使是最高权力也可能有出错的时候。⑥ 例如，法国大革命之后，就曾经按照其精神导师卢梭的主权理论建构政体，1793 年的法国宪法改变了 1791 年宪法所遵从的孟德斯鸠式权力分立的设计框架，国民工会被赋予了全部及无限制的权力，坚持人民主权。在法国这一时期，恰恰是不可分设的主权给予

---

① [英]M. J. C. 维尔：《宪政与分权》，苏力译，三联书店 1997 年版，第 35～39 页。

② 李栋：《通过司法限制权力·英格兰司法的成长与宪政的生成》，北京大学出版社 2011 年版，第 104 页。

③ 李栋：《通过司法限制权力·英格兰司法的成长与宪政的生成》，北京大学出版社 2011 年版，第 101～129 页。行政司法化是与我国"司法行政化"现象完全逆向的境遇。权力天生具有扩张性，尤其是掌握更多资源的行政权力，在行使的过程中最容易侵蚀其他权力。司法权成为行政权的附庸，司法就成为了行政的工具，这就是所谓的"司法行政化"。例如，有学者认为，我国古代的司法权"性质上是专制皇权的附庸，形式上与行政完全重合。"见方立新：《传统超越——中国司法变革源流》，法律出版社 2006 年版，第 3 页。

④ 周威：《英格兰的早期治理——11—13 世纪英格兰治理模式的竞争性选择》，北京大学出版社 2008 年版，第 72～89 页。

⑤ [英]M. J. C. 维尔：《宪政与分权》，苏力译，三联书店 1997 年版，第 50～53 页。

⑥ 周永坤：《宪政与权力》，山东人民出版社 2008 年版，第 137～142 页。

了党派专政的便利，即有可能滥用人民的意志来实行专政。① 因此，分权理论必然主张对立法权威的分享以及政府职能的划分。

之后的理论则调和了主权至上和权力分立之间的矛盾，认为虽然国家主权不可分割，但是作为主权国家的国家职能可以区分，由不同的机构掌握，并且分权是相对的。最具代表性的就是凯尔森的理论，其将国家权力分为法律创制权和法律适用权，并认为国家的很多行为实际上即是在创制法律也是在适用法律，分权并不是绝对的。比如，凯尔森认为立法机关制定一般法律就是对基本法律的适用，法官适用法律做出判决就是创造了一项针对特定个人的规范。"一个法律规范的创造通常就是调整该规范的创造的那个高级规范的适用，而一个高级规范的适用通常就是由该高级规范决定的一个低级规范的创造。"② 虽然孟德斯鸠并不是一个纯粹的分权主义者，他也强调权力之间的制衡，但是他却并没有关注于分权的相对性问题。国家三种职能在理论上可以做一个认识论上的泾渭分明的区分，但并没有哪一个国家的宪政体制安排能够把一项职能仅仅限制在某一个机构内部。也就是说，虽然三权分立要求职能分立、机构分立，但并不等于职能与机构可以完全重合。"法官造法"通过判例创造普遍适用的规则，司法权就分享了立法权；通过司法审查违宪案件和政府行为，实际上司法就拥有了参与政治与公共治理的职能。

因此，三权分立并不是一个先验的经验，分权理论吸收混合政体的有利因素，拒绝纯粹的分权理论，将制衡理论纳入框架内，并指导了资产阶级革命之后的宪政实践。而现在的分权理论不仅仅拒绝纯粹的分权，而且也排斥绝对的分权。司法权作为一项国家职权，在分权理论中被规整出来，原有的立法权和执行权的两权分立格局被打破，随之而来的局面是司法权参与并共享了其他两个权力的部分职能。司法职能扩张到立法和行政在各国都初现端倪，司法权在各国的地位和作用日益强化。在美国，由于普通法遵循先例的传统，法官解释法律并能动造法是一个不争的事实。即使是崇尚人民主权的欧陆国家，依然设立宪法法院，审查国会通过的法案是否违宪，宪法法院掌握了对宪法的解释权。在法国大革命时期，巴黎高等法院与国王展开激烈斗争的同时，法官经常运用手中的权力阻碍中央法令和政府官员的改革努力，由此造成了后来的资产阶级革命者不信任司法的局面，力图将司法作为政府的从属，法官被剥夺了法律解释权，仅能机械地适用法律。然而，司法的天性则告诉我们，法官适用法律就必须对法律做出解释，司法机关不可能成为执行立法者意志的傀儡而放弃司法能动。司法机关掌握法律解释权既是司法权实现制衡其他权力的手段，也是分享立法权的主要途径。之后的法国则认识到对行政行为制约的必要，并将这种职能赋予了司法机关，因此在法国形成了宪法委员会、行政法院和普通法院共享国家司法权的局面，司法机构的分设不但没有使司法职能的地位弱化，反而得到了强化。

（二）制衡理论中的司法权

虽然现代的观点普遍认为分权的目的在于实现制衡，但是分权理论和制衡理论并非

---

① 程春明：《司法权及其配置·理论语境、中英法式样及国际趋势》，中国法制出版社 2009 年版，第 44 页。
② ［奥］凯尔森：《法与国家的一般理论》，沈宗灵译，商务印书馆 2016 年版，第 205 页。

孪生，甚至说纯粹的分权学说是排斥制衡理论的。制衡理论的本质在于，在权力分立的基础上，赋予各个权力部门附属性的权力，以实现对其他权力的有限干预。在国家职权三分的背景下，制衡权实际上就是本部门对其他部门权力的分享。国会拥有立法权，但是行政首脑享有立法建议权和否决权，立法建议和否决明显属于立法权的当然范畴；同理，最高司法机关可通过解释宪法和法律，实现"法官造法"，创制普遍适用的规范，进而司法权分享了立法权。再者，司法机关可以审查行政机关的行政行为，法院的裁判进而就影响到政府的公共决策，司法权实际承担了行政决策职能。因此，分权理论下的制衡理论是附属性的，制衡理论下的分权理论永远具有相对性。

从各国整体的宪政实践来看，司法权分享立法权是通过违宪审查实现的，司法权分享行政权是通过司法审查或行政诉讼实现的。因此，传统意义上所说的司法审查权包括了两个方面，一是对立法机关颁布的法律文件，因为违反宪法而宣布无效的权力，即违宪审查权；二是在普通的诉讼程序中审查政府行为是否违法，甚至是对行政首脑进行弹劾。因此，司法审查权就是司法机关在制衡理论下所享有的制衡权力。

1. 司法审查的正当性探寻——以美国为例

对于司法审查正当性的辩题，我们可以归结为以下三个方面：一是在制度创设层面，法院行使违宪审查权是否有宪法的明确授权？由非民选的司法机构来制约立法机关，是否存在"反民主困境"，即"少数几位'柏拉图卫士'是否有权根据自身对宪法的理解，否决人民代表的意志？"[1]二是在制度运行层面，与宪法相矛盾的制定法并不是不证自明的，需要对宪法文本做出解释，由法院解释宪法文本是否具有正当性？由司法机关独占宪法解释权是否正当？三是在制度效果层面，在宪政的框架内，宪法不仅仅限制立法机关和行政机关的权力，也要限制司法机关的权力，那么如何控制法院的权力？三权分立的体制性框架会不会被破坏？在以上的种种辩题中，虽然有的仅属于美国本土的特殊性问题（如司法审查是否有宪法的授权），但更多的正当性辩题是具有普遍性的，并且也正是司法审查的实践表明其具有明显的扩张特性，由此也引发了持续的争议。

在美国取得独立之后，立宪者们有过激烈的讨论，罗伯特·耶茨（Robert Yates）认为人民有终局释宪的权力，如果法院享有违宪审查权，就相当于司法机关凌驾于立法机关之上。[2] 与之争锋相对，亚历山大·汉密尔顿则从法官具有的特殊能力和责任角度，提出了"最小危险部门"的论断，承认司法审查的理念。汉密尔顿写道："不论谁，只要考察了权力机构的不同组成部分，他就必须承认，在一个彼此分立的政府中，法院系统，从其功能的本质上来看，它将一直是对宪法政治权利最小的一种危险。法院系统对兵权和国库没有影响；不会控制利润和社会财富；并且不会主动作出任何决议。它可以被确切地描述为既没有力量也没有企图，而仅仅有判断力。"[3]但是这种讨论并没有结局，美国联邦宪法的条文并没有明确赋予司法机关对立法的"否决权"，仅仅规定了法

---

①　张千帆：《美国联邦宪法》，法律出版社 2011 年版，第 23 页。

②　陈文政、陈伟杰、庄旻达等：《美国司法违宪审查正当性论辩脉络之分析》，载《政大法学评论》2011 年 8 月，总第 122 期。

③　[美]克米特·L. 霍尔：《牛津美国联邦最高法院指南（第二版）》，徐明月、夏登峻等译，北京大学出版社 2009 年版，第 499 页。

院的管辖权和至上性条款，即美国联邦宪法第三条和第六条。

或许我们只能说根据宪法的以上两个条款，笼统地认为司法审查隐含在宪法整体架构的可欲目的之中，即至上性条款隐含"上位法优于下位法"的理念，如果上位法与下位法相抵触，优先适用上位法。制宪者们虽然关注新成立的联邦政府的统一权力行使，但是对法院是否享有司法审查权却莫衷一是，但至少宪法的措辞并未禁止这样做。根据至上性条款，联邦的法律优先于与其相悖的州法律，各州法官并没有审查联邦法律违宪的权力，虽然该条款也并没有直接提到联邦最高法院。宪法第三条也仅仅是规定了什么样的案件应当由法院管辖，在那些"由法律引起"的案件中，法院通常只决定事实问题，即使对于某一事项是属于"事实问题"还是"法律问题"发生争议，法院也不会自己处理。①

马伯里诉麦迪逊案（Marbury v. Madison）被普遍认为是司法审查制度建立的起点，同时也为司法审查提供了实践意义。1801 年，共和党在国会和总统选举中大获全胜，而联邦党在两个民选机构中均宣告失利。刚上任不久的国务卿马歇尔，没有将上一任总统约翰·亚当斯当政最后时刻签署的委任状交付给哥伦比亚特区治安法官威廉姆·马伯里。于是，马伯里向新当选的总统托马斯·杰弗逊提出要求，向其发布委任状，但是遭到了国务卿麦迪逊的拒绝，马伯里遂起诉到了联邦最高法院。马伯里根据《1789 年司法法》第 13 条，提出联邦最高法院依据其管辖权，向国务卿发布训令令状，指令其交付委托书。然而，当时联邦最高法院由以马歇尔为首的联邦党人控制，马伯里要求最高法院命令共和党人控制的行政部门移交职位，就使得联邦最高法院法官陷入了政治斗争，并且也处于两难境地。"他们很清楚在更多激进的共和党分子决心要除去联邦最高法院权力的时候，发布一个有违杰弗逊政府意见的训令令状，会激起怎样的狂怒之情。最好的结果，总统会简单地命令麦迪逊不理会联邦最高法院。最坏的结果，他可能会利用其个人威望为国会中其他党派激进分子已经着手的工作提供支持，以最大规模地限制联邦最高法院的权力。"②

为了政治斗争的需要，马歇尔首先根据既得权力原则肯定了马伯里享有受到委任的权利，但法院则不能够下达训令，因为《1789 年司法法》旨在授权法院在这一情况下采取行动是违宪的，于是马歇尔为他的法院争取到了宪法所没有明文规定的东西——司法审查权。同时，马歇尔也回避了主要的问题："问题并不是一部与宪法相矛盾的法案是否有效，问题在于，谁被授权决定该法案与宪法矛盾。"③马歇尔引用了宪法第 3 条和第 6 条的规定，但是他避重就轻，没有宣布丧失管辖权而放弃裁判；他虽然强调宪法的至上性，但并没有说明为什么解释和实施这部最高法典的实体是司法机构。

分析司法审查的正当性，学者们大多都会置于三权分立的语境中。除此之外，还有

---

① ［美］亚历山大·M. 比克尔：《最小危险部门——政治法庭上的最高法院》，姚中秋译，北京大学出版社 2007 年版，第 8 页。

② ［美］克米特·L. 霍尔：《牛津美国联邦最高法院指南（第二版）》，徐明月、夏登峻等译，北京大学出版社 2009 年版，第 4500 页。

③ ［美］亚历山大·M. 比克尔：《最小危险部门——政治法庭上的最高法院》，姚中秋译，北京大学出版社 2007 年版，第 3 页。

学者将其置于普通法的背景下研究，这一研究主要在"遵循先例""个案平衡"的语境中，提出用"个人自由保障"来正当化司法审查的思路，调和三权分立理论和民主政治理论之间的张力。"普通法传统结合宪法个人自由权利保障之要求的结果，使得美国司法违宪审查的功能很容易就能在'保障个人权利'的层次上正当化。"①在该视角下，转而走向了普通法语境下宪法解释方法的研究范畴。因此，有学者总结到，司法审查正当性的争议分为外部正当性争议和内部正当性争议，前者是从权力配置、机构职能划分角度展开的论证，后者则是从存在宪法规范不明、如何证成裁判实体正当性方面展开。②因此，从权力配置的角度来看，主要的议题还是集中在三权分立体制之下，对司法审查提出的最大质疑——"反多数主义的难题"。

"反多数困境"反映出来的是一种矛盾体，大法官经任命而非民主选举产生，而"民主政治理应对公众意志负责，如何能解释一个'成员无须对人民负责'的政府部门（司法部门），却拥有推翻公共决策之权？"③"反多数困境"最先是由比克尔（Bickel）在《最小危险部门——政治法庭上的最高法院》中提出来的，对此引起了学界不少的争议。④"反多数困境"仅仅是理论上的蹩脚之处，还是在实然层面会给国家政体带来价值损害？

在比克尔的论述中，他虽然承认民主具有很高的价值，但是民主中的"人民意志"过于抽象，而代议制民主则是实际运转中的民主制。因此，在民主的理论和实践中，选举具有核心功能。然而，实际情况却是利益集团房获治理的过程，选举本身就是政治竞争，"并没有使多数以最为有意义的方式进行治理"。简言之，民主不等于多数人的统治。因而，那些行使司法审查权的法官也可以不对任何人负责，并不与民主理论严重冲突。代议制民主只是给我们准备了一条责任链条，在责任链的末端是少数人的决策和统治，在责任链的前端则是基于民主的多数人授权。因此，司法机关的末端决策也是可以被立法机构中的"多数人意志"所撤销的，如修正被法院否决的法律条款。⑤通过以上两点，比克尔似乎认为"反多数困境"是一个虚构的问题。他认为，一个社会的民主如果能够达到超理想的状态，那么司法审查就没有存在的必要了，如果一个社会失去了民主的支柱，那么司法机关也是没有能力力挽狂澜的。民主的多数与司法审查并不是"先有鸡还是先有蛋"的逻辑循环，司法审查可以纠正民主的偏差，但是司法本身却不能走上民主之路，如果法官也由民选产生，那么法官将不会再恪守中立。其实，比克尔给我们提出了司法审查的反民主难题，但司法审查和民主政治是相得益彰的，司法审查是宪政分权的平衡机制，正是这种对立且统一的矛盾体才产生了分权制衡理论更加内在的运行机理。

---

① 黄舒芃：《从普通法背景探讨检讨美国司法违宪审查正当性的问题》，载《台大法律评论》第 34 卷第 2 期。

② 黄昭元：《司法违宪审查的正当性争议——理论基础与方法论的初步探讨》，载《台大法学论丛》第 32 卷第 6 期。

③ 陈文政、陈伟杰、庄旻达等：《美国司法违宪审查正当性论辩脉络之分析》，载《政大法学评论》2011 年 8 月，总第 122 期。

④ 陈文政、陈伟杰、庄旻达等：《美国司法违宪审查正当性论辩脉络之分析》，载《政大法学评论》2011 年 8 月，总第 122 期。

⑤ ［美］亚历山大·M. 比克尔：《最小危险部门——政治法庭上的最高法院》，姚中秋译，北京大学出版社 2007 年版，第 17~23 页。

2. 司法审查的制度建构——以欧陆法为中心

美国素有"司法权优越"之传统，用司法实现宪法保障成为宪政的必由之路。美国建立的司法审查，与其普通法背景有着直接的关联（先前的法院对于后续的案件具有约束力），从而建立起了普遍适用的违宪审查原则，这与欧陆法的传统有着根本的区别。虽然，欧陆国家也认可宪法需要维护的理念，但是具有"立法权优越"理念的大陆法系国家，不可能不加任何变动而全盘移植美国司法审查制。在法国大革命时代，卢梭的国民主权思想深入人心，诉诸国民意志的立法权具有优越的地位，司法审查制度却与此南辕北辙。但是在"二战"后，人民已经看到民主主义被独裁者玩弄，因此对议会通过之法律即为民意之表达的简单逻辑产生了质疑，也逐渐摆脱了"立法机关万能"的教条。尤其在纳粹主义猖獗的德国，人民痛定思痛，不再盲目宠信"依据法律保障权利"，转而求助"保障自己权利不受法律侵害"。

首创于美国的司法审查制度在"二战"后遍地开花，截至 2007 年，全世界已经有 164 个国家拥有了不同形态的司法审查制度。总体而言，世界各国违宪审查制度可以分为三个类型：集中管辖模式、分散管辖模式和混合模式。分散式的审查模式就是由普通法院系统，在具体的案件中附带审查相关法律的合宪性问题，仅对个案当事人有拘束力。集中管辖式就是设立特别法院独立审查宪法案件，审查的结果具有普遍的约束力。而混合模式则兼采以上两种模式。① 分散管辖模式以英美法系的美国为代表，集中管辖则是欧陆法国家所普遍采行的制度安排。

总结欧陆式司法审查的特征，主要包括以下几个方面：

第一，设立独立的宪法法院管辖违宪案件。

在德国，根据 1951 年制定并于 2010 年修正的《德国联邦宪法法院法》，德国宪法法院是一个独立的、不附属于任何司法机构的审判机关，也只有宪法法院可以决定法律是否违宪。

法国对于违宪审查理念，传统上持消极排斥态度，因此在制定 1946 年法国第四共和国宪法时，就应否给予法院以司法审查权，也发生了争议，但是仍然不认可美国式的司法审查，取而代之"宪法委员会"的构想，而宪法委员会就是事实上的宪法审判机关。依据《法国宪法》第 56 条和第 57 条规定，宪法委员会中共有 9 名任命的法官。宪法委员会委员，除当然委员外（宪法直接确定而无须经过任命的法官），共和国总统和两院议长各任命 3 名法官，该 9 名法官的委任期为 9 年，但每三年更换其中的 1/3。

在意大利，根据《意大利共和国宪法》，宪法法院由 15 名法官组成，法官的来源采取三分法，即 1/3 由共和国总统任命，1/3 由议会联席会议任命，1/3 由普通的和行政的最高司法机构任命。这种安排，一方面保留了宪法审判的司法性裁判，另一面赋予了与宪法审判相关联的部门政治性权衡。因此，宪法法院的构成具有混合特征，即具有法律技术上的意义，也具有政治制度上的意义。② 这同时也是以德、法、意三国为代表的欧陆式司法审查的特色，法官的选任兼顾了各政治部门之间的利益，一方面可以增加宪

---

① 陈文政、陈伟杰、庄旻达等：《美国司法违宪审查正当性论辩脉络之分析》，载《政大法学评论》2011 年 8 月，总第 122 期。

② 李修琼：《意大利宪法审判制度研究》，北京大学出版社 2013 年版，第 22 页。

法法院的权威，另一方面则使宪法法院置身于政治的旋涡中。

第二，宪法法院的管辖范围十分广泛。

依据《德国联邦宪法法院法》，德国宪法法院有着非常广泛的审查权。由于拥有广泛的审查权，德国宪法法院无疑是当今世界上最有权力的法院之一。德国宪法法院审查的方式主要包括具体审查和抽象审查。如果某一法院在审理一项具体的案件时，认为某项法律违反宪法，此为具体审查。此时，法院需要终止诉讼，将争议法律移送给宪法法院审查，宪法法院的审查不直接触及具体案件的处理。另一种形式的审查就是抽象的审查，宪法法院直接审查法律条文，审查不与具体的法律纠纷相关。抽象的审查一般是由各邦政府或联邦议会议员联名提出，审查法律通过的程序和实体。宪法法院的裁判对象不仅仅包括法律是否违宪，德国宪法法院还审理涉及公民权利的宪法诉讼。公民权利宪法诉讼的前提条件是公民的基本人权因公权力之行使而受到损害，并且已经穷尽了救济手段。不管是具体审查、抽象审查，还是宪法诉讼，宪法法院的裁判都具有"对世的效力"，不仅仅对当事人，而且及于一般人，裁判主文应由联邦司法部部长于联邦法律公报中公布。

根据法国宪法，法国宪法委员会依然具有广泛的职权。对法国宪法委员会的职能进行分类，主要包括司法职能和非司法职能两类，前者包括法律合宪性审查及解决选举争议，后者为经政府请求，宪法委员会负责确认共和国总统职位空缺（辞职或死亡）或者不能履行职责。对于法律违宪性审查的方式包括强制审查和非强制审查，如果组织法及议会条例涉嫌违宪，则宪法委员会必须进行法律合宪性审查，而非强制审查则是在法律生效后，政府向宪法委员会申请确认，某法律侵入了不属于议会立法的领域，并要求宪法委员会授权其通过法令修改这部法律。

基于法国宪法委员这种组织和编排机制，以及其兼备政治职能的关系定位，法国宪法委员会的性质备受争议。有学者认为，法国宪法委员会虽然以违宪审查为目的，但宪法委员会并不是超然于政治党派的独立司法机关。[①] 也有学者认为，"法国宪法委员会成员也可能具有与任命他们的机构接近的政治敏感性。但不能因此就认为法国宪法委员会是一个政治机构。"根据法国宪法和组织法的规定，法官职务不可任意撤换、宪法委员会委员不得兼任部长和议员、禁止对可能成为裁决内容或对象的事项提供咨询意见等措施，是可以保障宪法委员会的独立性的。[②] 实际上，法国的宪法委员会不仅仅是事实上的宪法法院，它肩负着多重使命，性质比较特殊。

在意大利，根据《意大利共和国宪法》第 135 条以及 1953 年第 1 号宪法性法律第 2 条，宪法法院开展以下活动：对法律及有法律效力的规范性文件进行合宪性审查；对国家机关之间以及中央和地方之间的职权冲突进行审查；对废止性全民公决申请的可接受审查；对针对共和国总统刑事指控的审查。

首先，在对法律文件进行审查时，同时采取具体的附带审查和抽象的直接审查相结合的模式。并且，在意大利宪法法院审理的案件中，关于法律合宪性审查的决定占总案

---

① 李鸿禧：《司法审查制度之实质移植（上）——大陆型违宪审查制度之研究分析》，载《台大法学论丛》1984年第 2 期。

② 张莉：《试论法国宪法委员会的司法性》，载《欧洲法通讯》（第一辑），法律出版社 2001 年版，第 75~77 页。

件数量的 90% 以上。其次，职权冲突案件审查的主要目的在于保障宪法所规定的民主、分权原则，解决中央国家机构之间的职权冲突，保障国家权力之间、国家与地区之间的平衡以及地方自治架构。再次，在宪法法院对全民公决的审查案件中，宪法第 75 条第 2 款规定，关于税收财政支出的法律、关于大赦和特赦的法律以及批准和认可国际条约的法律不得提出全民公决的请求。但由于面对数量众多的公决申请，宪法法院在 1978 年进行了改变，即宪法法院通过实质性的解释宪法，严格限制可提起公决案件的审判范围。[①] 最后，审理对于总统的刑事指控，主要是包括"叛国罪和严重违反宪法"等行为，这一裁判具有典型的政治性。

（三）司法职权配置的国际趋势

长久以来，我们都坚持这样一种观念，法院是司法机关，依据法律裁判具有争议的案件；议会等立法机构代表民意，是利益分配机关；政府则是执行民意，这是民主政治的表现。法院为了能够公平地裁判案件，必须保持独立，远离政治的利益分配。为了保障司法独立，要确保法官遴选不受政治控制、法官不参与政治活动、法官任职保障等。以上这些思路都是保障司法独立，不让政治力量渗透到司法领域，然而司法独立并不能防止法院介入政治，参与政策的制定而异化成政治部门。[②]

当司法部门行使司法审查权解释宪法，对相关政治决策就具有了终局的决定权，所有政府部门都要接受和执行，除非修宪或法院嗣后自行变更先前判决，否则民意机构和执行部门就无法制衡法院。换言之，司法机关直接参与了政治决策的过程。"在司法违宪审查的机制下，即使是政治性的决定，法院也会成为最终决定者。这势必会导致所谓的'政治司法化'，而政治司法化的结果也同时会使法院介入各项重大政治决定，因而造成'司法政治化'。"[③] 一方面，法院之所以能够参与政治，是因为法院享有司法审查权，而法院拥有司法审查就是要保障成文宪法的实施。英国一直采取不成文宪法，自然没有司法审查，并且英国坚持"议会至上"的政治理念，司法权并不与立法权拥有同等的地位。另一方面，虽然有些国家具有成文宪法，但是法院却没有司法审查权，如瑞士、荷兰等国家。这些国家之所以没有司法审查，原因在于坚持民主多数原则，奉行立法机关至上。欧陆式司法审查并没有将司法审查权交给普通法院，而是单独设立宪法审判机关，形成多元司法化的局面，司法权的分化更加为司法参与政治决策提供了便利渠道。例如，意大利总理贝卢斯科尼先后推动制定了有关赋予国家最高领导人司法豁免的法案，而该法院即为贝卢斯科尼量身定制，法院最后以宣告该法律违宪而告终。再如，就 2017 年欧洲央行（ECB）2.3 万亿欧元资产购买计划可能存在违反政府融资禁令的问题，德国宪法法院称："有明显的理由表明，欧洲央行管理资产购买计划的决定违反了货币融资禁令，而且超出了欧洲央行的货币政策职责范围，因此侵犯了成员国的权

---

① 李修琼：《意大利宪法审判制度研究》，北京大学出版社 2013 年版，第 57~59 页。

② 任冀平：《法院与政治：美国司法政治初探》，载《全球政治评论》2011 年第 33 期。

③ 黄昭元：《司法违宪审查的正当性争议——理论基础与方法论的初步探讨》，载《台大法学论丛》第 32 卷第 6 期。

限。"①实际上，宪法法院的裁决则更多的是涉及政治性裁决。

在美国，出现了对司法审查进行限制的迹象，最典型的是政治问题原则。最高法院应该进行司法自我约束，主动避免决定政治问题。司法机关进行自我约束通常有两个原则性依据，一是分权原则，联邦最高法院应该依据已有的法律来裁判案件并解决纠纷，使自己的裁判性权力与立法机关和行政机关的权力相区分。如果没有公民正当权益受损，案件没有事实争议而仅是法律争议，则联邦最高法院不能受理。实际上，马歇尔在"马伯里诉麦迪逊案"中就预见了司法参与政治而突破分权框架的困境，他在判决中写道："联邦最高法院管辖的范围仅仅是对个体权利进行裁判……具有政治性质的问题……从来不是由本法院处理的。"②二是有限制衡原则，依据共和政府的理念，除非实际需要，联邦最高法院应当避免限制其他权力。大法官路易斯·德姆比茨·布兰代斯在著名的"阿什西旺德诉田纳西山谷当局案"中，确立了几个标准：一是必要性原则，如果有其他可以据以裁判的理由，联邦最高法院不要审查法律问题；二是解释优先原则，当一部国会立法的合宪性受到质疑时，联邦最高法院首相应当确定是否可以通过合理的解释来避免直接宣布法律无效；三是审查范围限定，联邦最高法院对一部法律的解释，不能比它应适用那些事实所对应的范围更广泛。③

从国际化趋势来看，分权理论拒绝了纯粹化、绝对化的模式，合理地吸收了制衡因素，但是制衡并不是无限制的，过度的制衡导致司法权僭越立法与行政，形成司法政治化的局面。因此，作为制衡手段的司法审查必然要有所节制。

二、权力构造视角下的司法职权配置

约翰·H. 兰博约在《比较诉讼制度在美国的影响》一书中曾言，研究法律机构和程序的比较法是最具启发性的法律科学，而研究比较法最重要的目的是理解本国法的独特性。④ 各国刑事诉讼制度复杂多变，虽然有夸大差异性的嫌疑，但每个国家的司法制度都有其特色，很难寻找一致性的脉络。

面对纷繁的司法制度和诉讼程序，有不少学者建立了理论分析的模型。这些理论模型抽象了各国司法制度和诉讼程序中的共性因素，并提炼了各法域中的特殊因素作为变量。并且，每一种理论模型的建构者都声称，实践中都不存在这种纯粹的理论模型，每种模型之间都是一种处于对立、竞争关系的极端模式。可以说，虽然"模式是对现实的歪曲"，⑤ 但正是这种既抛开细枝末节，又关注于相互竞争、对立的差异因素的研究进路，可以将诉讼中司法职权配置的一般规律很好地呈现在眼前。

---

① 《德国宪法法院裁定欧洲央行购债计划违法》，载新浪财经 2017 年 8 月 16 日。
② ［美］克米特·L. 霍尔：《牛津美国联邦最高法院指南（第二版）》，徐明月、夏登峻等译，北京大学出版社 2009 年版，第 707 页。
③ ［美］克米特·L. 霍尔：《牛津美国联邦最高法院指南（第二版）》，徐明月、夏登峻等译，北京大学出版社 2009 年版，第 505 页。
④ ［美］戴维·T. 约翰逊：《日本刑事司法的语境和特色·以检察起诉为例》，林喜芬译，上海交通大学出版社 2017 年版，第 210 页。
⑤ ［美］哈伯特·L. 帕克：《刑事制裁的界限》，梁根林等译，法律出版社 2008 年版，第 155 页。

（一）司法职权配置的理论层面：犯罪控制模式与正当程序模式

在谈及诉讼构造或诉讼模式这一议题时，当事人主义和职权主义应该是最具有持久影响的两种诉讼模式。这种传统意义上的诉讼模式，实际上仅仅是一种诉讼制度的模糊分类，其分类的决定性因素在于"法官在诉讼制度中的作用"以及"当事人的参与度"。这种分类的模糊性体现在"两种制度在靠拢、融合"。例如，职权主义模式被认为是大陆法系国家普遍采用的诉讼制度，法官在程序上有庭审的指挥权，主导诉讼进行并可以主动探究案件实体事实。实际上，这种论点是十分的脆弱，因为现代意义上的职权主义诉讼模式是在欧洲大陆传统的纠问制①诉讼的基础上，吸收了当事人主义诉讼模式的对抗制因素而形成的。"最近的发展已经模糊了二者的界限。在此过程中，一切欧洲国家引入了不少控辩制的因素。"②一个很好的例证就是法官主动探知案件事实时，受到了程序上的明确限制。比如，《德国刑事诉讼法》第 245 条规定，仅当提出查证申请时，法院才有义务将证据调查延伸至由被告人或检察院传唤到场的证人和鉴定人，以及已调取的其他证据材料。③ 因此，法官的主动和被动之间的界限是十分难以界定的，这一诉讼模式的分类不能够承载很多信息，并且整合各种处于临界的、不稳定的多样因素也异常烦琐。这种诉讼模式的界分仅具有笼统的类型学意义，并不具有太多关于诉讼程序构造的方法论意义。因此，有学者尝试用一种新的方法来分析各国的司法程序。比较有代表性的，一是帕克的"犯罪控制模式和正当程序模式"，二是达玛什卡的"政策实施型程序和纠纷解决型程序"。本章开头笔者曾提到，司法权配置有两个维度和一个中间的过渡地带。从司法职权配置这一议题来看，帕克是从具体的司法程序角度的理论展开，而达玛什卡的理论是在国家权力结构和法律程序之间的相互关系的背景下展开的，因此达玛什卡的理论模型将在下一节中作为分析工具。

帕克抽象出了刑事诉讼中两种争夺优先性的价值体系：犯罪控制价值和正当程序价值。在犯罪控制模式之下，为维护社会秩序之目的，首先关注于程序识别嫌疑人、确定犯罪及被判有罪的效率性。以这一价值追求为圭臬，程序的运行更加倚重于非正式的、行政性的权力运作，偏向于"流水作业式"的权力运行模式，早期的行政性事实认定活动在程序中占有中心地位。而在正当程序模式之下，程序模式看起来十分像"障碍赛跑"，倚重于司法性、具有法律正式结构的程序性权力安排与运作，强调事实认定的程序可靠性。因此，在正当程序模式下，司法的程序性权力配置，具有了个人权利的面向，即限制国家权力以维护个人权利。在帕克的两种诉讼模式中，各自整合了一系列相互竞争的元素，采取不同的价值取向会影响程序性权力配置。在犯罪控制模式中，偏爱于积极主动的官方调查程序，而正当程序模式则必然主张对官方权力的限制。"在通过遵从正当程序模式而解决两模式之间的紧张状态的程度上，发挥作用的权力是司法权，

---

① 这一诉讼构造的基本模式是控审合一，法官主动追究犯罪，并同时承担控诉职能，"不告不理"。

② ［瑞士］萨拉·J. 萨默斯：《公正审判·欧洲刑事诉讼传统与欧洲人权法院》，朱奎彬、解进杰译，中国政法大学出版社 2012 年版，第 11 页。

③ 宗玉崑：《德国刑事诉讼法典》，知识产权出版社 2013 年版，第 197 页。

它以发动无效制裁的独特司法模式进行运作。"①因此，在正当程序模式下，审前阶段由中立的法官进行司法审查是程序性权力配置的重要方面。司法审查的存在与否，直接影响到强制性侦查措施发动权、起诉裁量权的配置与运作。例如，在起诉程序中，犯罪控制模式主张将起诉与否的甄别完全托付给检察官自由裁量，如果要求所有的案件都接受预备性的司法审查，制度将不堪重负，也是对资源的浪费。正当程序模式则认为，检察官不能避免自身偏见，这样的权力安排将会丧失程序的对抗性。因此，中立预审法官应当掌握起诉审查权，嫌疑人有在场权和得到辩护律师帮助的权利。相比较而言，认罪协商则是犯罪控制模式中最核心的制度设置，控诉机关通过认罪协商，审判性的实质司法活动减少到了最少，整个事实认定程序在庭审之间就已经完结，因此就实现了快速甄别嫌疑人、确定犯罪的目的。

帕克基于对现实的观察和研究，对刑事诉讼的运作提出了系统性、整体性的理论解读，他向我们展示并说明了，"在法律的实施中，操作性与技术性的条款会由于利益主体之间不同价值取向而导致司法的变形，分析现状需要考虑决定程序细节基础的价值，价值的选择决定了规范模式的潜在性质和制度特征"②。两种价值之间处于一种竞争且共存的关系，"如果某人赞同某一模式的全部价值，而排斥另一模式的全部价值基础，那么这肯定会被视为奇迹"③。基于这种理论脉络，我们会更好地考察不同国家程序性司法职权配置的不同特色。

（二）权力配置的规范考察及其经验总结

现代的刑事诉讼制度已经改变了职能混同的局面，像法国预审法官同时掌握侦查职能和裁判职能的制度安排已经成为另类，控诉职能和审判职能相分离是整体趋势，被动性、终局性是审判权的基本属性，没有控诉就没有审判，案件只有经过审理后才能最终确定，并产生拘束力。而侦查职能和控诉职能之间具有天然亲和性，行使控诉职能的机关也被要求具备一定的客观精神，以便审查侦查期间所掌握的可以证实犯罪的证据材料，并同时兼顾有利于犯罪嫌疑人的证据，作出是否起诉的决定并出庭支持公诉。在诉讼职能分立之后，随之而来的就是权力之间的关系问题。从各国的立法和实践来看，刑事诉讼各程序性权力之间的关系呈现出两种不同的趋势：一是将审前阶段进行对抗制改造，侦查公诉机关不享有压制性的程序决定权，是否能够限制隐私权、财产权和自由权，必须接受中立机关的司法审查并申请令状。对于是否能够开启审判，需要进行预审听证，整个诉讼过程倚重于中立的司法审查。二是虽然一定程度上规定有令状主义，强制措施的实行必须经过司法审查，但是否提起诉讼的权力完全掌握在公诉机关手中，再加之检警一体化的设置，检察机关实质上成了整个刑事诉讼的中坚力量。可以说，这两种趋势都是犯罪控制模式和正当程序模式的混合，只是各自的偏向性不同。

---

① ［美］哈伯特·L.帕克：《刑事制裁的界限》，梁根林等译，法律出版社2008年版，第173页。

② 左卫民：《冲突与竞合：刑事诉讼的模式分析———读帕克教授的〈刑事制裁的界限〉》，载《政法论坛》2017年第5期。

③ ［美］哈伯特·L.帕克：《刑事制裁的界限》，梁根林等译，法律出版社2008年版，第156页。

1. 倚重于司法审查的权力配置

之所以说程序性司法职权的配置倚重于司法审查，主要体现在两个方面，一是基于令状主义而掌握程序性强制措施的决定权，二是基于预审程序将公诉机关的裁量权置于严密的监控之下。这种司法职权的配置进路都崇尚一种理念，即对具有"中立且超然的司法人员"之信赖。

搜查、扣押、逮捕涉及公民隐私权、财产权和人身权，这些权利都是宪法赋予公民的基本权利。令状主义要求在对公民权利做出限制或剥夺前，必须经过司法机关的审查，以确定是否具备强制处分的实质理由，其本质上是一种"事先审查制"，即以预防警察不法行为为目的，而非事后救济性措施。美国宪法虽然规定了令状主义，但是由哪一个机关签发并没有明文规定。直到1948年联邦最高法院做出判例，只有"中立及超然的司法人员"才能签发令状，其理由是警察具有面临侦破案件的压力，当警察具有明显的利益偏向性时，如果让警察自行判断是否开启搜查，宪法条文对人民的保护将成为具文。[①] 在1971年Coolidge v. New Hampshire案中，继续限定了"中立及超然的司法人员"的范围，认为检察官无签发令状之权。因此，法院垄断了除附带于逮捕的搜查、紧急情况下的搜查以及被搜查人同意搜查之外的决定权。对于限制人身自由的逮捕而言，由于大部分逮捕都是在没有逮捕令状下进行的，因此在被告人被逮捕后，要无延迟地将逮捕令状送到法庭，法官需要审查逮捕报告，告知被告人指控的罪名以及决定是否予以保释。[②] 美国刑事诉讼的设置实际上是实行逮捕前置主义，将逮捕和羁押相分离，警察可以在例外的情况下无证逮捕，但是在逮捕之后必须移交法庭决定是否予以羁押。这种逮捕权和羁押决定权相分离的模式，既可以为警察提供灵活的侦查手段，也可以让中立且超脱的法官保障自由权利免受侵犯。除美国之外，德国刑事诉讼也是遵从这种权力配置的模式，如《德国基本法》第一百零四条规定，只有法官才能决定是否剥夺自由及剥夺之持续时间。[③]

司法权力在诉讼程序中得以强化，不仅仅在于法官享有程序上的审查权，更重要的还在于实体上对起诉的审前审查或预审程序，正式审前审查的目的在预检验证据以决定起诉是否正当。嫌疑人是否具有足够的嫌疑？是否有足够的证据证明嫌疑？谁有权决定这些问题？将犯罪嫌疑人转化为被告人，应该以行政性的权力做出，还是以司法的方式做出？诚如帕克所言，在犯罪控制模式之下，会"将程序这一阶段的甄别决定完全交付给检察官的自由裁量权"。[④] 因为，行政性的事实认定程序的特征在于尽可能地减少限制，对起诉的重复审查是认定犯罪的效率价值的严重损害。与之相反，正当程序模式则会毫无疑问地选择司法性权力运作，通过无效制裁实现对国家权力的限制，整个诉讼权力的重心都会偏向于具有论辩性、中立性的司法权。

美国刑事诉讼中的预先审查程序（即预审）是在重罪的案件中，由治安法官主持，

---

① 王兆鹏：《美国刑事诉讼法（第二版）》，北京大学出版社2014年版，第69页。

② [美]爱伦·豪切斯泰勒·斯黛莉、南希·弗兰克：《美国刑事法院诉讼程序》，陈卫东、徐美君译，中国人民大学出版社2002年版，第332~335页。

③ 宗玉昆：《德国刑事诉讼法典》，知识产权出版社2013年版，第43~44页。

④ [美]哈伯特·L.帕克：《刑事制裁的界限》，梁根林等译，法律出版社2008年版，第204页。

在公开和对抗的听审论证程序中控方必须有足够的证据支持其指控，治安法官对控方的指控决定进行独立的审查判断。预先审查程序的目的在 Thies v. State 案中得到了明确："防止草率、预谋和暴虐的起诉，为使指控者免受公开的犯罪指控，为被告人和公众节省公诉的开支，而审查起诉是否基于充分的理由。"①除了预先审核程序之外，美国的大陪审团也行使审查职能。大陪审团行使审查职能在于保障公民免受恣意起诉，具有防御功能。大陪审团除审查职能之外，还具备进攻性的调查职能，大陪审团利用调查权可以披露公诉人先前没有掌握的证据，以便确保法院获取有罪判决。因此，大陪审团也被誉为美国司法程序的"剑和盾"。②

2. 倚重于控诉职能的权力配置

在一些国家的程序性权力的配置中，虽然也实行令状主义，对侦查的强制措施实行司法审查，但是其权力结构的重心却偏向于享有控诉职能的检察机关。究其原因在于，一是检察官垄断起诉裁量权并采起诉便宜主义，检察官可以酌定做出不起诉决定并就此终结诉讼程序而不受法院的制约，即使向法院提起诉讼，法院也仅仅进行书面化的形式审查；二是侦控一体，检察官主导侦查程序的进行，并且将检察机关塑造成具有客观精神的团体，以便监督侦查程序运作。在整个权力关系中，检察机关具有支配地位，虽然强制侦查措施的决定权由法院掌握，检察机关的控诉需要法院最终认定，但是具有被动性的法院很少有机会制约公诉活动，而检察机关则更多地掌握了对侦查机关的控制。虽然审判程序依然采用直接言词原则，整个刑事诉讼程序依然保留着"审判中心"的形式化构造，但是享有不起诉决定权的检察机关可以直接阻断程序的进行。

美国学者戴维通过实证研究考察日本刑事司法，认为日本刑事司法实际上是"检察官的天堂"，他认为"严重犯罪数量极少、检察官案件负担轻、检察官免受公众诉求和政治压力之影响、刑事程序法授予了检察官极大的权力来侦查和处理案件以及在法官而非陪审团面前出庭支持公诉"，这五个方面的关键因素大大方便了检察官的公诉行为，并且戴维将其概括为检察官履职所需的工具：时间、自治、权力、公众支持和可预测性。重罪数量少和案件负担轻使得检察官能够进行透彻的调查和细致的思考；检察官非民选产生，其不必为某些带有政治色彩的行为承担处置不当的责任；检察官独享起诉权，享有暂缓起诉的权力，依讯问编纂笔录案卷并可以隐瞒证据而不承受任何不利后果，以此检察官掌握了对诉讼信息的控制权；由专业法官审判案件，检察官可以像法官一样思考问题，检察官对于诉讼结局的可预测性增强并可以及时调整诉讼策略(放弃诉讼或非正式和解将无罪判决率降到最低)，而陪审团审判带来的不确定性则意味着更多

---

① ［美］爱伦·豪切斯泰勒·斯黛莉、南希·弗兰克：《美国刑事法院诉讼程序》，陈卫东、徐美君译，中国人民大学出版社 2002 年版，第 397 页。

② 伟恩·R. 拉费弗、杰罗德·H. 伊斯雷尔、南西·J. 金：《刑事诉讼法（上册）》，卞建林、沙丽金等译，中国政法大学出版社 2003 年版，第 437 页。但大陪审团更像是对抗式审判中的异类，不同于公开进行的预先审核程序，大陪审团实行秘密审查，况且大陪审团同时兼具中立性的审查职能和控诉性的调查职能，难免自相矛盾。虽然大陪审团因为运行成本过大，目前已经很少适用，虽然这种程序性权力的安排突出了司法审查在权力结构中的地位，但也突破了合理的边界，即中立司法职能与侦查职能的混淆。

的"错误起诉"会发生。① 在日本，经起诉的案件的高定罪率就是一个很好的例证，检察官可以对庭审的结果做出很好的预测。

可以说，戴维的实证研究为我们了解日本刑事司法提供了一种独特的视角，在刑事诉讼的条文之下还隐藏着程序性权力配置的另一条线索，即权力行使的环境对权力本身之塑造。可以说，在程序性权力运作的整个过程中，检察官的起诉权是塑造检察官地位的本体性因素，围绕起诉权的配置，外加和谐且自治的环境，突出了控诉职能的重心地位。总的来讲，以下几个要素对倚重于控诉职能的权力配置模式有重要影响：第一，检警一体化，控诉指导侦查。例如，按照《日本刑事诉讼法》第 189 条和第 191 条的规定，犯罪侦查由司法警察和检察官实施，两者在侦查时是一种"相互协助"的关系。一般情况下，警察侦查是犯罪发生后在真相不明的状态下开始的侦查，警察侦查结束后将案件移送给检察官，检察侦查原则上是补充侦查，但有时警察侦查和检察侦查会同时进行。除此之外，检察官对司法警察具有命令和指挥权。比如，检察官可以制定一般准则（如关于微罪处分命令的《关于解送程序特例问题》），对警察侦查进行"一般性指示"；也可以要求警察协助自己办理自侦案件，具体指挥警察侦查；如果不遵从指示或指挥，警察会遭受惩罚、罢免等不利后果。② 第二，实行起诉独断主义，将国家追诉的主要职责委助于检察官。相对于其他国家而言，对于一定范围内的轻罪案件是允许被害人提起私人告诉的，日本则毫无例外地实行检察独断起诉。但是，控告人和举报人对检察官的起诉处分有异议，可以向"检察审查会"提出审查申请。检察审查会由国民中选定的 11 名监察员组成，但检察审查会的决议仅具有参考价值，对检察官并无拘束力。第三，采取起诉便宜主义，检察机关享有广泛的自由裁量权。与采取起诉强制主义的德国刑事诉讼不同，日本检察官具有十分广泛的起诉裁量权。一般情况下，为了防止不正当起诉，各国都设置了审查起诉程序，如前文提到的美国的预先审查和大陪审团审查，除此之外的德国中间程序、法国的预审制度都是如此。除了正式审理前的预先审查和预审，《德国刑事诉讼法》第 153 条还规定有"程序中止制度"来制约不适当的起诉，即如果法院认为存在可以免于起诉的条件存在，经负责审理的法庭同意，检察院可以不提起诉讼，如果已经起诉，经检察院和被诉人同意，法院可以在开始法庭审理前停止诉讼程序。③ 然而，在日本则不存在如此之多的审查和制约，这也印证了帕克的理论，过多的重复审查就是对追究犯罪效率的贬损。

三、组织结构视角下的司法职权配置

作为国家宪政制度方面的司法职权配置和作为程序性权力的司法权配置分别在前两节中做了论述。司法职能在国家层面被分化出来，并承担重要的制衡作用，甚至兼担了

---

① ［美］戴维·T. 约翰逊：《日本刑事司法的语境与特色——以检察起诉为例》，林喜芬等译，上海交通大学出版社 2017 年版，第 30～67 页。

② ［日］田口守一：《刑事诉讼法（第五版）》，张凌、于秀峰译，中国政法大学出版社 2010 年版，第 42 页。另见，［日］松尾浩也：《日本刑事诉讼法（上卷）》，丁相顺译，中国人民大学出版社 2005 年版，第 100 页。

③ 宗玉昆：《德国刑事诉讼法典》，知识产权出版社 2013 年版，第 149 页。

一定的政治职能，从国家层面的司法权配置到具体的程序性司法权的配置需要有一个过渡性的制度安排，即司法的组织机构安排，将抽象的司法职权落实到具体的组织机构，保障权力的有序行使。换言之，权力组织的不同特色，决定了具体程序性权力之行使的巨大差异。在这一点上，达玛什卡的研究为我们提供了很好的理论模型，得以窥探各国司法权力组织的安排。

（一）司法与国家权力的结构特征：基于"纯粹化"模型之分析

达玛什卡教授首先以政治与司法的关系为立论立场而展开研究，认为"政府的特定职能活动总是不可避免地同特定类型的政府组织形式联系在一起"，并试图找出"能够将不同的程序安排同特定的政府组织结构黏合到一起的那种内在一致性"。[①] 达玛什卡借助从大陆法系和英美法系司法制度中提炼出的要素，建构了两个职业化管理方式的理想模型：科层式理想模型和协作式理想模型。虽然两种理想模型夸大了部分事实特征，但这两种极端化、纯粹化的视角却可以观察司法制度全景。

达玛什卡在权力的组织结构上，提出了解构每一个理想模型所关涉的三个方面：公职人员的性质、公职人员之间的关系以及做出决策的方式。在这种纯粹化的模型中，不同的权力组织模式都采取了不同的程序运作进路，以维护权力组织的稳定性。科层式理想模型包含三个基本要素，其一，从公职人员性质上看，官员职务常任化和专业化，排斥外行人参与。并且，由于长期在该领域内处理专业问题，往往形成体制化的思维模式，固化解决问题的方式而使职务活动例行化。其二，在公职人员的关系层面，形成一种等级森严的金字塔式权力结构模式，"把权力的要素黏合到一起的是一种强烈的秩序感和一种对一致性的欲求：理想的状态是，所有人都踩着同样的鼓点齐步前进"[②]。其三，在做出决策的方式上，采取结果取向进路和法条主义相结合的进路，即首先通过对不同决策方案可能产生的后果进行评估，在可预见结果中寻找正当化的决策，进而将其类型化为抽象的一般技术性规范，即采用法条主义的进路。

科层理想模型的三个要素之间是相互连接的，职业化的官员能够实现对相同情况相同处理的类型化能力，并且这种类型化的工作一般是由顶层权力者做出来的。初级决策者负责收集各种纷繁、琐碎的信息以供决策，但初级决策者不享有终局决定权，而终局决策者又无暇关注琐碎的信息源。为了解决这种体制性矛盾，初级决策者必须裁剪和提炼信息，形成书面案卷以便上级决策者做出判断。由于上级决策者可以抛开问题的细枝末节，其更容易在宏观层面把握处理问题的走向，进而将相同情境的问题予以类型化处理，制定成普遍适用的一般规则，指导底层权力行使者具体操作，而这种做法反过来又强化了对权力体系的一体化控制。

与科层式理想模型相对应，协作式理想模型同样有三个决定性的因素：其一，权力的行使掌握在临时的、外行的官员手中。在科层式理想模型中，官员一般采取一体化的

---

① ［美］米尔伊安·R. 达玛什卡：《司法和国家权力的多种面孔·比较视野中的法律程序》，郑戈译，中国政法大学出版社 2015 年版，第 12 页。

② ［美］米尔伊安·R. 达玛什卡：《司法和国家权力的多种面孔·比较视野中的法律程序》，郑戈译，中国政法大学出版社 2015 年版，第 26 页。

思维模式，职务判断和个人判断相脱节，决策是一种非人格化宣告。而在协作式理想模型中，由于履职的短期性，例行化的工作方式没有机会形成，决策的形成体现强烈的情绪化反映和个人色彩。其二，在单一的权力层次中，权力平行分配，在权力的体系中没有绝对的权威，各主体基于合作而产生凝聚力。其三，在做出决策方面，科层式结构是由专业官员按照"技术性"路径做出决策，而协作式的外行官员并没有一个一致性的共同体准则来约束。达玛什卡认为，非专业性的官员一般按照"实质正义"的标准来做出决策，而实质正义是社会上盛行的一般规范、常识、伦理，甚至是宗教规范的混合体。①

实际上，通过上述纯粹化模型的建立与解析，我们已经看到现实中诸多程序性权力安排的影子，如陪审制（审判组织）、案卷笔录中心主义、检察一体制以及上诉审程序（审级制度）的设置。更难能可贵的是，通过达玛什卡的研究也能够了解到这些制度安排背后更加深刻的原理与成因。比如，我们在前文中提到，陪审团审判的特点就是没有稳定的可预测性，检察官由此会十分注重庭审的控辩对抗以影响陪审团，而陪审团审判之所以会缺少可预测性，深层次的原因即在于"一个以实质正义为导向的官僚体系毕竟无法指望获得这样一种稳定的可预测性"。② 同时，不得不承认，在现实的情境中，极端化的协作式司法很少见，大多带有"少量上下级关系"的协作模式。例如，在参审制的审判组织安排中，职业法官和非专业的陪审员一起参与庭审，即使是完全由外行人主导的陪审团审判，专业法官也会为陪审团提供必要的指导，以避免陪审团过度偏离一致化的决策。然而，相对于审判组织偏向于协作式模型的安排，检察体制则是实行严格的科层式权力构造模式，各国一般也将检察系统作为国家的官僚体系来建构，上下一体，实行检察一体制。

（二）检察机关的职权配置——科层式的检察一体制

由于各国历史传统的差异，有的国家将检察机关看作是行政性的官僚机构，是负责追诉犯罪的行政机关。有的国家认为检察机关具备客观精神，承担客观义务，具有中立的司法机关的属性，检察机关既要收集一切犯罪证据，也要收集能够证明被告人罪轻或无罪的证据，维护被告的正当利益，纠正侦查违法行为，因而检察官并非诉讼一方当事人，而是"法律的守护人"。③ 但不管将检察机关作为行政机构还是司法机关，检察系统的权力组织结构具有十分明显的科层式特征，实行检察一体制。因此，检察一体制是指检察权的行使必须保持整体的统一，将其组成统一的组织体。

例如，在法国，司法部部长虽然不是司法官，却是检察官的真正领导者。《法国刑事诉讼法》第 30 条第 3 款规定了司法部部长的个案指挥权。同时，第 36 条允许检察长无论是否得到司法部部长的命令，通过书面指令或以归入诉讼案卷的指令，要求共和国

---

① ［美］米尔伊安·R. 达玛什卡：《司法和国家权力的多种面孔·比较视野中的法律程序》，郑戈译，中国政法大学出版社 2015 年版，第 31～38 页。

② ［美］米尔伊安·R. 达玛什卡：《司法和国家权力的多种面孔·比较视野中的法律程序》，郑戈译，中国政法大学出版社 2015 年版，第 37 页。

③ 林钰雄：《检察官论》，法律出版社 2008 年版，第 23 页。

检察官提起公诉或指派人员提起追诉。①

"检察一体制"的首要内容就是上命下从的领导关系。并且，检察机构内部形成了操作者、指导者和主管者的职能分工。"操作者侦查、控告和公诉案件。这些一线工作人员完成组织的核心任务：对指控的违法行为'阐明真相'以处罚犯罪嫌疑人，确定法律上有罪或无辜，以及建议具体适当的处罚。指导者监控并协调操作者的工作，从而达到组织目标，而主管者对确保组织自主权和维持公众支持负有特定责任。"②简单来讲，操作者负责案件事实的发掘、分析，构建事实真相；指导者提供帮助和精神支持，纠正偏差，注重同案同处的一致性把控；主管者则负责外部政治协调功能，为检察组织的生存提供必要的"资源"，包括组织的自治性（维护自身权力体系的完整性并"与寻求替代自己完成任务的组织作斗争"）、组织维持（资本、人员、政治支持以及社会声誉）。③

在强调检察官应当具有客观精神的国家，在检察一体制中也纳入了检察独立性的因素，即机构的独立和检察官的个人独立。检察一体制中的职能分工看起来极尽功利，但这种操作者、指导者和主管者的分工为整个检察系统的对外独立提供了组织保障，即具有对外肯定检察权独立性的功能。此外，也可以使具体的操作者处于体制的最内侧，免受外界的舆论压力、民意政治等偏激性因素影响，以保持客观独立。检察一体制与检察官独立在一定程度上形成了一个命运的共同体。这种职能上的内外分工也与达玛什卡的科层式理想模型相适应，诚如其所言："上层官员理解普遍性，下层官员理解具体性。"④只是达玛什卡的关注点并没有考察主管者权力的外部效益问题，他只注重权力构造的内部面向。

但另一方面，这也形成了一个困顿性的局面，即检察一体制所要求的"上令下从"与检察官的独立性如何协调的问题。在日本，对此问题的处理具有借鉴意义，上级的指令权不是绝对的，上级命令要受到法治主义的限制，即对于违法指令，作为操作者的检察官有权拒绝。这一制度被称为检察官的消极抗命权，即检察官对于违反自己根据"良心与理性"而形成的内心确信的指令，可以要求上司来亲自处理，或者让其他检察官处理。在意大利、法国、德国等国家也规定有检察官的积极抗命权，当上级指令不做出某项决定时，检察官可以不服从指令而自行做出决定。⑤

（三）审判机关的职权配置——融入科层式元素的协作模式

审判机关所拥有的裁判权具有中立性、被动性，司法独立成为审判机关职权配置的应然议题。司法独立包含三个方面，即整个司法系统独立、系统内的司法机构独立以及机构内的法官个体独立。因此，不同于检察一体制的科层式构造，裁判权的建构更加倾

①　魏武：《法德检察制度》，中国检察出版社 2008 年版，第 27~29 页。

②　[美]戴维·T. 约翰逊：《日本刑事司法的语境与特色·以检察起诉为例》，林喜芬等译，上海交通大学出版社 2017 年版，第 176 页。

③　[美]戴维·T. 约翰逊：《日本刑事司法的语境与特色·以检察起诉为例》，林喜芬等译，上海交通大学出版社 2017 年版，第 176~200 页。

④　[美]米尔伊安·R. 达玛什卡：《司法和国家权力的多种面孔·比较视野中的法律程序》，郑戈译，中国政法大学出版社 2015 年版，第 27 页。

⑤　龙宗智：《论依法独立行使检察权》，载《中国刑事法杂志》2002 年第 1 期。

向于协作式的单层权力配置模式。而现实社会的司法组织都会在协作式理想模型中融入些许科层式的元素，职业的法官与外行的陪审团或陪审员共同参与庭审以做出决策，二者之间的权力配置与协调运作，应该是审判权配置的核心议题。

从世界各国对审判组织的安排上来看，除对于简易的案件由独任法官审理之外，一般都吸收了普通民众参与审判，其主要分为参审制和陪审制两种模式，前者以法德为代表，后者以英美为代表。虽然吸收普通民众参与审判是人民主权、司法民主等现代理念的要求，但是就目前两种审判组织的适用效果而言，都存在各自的困境。在参审制下，法官和陪审员共同决定事实问题和法律问题，一方面由于人民陪审员不具备专业化的知识，另一方面专业人士在内心深处也有排斥外行人并维护自己特殊职业领地的倾向。因而，形成了"陪而不审"的局面，最终庭审的决策完全由职业法官掌控。在陪审制下，陪审团经常脱离法官的指导，作为外行人，陪审团成员只能按照自身的生活经验、常识与道德律来裁量事实，不能够像职业法官一样，形成达玛什卡所言的"例行化"的思维模式，因而难以排除自身的偏见。在美国，有学者对于陪审团的审判模式做过实证调研，"Kalven 和 Zeisel 对芝加哥陪审团的一个引人注目的发现是，在 3500 个案件中，有75% 的案件陪审团的决议与法官的裁决是相同的。对一些人来说，这一数字是值得欣慰的，表明陪审团有能力和责任探究'事实的真相'。从另一方面来说，法官和陪审团之间的分歧率是 25%，这意味着陪审团往往会滥用或甚至不小心无视相关法律指令，特别需要强调的是，陪审团在这些审判中，持不同意见的陪审员通常更倾向于辩方立场而不是控方"。① 面对这种困境，外国学者一般都是主张改进这种混合式的模式，而不是一劳永逸地予以彻底废除。例如，有美国学者认为，"数十年来，陪审团制度的生存能力一直受到挑战。然而，这个制度是我们司法程序的基石，陪审团的审判不太可能被废除"。②

为了解决专业人士和外行人在共同工作领域内的决策"鸿沟"，各国都设置了针对陪审团或陪审员的指导制度，以加强对其有效指导和控制。③ 在法国，该项制度被称为问题表制度，即法官根据法律规定将案件进行细化，制作一个列明相关问题的表单，陪审员依据问题表做出肯定或否定的回答，以决定被告人行为是否构成犯罪，以及对量刑情节做出裁量。控辩双方都可以了解问题表中的问题，掌握陪审团对事实认定的过程。

与参审制中的问题表制度相对应，美国也有类似的制度，即陪审团指导和陪审团控制。陪审团指导和陪审团控制这两个术语，在实践中是可以互换的，但这两个术语之间有一个基本的区别，即陪审团指导是由律师提交的个别问题的集合，而陪审团控制则是审判法官汇总了控辩双方对陪审团指导的提议，以一种更有组织、更简短、更精确，通

---

① Kalven, H. Jr., & Zeisel, H. (1966). The American jury. Boston: Little, Brown. 转引自，David R. Shaffer and Shannon R. Wheatman, DOES PERSONALITY INFLUENCE REACTIONS TO JUDICIAL INSTRUCTIONS? Some Preliminary Findings and Possible Implications, Psychology Public Policy and Law, 2000, Vol. 6, No. 3, 655-676

② Jones, J. Patrick, Jury Instructions v. Jury Charges, West Virginia Law Review, Vol. 82, Issue 3（Spring 1980）, pp. 555-578.

③ 此一举措与达玛什卡的科层式理论如此贴近，陪审团成了操作者，法官成了指导者。

常不那么存有偏见的法律陈述来指导陪审团。[1] 实际上，美国的陪审团控制的运作是纳入了对抗制因素，控辩双方在法庭辩论结束之后，都有机会向法官提交对陪审团指导的意见，法官在综合控辩双方对陪审团指导的意见之上加以汇总，以避免偏差和偏见。

对于陪审团审判的研究，美国学者并没有停留在仅仅简明扼要的问题表制度，他们更加注重陪审团成员对法官指导的理解程度。"法院必须承认并解决这些问题（即对陪审团指导的效果）。当陪审员不确定他们的职责是什么时，很难指望陪审团能够正常发挥作用。此外，如果法律不能被陪审员理解，那么对法律适用的说明就没有什么价值了。"[2]有学者通过实验对比，将陪审团成员对语言的感知、记忆和理解等作为变量指标，对法官的指导做过效果评估。最终得出结论，如果法官能够"通过根据影响理解的要素的经验知识重写指令（该指令指的是法官对陪审团的指导），陪审员能够根据法律而不是对它的无知而得出结论"。[3] 因此，在审判组织的权力配置和运行中，对外行人的指导是实现权力组织结构安排的关键性要素，是能否发挥陪审制或参审制应然作用的重要保障。

---

① Jones, J. Patrick, Jury Instructions v. Jury Charges, West Virginia Law Review, Vol. 82, Issue 3（Spring 1980），pp. 555-578.

② Jones, J. Patrick, Jury Instructions v. Jury Charges, West Virginia Law Review, Vol. 82, Issue 3（Spring 1980），pp. 555-578.

③ Elwork, Sales & Alfini, Juridic Decisions-In Ignorance of the Law or in Light of it. 1 LAW AN HUMAN BEHAVIOR 163, 163（1977）. 转引自, Jones, J. Patrick, Jury Instructions v. Jury Charges, West Virginia Law Review, Vol. 82, Issue 3（Spring 1980），pp. 555-578.

第三章 司法体制改革的评估性考察

司法体制改革必然涉及司法职权的配置问题。在每一轮司法体制改革中，优化司法职权配置的问题，都是司法改革的重要内容。认真研究和总结 20 年来司法改革的进展情况，不仅可以帮助我们了解司法体制改革中司法职权配置改革的进展情况，而且可以帮助我们进一步认识优化司法职权配置对建立公正高效权威的社会主义司法制度的重要性，可以进一步明确司法职权配置改革的重心。

一、司法体制改革的进展情况

1997 年，党的十五大政治报告提出了"推进司法改革，从制度上保证司法机关依法独立公正地行使审判权和检察权，建立冤案、错案责任追究制度"的任务。从此，我们国家的司法制度步入了改革完善的发展期。

最高人民法院于 1999 年 10 月 20 日发布了《人民法院五年改革纲要》，针对我国审判制度和审判工作中存在的突出问题，提出了人民法院改革的总体目标，同时提出了七个方面的改革任务，强调要"以强化合议庭和法官职责为重点，建立符合审判工作特点和规律的审判管理机制"。与此同时，最高人民检察院也于 2000 年 2 月 15 日推出了《检察改革三年实施意见》，提出了六项改革目标，强调"为确保检察机关依法独立公正地行使职权，继续完善上下一体、政令畅通、指挥有力的检察机关领导体制"；"健全、落实检察业务工作中的主诉、主办检察官办案责任制，依法明确主诉、主办检察官承办案件的程序和职权"。

2002 年，党的十六大政治报告针对我国司法体制方面和司法职权行使方面存在的问题，提出了"推进司法体制改革"的任务。十六大以后，党中央总结了十五大以来司法改革的进展情况，在中央政法委员会成立了司法体制改革领导小组，对司法改革进行了顶层设计。按照中央的统一部署，最高人民检察院于 2005 年 9 月 12 日发布了《最高人民检察院关于进一步深化检察改革的三年实施意见》，提出了 2005 年至 2008 年检察改革的总体目标和六个方面的具体任务。其中，强调检察改革必须坚持的原则包括"坚持党对检察工作和检察改革的领导，坚持我国宪法确立的根本政治制度和检察机关的法律监督性质及地位""有利于强化检察机关法律监督职能，提高检察机关法律监督能力，保证检察机关依法独立公正行使检察权"。最高人民法院则于 2005 年 10 月 26 日印发了《人民法院第二个五年改革纲要（2004—2008）》，明确规定了第二轮人民法院改革的目标和具体任务。其中强调法院改革必须坚持的原则包括"坚持以宪法和法律为依据，维护法制统一，保障人民法院依法独立行使审判权，维护司法权威"，并提出"进一步强化院长、副院长、庭长、副庭长的审判职责，明确其审判管理职责和政务管理职责，探索建立新型管理模式，实现司法政务管理的集中化和专门化""建立法官依法独立判案责任制，强化合议庭和独任法官的审判职责。院长、副院长、庭长、副庭长应当参加合议庭审理案件。逐步实现合议庭、独任法官负责制"等具体的改革任务。最高人民法院、最高人民检察院相继成立了司法体制改革领导小组，加强了对司法改革的领导，有效地组织实施既定的各项改革。

2007年党的十七大政治报告明确提出："深化司法体制改革，优化司法职权配置，规范司法行为，建设公正高效权威的社会主义司法制度，保证审判机关、检察机关依法独立公正地行使审判权、检察权。"十七大以后，中央政法委员会制定了《中央政法委员会关于深化司法体制和工作机制改革若干问题的意见》。最高人民法院根据这个意见，发布了《人民法院第三个五年改革纲要(2009—2013)》，提出了人民法院改革的目标，同时提出了五个方面的具体任务，强调改革的目标包括"进一步优化人民法院职权配置"。为此，提出了"改革和完善人民法院司法职权运行机制""改革和完善刑事审判制度，规范自由裁量权""改革和完善民事、行政审判制度，建立新型、疑难、群体性、敏感性民事案件审判信息沟通协调机制，保证裁判标准统一""改革和完善再审制度，完善刑事申诉案件立案与再审的职能分工和工作流程""改革和完善审判组织，完善审判委员会讨论案件的范围和程序，规范审判委员会的职责和管理工作""改革和完善民事、行政案件的执行体制，完善高级人民法院对本辖区内执行工作统一管理、统一协调的工作机制""改革和完善上下级人民法院之间的关系。加强和完善上级人民法院对下级人民法院的监督指导工作机制，明确上级人民法院对下级人民法院进行司法业务管理、司法人事管理和司法行政管理方面的范围与程序，构建科学的审级关系"等具体改革任务。最高人民检察院下发了《关于贯彻落实〈中央政法委员会关于深化司法体制和工作机制改革若干问题的意见〉的实施意见——关于深化检察改革2009—2012年工作规划》及工作方案。其中强调要优化检察职权配置，改革和完善法律监督的范围、程序和措施，加强对诉讼活动的法律监督，切实维护司法公正；改革和完善人民检察院接受监督制约制度，规范执法行为，保障检察权依法、公正行使。增强依法独立公正行使检察权的能力，建设公正高效权威的社会主义司法制度。

党的十八大政治报告提出了"进一步深化司法体制改革，坚持和完善中国特色社会主义司法制度，确保审判机关、检察机关依法独立公正行使审判权、检察权"的改革任务，由此开始了第四轮司法体制改革。特别是在十八届三中全会做出了"关于全面深化改革若干重大问题的决定"、四中全会做出了"关于全面推进依法治国若干重大问题的决定"之后，在中央全面深化改革领导小组和中央政法委员会的领导下，最高人民法院、最高人民检察院陆续出台了一系列改革措施，司法体制改革进入了前所未有的新阶段。

最高人民法院于2015年2月4日发布了《关于全面深化人民法院改革的意见——人民法院第四个五年改革纲要(2014—2018)》，提出了新一轮司法体制改革的总体思路和七个方面的具体改革任务。其中，明确提出要"着力解决影响司法公正、制约司法能力的深层次问题，确保人民法院依法独立公正行使审判权"。该纲要首次强调："人民法院深化司法改革，应当严格遵循审判权作为判断权和裁量权的权力运行规律，彰显审判权的中央事权属性，突出审判在诉讼制度中的中心地位，使改革成果能够充分体现审判权的独立性、中立性、程序性和终局性特征。"在改革的主要任务中明确提出：要建立中国特色社会主义审判权力运行体系，"必须从维护国家法制统一、体现司法公正的要求出发，探索建立确保人民法院依法独立公正行使审判权的司法管辖制度""必须优化人民法院内部职权配置，健全立案、审判、执行、审判监督各环节之间的相互制约和相互衔接机制，充分发挥一审、二审和再审的不同职能，确保审级独立""必须严格遵循司法规律，完善以审判权为核心、以审判监督权和审判管理权为保障的审判权力运行机制，落实审判责任制，做到让审理者裁判，由裁判者负责"。最高人民检察院也发布了《关于深化检察改革的意见（2013—2017 年工作规划）》，提出了深化检察改革的总体目标，其中包括"保障依法独立公正行使检察权的体制机制更加健全，党对检察工作的领导得到加强和改进，检察机关宪法地位进一步落实""检察机关与其他政法机关既相互配合又依法制约的体制机制更加健全，法律监督的范围、程序和措施更加完善，在权力运行制约和监督体系中的作用得到充分发挥"；"检察权运行机制和自身监督制约机制更加健全，法律监督的针对性、规范性和公正性、权威性进一步增强，司法公信力进一步提高"。该规划中提出了检察改革的六项任务，其中包括"完善保障依法独立公正行使检察权的体制机制""健全检察权运行机制""强化法律监督职能，完善检察机关行使监督权的法律制度，加强对刑事诉讼、民事诉讼、行政诉讼的法律监督""强化对检察权运行的监督制约"等。

特别值得一提的是，党的十八以来，中央提出了一系列"确保"人民法院、人民检察院依法独立公正行使审判权、检察权的改革措施。

按照十八届三中全会决议的精神，2014 年上半年，中央政法委员会首先在上海、吉林、湖北、广东、海南、青海、贵州等 7 个省市开展了"省以下地方法院、检察院人财物统一管理改革"的试点工作。2014 年下半年，又在云南、山西、内蒙古、黑龙江、江苏、浙江、安徽、福建、山东、重庆、宁夏等 11 个省市自治区开展了第二批试点工作。2015 年在其他省市自治区开展了第三批试点工作。截至 2017 年，可以说全国有 31 个省市自治区（不含港澳台地区）都在开展"省以下地方法院、检察院人财物统一管理改革"的试点工作。

这项改革的初衷是：既要保证审判机关、检察机关依法独立行使审判权、检察权，也要保证审判机关、检察机关依法公正地行使审判权、检察权。为此，在试行"省以下地方法院、检察院人财物统一管理"，保证人民法院、人民检察院依法独立行使审判权、检察权的同时，推行"司法人员分类管理""司法责任制""司法人员职业保障制度"改革，以保证审判权、检察权的公正行使，即所谓"四位一体"的改革。

这项改革，在中央政法委员会的领导下，在全国范围内如火如荼地进行，但全国各地的做法并不完全一样。其中，人财物统一管理的改革，仅在各省市自治区的极少数地区试点（有的省份至今没有任何实质性进展），并且没有引起应有的重视。司法人员分类管理的改革，目前各地所进行的还只是法官、检察官员额的确定，尚未对人民法院、人民检察院的其他人员进行分类管理。而与法官、检察官密切相关并对审判权、检察权的行使具有重大影响的书记员队伍如何管理、怎样保证书记员队伍的专业性、稳定性，目前还没有明确的改革意见和管理办法。这些人员的工作直接影响到法官、检察官行使审判权、检察权的活动效率。即使是法官、检察官员额的确定，也与改革的初衷相去甚远。一方面，改革的初衷是要把能办案、会办案的优秀法官、检察官选拔出来，赋予其独立办案的职权，让其依法独立办案。但是各地选拔员额制法官、检察官的做法，都是通过考核加考试的方式进行的，而考核占了很大的比重，以致使考试成绩对于选拔员额制法官、检察官而言，几乎无足轻重，失去了考试的意义；而考核的标准并不是对个人以往办案数量和质量的考核，而是以从事业务工作的年限，担任审判员、检察员的时间，行政职务等因素为标准。如果这些要素能看出一个人的业务水平，那么，入员额考试就是完全多余的。另一方面，这项改革的初衷是为了选拔优秀的法官、检察官，解决其办案的职权问题，而现在的改革成了大家争待遇的过程，似乎入员额了，就可以多拿钱，就可以提高待遇，很少从行使审判权、检察权的角度来考虑员额制改革，以致这项改革对审判权、检察权的运行机制并没有产生实质性的变革。不仅如此，这项改革的初衷是把法院、检察院的优秀人才吸引到办案第一线来，减少法院、检察院的行政事务管理人员，但目前在这方面几乎没有任何明显的改变，法官、检察官的员额限制了，司法辅助人员并没有增加，行政事务管理人员并没有减少。这样改革的结果是进一步加剧了法官、检察官办案的工作量，使一些法官、检察官不堪重负，而法院、检察院的行政事务管理人员则无所事事，成为司法责任制的旁观者。

2014年10月23日，十八届四中全会通过了"关于全面推进依法治国若干重大问题的决定"，进一步强调要"完善确保依法独立公正行使审判权和检察权的制度"。为此，十八届四中全会决议提出了"建立领导干部干预司法活动、插手具体案件处理的记录、通报和责任追究制度"和"最高人民法院设立巡回法庭，审理跨行政区域重大行政和民商事案件"的构想。根据十八届四中全会决议，中共中央办公厅、国务院办公厅于2015年3月18日联合印发了《领导干部干预司法活动、插手具体案件处理的记录、通报和责任追究规定》，明确强调："任何领导干部都不得要求司法机关违反法定职责或法定程序处理案件，都不得要求司法机关做有碍司法公正的事情。"2016年7月21日，中共中央办公厅、国务院办公厅联合印发了《保护司法人员依法履行法定职责规定》，要求司法人员对于干预司法的行为进行登记汇报，并保护司法人员依法履行职责。2015年，最高人民法院根据十八届四中全会决议，经全国人大批准，在深圳市、沈阳市设立了第一、第二巡回法庭。2016年，经全国人大常委会批准，最高人民法院又在重庆市、西安市、南京市、郑州市等地设立了第三、第四、第五、第六巡回法庭。

十八届三中全会决议中提出，"优化司法职权配置，健全司法权力分工负责、互相配合、互相制约机制，加强和规范对司法活动的法律监督和社会监督"，同时提出要"推进以审判为中心的诉讼制度改革，确保侦查、审查起诉的案件事实证据经得起法律的检验"。为了贯彻落实十八届四中全会决议，最高人民法院、最高人民检察院、公安部、国家安全部、司法部联合发布了《关于推进以审判为中心的刑事诉讼制度改革的意见》。这个意见，从形式上看，旨在改变以往司法实践中盛行的"以侦查为中心"的刑事诉讼模式，强调审判环节的重要性，推进法庭审理实质化。但实际上，是为了贯彻落实十八届三中全会决议、四中全会决议反复强调的优化司法职权配置，健全侦查权、检察权、审判权、执行权相互配合、相互制约的体制机制。与此同时，上述五个部门还联合下发了《关于在部分地区开展刑事案件认罪认罚从宽制度试点工作的办法》，根据全国人大常委会的授权，决定在北京、天津、辽宁、上海、江苏、浙江、福建、山东、河南、河北、湖南、广东、重庆、陕西等14个省市自治区进行试点，希望建立与以审判为中心的诉讼制度改革相配套的认罪认罚从宽制度，以便优化司法资源配置，加强人权司法保障。与之相联系的是认罪认罚从宽的制度改革。这项改革也涉及司法机关的职权配置问题。

2019年2月12日，最高人民检察院发布了新一轮检察改革方案，即《2018—2022年检察改革工作规划》。该规划在分析十八大以来取得的改革成果，以及中国特色社会主义进入新时代以来，社会主要矛盾发生历史性变化，检察工作面临的新形势、新任务的基础上，根据十九大关于深化司法体制改革的部署，提出了检察改革五年规划。按照该规划的构想，检察改革的总体目标有六个方面，其中包括"坚持党对检察工作的领导，全面、充分履行宪法和法律赋予检察机关的法律监督职责，构建以刑事检察、民事检察、行政检察、公益诉讼检察为主要内容的检察机关法律监督职能体系""坚持党对检察改革的绝对领导，完善检察机关坚持党的政治领导、思想领导和组织领导的工作制度，健全检察机关坚持党的领导制度体系""完善检察机关法律监督职能，健全符合宪法法律定位、符合深化依法治国实践要求、符合人民美好生活需要，各项法律监督职权全面、协调、充分发挥作用的检察机关法律监督体系""深化司法体制综合配套改革，全面落实司法责任制，健全与司法责任制相适应的检察权运行监督制约机制，突出检察官在司法办案中的主体地位，形成与'谁办案谁负责、谁决定谁负责'要求适应的检察权运行体系"等。这些目标，都涉及检察机关职权配置的重新调整问题。该规划还提出，要"全面把握不同层级检察机关职权运行、队伍管理和机构设置等方面的特点，从检察权不同于其他国家权力的特点和实际出发积极探索实践，推动检察制度创新"。

与此同时，最高人民法院也于2019年2月27日发布了人民法院第五个五年改革纲要。该纲要强调要"准确把握审判权作为判断权的特征和中央事权属性，完善符合审判权力运行规律的配套监督和保障机制"。为此，最高人民法院提出了"完善人民法院坚持党的领导制度体系"和"构建以司法责任制为核心的中国特色社会主义审判权力运行体系"。前者包括"全面加强党对人民法院工作的绝对领导""全面加强人民法院党的建设工作""完善党的政治建设工作机制""贯彻落实新时代党的组织路线""加强人民法院党风廉政建设"等改革措施；后者包括"健全审判权力运行机制""健全院长、庭长办案常态化机制""完善审判委员会制度""完善审判监督管理机制""加强审判流程标准化建设""完善统一法律适用机制""强化司法履职保障机制""健全完善法官惩戒制度"等改革措施。这些措施，对于优化审判权的配置，无疑是十分有益的。

二、司法体制改革中有关司法职权配置的情况

在司法改革过程中，对司法职权配置问题的改革是从两个维度展开的：一是在司法职权的外部配置方面，党中央一贯强调的是从制度上保证人民法院、人民检察院依法独

立公正地行使审判权、检察权(已如上述);二是在司法职权的内部配置方面,最高司法机关一贯强调的是放权给一线办案的法官、检察官(这个方面主要是以司法责任制为"牛鼻子"进行的)。

从制度上保证人民法院、人民检察院依法独立公正地行使审判权、检察权,主要涉及司法职权的外部配置问题。因为保证司法职权的独立行使,不是司法机关自己所能解决的问题。所以,十八届四中全会在《中共中央关于全面推进依法治国若干重大问题的决定》中,强调必须完善司法管理体制和司法权力运行机制,规范司法行为,加强对司法活动的监督,努力让人民群众在每一个司法案件中感受到公平正义时,要"完善确保依法独立公正行使审判权和检察权的制度"。这个任务所针对的就是"各级党政机关和领导干部要支持法院、检察院依法独立公正行使职权。建立领导干部干预司法活动、插手具体案件处理的记录、通报和责任追究制度。任何党政机关和领导干部都不得让司法机关做违反法定职责、有碍司法公正的事情,任何司法机关都不得执行党政机关和领导干部违法干预司法活动的要求"。可见,保证依法独立公正地行使审判权和检察权的改革任务,是针对干扰司法职权提出来的,是为了调整权力机关和领导干部与司法机关的关系。此外,四中全会决议在提出"优化司法职权配置"时,所强调的首先是人民法院、人民检察院与其他国家机关之间的关系问题:"健全公安机关、检察机关、审判机关、司法行政机关各司其职,侦查权、检察权、审判权、执行权相互配合、相互制约的体制机制。"

就司法职权的内部配置而言,核心问题是司法职权在司法机关内部如何配置的问题,即司法机关与司法人员之间的权力关系问题。党的十五大以后,最高人民法院、最高人民检察院认真分析了司法机关存在的突出问题,一致认为,司法人员对所办理的案件敷衍应付、不负责任,甚至违法办案,利用办理案件的权力谋取私利,办"权力案""金钱案""关系案",严重破坏了司法机关的公信力,并导致司法不公、司法腐败,引起人民群众的强烈不满。因此,要借司法改革之机,建立错案责任追究制度,突出司法人员在承办案件中的主体地位,同时要求司法人员对所办案件负责任。

为此,最高人民法院于1998年8月26日制定并下发了《人民法院审判人员违法审判责任追究办法(试行)》,其中明确规定:"人民法院审判人员在审判、执行工作中,故意违反与审判工作有关的法律、法规,或者因过失违反与审判工作有关的法律、法规造成严重后果的,应当承担违法审判责任。"1999年10月20日,最高人民法院在认真研究我国审判制度和审判工作中存在的突出问题,展望人民法院未来发展的基础上,发布了《人民法院五年改革纲要》。其中强调要在2000年底前建立审判长、独任审判员的审查、考核、选任制度。审判长和独任审判员依审判职责签发裁判文书。按照最高人民法院的部署,全国法院系统推行了审判长、独任审判员办案责任制。

与此同时,最高人民检察院于1998年7月17日颁布了《人民检察院错案责任追究条例(试行)》。其中明确规定:"检察官在办理案件中造成错案的,应当追究法律责任、纪律责任。"最高人民检察院办公厅于2000年2月1日下发了《最高人民检察院办公厅关于在审查起诉部门全面推行主诉检察官办案责任制的工作方案》,其中提出:最高人民检察院决定从2000年1月起,在全国各级检察机关审查起诉部门全面推行主诉检察官办案责任制，其目标是"改革与完善检察机关审查起诉部门办案机制，建立责任明确、高效廉洁、符合诉讼规律的办案责任制，造就一支高素质的起诉队伍，保证依法公正行使检察权，完善有中国特色的社会主义检察制度"。2000 年 2 月 15 日，最高人民检察院推出了《检察改革三年实施意见》，其中进一步提出要改革检察官办案机制，建立、健全检察官办案责任制；要全面建立主诉、主办检察官办案责任制，健全、落实检察业务工作中的主诉、主办检察官办案责任制，依法明确主诉、主办检察官承办案件的程序和职权。按照最高人民检察院的部署，全国检察系统轰轰烈烈地开展了主办、主诉检察官办案责任制改革。

2002 年，党的十六大政治报告针对我国司法体制方面和司法职权行使方面存在的问题，提出了"推进司法体制改革"的任务。十六大以后，党中央总结了十五大以来司法改革的进展情况，在中央政法委员会成立了司法体制改革领导小组，对司法改革进行了顶层设计。按照中央的统一部署，最高人民检察院于 2005 年 9 月 12 日发布了《最高人民检察院关于进一步深化检察改革的三年实施意见》，提出了 2005 年至 2008 年检察改革的总体目标，其中包括要"继续深化主诉检察官办案责任制"。最高人民法院于 2005 年 10 月 26 日发布了人民法院《第二个五年改革纲要（2004—2008）》，其中再次提出要"建立法官依法独立判案责任制，强化合议庭和独任法官的审判职责。院长、副院长、庭长、副庭长应当参加合议庭审理案件。逐步实现合议庭、独任法官负责制"。

然而，从改革的具体实践来看，尽管有最高司法机关的规范性文件和改革举措，但是，无论是法院系统的改革还是检察系统的改革，都没有实现预定的目标。法院系统由于司法人员贪腐案件的不断出现、裁判文书中的错误以及冤错案件的频频曝光，并没有真正实现由"审判长和独任审判员依审判职责签发裁判文书"的改革目标，也没有建立起切实有效的办案责任制，"审理者无权做出裁判、裁判者不参与案件审理"的情况依然普遍存在。检察系统的主办检察官办案责任制，则由于反贪、反渎、侦监、监所等部门办案模式的高度集权，在宣布改革后很快被弃置不用；主诉检察官办案责任制则在全国范围内试行了一段时间之后不了了之，并没有真正成为检察机关的一种办案模式。

于是，在第三轮司法改革中，最高人民法院提出要"构建符合法官职业特点的职权明确、考核到位、追究有力的责任体系，推进从源头上防治司法腐败的体制机制改革"，"建立健全审判人员与执行人员违法审判、违法执行的责任追究制度和领导干部失职责任追究制度。研究建立审务督察制度，加强督察督办工作，强化对法官违反司法行为规范的惩戒措施"。① 最高人民检察院则在自己的第三个检察改革三年实施意见②中提出了三个方面的措施来强化对检察人员办案情况的监督：一是省级以下（不含省级）人民检察院立案侦查的案件，需要逮捕犯罪嫌疑人的，报请上一级人民检察院审查决定；二是通过人民监督员对检察机关查办职务犯罪活动进行监督；三是建立检察机关巡视工作制度、检务督察制度和执法办案内部监督制度。

直到第四轮司法改革，最高人民法院在第四个人民法院五年改革纲要中再次提出了

---

① 《人民法院第三个五年改革纲要（2009—2013）》。
② 即《关于贯彻落实〈中央政法委员会关于深化司法体制和工作机制改革若干意见〉的实施意见——关于深化检察改革 2009—2012 年工作规划》。

"完善主审法官、合议庭办案责任制"的改革任务，并于 2015 年 9 月 21 日专门制定了《最高人民法院关于完善人民法院司法责任制的若干意见》，强调要"让审理者裁判、由裁判者负责"。最高人民检察院也在《关于深化检察改革的意见(2013—2017 年工作规划)》中提出了"深化检察官办案责任制改革"的任务，并且于 2015 年 9 月 28 日颁布了《关于完善人民检察院司法责任制的若干意见》，要求"做到谁办案谁负责、谁决定谁负责"。

按照中央政法委员会的要求和最高人民法院、最高人民检察院关于完善司法责任制的若干意见，全国法院系统、检察系统普遍实行了司法责任制，为此进行了一系列改革，如司法人员分类管理制度改革、内设机构改革、审判委员会(检察委员会)改革、法官检察官办案权力清单等。这些措施，为司法责任制的实施提供了必要的条件。

在新一轮司法改革中，最高人民法院再次提出要"构建以司法责任制为核心的中国特色社会主义审判权力运行体系"，最高人民检察院也提出要全面落实司法责任制，健全与司法责任制相适应的检察权运行监督制约机制，形成与"谁办案谁负责、谁决定谁负责"要求相适应的检察权运行体系。可见，审判权、检察权运行体系的问题，再次成为新一轮司法改革的重要内容。而审判权、检察权的运行体系问题，说到底仍然是司法职权的内部配置问题。

三、司法改革实践给我们的启迪

回顾以往的司法改革，考察并反思目前正在进行的司法体制改革，可以从中得到许多启迪。

(一)司法体制改革必然涉及司法职权的配置问题

司法改革的根本动因是司法机关的工作与社会发展的需要与党和人民的期望、依法治国的要求不相适应。这些问题，都与司法职权及其行使有关。因为整个司法工作都是行使国家司法权的活动，司法工作中出现的问题，从根本上说是司法机关的权力配置和行使出现了问题，是司法职权运用不当的结果。

就司法机关而言，司法工作中存在的问题，归纳起来，无非是四个方面：一是职权问题，即从事司法工作的各个主体分别具有什么样的职权，权力的边界在哪里？二是权力保障问题，即权力行使所需要的条件是否具备，有没有制度性的保障？三是责任问题，即每一个主体在行使司法职权的时候具有什么样的责任，不依法公正地行使职权时对自己会有什么样的不利后果？四是制约问题，即每一个主体在行使司法职权的过程中会受到什么样的制约，这种制约在多大程度上能防止其不当地行使权力？法律赋予司法机关的职权，如果缺乏行使权力的必要条件和外部环境，司法机关面对来自各个方面的阻力，就会束手无策，难以行使自己的职权；法律赋予司法机关的职权，在司法机关内部，如果没有专门的机构行使，就会落空，难以发挥其应有的作用；法律赋予司法机关的职权，在内部分配上过于分散，就难以形成合力，难以高效运作和有效行使；法律赋予司法机关的职权，在司法机关内部分工不明确、机制不顺畅，就会相互扯皮推诿，难以发挥现有资源的作用。因此，司法体制改革所要解决的问题，从根本上讲是司法职权的优化配置问题。

（二）司法职权配置的关键是司法职权在国家权力结构中的地位问题

我们国家司法职权配置方面出现的问题，最重要的，不是国家配置给司法机关的职权多了还是少了的问题，而是难以依法独立行使的问题。从党的十五大提出司法改革的时候开始，党中央就强调司法改革的目标是"从制度上保证司法机关依法独立公正地行使审判权和检察权"。十六大、十七大政治报告在谈到司法改革时也是反复强调这一点，直到十八大提出要"确保审判机关、检察机关依法独立公正行使审判权、检察权"，说明我们的制度还不能保证司法机关依法独立公正地行使审判权、检察权，所以才要通过改革来建立能够保证的制度。之所以我们的制度不能（至少是不能很好地）保证司法机关依法独立公正地行使职权，关键不在司法机关，因为司法机关是"被"保证的对象，而在制约司法机关的外部力量，亦即在于国家权力结构中司法职权与其他职权的关系方面，司法机关、司法职权过多地受到其他国家机关、其他国家权力的牵制和掣肘，无法独立地依法行使，因而也就谈不上公正地行使。从某种意义上讲，这也是前15年的司法改革没有在体制上取得实质性进展的根本原因。

正因为如此，在第四轮司法体制改革中，中央首先提出的改革举措就是改革司法管理体制，一方面要"推动省以下地方法院、检察院人财物统一管理"，另一方面，要"探索建立与行政区划适当分离的司法管辖制度"。

推动省以下地方法院、检察院人财物统一管理，旨在为司法机关松绑，使其不再受制于地方权力对司法机关及其行使职权活动的制约，以便能够独立地依法行使司法职权。这是从制度上保证司法机关依法独立公正地行使司法职权的重大体制改革。

然而，这项改革在实施过程中，理所当然地遇到了来自各个方面的阻力，因为任何体制性的变革都不可避免地涉及利益格局的重大调整和传统做法的惯性阻力。原来能够控制司法机关及其职权的某些权力机关在改革中可能失去原有的控制权或者影响力，自然不会同意和支持这样的改革；即将出现的权力格局需要相关方面的配套和协调，也往往难以得到应有的保障。所以，省以下地方法院、检察院人财物统一管理的试点工作，虽然已经在全国范围内全面而审慎地开展，但是，一方面，试点的规模极为有限，每个省市自治区都是拿出很少的地方开展试点工作；另一方面，试点单位仍然是按照传统的司法管理模式在进行试点工作，而不是按照"确保审判机关、检察机关依法独立公正地行使审判权、检察权"的制度要求来进行试点工作，即在"人财物"方面并没有真正实现省以下的"统一管理"。这种试点工作的方向已经在很大程度上背离了顶层设计的初衷。

十八届三中全会决议提出的"确保审判机关、检察机关依法独立公正地行使审判权、检察权"的另一项体制性改革是"探索建立与行政区划适当分离的司法管辖制度"。十八届四中全会决议进一步提出："探索设立跨行政区划的人民法院和人民检察院，办理跨地区案件。"这些改革目前还没有真正实施。与之相关的是在最高人民法院设立巡回法庭。最高人民法院设立的巡回法庭，尽管所审理的案件是跨行政区划的案件，但机构说到底还是最高人民法院的机构，而不是跨行政区划设置的司法机关。最高人民法院管辖的案件本来就是全国范围内的案件，不存在与行政区划适当分离的问题。当然，巡回法庭的设立，是否意味着"跨行政区划的人民法院和人民检察院"就没有再设立的必要了？这个问题还需要进一步研究。

可见，司法管理体制改革的任务依然是"任重道远"。

（三）司法职权配置必然涉及相关国家机关之间的权力关系

司法机关作为国家治理体系中的一个权力主体，它的职权必然要与国家治理体系中的其他主体的职权发生此消彼长、相互制约、相互配合的关系。十八届三中全会决议在提到优化司法职权配置的时候，就提出要"健全司法权力分工负责、互相配合、互相制约机制，加强和规范对司法活动的法律监督和社会监督"。十八届四中全会决议进一步提出："健全公安机关、检察机关、审判机关、司法行政机关各司其职，侦查权、检察权、审判权、执行权相互配合、相互制约的体制机制。"为此，最高人民法院联合其他机关制定了《关于推进以审判为中心的刑事诉讼制度改革的意见》，旨在建立侦查权、检察权、审判权、执行权相互配合、相互制约的体制机制。但是，从过去强调"相互配合"转变为现在强调"相互制约"，只是问题的一个方面，问题的另一个方面甚至可以说更为重要的方面是，在多大范围内来制约、靠什么来制约。这个问题如果不能很好地解决，互相制约仍然是空有其表的。

（四）司法职权的配置离不开职权运行的环境

任何权力都是在一定的环境下运行的，司法职权无论如何配置，如果没有合适的运行环境，同样不可能发挥其应有的作用，也无法保证其正确行使。因此，十八届三中全会决议提出了"健全司法权力运行机制"的要求，强调"建立符合职业特点的司法人员管理制度，健全法官、检察官、人民警察统一招录、有序交流、逐级遴选机制，完善司法人员分类管理制度，健全法官、检察官、人民警察职业保障制度"。十八届四中全会决议中进一步提出："探索实行法院、检察院司法行政事务管理权和审判权、检察权相分离""建立健全司法人员履行法定职责保护机制""完善主审法官、合议庭、主任检察官、主办侦查员办案责任制，落实谁办案谁负责""明确司法机关内部各层级权限，健全内部监督制约机制""明确各类司法人员工作职责、工作流程、工作标准，实行办案质量终身负责制和错案责任倒查问责制，确保案件处理经得起法律和历史检验"。这些要求都涉及司法职权与司法管理职权、司法监督职权之间的关系问题。如何科学地区分这些职权，合理解决它们之间的权力关系，将直接影响司法职权的运行。

（五）司法职权的优化配置需要综合配套的制度支撑

以优化司法职权内部配置为核心的司法责任制改革，从十五大政治报告提出司法改革以来，最高司法机关为此进行了不懈的努力，推行了一系列改革举措，应该说，也取得了显著的成绩，特别是司法行为的规范化、司法人员的责任心、案件办理的质量等，都有了很大的提升。但是，关于司法责任制的改革并未真正完成。因此，十九大政治报告才会提出要"全面落实司法责任制"。

之所以会出现这种状况，最根本的原因是缺乏综合配套的改革措施。

第一，缺乏必要的权力来配套。司法责任制的前提是承办案件的法官、检察官有独立办理案件的权力。只有当承办案件的人员对自己承办的案件能够独立自主地做出处理决定时，才能要求其对自己的错误决定承担责任。试想，如果一个法官或检察官对案件中的各种证据材料进行了认真仔细的审查，并根据有关的法律规定提出了处理意见，但是这种意见被并未审查过案件证据材料的其他主体修正或更改，并没有按照承办案件的法官、检察官所提出的处理意见来处理案件，而最终发现该案件办错了。在这种情况下，还能要求承办案件的法官、检察官对错案承担责任吗？进而言之，对案件的处理做出决定的主体如果是一个集体(审判委员会或者检察委员会)，或是一个本身没有司法职权的主体，谁又能要求他们对错案承担责任呢？因此，司法责任制必须以承办案件的法官或检察官(当然包括法院院长、副院长，检察院检察长、副检察长)对案件的处理有决定权为前提。有了界限分明的职责权限，才会有错误行使职权应当承担责任的问题。职责权限不明晰，责任就不可能分清楚。在责任本身还没有划分清楚的情况下追究有关人员的责任显然是不合理的，也无法达到责任制的制度目标。

而在提出司法责任制的近20年中，法院、检察院依然是按照传统的办案模式，实行法官检察官承办案件，庭长、科处长审核案件，院长(副院长)、检察长(副检察长)审批案件的"三级审批制"，许多案件还要提交审判委员会或者检察委员会讨论决定，甚至要提交政法委员会进行"协调"。在这样一种办案模式下，承办案件的法官、检察官既没有责任感，也难以追究其个人责任。

第二，缺乏相应的管理来配套。司法责任制是建立在司法人员对承办案件的高度责任心的基础上的。司法责任制的目的是要求司法人员严格依照法律的规定认真、慎重地对待每一个案件，既要对国家对法律负责，也要对案件当事人负责，公平公正地对待每一个当事人。而对司法人员的管理要能够保证司法人员严格依法办案，要有利于鼓励司法人员认真负责地对待每一个案件。

但在以往关于司法责任制的改革过程中，我们强调司法人员的责任心，却没有相应的保障和鼓励司法人员严格依法办案的管理制度。在法院、检察院的管理中承办案件的法官、检察官与没有承办案件的法官、检察官，与其他行政管理人员，甚至包括后勤保障人员，都是按照相同的规章制度来管理的，对行政管理人员有什么样的要求，对法官、检察官就有什么样的要求。在工作安排方面，行政人员搞什么活动，承办案件的法官、检察官无论办案压力有多大，都必须参加。在晋升提拔方面，大家都在一个起跑线上，都要按照几乎完全相同的程序，进行民主推荐、民主测评，都要由全院的领导干部和中层领导干部"打分"。在考核方面，大家都是"德、能、勤、绩、廉"，几乎完全相同的标准。一个法官、检察官办没有办案，办理案件的多少，对他自己、对别人都几乎是无关紧要的。业务部门与非业务部门评定考核等级都是按照相同的比例进行的。法官、检察官办理案件不论是否认真负责，其评定优秀等次都要受"名额"的限制。从提出办案责任制以来，将近20年过去了，几乎没有一个法院、检察院对业务部门的法官、检察官建立起完整的业务档案。一个法官、检察官每年到底能办多少案件，到底办了多少案件，哪个法官、检察官办案质量高，哪个法官、检察官办案质量差，差在哪里，没有人能够说清楚。在这样的管理模式下，法官、检察官只能是凭觉悟、凭良心、凭个人对法治的信仰来从事自己的工作，不可能因为科学的管理而增强办案的责任心、事业心，也没有动力去钻研办案的规律、去不断提高自己的业务水平。

第三，缺乏优厚的待遇来配套。在所有法治国家，司法人员的社会地位和物质待遇都是非常高的。这一方面是为了保证司法人员的职业尊荣和职业自豪感，让他们认真负责地对待行使司法职权的工作，对自己办理的每一个案件，从内心深处负责。另一方面也是为了增强司法人员抵御各种诱惑、腐蚀的能力。同时，优惠的待遇也体现了国家、社会对其所从事的工作的重视和尊重，促使他们认真负责地对待每一个案件和案件当事人。

但是在我们国家，长期以来，法官、检察官都是作为普通公务员来对待的。法官、检察官不仅与法院、检察院里从事事务性工作的人员包括后勤服务人员享受几乎完全相同的待遇，而且与其他国家机关的工作人员享受几乎完全相同的待遇。在某些地方，法官、检察官的待遇还没有行政管理的工作人员待遇高（晋升机会多），以致法院、检察院的业务干部更愿意到其他部门去工作，一旦有机会，就不愿意留在法院、检察院。

在上述必要的配套措施缺失的情况下，单项推进司法责任制改革，尽管下了很大的功夫，依然难以持续，难以见效。

所谓"综合配套"，就是在推出一项重大改革措施时，要同时考虑理念、制度、人员、保障、纠偏五个方面，并使这五个方面协调一致地推进。司法职权配置，如果同时考虑到这五个方面的整体推进，改革措施就会顺利实施并有可能达到顶层设计时所追求的目标。相反，如果单打独斗，无论多么理想的改革措施，都只能是纸上谈兵，看似出台了规范性文件，规定了具体实施意见，但在司法实践中，不是被束之高阁，就是被传统观念、习惯做法所吞噬，根本无法实现改革意见中提出的目标。

上 编

优化司法职权配置的宏观问题

第四章 优化司法职权配置的原则

任何国家的司法职权都不是任意配置的，它必然要遵循一定的原理，坚持一定的原则。而评价司法职权的配置是否优越，分析研究如何优化司法职权的配置，同样必须遵循一定的原理。否则，就难以对司法职权的配置做出中肯的评价，更谈不上真正具有建设性的改革建议。

我们认为，在中国的政治体制和权力结构下，司法职权的配置，应当坚持四个原则，即坚持中国共产党的领导，符合权力配置的一般原理，遵循司法活动的基本规律，满足人民群众的司法需求。优化司法职权的配置，同样应当遵循这四个原则，满足这四个方面的要求。

一、坚持中国共产党的领导

优化司法职权配置的根本目的是建设中国特色的社会主义司法制度。而中国的司法制度作为中国政治制度的组成部分，是在中国共产党的领导下建立和发展起来的，也是在中国共产党的领导下运行的。这是"中国特色"的根本点。优化司法职权配置，同样地，必须坚持中国共产党的领导。

（一）坚持党中央的集中统一领导

坚持党的领导，首先是要坚持党中央的集中统一领导。这是因为：

第一，加强党中央的集中统一领导，是我们国家政治制度的根本要求。我们是单一制国家，国家的宪法和法律都是由国家最高立法机关制定的，其目的就是为了保证国家法律的统一性。同样地，司法权被认为是"中央事权"，必须由党中央集中统一领导，才能保证法律适用的统一性，才能保证把党的主张、人民的利益贯彻到法律适用的过程中。

第二，加强党中央的集中统一领导，是解决司法不公背后的制度性问题的根本保证。我们国家司法体制中存在的突出问题是司法不公的问题，而这个问题与司法权地方化有着千丝万缕的联系。中华人民共和国成立时，为了加强地方基层政权建设，法院、检察院、公安局完全按照行政区划来设置，形成了现行的司法体制。这种司法体制，在我们国家从计划经济向市场经济转型的过程中，显得很不适应。一方面因为地方利益、地方保护导致司法不公，① 另一方面因为各地经济社会发展不平衡导致法律适用的标准不统一。国家设在地方的司法机关，如果仍然由地方党委来领导，仍然受该地经济发展水平的制约，就难以克服地方保护主义对司法活动的干预，难以保证国家法律的统一正确实施。要从制度上解决司法不公的问题，就必须改革现行的司法体制，保证基层的司法机关不受地方党政领导的控制。因此，加强党中央对司法机关的集中统一领导，是改革现行的司法体制、保证司法公正的不二选择。

第三，加强党中央的集中统一领导，是司法体制改革的政治保障。在我们国家，坚持中国共产党的领导，既是宪法原则，也是各项事业取得胜利的根本保障。特别是司法体制改革涉及国家司法制度的重大变革，无论是传统的思想观念还是过去的习惯性管理模式，都会给这项改革带来严重的阻力。只有在党中央的集中统一领导下，这项改革才可能排除来自各个方面的阻力，克服各种各样的困难，保证改革的顺利进行。同样地，这项改革是一项宏大的工程，需要分步骤进行，需要多方面配合，只有在党中央的集中统一领导下，才能保证改革的正确方向，才能协调各方完成司法体制的制度变革。

司法改革二十年来的实践充分证明了这一点。司法改革的根本动因是司法机关的工作与社会发展的需要与党和人民的期望、依法治国的要求不相适应。特别是在我们国家从计划经济向市场经济转型的过程中，这些问题突出地表现在两个方面：一是各级地方领导利用手中的权力任意干预司法，让司法机关为本地区甚至本人的利益诉求服务，司法职权行使中的地方保护主义成为所有企业、经济组织反映强烈的问题；二是司法机关利用法律赋予的职权办"关系案""人情案""金钱案"，司法不公、司法不廉，引起人民群众的强烈不满。因此，十五大政治报告提出了"推进司法改革，从制度上保证司法机关依法独立公正地行使审判权和检察权"的任务。但是十五大以后，中央并没有采取实质性的改革措施，"从制度上保证司法机关依法独立公正地行使审判权和检察权"的构想也就未能实现。十六大政治报告针对司法职权行使中存在的问题，进一步明确了司法改革的任务，即"按照公正司法和严格执法的要求，完善司法机关的机构设置、职权划分和管理制度，进一步健全权责明确、相互配合、相互制约、高效运行的司法体制。从制度上保证审判机关和检察机关依法独立公正地行使审判权和检察权"。十六大以后，党中央总结了十五大以来司法改革的进展情况，在中央政法委员会成立了司法体制改革领导小组，对司法改革进行了顶层设计。按照中央的统一部署，由中央政法委员会牵头，联系中央有关单位，集中解决司法机关经费不足的问题。因为，在我们国家的管理体制中，司法机关的经费来自同级地方财政。司法职权的行使几乎完全依赖地方财政的支撑。这一方面造成司法机关对地方党委政府的依赖；另一方面，由于经费不足，导致一些司法机关办"金钱案"，利用手中的司法职权解决单位办案经费不足的问题，甚至用办案中获取的赃款赃物解决司法人员的福利待遇问题。一些司法机关甚至以解决经费不足为理由开办公司、企业。这些问题，严重影响了司法公正和司法机关的公信力，是

---

① 地方利益与整个国家利益尽管在根本上是一致的，但也存在着区别，具有一定的独立性。特别是近年来各地经济发展不平衡，地方领导在发展经济方面的压力很大。一些地方党委政府的领导人，为了本地经济的发展，把经济工作中的地方保护主义延伸到司法机关办理案件的活动中，要求司法机关为本地经济的发展"保驾护航"，不惜牺牲法律的公正性。

人民群众对司法机关反映强烈的问题之一，且在地方上长期得不到解决。中央司法体制改革领导小组成立以后，中央政法委员会根据人民群众的强烈反应，下功夫解决这个方面的问题。一方面要求司法机关与所办的公司、企业脱钩，严禁利用司法职权为司法机关谋取单位利益；另一方面通过中央财政的转移支付，解决地方司法机关办案经费不足的困难，有效地遏制了司法机关为钱办案的问题。

十八大以后，更是在中央全面深化改革领导小组的领导下，认真研究司法机关存在的突出问题，十八届三中全会决议提出了"改革司法管理体制，推动省以下地方法院、检察院人财物统一管理，探索建立与行政区划适当分离的司法管辖制度，保证国家法律统一正确实施"的改革任务。这项改革，旨在消除司法地方化对司法职权依法独立公正行使的影响，是迈向党中央集中统一领导司法机关、确保司法职权统一行使的重要一步。由于时间短促、准备不足，这项改革在第四轮改革中尚未完成。

因此，在新一轮司法改革中，要继续坚持党中央的集中统一领导，进一步推行省以下地方法院、检察院人财物统一管理制度改革，逐步建立与单一制国家的政治制度相适应、有利于加强党中央集中统一领导的司法制度。

（二）坚持党的政治领导

党中央制定的路线方针政策，做出的重大部署，是司法职权有效行使的灵魂，也是司法职权优化配置的指导思想。

首先，党中央关于全面推进依法治国的战略决策，特别是十九大政治报告中关于法治中国建设的一系列重要论述，对于优化司法职权配置具有重大的指导意义。我们要通过司法体制改革，按照法治国家对司法职权的内在需要，完善司法机关的职权配置。一方面要进一步明确司法职权在国家权力结构中的地位和边界，保持司法职权应有的独立性；另一方面要树立司法职权的权威，体现法治国家司法职权的重要地位。

其次，党中央提出的"完善确保依法独立公正行使审判权和检察权的制度"的要求，对正确处理司法职权与其他权力的配置关系，具有直接的指导意义。十八届四中全会决议指出："各级党政机关和领导干部要支持法院、检察院依法独立公正行使职权……任何党政机关和领导干部都不得让司法机关做违反法定职责、有碍司法公正的事情，任何司法机关都不得执行党政机关和领导干部违法干预司法活动的要求。"这些规定进一步明确了司法职权独立行使的重要性，以及党政领导机关和各级领导干部的权力与司法职权之间的关系。严格贯彻执行党中央的重大决策，认真落实党中央的工作部署，对于优化司法职权配置指明了方向，同时也为司法职权的依法行使提供了政治保障。

再次，党中央关于优化司法职权配置的具体意见，是司法体制改革的具体措施，也是进一步完善司法职权配置的重要内容。如十八届四中全会决议提出的"健全公安机关、检察机关、审判机关、司法行政机关各司其职，侦查权、检察权、审判权、执行权相互配合、相互制约的体制机制""推动实行审判权和执行权相分离的体制改革试点""改革司法机关人财物管理体制，探索实行法院、检察院司法行政事务管理权和审判权、检察权相分离""改革法院案件受理制度，变立案审查制为立案登记制""探索建立检察机关提起公益诉讼制度"等，都是司法体制改革中必须遵循的改革措施，这些措施本身，就是优化司法职权配置的具体内容。

（三）坚持党的组织领导

党对司法工作的领导不是由党来直接行使的，而是通过给司法机关选配干部来保证党的路线方针政策在司法活动中得以贯彻执行。因此，党的领导的重要方面，是坚持党管干部原则。党的中央组织为最高司法机关选配领导干部、党中央派驻在最高司法机关的党组织为地方各级司法机关选配领导干部。只有坚持正确的选人用人导向，匡正选人用人风气，坚持法官法、检察官法规定的标准和德才兼备、以德为先的原则，为各级司法机关选配好领导班子，才能保证司法职权始终掌握在党和人民满意的人手中，才能维护党中央权威、保证司法职权的行使。特别是在推行省以下地方法院、检察院人财物统一管理的改革过程中，党组织对司法机关工作人员的统一管理，尤其是对法院、检察院进人、用人标准的统一把握和组织考察，是法院、检察院人事制度改革顺利进行的重要保障。

坚持党的组织领导的另一个重要方面是加强党组织对权力运行的制约和监督。党组织不仅要为司法机关选配领导干部，而且要加强对司法机关领导干部的监督，防止司法职权被滥用。优化司法职权配置，也必须研究如何通过执政党对司法机关领导班子的监督来保证司法职权的正确行使。

二、符合权力配置的一般原理

司法职权是一种国家权力。司法职权的配置首先必须符合权力配置的一般原理。违背权力配置的基本规律，司法职权的配置就可能是一种传统的或者任性的作为，而丧失了内在的合理性。

权力是某些人的意志对其他人的行为产生预期效果的能力，[1] 或者说，是一方制约另一方而做出符合自己方面意愿的行为以满足自己一方利益的权威势力。国家权力是国家的统治集团通过国家机器要求全体国民服从自己的意志以实现国家职能的权威势力。在我们国家，国家权力源自人民，人民的意志通过人民代表大会制定法律的形式上升为国家意志，国家意志通过国家机器来贯彻执行并要求全体公民遵守。

任何权力，都具有一些相同的特征，这些相同的特征就构成权力的基本特性。如：①强制性。权力作为一种控制力和支配力，其突出特征之一就是使他人的意志服从自己的意志，而且这种服从无须事先征得他人同意。国家权力的强制性，有时会以暴力的极端形式表现：你不服从我，我就消灭你；有时则以精神强制的形式表现：你服从也得服从，不服从也得服从。因为国家权力是一种凭借国家机器实现统治的强大的物质力量。国家权力的强制性还体现为其约束力的普遍性，个人、各类团体和组织都必须服从国家的统治。②相互依赖性。权力总是表现为权力主体与权力客体之间的关系。这种关系是一种相互依赖的关系，权力主体依赖于权力客体实现自己的目的，权力客体也有自身的

---

① 李景鹏：《权力政治学》，北京大学出版社 2008 年版，第 27 页。

利益需求而依赖于权力主体。③单向性。权力最为本质的特点是以"命令—服从"的轨迹运行的。权力指令由掌权者单向指向服从者，服从者在强制或权威作用下，对此无法抗拒，他总是按权力者的意志行事，包括做他不愿意做的事情。④工具性。权力是猎取利益的基本工具和主要手段。权力的行使总是与一定的目的相联系的，这种目的构成了权力运行的内在动力。⑤扩张性。权力作为一种影响和控制他人的力量，无须事先征得权力客体的同意。这就使得权力主体的内在欲望存在着扩张和聚敛权力的要求。权力的扩张性产生的根源是权力主体心理动机的扩张性和心理空间的延伸性。这种心理动机的扩张性和心理空间的延伸性是无止境的、无限大的。⑥有效性。由于权力具有非常明确的目的性和有意性，权力关系所产生的后果是预期后果。权力的有效性是检验权力存在的标准。①

正因为权力具有上述特性，在配置权力的时候，特别是在把国家权力分解为若干个具体权力的时候，就必须遵循一定的原理，既要对其进行必要的限制和约束，又要保障其有效地发挥作用，以达到权力配置的目的。概括说来，权力配置的基本原理，可以归纳为三个方面：

（一）授权有限

在社会的发展过程中，国家的职能越来越复杂多样，国家权力也不可能完全由一个主体一揽子行使。于是就出现了国家职能的分解和国家权力的分设，出现了分解的国家权力如何组织并相互协调与制衡，从而出现国家权力结构体系。社会越是发达，国家权力结构体系也就越复杂。为了保证这些复杂多样的权力在同一个体系内规范有效地运行而不相互交叉、重叠、掣肘，为了防止这些权力的扩张、滥用，国家就必须对各种权力设置必要的藩篱。因此，在国家权力结构体系中，每一种权力的授予，都一定要有必要的限制。

在我们国家，一切权力属于人民，人民在中国共产党的领导下组织起全国人民代表大会，并通过宪法的形式把国家权力赋予全国人民代表大会，由全国人民代表大会统一行使国家权力。于是，人民代表大会制度构成我们国家的根本政治制度。在全国人民代表大会统一行使国家权力的前提下，国家设立了专门的行政机关、审判机关、检察机关、军事机关等国家机关，全国人民代表大会分别授权这些国家机关行使部分国家权力。全国人民代表大会赋予每一个国家机关的权力，同样存在着一个再分解的问题。每一个国家机关又分设为若干个内设机构或者部门，每一个内设机构或部门分别行使本系统的某些国家权力。因此，无论是国家层面的权力，还是系统内部分解出来的权力，都有一个如何分解、如何授权的问题。权力的分解与授予，应当遵循权力配置的一般原理。

1. 设置权力的边界

由于权力本身具有扩张的本性，绝对的权力必然导致绝对的滥用，所以任何权力都应当有明确的边界。

---

① 张穹、张智辉主编：《权力制约与反腐倡廉》，中国方正出版社 2009 年版，第 34~37 页。

权力通常是由主体、条件、对象、行为、效果五大要素组成的，权力的边界也应当通过这五个方面的设计来确定。

（1）权力主体。无论是通过法律、法令、法规，还是通过规范性文件，抑或是通过选举、任命等方式，授予某项国家权力的时候，都应当首先明确权力主体，即某项特定的国家权力是由哪一个主体行使的。国家权力的主体通常是特定的国家机关，也可能是国家机关中特定的某一类工作人员。某项权力一旦赋予了某一个特定的主体，就意味着排除了其他主体包括其他国家机关及其工作人员行使该项权力的能力。其他主体可以监督权力主体行使权力，但不能代替权力主体行使权力。如果其他国家机关或者个人行使了已经赋予他人的权力，就是僭越权力。

（2）权力行使的条件。权力的边界在很大程度上是通过设定权力行使的条件来实现的。任何一种权力，只有在事先设定的条件出现时行使才是正当的。离开了预先设定的条件，或者在该条件还没有出现的时候行使权力，其本身就是一种滥用权力的表现。为权力的行使所设定的条件，应当是具体的、明确的，即可以通过人们的常识、经验和社会活动的基本规则加以辨别和区分的。如果这种条件本身是模棱两可、难以分辨的，其权力的滥用就是不可避免的。

（3）权力行使的对象。任何权力都是针对特定的对象行使的。这也是权力的边界所在。当权力行使的条件出现的时候，权力主体只能对特定的对象行使权力，而不能将权力所具有的控制力和影响力施加给权力范围外的客体。如果没有明确具体的对象，权力就可能横行无阻。

（4）权力行为。权力是以支配和控制他人的活动为内容的。权力行为就是权力主体通过权力本身所具有的强制力支配和控制他人即权力客体（对象）的活动。权力行为是权力的核心要素，也是权力主体行使权力的表现形式。权力主体可以为哪些行为、不可以为哪些行为，是权力的特征性标志。授权应当明确规定权力作用的形式和程度，防止过度地和不必要地行使权力。

（5）权力行使的效果。权力总是意味着服从。权力行使的效果具体表现为权力客体服从权力主体的支配和控制，实施或者不实施某些行为，以达到权力主体行使权力时所追求的目的。这种效果是否出现，直接关系到权力设置和行使的意义。如果一种权力的行使不能或者没有达到其设置或者行使的目的，它的存在与行使就是多余的、无效的，因而也就是应当废除的（当然，权力行使的目的根本不能达到与实际上没有达到是不同的。实际上没有达到可能是因为权力设置的问题，也可能是由于其他原因）。

上述五个方面构成了权力的边界。授予任何一项权力，都应当从这五个方面来设置权力的边界。同样地，评价任何一项权力设置的合理与否，也可以从这五个方面入手进行分析。

2. 规定权力行使的程序

为了防止权力的扩张和滥用，在授权的时候，不仅需要设定权力的边界，而且应当明确规定权力行使的程序。通过程序的规定，为权力的行使确立规则。程序的功能在于规范权力行使的活动。因为程序本身意味着权力主体在行使权力的过程中应当遵循什么样的规则，应当经过什么样的环节才可以做出自己的决定，进而向他人发布命令。如果权力主体在行使权力的过程中违反了事先设定的程序,其行使权力的行为就可能被认为是无效的行为而不被遵循。因此,明确规定权力行使的程序,并要求每一项权力的行使都必须遵守预先设定的程序,就可能防止不按照规则行使权力的行为,从而防止权力被滥用。

当然,行使权力的程序应当以保证权力的有效行使为前提。程序过于复杂或者不切实际,就无法保证权力的有效行使。

3. 明确权力救济的途径

权力的行使一旦超越了边界或者违反了设定的程序,就应当是无效的。但是对于这种无效的权力,如果没有预先设定的救济途径,权力客体往往是无力阻止的。特别是当权力的行使给权力客体造成某种侵害或者妨碍了权力客体行使权利的行为时,权力救济就是不可或缺的。权力救济是指通过预先设定的程序宣告行使权力的行为无效并消除其影响的过程。权力救济的主体必须是与被救济的权力的主体没有利害关系的第三方。权力救济必须由权力客体提出申请,并提供权利被侵犯或者权力行使给自己造成损害的事实,并由权力主体对之做出说明,然后由权力救济的主体(第三方)进行审查,以保证在权力行使确实不当的情况下,补偿权力客体所遭受的损失,恢复其有权行使的权利。

权力救济的设置,本身意味着权力的有限性。通过宣告过限行使权力的行为无效,并恢复原来的秩序,可以宣示任何权力的行使都必须在设定的范围内行使,增强权力有限性的意识。

(二)保障有力

任何权力的设置都是为了实现一定的利益,达到一定的目的。这种目的构成了权力运行的内在动力,使权力主体的支配意志不断地转化为支配行为而施加于权力客体,以实现和维持特定的利益。离开了目的性,权力就成了无源之水、无本之木。国家权力的设置是为了实现国家治理、保护全体人民的根本利益。在这个总目标下,每一项具体的国家权力,都有特定的目标,都有各自的社会治理功能。国家权力的行使,能否有效地实现自己的目标,直接关系到该项权力设置的必要性。为了保证每一项国家权力的行使都能够实现自己的目标,国家在设置每一项权力的时候,都会为该项权力的行使提供必要的、必需的保障。这种保障是否有力,直接关系到权力设置的目标能否实现。

权力行使的制度性保障,主要包括以下几个方面:

1. 相对独立的权力主体

在国家权力结构中,任何一项具体的权力都是相对的,任何一个权力主体都不可能完全的、绝对的独立于其他权力主体。但是,相对的独立是完全必要的。因为主体本身就意味着独立,没有独立的人格和独立行动的自由,就没有主体地位可言。

作为行使某一项国家权力的主体,首先必须有独立设置的机构。这种机构,可以是宪法规定的一个独立的国家机关,也可以是国家机关中的某一个部门。这个机关或者部门必须配备足够数量固定的专门人员,能够胜任行使职权的需要。虽然有独立设置的机关或部门,但如果缺乏专门的工作人员,或者专门工作人员的数量远远不能满足行使职权的需要,这种职权就不可能充分行使,其职能作用也就不可能充分发挥。这个机关或者部门必须有专门的职权和行使职权的特定领域，并在该领域树立权力主体的地位。这种独立设置的机关或部门、专门的工作人员和特定的职权范围，构成权力主体独立性的标志，也是权力主体能够独立行使职权的基本保障。

其次，每一个权力主体的独立性应当得到其他权力主体的认可和尊重。国家权力分解的结果，必然形成一个多元化的权力结构体系，或者说，国家治理体系是由一个多元化的权力子系统组合而成的。在这种权力结构体系中，每一项权力都是相对的，每一个权力主体的主体地位都需要得到其他权力主体的认可和尊重，才能保证其有效地行使权力。特别是在存在上位权力与下位权力的情况下，下位权力的主体如果得不到上位权力主体的认可和尊重，下位权力主体就很难行使自己的权力。即使是在位阶相同的权力主体之间，如果彼此之间缺乏应有的尊重和支持，权力主体也很难有效地行使权力。而这种认可与尊重，不能单纯依赖于各个权力主体的思想觉悟，因为这种思想觉悟是因人而异、因事而异、因时而异的，因而是靠不住的。这种认可与尊重必须有制度性的保障，也就是：凡是法律、法令、法规赋予某一个机关或部门的职权，其他任何国家机关或部门，无论位阶如何，都必须认可与尊重其行使职权的活动。如果认为某个权力主体行使职权的行为不当或者违法，应当通过预先设定的程序向有管辖权的主体提出，而不能自行否认对方行使职权的行为。

再次，主体的独立性应当根据权力的不同特点，区分整体的独立性与个体的独立性。对于某些国家权力而言，必须通过权力主体集体决议的方式形成该机关或部门的决议，作为行使权力的表现形式。但是对于另外一些权力而言，则应当通过被授权的个体来行使权力。如果某种权力需要根据当时当地实际发生的具体情况做出的判断来行使的时候，被授权的个人作为行使职权的主体，其根据所掌握的情况行使职权的行为就应当被认可和尊重。

2. 必要的支配手段

任何权力都意味着对他人的支配和控制，因此，任何权力必须有能够支配和控制他人行为的手段。特别是作为国家权力，要想达到行使权力的目的，就必须保证权力主体具有足够的力量使权力客体服从自己的支配与控制。尽管国家拥有军队、警察、监狱等暴力机器，但并不是每一项国家权力的行使都需要以这种暴力机器为手段。因此，赋予哪一项国家权力以何种手段，才能保证该权力的有效行使，就是一个需要研究和合理配置的问题。

对于不同类型的国家权力，需要配置的手段是不同的。但是基本的要求是这种手段应当满足行使权力的需要，同时又不至于给权力客体造成不必要的侵害。一方面，应当根据不同类型权力的特点，配置必要的手段。这种手段，一般说来，应当包括发现问题或者启动权力行使程序的手段，对权力行使的条件做出判断的手段，对权力客体进行处置的手段。这些手段的正确运用，是行使权力的表现，也是行使权力的必要措施。另一方面，也应当考虑权力客体的合法权利，不能因为行使权力而不适当地或者过分地侵害权力客体的权利或利益。

3. 必需的物质条件

任何权力的行使都需要一定的人力物力的投入。因此，必需的物质条件的投入是权力行使的制度性保障。没有足够的必需的物质条件，权力主体的生存就将成为困难，行使权力的活动也就无从谈起。

但是，如何为每一项国家权力的行使提供物质保障，则需要根据权力的不同特点，做出制度性的安排。一方面，需要考虑权力的大小与归属。同样是国家权力中分解出来的权力，但某些国家权力涉及的范围可能要大一些，某些国家权力涉及的范围可能要小一些，如，行政权就是一个比较大的国家权力；土地管理权就是一个相对比较小的国家权力。同一类型的国家权力，可以采取相同的物质保障方式，做出统一的制度安排，予以大致相同的保障。另一方面，需要考虑行使权力的需要。某些国家权力的行使具有很强的独立性，在物质保障方面，就需要做出专门的制度安排；某些国家权力的独立性相对较弱，或者本身是从一个较大的国家权力中分解出来的相对较小的国家权力，其物质保障就没有必要做出专门的制度安排。

对于独立性比较强的国家权力来说，物质保障的状况直接关系到其权力行使的独立性。所谓物质保障的状况，一方面是保障的来源，来源越高，其独立性就越强，来源较低，就可能受制于人。比如，某个权力主体的物质保障如果直接来自最高国家权力机关，物质保障就可能比较充足，他的独立性就可能很强；如果某个权力主体的物质保障来自一个连自己的经费还需要别人提供的部门，保障的程度就可能大打折扣，其受制于人的情况也就难以避免。

4. 权力客体的服从义务

当国家设定某项权力的时候，同时也就设定了权力客体即权力所管辖的对象。没有客体的权力是不存在的。权力客体意味着服从权力主体的支配和控制。权力主体做出的决定、发布的命令、提出的要求，权力客体应当服从和遵守。但是在现实社会中，权力客体往往是相对的，即社会活动的主体，在某些方面或者某些问题上，可能是国家权力作用的对象，从而成为权力客体，但在另一些方面或者在其他问题上，又有可能是国家权力的主体。如果一个主体用其在其他方面的主体性权力抗衡另一个权力主体行使职权的行为，权力主体行使职权的行为就可能受阻，权力的职能作用就难以发挥。因此，为了避免权力配置中这种情况的发生，就必须在配置权力的同时设定权力客体的服从义务。

所谓权力客体的服从义务，是指权力所及的对象对于权力主体行使职权的行为应当服从。如果没有正当理由而拒绝服从权力主体行使职权的行为，就要承担一定的法律责任。有没有正当的理由，不能由权力客体说了算，而要由权力主体说了算。权力客体不服的，可以向第三方申请审查权力主体的裁断，但不能因为自己不服就不执行权力主体做出的决定、发出的指令或提出的要求。当这种义务上升为法律规范时，才是一种制度性的保障，才可能防止因为权力客体在客观上的强势地位而使权力主体的权力成为空设。

（三）制约有效

权力必须得到保障才能有效地行使，但同时，权力也必须受到制约，才能防止权力的滥用。这是权力配置中两个相辅相成的原理。

对权力的制约不是给权力的行使设置障碍，而是为了保证权力的行使符合一定之规，防止越界行使权力或者滥用权力。对权力的制约有多种方式。如：①通过权力之间的相互制衡来防止权力的滥用，即每一种权力都有在预先设定的条件下抗衡其他权力的手段和能力，一旦某种权力被滥用，其他权力主体可以行使自己的某种权力，以否定被滥用的权力的效力(这是"三权分立"国家对国家权力进行配置的基本模式)；②通过更高级的权力来制约权力，即在权力主体之上设置一种上位权力，如果平等位阶的权力之间发生争执，或者下位权力被滥用，就由这种上位权力进行裁断(这是一元化权力国家对国家权力进行配置的基本模式，也是行政权内部配置的基本模式)；③通过审查来制约权力，即某项权力在行使之前，由另外一个权力主体对其进行审查，批准后方可行使(这种模式往往适用于某些涉及权力客体重大利益的权力)；④通过权利制约权力，即通过赋予公民或其他社会主体在一定条件下抗衡国家权力的权利，或者为公民或其他社会主体的权利设置某些国家权力不得进入的禁区，以防止国家权力被滥用时对公民权利的损害；⑤通过伦理制约权力，即在行使国家权力的国家工作人员中进行伦理教育，树立行使权力时必须遵守的道德准则，通过这种道德准则的强化与遵守防止权力的滥用(这是理想化的制约模式)。①

除了在权力设置时设定某种制约手段之外，在权力行使的过程中，设置一定的措施，也可以制约权力的行使，以防止其被滥用。这些措施，最常见的有：

1. 透明

要求行使权力的行为必须在一定范围内公开进行，是防止权力滥用的重要措施。透明不仅是指行使权力的依据要公开，权力主体做出的决定要公开，而且是指权力主体行使权力的过程要公开。权力主体应当在权力可能触及到的所有客体知情的情况下做出自己的决定，并就做出决定的依据和理由做出说明。

透明可以防止权力的暗箱操作，防止个人因素对权力行使过程的干预。透明可以使权力客体看清楚行使权力的根据和理由，并从中判断行使权力的行为所依据的法律和事实是不是真实的，进而决定能不能认可权力主体所做出的决定。透明可以使潜在的权力客体看清楚权力行使的过程，建立对权力主体的信任，更好地选择自己的行为。权力行使的透明度越高，权力被滥用的可能性就越小，权力行使的公信力也就越高。

2. 责任

给权力主体设定行使权力的责任，是防止权力被滥用的重要措施。当国家把某种权力赋予某个主体的时候，就应当给该主体设定必须承担的责任，以保证这种权力充分而正确地发挥其应有的职能作用。责任既包括积极责任，也包括消极责任。所谓积极责任，是指权力主体积极主动、认真负责地履行职责，行使权力的负担。国家一旦把某些权力赋予某个主体，该主体就肩负着义不容辞的责任，行使好这种权力，为国家治理做出应有的贡献。不能胜任或不能担负起这种责任，就是不称职。所谓消极责任，是指违反职责的要求，不正确行使权力或者滥用权力时必须承担的法律后果。

---

① 这种制约模式，有时可能是有效的，但是靠不住的。因为扩张是任何权力都普遍具有的本性，依靠掌握权力的主体内心的美德来抑制权力的扩张，只能是一时一事和因人而异的，没有制度性的保障。

积极责任与消极责任是权力主体必须同时承担的两种责任。如果一种权力的设置，只有积极责任而没有消极责任，这种权力的设置就是不完整的，权力的滥用也就是不可避免的。当然，消极责任只适用于真正的权力主体，即只有当一个主体能够独立自主地行使权力的时候，他才在道义上有义务承担由于自己的错误所引起的法律后果。如果他对行使权力的行为不能独立地、自主地做出决定，要求其承担法律后果，就可能是替别人"背黑锅"。并且，消极责任的设定，应当以权力主体有重大过错为前提，即只有在权力主体明显地违反法律或者相关规定，故意错误地行使权力，或者存在明显而重大的失误时，才能要求其对之承担消极责任。如果消极责任设定的范围过宽，就可能成为权力主体头上的"紧箍咒"，使其不敢放心大胆地行使权力，权力的国家治理功能也就不可能有效地发挥。

3. 监督

对行使权力的行为进行监督是防止权力滥用的重要措施，也是我们国家最惯常使用的防止权力滥用的措施。真正有效的监督，可以及时发现权力行使中的问题特别是权力被滥用的情况，可以及时启动纠错程序，阻止滥用权力行为后果的蔓延，可以教育其他权力主体更好地行使权力。

但是，对权力的监督应当是事后进行的。为了防止权力被滥用，而在权力主体行使权力的时候就介入其中进行监督，并不是明智的选择。因为它使权力主体时刻感到不被信任，以致失去应有的责任心。权力主体一旦丧失了责任心，也就失去了行使好权力的动力。其行使权力的行为即使不出现错误，也很难有效地发挥权力应有的功能。

对权力的监督主要是通过追责的方式进行的，即在权力行使之后，由另外一个独立的主体对行使权力的行为进行事后的审查，发现其中存在违反法律或者滥用职权的情况，对行使权力的主体依据预先设定的规则进行责任追究，以防止再次出现同类错误。同时对违反法律或者滥用权力造成的损害进行救济，减轻或者弥补对权力客体造成的伤害。

对权力的制约是否有效，不仅关系到权力能否正确地行使，而且关系到权力行使的社会效果。错误地行使权力或者滥用权力，都可能给国家治理带来负面效应。

三、遵循司法活动的基本规律

司法职权是一项国家权力，司法职权的配置，要符合国家权力配置的一般原理，但同时，司法职权又是一项特殊的国家权力，不同于其他国家权力。要充分发挥司法职权在国家治理体系中不可替代的职能作用，就必须遵循司法的基本规律，保障司法职权的行使有助于司法职权设置的根本目的。

(一)司法活动的基本规律

所谓规律，是指"事物之间的本质的、必然的联系，决定着事物发展的趋向，具有必然性、普遍性和稳定性"。① 司法规律，就是司法的各个要素之间客观存在的具有普遍性和稳定性的必然联系。要认识司法规律，首先就必须从司法的基本要素入手，了解司法的各个要素，进而发现这些要素之间的本质联系，才能抓住司法规律的要义。

司法是依照法律规定处理案件的国家活动。按照权威教科书的说法，司法"是国家司法机关依据法定职权和法定程序，具体应用法律处理案件的专门活动"。②

司法作为一项国家的专门活动，它就不可能是任何主体都能够进行的，必然是特定主体所进行的。司法的主体，在任何一个法治国家，都是由法律规定的专门的国家机关及其特定人员构成的。只有这些特定的司法主体，才能代表国家处理案件。所以司法主体是司法必备的要素。

既然是国家活动，就必须有国家权力，有国家强制力作保障。没有司法权，就无法进行司法活动。司法权是国家通过法律授予的、能够在具体案件中适用法律的国家权力。只有享有司法权的主体，才能代表国家处理案件。因此司法主体的职权即司法权，是司法最重要的要素。

司法作为国家的一项专门活动，必然会通过一定的行为表现出来。没有特定的行为，就不可能有专门的国家活动。司法行为就是依法处理案件的活动。依法处理案件是司法活动区别于其他社会行为的显著特征，因此是司法的基本要素。

既然是国家活动，就必然有一定的目的。一方面，目的性是人类社会行为的基本规律。另一方面，国家把司法权从统一的国家权力中分离出来必然具有一定的目的。司法的目的就是通过对具体案件的处理实现公平正义，即司法公正。司法的核心价值是公正，追求司法公正是司法永恒的价值目标。因此，在司法的要素中，司法活动的目的必然是一个不可或缺的、极为重要的因素。

通过以上分析，我们可以说，司法的基本要素是司法主体、司法权、司法行为和司法目的。司法，就是司法主体通过行使司法权，依法处理案件以便实现司法目的的国家活动。这四个要素之间的本质联系，就构成了司法的基本规律。

那么，这四个要素是如何联系起来的？

第一，司法公正是司法的核心价值。

司法最直接的目的是依法处理案件，实现司法公正。公正是司法活动的出发点与落脚点，也是司法活动的价值追求。司法机关在司法活动中并无自身的利益，因而能够超越案件中的利害关系，成为独立且中立的裁判者，履行国家赋予的法定职责。司法机关在司法活动中，一方面要在准确认定案件事实的基础上，正确适用法律对案件做出公正合理的裁判，实现实体公正；另一方面，要通过严格、公开地遵守诉讼程序来接受各个方面的监督，以保障程序的公正。其中，实体公正是司法活动追求的根本目标，程序公正则是实现实体公正的措施和保障。实体公正与程序公正的结合，构成司法活动的核心价值。这个核心价值，对其他司法要素的内在要求，就反映了司法各要素之间的本质联系。

第二，司法主体的专业性是司法公正的基本要求。

---

① 李行健主编：《现代汉语规范词典》，外语教学与研究出版社、语文出版社 2004 年版，第 491 页。

② 张文显主编：《法理学》，高等教育出版社、北京大学出版社 1999 年版，第 306 页。

为了保证案件处理的公正，司法主体就必须具有专业性。因为案件永远是已过去的事实。司法主体要对已经发生过的案件事实做出判断，就必须凭借专门的知识和经验对可能收集到的证据进行分析研究，通过对有限的证据材料的分析、组合，判断曾经发生过的事实真相。这本身就要求司法主体必须是由经过专门训练的具有专业知识的人员组成的专业团队。

不仅如此，司法还要在对曾经发生过的事实真相进行判断的基础上，准确地适用法律，对案件做出公正、合法的处理。这本身也需要司法主体具备超乎常人的法律知识，能够运用抽象的、有限的法律规定处理各种具体的、多样化的案件。

因此，司法主体必须是能够根据证据判断案件事实并且完善运用法律处理具体案件的专业团队。这种专业团队不仅要有专门的法律知识，丰富的司法经验，而且要有崇尚法治的品格。这是司法活动内在的、基本的要求。特别是在刑事司法活动中，对案件的处理直接关系到犯罪嫌疑人、被告人的生命、自由、财产的生杀予夺，司法主体如果没有高标准的专业水准，公民的生命安全、人身自由和财产都将难以得到法律的有效保护。这也是司法官在任何一个法治国家总是由职业的法官、检察官组成的原因。

第三，司法活动的独立性是司法公正的根本保障。

为了保证案件的处理是依据事实和法律进行的，从而让人们相信司法是公正的，司法权的行使就必须保持独立性。司法是代表国家行使司法权的活动。所谓司法权就是适用法律处理案件的国家权力。司法权所面对的永远是已经发生过的案件，这些案件在发生的时候，司法官并不在现场，没有看见也不知道案件当时是如何发生的。司法官要发现案件的事实真相，就需要根据能够收集到的证据，凭借自己的专业知识和司法经验进行独立思考，从中得出结论，而不能像立法权那样通过民主协商的方式根据多数人的意见进行决策，也不能像行政权的行使那样，谁的地位高、权力大，就听谁的。司法权的行使要听命于司法官自己的内心确信，同时要听命于法律，完全按照对事实的判断和法律的规定进行裁判，就必须具有必要的独立性。当然，行政权的行使也需要一定的独立性，但与行政权相比，司法权所需要的独立性具有更为特殊的意义，因而对独立的要求更高、更迫切。所以，司法独立被认为是司法的基本规律，是司法公正的根本保障。

第四，司法行为的规范性是司法公正的制度保障。

为了保证案件的处理是依法、公正的，司法主体行使司法权的活动就必须遵循一定的规则，即司法行为必须具有规范性。在法治国家，司法权的独立行使并不是任意妄为的。依法处理案件作为司法活动的内容即司法行为，必须遵守一定的规则，包括程序性的规则和实体性的规则，一方面要尊重程序性的规则来进行司法活动；另一方面要按照法律的规定进行实体性的裁判。没有一定规则的约束，司法权的独立行使就可能被滥用，甚至成为罪刑擅断的挡箭牌。为了保证司法主体在独立行使司法权的过程中能够严格地按照法律规定处理案件，为了保证司法活动的结果符合司法权设置的价值追求，法律不仅设计了一整套的程序性规则，而且通过一系列的制度性规定约束司法主体的行为，以保证司法主体严格按照程序规则和实体规范来处理每一个具体案件。因此，司法活动总是按照一定的规则进行的，司法行为具有非常明显的规范性。而这种规范性，恰恰是司法的内在规律。司法活动所遵循的这种规范性，与政治领域的"规矩"、与行政活动中的"制度"，既有相同的含义，又有不同的内容，它不是一种要求，不是一些原则，而是具体的操作规程，具有更强、更具体的规范性。

可见，司法活动的公正性、司法主体的专业性、司法权的独立性、司法行为的规范性，这四个方面有机结合、相辅相成，构成了司法活动的基本规律。

（二）司法规律对司法职权配置的基本要求

司法职权的配置要遵循司法规律，就必须充分考虑上述四个方面的内在需求，使司法职权在实践中能够满足其自身的需要。

1. 设置较高的职业准入门槛

司法职权本身的特殊性对权力主体的专业性提出了很高的要求，为了保证这种专业性的需要，就必须对从事行使司法职权这个职业的人员设置相对较高的准入门槛。过去，我们国家在选择任用司法人员的时候重点强调其政治上的忠诚可靠，很少考虑专业需要，以致大量行使司法职权的人员没有受过系统的专业训练，缺乏行使司法职权应当具备的法律专业知识。有的甚至刚刚从事司法工作，毫无司法经验，就在中级甚至高级司法机关行使司法职权。司法人员队伍的这种状况，不仅不可能取得人民群众尤其是当事人的信任，甚至连司法机关的领导也不敢放心地让其独立行使司法职权。于是，就形成了行政化的司法职权运行模式，造就了大批靠汇报请示办案的司法队伍。权力主体的严重缺位，妨碍了司法职权的独立行使。

遵循司法规律，就应当从司法职权行使主体的专业化入手，设置较高的职业准入门槛，以保证司法职权交给能够让人民群众信任、让各级领导放心的司法人员手里。只有称职的司法人员，才有独立行使的司法职权。

2. 设置保证独立的权力保障制度

司法职权只有独立行使，才有可能行使得公正。离开了独立性就谈不上司法公正。因此，司法职权的配置，首先要能够保障职权行使的独立性。而这种独立性不是由司法职权的主体自己说了算，而是需要由更高级别的权力予以保证。也就是说，要遵循司法规律，就应当为司法职权的独立行使设置制度性的保障。这种制度性的保障，首先是为上位权力干预司法设置限制性的制度，以防止上位权力任意干预司法机关行使职权的活动。其次是为上位权力干预司法设置程序性的规则，规范上位权力介入司法活动的行为，从而从制度上保证司法机关行使司法职权的活动较少地受到外界的干预。

3. 设置保证独立的职业保障制度

除了权力保障制度之外，对司法人员的职业保障制度也是保证司法职权独立行使的重要方面。因为，司法职权始终是通过享有司法职权的司法人员来行使的。如果行使司法职权的司法人员自身的职业没有保障，自己的升迁、待遇、工作环境等等要处处受制于人，他就不可能完全独立地严格依法来行使司法职权，可能决定或者影响自己前途命运的任何人对自己发出的命令或者提出的要求，自己都不得不予以考虑、权衡。因此，要保证司法职权行使的独立性，重要的一个方面就是要保证行使司法职权的司法人员的独立性。这种司法人员的独立性在很大程度上是通过对其职业的保障来实现的。

4. 设置严格细化的操作程序

司法行为的规范性是司法的基本规律之一。司法职权的行使是否符合法律的规定，在很大程度上是通过预先设定的程序规则是否得到了严格的遵守来判断的。为了保证行使司法职权的活动能够严格遵守既定的程序规则，就需要把程序规则具体化，不仅使司法职权可以严格按照具体化的程序规则来行使，而且可以让第三者据以评判司法主体在办理具体案件的过程中是否严格遵守了程序规则。如果程序规则过于笼统，完全按照程序规则无法办理具体案件，司法人员就不得不采取许多变通的或者自创的方式来办理具体案件，人们来就很难评判司法主体是否严格遵守了法律的规定。因此，设置尽可能具体详细的程序规则，是保证司法职权严格依法行使的制度性措施。

四、满足社会的司法需求

司法职权的配置，不仅要符合权力配置的一般原理，遵循司法规律，而且要能够满足社会的司法需求。因为司法是国家治理体系中的一个重要环节，是国家在社会治理中担负的重要职能。社会活动中各个主体之间的矛盾纠纷、利益冲突，虽然可以通过各种社会管理机制来解决，但司法无疑在其中发挥着其他任何纠纷解决机制所无法替代的作用，因为它是作为国家的代表履行终极裁判的职责，它与纠纷各方没有直接的利害关系，它遵循严格的程序规则和实体规范，它象征着公平和正义。越是国家治理水平高的国家，司法在其中扮演的角色就越为重要。正因为司法在社会治理中扮演着重要的角色，所以司法要想不辱自己的使命，让社会各方满意，就应当满足社会对司法的需求。而司法能否满足社会的需要，能否达到人民群众满意的效果，在一定程度上取决于司法职权的配置能否满足社会的司法需求。

社会的司法需求是一个动态的、发展的过程，不可能是一成不变的。在现阶段，我们国家正处在一个快速发展的阶段，人们对司法的需求也在不断增长。从总体上看，社会的司法需求主要表现在以下几个方面：

（一）对司法在依法治国中的作用越来越看重

全面推进依法治国，是党中央的要求，也是人民群众的呼声。在全面推进依法治国的进程中，人们越来越深刻地感受到司法的重要性。特别是随着社会主义法律体系的基本形成，人民群众对依法治国的要求逐渐从纸上的法律转向实践中的法律，更加关注法律具体实施的状况，特别是司法机关在解决社会争端和纠纷中的作用。一方面是人民法院每年审理的案件数量不断增加，另一方面是人民群众对"立案难"的呼声不断增加。这两个方面的问题都反映了司法机关在依法治国中的作用越来越受到人们的重视，希望通过司法程序来解决社会主体之间的矛盾纠纷。

（二）对司法公正的标准越来越严

随着人民群众法律意识的不断增强，整个社会对司法公正的要求也越来越高，对司法机关公正办理案件的要求越来越严格。这既表现在对实体公正的要求上，也表现在对程序公正的要求上。一方面，人们对进入司法程序的案件，要求司法机关严格按照法律规定的标准进行裁量，满足自己保护实体权利的要求，对裁判不公的案件不断地提出申诉，要求有权管辖的司法机关予以纠正；另一方面，人们开始关注程序不公的问题，要求司法机关严格按照法律规定的诉讼程序办理案件，对侵犯当事人诉讼权利的司法活动提出异议的情况越来越多，以程序违法为理由提出申诉的情况不断出现。这种状况表明，人民群众对司法公正的标准更高，要求更严。

（三）对司法精准的要求越来越高

近年来，最高人民法院不断地努力纠正以前发生的错案。在纠正错案的过程中，社会舆论发挥了一定的推动作用。特别是在呼格案、聂树斌案等在全国产生重大影响的案件纠错过程中，社会各界给予了很大的关注和推力。这在一定程度上反映了社会对司法精准性的要求。人们在关注自身权利的同时，更多地关注司法裁判的准确性，关注无罪的人被司法机关错当罪犯而判刑。与此同时，人们对司法裁判的要求，不再仅仅是对与错的要求。过去，有些人打官司，就是为了"争口气"，讨个说法，只要法院认可了自己的诉求，判定自己没有错，就满足了。现在，人们打官司，不仅要求法院明辨是非，而且要求法院判决公道，满足自己的具体诉求。即使是对于刑事案件，也要求司法裁判罚当其罪（如2006年的许霆案、2017年的于欢案，都是因为量刑不当在社会上引起强烈反响）。这种对司法精准性的要求，无疑对司法机关提出了新挑战。

（四）对司法中人权保障的呼声越来越高

2016年，雷洋案件在全国范围内引起了民众的极大关注与不满，网民强烈要求司法机关查办造成雷洋死亡的执法人员。这件事本身反映了人民群众对司法中人权保障的呼声。过去，人们的生活条件不好，许多人为了生活而到处奔波，有的人甚至拿自己的命都不当回事。改革开放以来，随着人民群众生活水平的不断提高，人们对自己的权利看得也越来越重要，维护个人权利的行动越来越受到社会各界的支持。与此同时，人们对司法中的人权保障也提出了更高的要求。特别是随着"尊重和保障人权"写进刑事诉讼法，随着非法证据排除规则的确立，司法中的人权保障问题越来越多地成为人们关注和议论的话题。司法机关不仅要在自己的执法活动中尊重和保障诉讼当事人的权利，而且要纠正其他执法机关在执法活动中可能发生的侵犯人权的情况，肩负着保障人权的重要职责。

随着社会对司法需求的提高，人们对司法机关提出了更高的要求，对司法机关的职权配置同样提出了更高的要求。因为司法机关是通过职权的行使来满足社会的司法需求的。如果司法职权的配置不够科学、不够合理，司法机关就面临着"巧妇难为无米之炊"的困境，面对人民群众不断高涨的司法需求，司法不作为、难作为、乱作为的状况，就难以避免，司法机关在推进依法治国中的职能作用就不可能充分发挥。因此，解决司法职权配置方面的问题，只有充分考虑人民群众的司法需求，保证司法职权的配置能够满足和适应当今社会司法需求的要求，才有可能充分发挥司法机关在全面推进依法治国中的职能作用。

满足人民群众的司法需求，就必须通过优化司法职权配置，使司法职权与其他国家权力的关系更加顺畅，使司法职权的内部配置更加科学，使司法职权的配置与行使能够满足司法活动"公正""高效""权威"的要求。

第五章　优化司法职权的外部配置

在我们国家，如果说人民检察院的职权即检察权还有待于进一步优化配置的话，人民法院的职权即审判权通过三大诉讼法的规定，应该是明确的、完整的，在范围上不存在重新配置的问题，当我们把人民法院的职权和人民检察院的职权放在一起统称为"司法职权"来讨论其优化配置的问题时，所关注的重点，虽然也有司法职权内部配置的优化问题，但更重要的是司法职权与其他职权的关系问题，即司法职权的外部配置问题。

一、优化司法职权配置的问题指向

（一）司法职权配置的宏观性问题

我们国家关于司法职权的配置是与国家政治体制的总体结构和司法职权的基本功能相适应的。在全国人民代表大会下设立了国家最高审判机关和最高检察机关，并在县以上各级人民代表大会下设立了国家的审判机关、检察机关，分别依法行使审判权和检察权。审判权和检察权的范围不仅有宪法的明文规定，而且有人民法院组织法、人民检察院组织法以及其他相关法律的明文规定。这些规定，符合我们国家的历史文化传统，适应了维护国家安全和社会稳定的需要，也适应了建设社会主义法治国家的需要。从整体上看，司法职权的配置和运行是良好的。但是，随着我国经济体制改革的不断深入和政治体制改革的进展，特别是随着全面推进依法治国、建设社会主义法治国家的需要，我国司法职权配置方面存在的问题也日益显露出来，成为司法体制改革中越来越受到重视的问题。这些问题，从宏观上看，主要有三个方面：

1. 司法职权与其他国家权力的关系问题

我国《宪法》和《人民法院组织法》《人民检察院组织法》明确规定：人民法院依照法律规定独立行使审判权，不受行政机关、社会团体和个人的干涉；人民检察院依照法律规定独立行使检察权，不受行政机关、社会团体和个人的干涉。但是实际上，多年以来，人民法院难以独立行使审判权、人民检察院难以独立行使检察权的现象，成为司法职权运行的常态。一方面是因为地方各级人民法院院长、人民检察院检察长的人选都要由地方党委考察推荐、要由地方人民代表大会选举产生，审判委员会委员、审判员、庭长，检察委员会委员、检察员都要由地方党委确定职数，由地方人民代表大会常务委员会任免。这在客观上就使行使司法职权的主体的政治生命掌握在地方权力手里。另一方面，由于地方各级人民法院、人民检察院的经费都是由地方人民政府供给的，地方各级人民法院、人民检察院自然要满足地方政府的要求，为地方经济发展"保驾护航"。特别是在一些经济发展较慢的地方，审判机关、检察机关由于财政支出困难，很容易沦为地方权力的附庸。因此，地方党政领导干预司法权行使的情况时常出现。最为典型的，如"白宫书记案"。① 近年来全国各地陆续暴露出来的一些司法不公的案件，一些长期得不到解决的信访案件，特别是一些法律程序已经穷尽但是问题仍然没有得到解决的涉法涉诉上访的案件，不少是因为地方党委政府或其领导人干预的案件，有的甚至是经过当地政法委协调过的案件。由于案件背后的这些因素，无论当事人上访到哪里，最后处理时，司法机关都会因不敢违背地方领导的意志而难以改变最初的决定，以致司法不公的问题长期得不到解决。这个问题，从职权配置的角度看，主要是三个方面的原因：

其一，执政党的领导权与司法职权的边界不清。在我们国家，中国共产党作为执政党，是领导一切事业的核心力量。党的领导自然包括了对司法机关及其司法职权的领导。党要领导司法机关就势必要向司法机关及其领导人发号施令，司法机关及其领导人不能不听从党的领导。但是党的领导如何实现，是我们始终没有解决好的问题。从理论上讲，党的领导主要是路线方针政策的领导，但是我们国家并没有任何明确的规定来区分司法机关的哪些事项由党组织来管理、哪些事项由司法机关自己依法行使。各地地方党委的领导人要对本地各项工作"负总责"，自然要过问各个方面的工作包括司法工作并对司法机关发号施令。特别是一旦落实到基层，党的领导往往就成了基层党委领导人个人的领导。地方党委的领导人对司法机关行使职权的行为，自认为要管的，就发号施令；自认为不用管的，就任凭司法机关自行办理。人民法院、人民检察院作为被领导的国家机关，不得不听从地方党委的领导，特别是在遇到党委领导的意见与法律的要求相抵触时，就更难以完全依法行使职权。

其二，司法权与行政权的位阶差异过大。我们国家是在人民代表大会统一行使国家权力的基础上设立"一府两院"（即政府和法院、检察院），分别行使国家的行政权、审判权和检察权。但是在权力的位阶上，政府的权力远远大于审判权和检察权。人民政府的领导人往往是同级地方党委的主要负责人之一，而人民法院、人民检察院的领导人往往进不了地方党委的常委会，甚至在行政级别上往往赶不上人民政府的一个副职。这种位阶上的落差，就使审判权、检察权在行政权面前明显处于劣势，特别是在涉及政府及其工作人员滥用权力的案件时，个别政府领导人甚至工作人员根本不把法院、检察院放在眼里。不仅如此，我们国家的财政体制一直是"分灶吃饭"，地方法院、检察院的经费直接由同级地方政府进行预算和管理，这就使法院、检察院的经费在很大程度上受制于地方财政状况以及地方党委政府对司法机关的态度。尽管近年来中央财政不断加大对地方司法机关的转移支付额度，在一定程度上缓解了困难地区人民法院、人民检察院办案经费和"两房建设"的经费缺口，但是司法人员的福利待遇以及日常的办公经费还是主要靠地方财政。如果当地的财政状况不好，或者地方党委政府对司法机关不重视、不满意甚至有意见，司法机关的经费就难以得到充分的保障。即使是财政状况比较好的地方，预算外的支出往往在经费支出中占有很大的部分，而这部分经费主要是靠人民法

---

① 安徽省阜阳市颍泉区建造的政府办公大楼外形酷似美国白宫。因知情人举报并遭受迫害而暴露出的系列案件，被称为"白宫书记案"，在互联网上引起舆论的广泛关注。该案的主角区委书记张治安滥用职权，指使区检察院检察长汪成等人迫害举报人李国福的行为，典型地反映了地方领导滥用职权干预检察权的情况。

院、人民检察院的领导找地方领导要来的。能否争取到这部分经费，除了是否需要之外，在很大程度上取决于地方党委政府对人民法院、人民检察院工作的认可程度甚至取决于对法院院长、检察院检察长个人的认可程度。同级地方法院、检察院一旦"得罪"了政府，经费就可能受到影响。个别政府及其下属部门的领导人也以此来要挟法院、检察院对具体案件的处理，妨碍了司法权行使的公正性。

其三，权力机关与司法机关的关系异化。在我国，人民代表大会制度是根本的政治制度，人民代表大会是国家的权力机关，其他国家机关由人民代表大会产生，并向人民代表大会负责。在制度设计上，人民法院、人民检察院都是由人民代表大会产生、向人民代表大会负责的国家机关。在形式上，人民法院、人民检察院的领导成员也都是由同级人民代表大会选举或者任免的。但是实际上，一方面，人民代表大会对人民法院、人民检察院的领导班子并没有控制权。不仅人民法院院长、人民检察院检察长的候选人是由党组织确定并提名，人民代表大会只是在形式上进行选举而已，就连人民法院、人民检察院的其他领导干部，也都是由党的组织部门或者人民法院、人民检察院的党组确定入选、考察并提名的。全国各级人民代表大会及其常务委员会多年来没有专门的资格审查委员会对拟选举或任命的人民法院、人民检察院领导成员以及法官、检察官进行过实质性的审查，更没有进行过实际考察。这种状况意味着人民法院、人民检察院的人事任免权实际上并不是掌握在人民代表大会手中。另一方面，人民法院、人民检察院的经费也不掌握在人民代表大会手中。每年，人民法院、人民检察院的经费预算，都是通过人民政府的财政部门"一揽子"报请人民代表大会审查批准的。其中，人民法院、人民检察院的经费预算到底是多少、为什么是这么多，财政部门从来没有向人民代表大会做过具体说明。人民代表大会每年批准的财政预算都是本地区全部财政的预算，而在这个财政预算中，人民法院、人民检察院所占比例是极少的。人民代表大会没有专门就人民法院、人民检察院的经费做出预算，也意味着人民代表大会实际上并没有对人民法院、人民检察院财政经费的控制权。人民代表大会对司法机关的控制权实实在在的就只有对司法活动的监督权了。人民代表大会可以随时组织各种各样的执法监督，对人民法院、人民检察院适用法律的情况进行检查，要求人民法院、人民检察院向人民代表大会汇报工作、接受审议。

2. 司法职权与司法管理职权、司法监督职权的关系问题

从理论上讲，司法职权是指司法机关依法处理具体案件的职权。这种职权有明确的管辖范围、适用条件、程序规则。这些范围、条件、程序构成了司法职权的边界。司法权的行使是否超越了权力边界，是否依法进行，通常情况下是一目了然的（当然，职权行使得是否正确则另当别论，因为每个案件都涉及对证据的分析判断和对案件事实的认识，涉及法律冲突情况下的法条选择）。司法管理权是指对司法进行管理的职权，包括对行使司法职权的活动进行管理的权力、对司法人员进行管理的权力、对司法机关的经费进行管理的权力。而司法监督权则是指对行使司法职权的活动进行监督的权力。这些权力是各不相同的，彼此独立的。

在我们国家目前的权力配置中，由于法律规定的司法职权往往是赋予人民法院、人民检察院的，在人民法院、人民检察院内部，具体由哪个部门或个人来行使某一项具体职权，则缺乏明确规定，而司法管理权也大多是由人民法院、人民检察院行使的（司法人员的管理权是由同级地方党委与法院、检察院共同行使且以同级地方党委为主；司法经费的管理权则主要由同级地方政府行使，法院、检察院在规定的额度内进行管理），司法监督权既由法院、检察院自己行使，也由上级法院、检察院行使，更重要的是由同级地方人大行使。于是就形成了权力的交叉、重叠与多重。并且，司法管理权和司法监督权的权力边界往往没有明确的规定，更缺乏适用的范围、条件、程序性规定。司法管理权和司法监督权干预司法职权的现象较为普遍。特别是在司法机关内部，由于不同职权之间缺乏明确的界分，不仅人民法院的院长、人民检察院的检察长为了统一领导法院、检察院的工作而身兼多职，许多副职和中层领导也是身兼多职，许多人，既是行政领导，也是办案中的领导，甚至还负有监督之责。在这种一人身兼多职、多人身兼多职的环节下，不同角色的混同往往是无法避免的，从而导致了不同职权的混同。

这种不同职权的相互交织对司法职权的行使造成了多重制约。行使司法职权的主体，既要接受人大的监督，也要关注党委组织部门包括本单位人事部门对自己的评价；既要接受政府的考核，也要接受本单位的考核；既要接受本单位上一级领导的审核，也要接受本单位其他部门的监督。这种多重制约不仅影响了司法的效率，而且影响了司法的公正。

司法管理权通常是以行政管理的方式进行的，遵循上令下从、下级服从上级的原则，这种管理模式使下级的命运完全掌握在上级的手里。当这种管理模式与司法职权的行使相混同时，行使司法职权的过程也就自然而然地遵循了上令下从的原则。在这种关系下，任何一个上级领导，即使他没有司法职权，但由于他可能影响到承办案件的司法人员的升迁命运、福利待遇，他对承办案件的司法人员提出的要求往往会被遵照执行或者"充分考虑"。司法职权行使中所要求的独立性因此会大打折扣。

3. 司法机关与司法人员的职权边界问题

在我国，宪法和法律对审判权、检察权不仅有原则性规定，而且有具体规定。人民法院、人民检察院作为司法机关，其权力如何在各相关主体之间进行分配和组织，就直接关系到其职权的行使。因此，在人民法院内部如何分配审判权、在人民检察院内部如何分配检察权，就成为司法职权配置中的首要问题。

党的十五大政治报告提出司法改革的任务以来，人民法院、人民检察院自下而上地反思司法职权配置中的弊端，不断提出了审判权、检察权在法院、检察院内部再分配的构想和方案。核心是分解法院院长、检察院检察长在案件处理上的权力，让承办案件的法官、检察官能够自主地处理案件。但是，直到党的十八大召开以前，全国多数地方的法院、检察院依然是实行"三级审批制"，即承办案件的人员办理案件，庭长（科处长）审核案件，院长（检察长）审批案件，重大案件提请审判委员会（检察委员会）讨论决定，审判委员会（检察委员会）意见分歧或者拿不准的情况下请示上一级法院、检察院。这种审判权、检察权的运行机制，适应了低素质司法人员办理案件的客观需要，有利于保障审判权、检察权行使的正确性。因为它可以通过层层审批、集体把关的方式，防止因个人素质不高做出错误的裁判。但是，这种办案模式所反映出来的司法职权配置方案，违背了司法职权运行的基本规律，决定案件命运的人并没有亲自审理案件，不了解案件中所有的证据材料，不可能对案件事实做出精准的判断，通过听取汇报的方式了解到的案件事实只是承办案件的人员根据自己对案件证据材料的认识得出的结论。如果相信承办案件的人员，那就没有必要再审核、审批了，正是因为不放心承办案件的人员，所以才要求报上一级领导审核，再报分管领导审批。既然不信任承办案件人员的业务水平，又不得不以承办案件的人员对案件的认识作为定案的根据，这本身就是一个悖论，就难以保证案件办理的正确性。并且，在这样一种"三级审批制"的办案模式下，责任追究就很难落实，因为承办案件的人员、审核案件的领导、审批案件的领导，个个都有责任，也都有推卸责任的理由。正因为如此，十八届三中全会决议中才提出了"让审理者裁判、让裁判者负责"的改革思路。

（二）优化司法职权配置应当重点解决的问题

基于对以上问题的分析，我们认为，优化司法职权配置的重点是进一步完善司法职权与其他国家权力之间的关系，即优化司法职权的外部配置。之所以要从宏观上研究司法职权的外部配置问题，其理由主要是：

第一，权力本身是一种关系，是在关系中存在的，也是在关系中发挥作用的。

任何权力都是在不同社会主体的相互作用中形成的。"政治权力所反映的是各种政治实体（群体或个体）之间相互影响、相互作用、相互制约的状况，并强调这种影响、作用、制约的方向性、不平衡性和实际的结果。"[1]权力总是存在于权力主体和权力客体的相互作用之中，"理解'权力'概念的最好方法是将其视为冲突的意志之间的关系"[2]。因为，权力是一个人或许多人的行为使另一个人或其他许多人的行为发生改变的一种关系。行为主义政治学者认为，权力是行动者之间的一种关系，行动者可能是个人、团体、民族、政府或国家。在这种关系中，其中一些行动者可以指挥、控制或影响其他行动者。[3]权力现象发生在一些人对另一些人产生影响或实施控制的时候，如果权力的主体与其客体不发生任何关系，权力现象就不会发生。

问题在于，权力关系是社会存在中一张庞大的网。一对权力关系中的权力主体可能在另一对权力关系中成为权力客体，以致权力主体行使权力的行为可能随时随地受到另一对权力关系的影响。因此，人们在关注权力配置的时候，不仅要看到每一种具体的权力是如何配置的，而且要关注该权力与其他权力之间的关系，研究其他权力关系对某一种权力行使的影响程度。在讨论司法职权的配置时，我们既要研究司法职权本身的配置问题，更要研究司法职权及其配置与其他相关职权的配置及其行使之间的关系，分析其他相关的国家权力对司法职权的配置特别是行使的影响状况。只有这样，才能看清楚司法职权配置及其行使中面临的问题及其症结，才有可能提出在实践中真正有用的改革建议。

不仅如此，一种权力对另一种权力的影响力往往与权力资源的控制和利用有关。所

---

① 李景鹏：《权力政治学》，北京大学出版社 2008 年版，再版序言第 5 页。

② ［美］西奥多·A. 哥伦比斯、杰姆斯·H. 沃尔夫：《权力与正义》，白希译，华夏出版 1990 年版，第 78～79 页。

③ ［美］P. 巴拉奇、M. 巴拉兹：《权力与贫困：理论与实践》，牛津大学出版社 1970 年版，第 124 页。

谓权力资源，就是权力主体用于影响他人行为的手段。权力资源包括权力主体可支配的财富、报酬、奖金、人力、武力，甚至信息垄断等人们认为的一切有价值的东西。权力主体通过控制对人们有价值的事物，就可以实现对他人思想和行为的控制，从而获得支配和影响他人的能力。罗宾斯在分析权力时指出：关于权力，最重要的一点在于它是依赖的函数。B 对 A 的依赖越强，则在他们的关系中，A 的权力就越大。"豪门的家长只需明确的甚至隐讳的威胁——小心我把你排除在继承人的名单之外——就能牢牢控制整个庞大的家族。"①正是由于这种依赖关系，权力之间不仅有了位阶的区别，而且有了一种权力对另一种权力的控制或者依赖，一种权力的行使可能受制于其他权力主体的意志或者影响。而这种意志或者影响将直接关系到权力行使的效果。因此，研究司法职权的配置，还应当关注司法机关与其他相关机关对司法资源的掌控情况，从中分析司法机关在行使司法职权时所实际具有的司法能力。

第二，中央提出"优化司法职权配置"的任务时，所指的主要是调整司法职权与其他职权的关系。

"优化司法职权配置"是十七大政治报告首次提出的司法体制改革的任务。当时提出时并没有明确的指向，但提出深化司法体制改革，最终的落脚点是"保证审判机关、检察机关依法独立公正地行使审判权、检察权"。十八届三中全会决议在提到司法职权配置时，就有了明确的指向："优化司法职权配置，健全司法权力分工负责、互相配合、互相制约机制，加强和规范对司法活动的法律监督和社会监督。"可见，中央在提出"优化司法职权配置"的司法体制改革任务时所关注的，并不是司法职权本身如何配置的问题，而是不同的司法权力之间的分工与制约以及对司法职权行使的监督问题，即司法职权的外部关系问题。

十八届四中全会决议在第四部分"保证公正司法，提高司法公信力"中有一个专门的标题，即"（二）优化司法职权配置"。在这个部分，决议针对司法职权配置方面存在的问题，提出了七个方面的改革任务。这些具体任务的提出，进一步明确了优化司法职权配置的重点是公安机关、检察机关、审判机关、司法行政机关职权之间的关系问题，是司法体制问题，包括司法机关之间、司法机关与其他相关机关之间、司法机关内部的职权关系问题。

最高人民法院关于法院改革的意见进一步印证了上述观点。最高人民法院在《人民法院第三个五年改革纲要（2009—2013）》中的第二部分提出了 2009—2013 年人民法院司法改革的主要任务。其中首先提出的就是职权配置问题，即"（一）优化人民法院职权配置"。在"优化人民法院职权配置"的任务下，提出了 10 项改革，而首先强调的，就是"改革和完善人民法院司法职权运行机制。以审判和执行工作为中心，优化审判业务部门之间、综合管理部门之间、审判业务部门与综合管理部门之间、上下级法院之间的职权配置，形成更加合理的职权结构和组织体系"。除了进一步改革和完善人民法院内部的刑事、民事、行政审判制度和再审制度、上下级人民法院之间的关系之外，在该标题

---

① ［美］斯蒂芬·P. 罗宾斯：《组织行为学》，孙健敏、李原、黄小勇译，中国人民大学出版社 1997 年版，第 355 页。

下，还提出了"改革和完善审判管理制度""接受外部监督制约机制"，以及"加强司法职业保障制度建设"等任务。这些任务，显然不是司法职权本身的配置问题，而是司法职权与相关权力之间的关系问题。在《关于深化人民法院改革的意见——人民法院第四个五年改革纲要（2014—2018）》中，最高人民法院在第三部分"全面深化人民法院改革的主要任务"中提出"（三）优化人民法院内部职权配置"。其中首先指出："建立中国特色社会主义审判权力运行体系，必须优化人民法院内部职权配置，健全立案、审判、执行、审判监督各环节之间的相互制约和相互衔接机制，充分发挥一审、二审和再审的不同职能，确保审级独立。"可见，优化人民法院内部职权配置的落脚点，亦是"确保审级独立"，这与十八大政治报告提出进一步深化司法体制改革时强调的落脚点，即"确保审判机关、检察机关依法独立公正行使审判权、检察权"，是十分吻合的。

第三，司法职权在改革中所面临的突出问题，也是与其他职权的关系方面出现了问题，影响到司法职权职能作用的充分发挥。

孟建柱同志在学习贯彻党的十八届四中全会精神的署名文章中指出："当前，司法不公、司法公信力不高问题比较突出，深层次原因在于司法体制不完善、司法职权配置和权力运行机制不科学、人权司法保障制度不健全。解决这些问题，根本途径在于改革。"他在"优化司法职权配置"的标题下，重点强调："按照司法规律配置司法职权，完善司法权力运行机制，是公正高效廉洁司法的体制机制保障。"其中包括："要健全公安机关、检察机关、审判机关、司法行政机关各司其职，侦查权、检察权、审判权、执行权相互配合、相互制约的体制机制，完善和发展我国司法管理体制""推动实行审判权和执行权相分离的体制改革试点，着力解决执行难问题""完善刑罚执行制度，统一刑罚执行体制，更好地发挥刑罚教育人改造人的功能""探索实行法院、检察院司法行政事务管理权和审判权、检察权相分离，推动建立符合我国国情的司法机关人财物管理体制""探索设立跨行政区划的人民法院和人民检察院，平等保护当事人合法权益，保障人民法院和人民检察院依法独立公正行使审判权、检察权，维护法律公正实施""改革法院案件受理制度，变立案审查制为立案登记制，着力解决群众诉讼难问题，保障当事人诉权""完善刑事诉讼中认罪认罚从宽制度，节约司法资源，提高司法效率""完善审级制度，充分发挥各个审级功能""探索建立检察机关提起公益诉讼制度，维护国家和社会公共利益""推进以审判为中心的诉讼制度改革，确保侦查、审查起诉的案件事实证据经得起法律的检验，保证庭审在查明事实、认定证据、保护诉权、公正裁判中发挥决定性作用"。[①] 优化司法职权配置的这些任务中，除了司法职权本身的配置问题之外，被强调最多的是侦查权、检察权、审判权、执行权之间的"司法管理体制"，包括"以审判为中心的诉讼制度"，司法行政事务管理权与审判权、检察权相分离的司法机关人财物统一管理体制，保障人民法院和人民检察院依法独立公正行使审判权、检察权的司法机关设置等。这些内容实际上正是贯彻落实十八届三中全会决议中提出的"确保依法独立公正行使审判权、检察权""健全司法权力运行机制"的司法体制改革任务。

---

① 孟建柱：《在全面推进依法治国中更好地肩负起实践者推动者的责任——学习贯彻党的十八届四中全会精神》，载《求实》2014 年第 23 期。

这些情况表明，从十八大政治报告到十八届三中全会、十八届四中全会决议，到中央领导对十八届四中全会精神的解读，到最高人民法院的改革意见，都不是仅仅从职权配置本身来理解"优化司法职权配置"的，而是既考虑到司法职权本身的配置问题，又关注到司法职权与其他相关权力之间的关系问题。

（三）优化司法职权外部配置的切入点

我们认为，司法职权配置方面所面临的关系问题，主要包括以下四个方面，应当作为优化司法职权配置重点改革的内容：

1. 司法职权与其他国家权力的关系

司法机关在行使司法职权的过程中，必然要与执政党的领导权、国家权力机关的权力、国家行政机关的权力发生难以割舍的关系，或者说司法职权的行使在很大程度上要受制于上述权力。我们国家是共产党执政的国家，司法机关理所当然地要接受共产党的领导，共产党基于其执政地位，党的领导权就对司法机关的职权具有直接的控制力和影响力。司法机关是由国家权力机关产生的国家机关，要接受权力机关的监督并向权力机关负责，因而不可避免地受权力机关的制约。至于行政机关，虽然与司法机关没有直接的关系，但在目前我们国家的管理体制下，司法机关的人、财、物全部控制在行政机关手里，行政机关也就因此享有对司法机关的影响力。这些权力之间的关系如何处理，或者说这些机关之间的权力如何配置，在事实上决定了司法职权在我们国家的地位及其在依法治国中可能发挥的作用大小。正如有的学者指出的："司法体制的核心是司法机构与其他相关机关的权力关系。恰当界定这些权力关系是创设合理的司法体制的关键所在。"①

2. 司法职权与准司法职权的关系

在我们国家，侦查机关、刑罚执行机关，都是广义上的司法机关，他们的职权与审判机关的审判权、检察机关的检察权之间具有密切的联系。因此，在论及司法职权配置的时候，往往会同时考虑到这些职权与司法职权之间的关系问题。在以往的司法实践中，由于公安机关的强势地位，刑事司法活动中形成了"以侦查为中心"的诉讼模式，即侦查权裹挟检察权、审判权的状况在一定程度上影响了检察权、审判权职能作用的发挥，导致某些错案的发生。因此在本轮司法体制改革中，提出了"以审判为中心的诉讼制度改革"，目的在于调整侦查权、检察权、审判权、执行权之间的关系，确立审判权在刑事诉讼中的核心地位，保证法院审判的实质化。

3. 司法职权与司法管理权、司法监督权的关系

司法职权永远是在司法管理权、司法监督权的影响下运行的，司法职权甚至在某种程度上受到司法机关行政事务管理权的干扰。过去，司法实践中过多地强调人民法院统一行使审判权、人民检察院统一行使检察权，对法院、检察院内部的职权没有进行合理的区分，以致对司法活动与非司法活动的管理、对司法人员与司法机关行政人员的管

---

① 顾培东：《中国司法改革的宏观思考》，载胡云腾主编：《司法改革》，社会科学文献出版社 2016 年版，第 135 页。

理，以及对司法活动的监督与对行政事务的管理混杂在一起，彼此不分，严重挫伤了司法人员的积极性，影响了司法职权的充分行使。因此，要发挥司法职权的职能作用，就必须科学合理地区分司法职权与司法管理权、司法监督权、司法机关的行政事务管理权，理顺司法职权与相关职权之间的关系。

4. 司法职权内部不同主体之间的关系

法律赋予人民法院的审判权、赋予人民检察院的检察权不可能始终由一个主体来行使。人民法院、人民检察院内部分别设立了不同的组织和人员，行使不同的司法职权。这些不同的主体之间分别享有哪些职权，这些职权之间如何组合以及相互影响，对有效地行使司法职权具有重要的意义。但是过去，我们过多地强调人民法院统一行使审判权、人民检察院统一行使检察权，以致忽略了同一法院、同一检察院内部不同主体之间的职权分配问题，造成司法职权行使中的职权边界不清、责任不明的状况。本轮司法体制改革的一个重要任务，就是要明确司法职权行使中的不同主体的权力边界，推行司法责任制，实现"让审理者裁判、让裁判者负责"的司法职权运行机制。

二、司法职权独立行使的制度保障

司法职权与其他国家权力之间的关系问题，核心是如何在各种权力关系中保持司法职权的独立性。司法职权无论如何配置，如果不能保证其行使的独立性，就不可能发挥其应有的职能作用。因此，改革开放以来，司法独立性的问题一直是法学界议论的话题之一。特别是1997年以后，司法独立一度成为法学界热议的中心词。随着司法体制改革的不断深化，这个问题不再局限于法学界，而成为人们普遍关注的一个深化改革的瓶颈。在本轮司法体制改革过程中，从中央到"两高"提出的改革任务，都是要"确保审判机关、检察机关依法独立公正地行使审判权、检察权"。如何从制度上确保司法职权依法独立公正地行使，是优化司法职权配置中不得不重点研究的问题。

（一）司法职权独立行使的现实意义

司法职权的独立行使（即司法的独立性），是指司法主体在行使司法职权的时候，能够依照法律规定独立自主地做出决定，而不受其他主体的强制。在中国的法律语境中，司法职权的独立行使是指"人民法院依照法律规定独立行使审判权""人民检察院依照法律规定独立行使检察权"。司法职权的独立行使，不仅意味着司法机关的独立性，而且意味着司法人员的独立性。因为，司法机关是由司法人员按照一定的组织原则组成的，司法机关行使司法权的活动是通过司法人员的行为实现的。司法机关的独立性和司法人员的独立性共同构成司法的独立性。也有学者认为，司法独立的内涵，包括司法机关的独立、司法人事的独立、司法财政的独立和司法活动的独立。司法机关只对事实和法律负责，司法活动只服从法律，不受其他任何机关和个人的干涉。[①]

[①] 胡云腾：《司法改革——问题、目标和思路》，载信春鹰、李林主编《依法治国与司法改革》，中国法制出版社1999年版，第3~4页。

在当下，重新讨论司法职权的独立行使问题，具有特别重要的意义。

1. 推进依法治国的关键环节

2014 年 10 月，十八届四中全会审议通过了《中共中央关于全面推进依法治国若干重大问题的决定》。该决定首先指出了依法治国的重要性，同时强调："绝不允许任何人以任何借口任何形式以言代法、以权压法、徇私枉法。"在我们国家，某些国家工作人员特别是领导干部依法办事观念不强、能力不足，知法犯法、以言代法、以权压法、徇私枉法现象依然存在。这种现象，导致了人民法院不能依法独立公正地行使审判权、人民检察院不能依法独立公正地行使检察权，严重妨碍了依法治国的推进。因此，该决定明确提出要完善"确保依法独立公正行使审判权和检察权"的制度，并强调对干预司法机关办案的，给予党纪政纪处分；造成冤假错案或者其他严重后果的，依法追究刑事责任。

十八届四中全会之所以会提出上述要求，至少说明了三个问题：

第一，司法在全面推进依法治国中扮演着十分重要的角色。

依法治国的根本标志，不是一个国家制定了多少法律，而是已经制定的法律能否得到切实的遵守和执行。法律能否得到切实的遵守，关键在于对违反法律的行为是否能够给予法律所规定的制裁。如果违反法律的行为不能及时地受到应有的制裁，人们就会无视法律的规定，法治的权威就无从谈起。而法律制裁必须由司法机关依照法律规定的程序和实体规范来处理。这样才能保证法律制裁的公正性，才能让人们看得见法律制裁的合法性，从而看到法律的权威并尊重它。因此，司法在依法治国中扮演着特别重要的角色，尤其是在推进依法治国的过程中，法律能否得到全社会的尊重，法律能否被切实遵守，法律的权威能否在人们心中树立起来，在很大程度上取决于司法机关是否严格执行了法律规定的罚则。

强调司法在依法治国中的重要性，丝毫不意味着否定立法的重要性。立法是依法治国的基础，没有完备的优良的法律，就谈不上依法治国。但是，应当看到，首先，在我们国家，社会主义法律体系已经形成，进一步修改完善法律的任务虽然依旧任重道远，但与司法机关每年需要处理的上千万件案件相比，[①] 立法的任务既没有那么繁重，也没有那么急迫。其次，立法的任务是制定规则，如果有了规则却没有人执行，这个规则就不会引起人们的重视。而司法机关就是执行规则的主体，司法的状况如何，直接关系到立法机关所制定的规则能否发挥其应有的作用，能否实现立法机关所追求、所预期的结果。要发挥法律在依法治国中的作用，就离不开司法机关职能作用的发挥。再次，立法针对的是普遍性的事项，在它没有被具体执行之前，往往是概念性的存在。而司法机关办理的每一个案件都关系到当事人的人身权利或财产权利，每一个案件的处理结果都昭示着法律被执行的情况，都意味着国家的法治状况。只有依法处理好每一个案件，才能让人们看到正义的实现，看到法律的作用，看到法治的威力。因此，司法在推进依法治国中的作用，不仅不亚于立法，而且具有更直接更切实的推进作用。

---

①　从最高人民法院院长周强向全国人大所做的最高人民法院工作报告看，最高人民法院和地方各级人民法院连续三年来受理的案件分别是：2013 年 1422.8 万件；2014 年 1566.2 万件；2015 年 2052.7 万件。

强调司法的重要性，同样丝毫不意味着否认守法的重要性。只有全体公民都能自觉地遵守法律，法治国家才能真正地实现。但是，要让人们自觉地遵守法律，前提是法律要有权威性。而法律的权威性只能通过对违反法律的行为进行惩罚才能实现。如果违反法律的行为不能一视同仁地受到法律的惩罚，法律的权威就不可能树立。要教育全体公民遵守法律，要养成人人遵守法律的习惯，就必须特别强调和发挥司法的作用，通过司法来树立法律的权威。

第二，司法能否在全面推进依法治国中发挥作用，关键在于司法机关能否依法独立行使职权。

司法在全面推进依法治国中的职能作用，是通过司法机关行使司法职权的活动发挥出来的。司法机关能否充分发挥司法的作用，首先要看司法机关能否独立地依法行使职权。只有当司法机关能够依法独立地行使司法权的时候，才有可能严格依照法律的规定来处理案件，而不受外界的干预，才有可能保证对所有案件一视同仁地公平处理，从而实现司法的公正，树立法治的权威。但是，如果司法不具有独立性，或者说，国家的政治制度包括司法制度不能保证司法职权的独立行使，司法机关在处理案件的过程中不得不听命于没有司法权的主体，甚至必须看不行使司法权的人的脸色来决定案件的处理结果，那就完全可能在同一部法律面前就同一种违法行为对不同的人做出不同的处理。如是，就谈不上严格依法处理案件，而是在没有干预时依法处理案件、在遇到干预时依有关人员的意志处理案件，同样的案件处理结果就可能因人而异，司法的公平性、法律的正义性就难免荡然无存，法律在人们的心目中就不过是某些人的工具而已，法治的权威就不可能树立，依法治国也就只能是一种美好的愿望。

第三，司法机关不能依法独立行使职权的根本原因是缺乏排除干预的制度。

这些年来，由于司法缺乏应有的独立性，司法机关在办理具体案件的过程中，不断地受到来自各个方面的干预。检察机关在查办职务犯罪案件的过程中，不仅受到各种以组织名义进行的干预，而且时常受到各种以个人名义进行的干预，以致在实践中本应由检察机关立案侦查的贪污贿赂犯罪案件不得不大量地依靠党的纪律检查部门先行调查。人民法院在处理具体案件的过程中，同样受到各个方面的干预，甚至一些行政诉讼案件是否立案都受到有关方面的干预。在死刑案件的判决中，法院有时都不能自己做主。在评价冤假错案不断发生的原因时，连最高人民法院常务副院长沈德咏都坦陈："现实的情况是，审判法院面临一些事实不清、证据不足、存在合理怀疑、内心不确信的案件，特别是对存在非法证据的案件，法院在放与不放、判与不判、轻判与重判的问题上往往面临巨大的压力。……面临来自各方面的干预和压力，法院对这类案件能够坚持作出留有余地的判决，已属不易。"[1]其言下之意是，这些人被判重刑，并不是法院所能做主的。这种状况与依法治国的要求格格不入。之所以会出现这种状况，是因为司法机关在行使职权的时候受到了来自各个方面的干预，而司法机关没有能够抵御这种干预的盾牌，不得不屈从于这种干预。

正因为如此，十八届四中全会决议在"保证公正司法，提高司法公信力"的标题下，

---

① 沈德咏：《我们应当如何防范冤假错案》，载《人民法院报》2013 年 5 月 6 日。

首先提出的措施就是"完善确保依法独立公正地行使审判权和检察权的制度"，其中包括"建立领导干部干预司法活动、插手具体案件处理的记录、通报和责任追究制度"等。可见，能不能建立起确保人民法院、人民检察院依法独立公正地行使审判权、检察权的制度，能不能有效地排除对司法权行使的各种干预，直接关系到依法治国能不能全面推进、社会主义法治国家能不能建成的问题。

总之，彰显司法在推进依法治国中的重要性，以及保证司法职权的独立行使对树立和维护法律权威的必要性，使司法职权独立行使的问题成为推进依法治国中首先面临的重大问题之一。正如有的学者指出的：司法独立是严格执法的前提，是公正裁判的基础和前提条件，是平等地保护公民和法人权利的前提和基础，是程序公正实现的保障，是实现对行政的有效制约，是保护公民权利不受侵害的关键，也是维护司法的权威性和统一性的保障。① 如果不能做到从制度上保证司法机关依法独立行使司法权，依法治国就将始终是一句空话。

2. 推进司法体制改革必须解决的重点问题

十五大政治报告在提出司法改革的任务时，就强调"从制度上保证司法机关依法独立公正地行使审判权和检察权"。此后，十六大、十七大、十八大政治报告都使用了几乎相同的语言强调了这个问题。②连续四届的政治报告都强调同一个问题，一方面说明了这个问题的极端重要性，另一方面说明这个问题是我们国家的司法制度在自我发展过程中始终面临的一个十分严重并且不得不下大力气解决的问题，是司法体制改革始终如一的价值追求。

司法改革的目标之所以始终是"从制度上保证"或者"确保"司法机关依法独立公正地行使审判权和检察权，从根本上讲，是因为我们还不能确保司法机关依法独立公正地行使审判权和检察权。在组织体制上，虽然我国宪法把人民法院、人民检察院作为独立的国家机关加以规定，并强调"人民法院依法独立行使审判权""人民检察院依法独立行使检察权"，但同时又规定地方各级人民法院、人民检察院由同级人民代表大会产生、向同级人民代表大会负责，从而使司法机关成为地方权力机关管辖下的一个工作机构。在管理体制上，虽然有法官法、检察官法的规定，但同时又要受公务员法的约束，即意味着法官、检察官要按照法律对公务员的要求"服从和执行上级依法作出的决定和命令"。司法机关在行使司法权的过程中，独立性没有制度保障的问题，不仅是实现公正司法的最大障碍，而且是建设公正高效权威的社会主义司法制度的最大障碍，这无论是在最高领导层，还是在最基层的司法人员中，抑或是在了解情况的专家学者中，早已是大家的共识。所以，要通过改革来解决保证司法机关依法独立公正地行使审判权和检察

---

① 王利明：《司法改革研究》，法律出版社 2000 年版，第 107～117 页。

② 十五大政治报告提出："推进司法改革，从制度上保证司法机关依法独立公正地行使审判权和检察权。"十六大政治报告提出："按照公正司法和严格执法的要求，完善司法机关的机构设置、职权划分和管理制度，进一步健全权责明确、相互配合、相互制约、高效运行的司法体制。从制度上保证审判机关和检察机关依法独立公正地行使审判权和检察权。"十七大政治报告进一步提出："深化司法体制改革，优化司法职权配置，规范司法行为，建设公正高效权威的社会主义司法制度，保证审判机关、检察机关依法独立公正地行使审判权、检察权。"党的十八大明确提出："进一步深化司法体制改革，坚持和完善中国特色社会主义司法制度，确保审判机关、检察机关依法独立公正行使审判权、检察权。"

权的制度性障碍，一直是中央对司法改革的要求，也是司法机关及其司法人员的普遍呼声。①

但是，这个方面的问题，在过去十五年的改革中并没有真正解决，于是才有了十八大政治报告中的"确保"和十八届三中全会决议和四中全会决议中的一系列"确保"的措施。这些确保司法机关依法独立行使司法权的措施能否真正做到，不仅是对中国共产党执政能力的检验，而且涉及我们的党能不能取信于民、取信于广大司法人员的问题。

之所以在司法改革中反复强调人民法院、人民检察院依法独立公正地行使审判权、检察权，是因为司法机关的独立性是维护公平正义的根本保障，是司法的内在规律。司法的基本功能是通过在办理具体案件中适用法律来维护社会的公平和正义。司法机关只有根据对证据的分析和对事实情况的判断才能认定案件的是非曲直，据此做出的决定才可能具有客观性和公正性。但是如果做出这种判断的主体本身不具有独立性，他在做出判断的时候要看别人的脸色、听别人的声音甚至要揣测别人的好恶，或者在司法主体对案件的事实和法律适用做出判断的时候，任何人都可以对他指手画脚，那他就不可能完全根据事实和法律来做出客观的判断，不可能完全按照法律的规定来处理案件。如果这种情况普遍存在，那么，司法权的行使就很难保证其客观性，对案件的处理也就很难保证其公正性，对当事人而言，就没有公平可言。因此，独立性是司法权自身的逻辑规定，是保证司法权依法公正行使的必然要求。正如有的学者指出的："司法的独立性是其公正性的必要条件，离开了独立性，公正性就失去了保障，就无从谈起。"②

所以，在司法体制改革中，有的学者直言不讳地提出"司法体制改革要理直气壮地高扬依法独立的大旗"，认为"近年我国司法出现的各种乱象，归根结底就在于依法独立原则未能得到忠实遵守。认真反思正在进行的司法体制改革，确实有很多问题，但所有的问题中，依法独立无疑是最根本的原则。不仅因为许多司法体制的问题最终取决于依法独立是否可能，而且因为只有坚持了依法独立的原则，才能维护宪法和法律的权威。从这个意义上讲，我国司法体制改革的成败在很大程度上取决于依法独立原则的贯

---

① 最高人民法院、最高人民检察院在各自的改革意见中也反复强调了依法独立行使审判权、检察权的问题。最高人民法院在其发布的"人民法院一五改革纲要"中就提出"只有通过改革，逐步建立依法独立公正审判的机制，才能适应社会主义市场经济发展和民主法制建设的需要"，并强调人民法院的改革，必须始终坚持"依法独立审判"等原则。在"人民法院二五改革纲要"中，最高人民法院强调：要"保障人民法院依法独立行使审判权""建立法官依法独立判案责任制"。在"人民法院三五改革纲要"中，最高人民法院又强调要"加强人民法院依法独立公正行使审判权的保障机制建设。研究建立对非法干预人民法院依法独立办案行为的责任追究制度"。在"人民法院四五改革纲要"中，最高人民法院再次强调"推动完善确保人民法院依法独立公正行使审判权的各项制度"。最高人民检察院在其第一个"三年检察改革意见"中确立的原则就包括"有利于保证检察机关依法独立公正行使检察权，努力维护国家法制统一"。在第二个"三年检察改革意见"中再次强调：检察改革必须遵循"有利于强化检察机关法律监督职能，提高检察机关法律监督能力，保证检察机关依法独立公正行使检察权"的原则。在"关于深化检察改革的意见（2013—2017年工作规划）"中，最高人民检察院提出的深化检察改革的总体目标，第一个就是"保障依法独立公正行使检察权的体制机制更加健全，党对检察工作的领导得到加强和改进，检察机关宪法地位进一步落实"。最高人民法院在历次改革纲要中都提到独立行使审判权的问题；最高人民检察院也在自己的改革意见中反复提及独立行使职权的问题，即是明证。

② 谭世贵：《论司法独立与媒体监督》，载《中国法学》1999年第4期。

彻落实"。①

3. 司法责任制的根基所在

近年来,司法责任制的问题受到人们的高度重视。为了落实司法责任制,最高人民法院、最高人民检察院分别制定了有关司法责任制的规范性文件,并全力推进司法责任制的落实。②

应当看到,司法责任制的根基是司法的独立性。因为,责任是以权力(或权利)为基础的,没有权力(或权利)即无责任可言。司法责任制的逻辑是"让审理者裁判、让裁判者负责"。其第一位的是让审理者裁判,即让"审理者"有权进行裁判。如果审理者不能自主地做出裁判,那就谈不上让裁判者负责。因此,只有在司法机关和司法人员确实能够依法独立行使职权的情况下,司法责任制才能真正落实。如果司法机关和司法人员在办理具体案件的过程中不能独立自主地行使司法职权,那就没有理由追究其责任。无论是独立存在的机关还是独立行使职权的个体,只有当其能够按照自己的意志独立自主地做出决定的时候,才有义务对自己的决定负责任。如果这个决定是错误的并且造成了损害,该机关或个体就应当为之承担不利的法律后果,别人也才能够追究其责任。如果一个主体在做出决定的时候,并不是完全按照自己的意志选择行为,而是必须或难以避免地受到其他主体的影响或制约,那么,即使这个决定是以其名义做出的,也不能完全要求其来承担责任。在实际操作上,当一个司法裁决并不是由承办案件的司法人员独立做出的,而是在集体讨论中按照少数服从多数的原则做出的,或者是在各种显现的或隐性的因素干预下做出的,就很难分得清哪些是个人的责任、哪些是集体或别人的责任。特别是当具体的办案人员提出不同意见的情况下,由于贯彻下级服从上级或者少数服从多数的原则,或者由于某些潜规则的支配,导致做出错误决定的情况下,责任主体事实上的不明确性,更难以追究哪个主体的责任。

落实司法责任制,就必须保证司法的独立性。只有以司法职权的独立行使作为司法责任制的基础,司法责任制才能真正成为一种制度,真正发挥该制度在防范冤假错案中应有的作用。正因为如此,最高人民法院在其发布的关于司法责任制的规范性文件中反复强调:"确保人民法院依法独立公正行使审判权""依照宪法和法律独立行使审判权""确保法官依法独立公正履行审判职责""遵循司法权运行规律,体现审判权的判断权和裁决权属性,突出法官办案主体地位""法官依法审判不受行政机关、社会团体和个人的干涉"。最高人民检察院在其发布的关于司法责任制的规范性文件中也强调:"检察官依法办理案件不受行政机关、社会团体和个人的干涉。检察官对法定职责范围之外的事务有权拒绝执行。"这些规定也说明,没有司法职权的独立行使,就没有司法责任制的贯彻落实;推行司法责任制,就必须特别重视司法职权的独立行使问题。

4. 司法公正的制度保障

近年来,司法不公的问题一直是人民群众反映强烈的问题之一,高层领导也反复强

---

① 蒋德海:《新一轮司法体制改革应以"依法独立"为核心》,载徐汉民主编:《问题与进路:全面深化司法体制改革》,法律出版社 2015 年版,第 169 页。

② 2015 年 9 月 21 日,最高人民法院发布了《关于完善人民法院司法责任制的若干意见》;2015 年 9 月 28 日,最高人民检察院发布了《关于完善人民检察院司法责任制的若干意见》。

调要让人民群众在每一个案件中看到公平正义的实现。的确，司法公正对于司法而言，非常重要。"司法以公正为灵魂和生命，乃是因为司法和公正本身同出一源，民众冀期通过司法获得自己所诉求的具体公正。"①

如果司法不具有独立性，就不可能有公正可言。这是因为：

第一，独立性是司法活动的基本规律。司法权不同于立法权和行政权，其根本区别在于：司法权主要表现为一种裁判性质的权力，而立法权和行政权则是一种决策和执行性质的权力。立法权和行政权，主要是对未来事项做出决定的权力。对未来的事项做出决定，虽然也需要以往实践的经验，但主要是前瞻性地对未来可能出现的各种情况在利弊权衡基础上的预断。这种权力行使的基本原则是少数服从多数、下级服从上级。尤其是行政权的行使，通常是谁官大听谁的，谁级别高听谁的。因为，级别越高拥有的权力就越大、承担的责任就越大，说话也就越有分量。在就国家事务或者社会管理事务的某个方面进行立法或者做出决定的时候，由于可能影响到诸多的社会群体或公民个人的权利或利益，往往不能由一个人或者一个单一的主体说了算，而必须按照一定的程序，广泛听取各方面的意见，进行必要的调研和论证，从而最大限度地保证立法或者决策能够真正维护国家利益或最广大人民群众的利益，反映人民的意志。而司法权显然与之不同。司法永远是针对具体案件的，是对已经发生过的事实进行裁判，然后适用法律。要认识曾经发生过的案件的事实真相，只能根据案件中所收集到的证据材料，运用专门的知识，通过对证据的分析判断来还原曾经发生过的案件事实，而不可能根据行政级别的大小来判断争执意见的对错，不能按照下级服从上级的原则来判断案件的事实真相。所以，司法权的行使，必须具有独立性，必须由司法主体独立自主地根据案件中的证据材料来做出判断。这是司法权不同于立法权、行政权的原因所在。

第二，独立性是司法公正的先决条件。司法机关办理任何具体案件都必须根据案件本身的证据材料来做出对案件事实的判断，并根据这种判断决定应当适用的法律条款。司法结果的正确性，依赖于司法人员对法律精神的精准把握、对法律规范的娴熟应用和对案件证据材料的分析判断。司法的过程就是在具体案件中对一个个客观事实的判断过程，也是准确选择可适用法律的过程。在这个过程中，如果司法人员受到不了解案件的证据材料、不了解案件真实情况的主体的左右，不是完全根据案件事实，而是遵从其他主体的意见来认定案件的事实并决定法律的适用，就可能使案件的处理丧失客观性，也就很难谈得上公平正义。对案件的处理，就可能因人而异，而不是因事而异；就可能因案外人的意见而异，而不是因办案人的判断而异。如是，作为具体案件的处理者即解决争议的裁判者，就可能丧失裁判者的立场而成为一方当事人的帮手。"司法如果不能独立地行使，无疑会沦为一种'拉偏架'的纠纷解决方式。"②案件的处理在总体上就可能导致体系性的不公正(尽管对个案的处理结果可能是公正的，但在类似案件的相互比较中永远不可能是公正的)。可以说，独立性是司法公正的内在需要，是司法公正的保障。

第三，独立性是提高司法公信力的必然要求。司法要有公信力，才会被普遍地认同

---

① 陈光中：《陈光中法学文选》(第一卷)，中国政法大学出版社 2010 年版，第 440 页。
② 顾培东：《当代中国司法生态及其改善》，载《法学研究》2016 年第 2 期。

和接受，才会有权威性。这些年来，司法机关致力于提高司法的公信力，但是司法在人们心目中的公信力并没有明显提高。其原因固然是多方面的，但不可否认的一个重要方面就是司法的独立性不高。在老百姓眼里，法院应该是个讲理的地方，但庭开了，理讲了，法官却不能当庭给个说法，而要过一段时间才宣判。于是，人们就怀疑后来的判决是不是根据开庭审理的情况做出的，会不会有其他因素在起作用。特别是当公务员犯罪被轻判，或者双方当事人中有一方与有权的人沾亲带故而判决又有利于这一方时，人们就很容易把案件的判决与司法不公联系在一起，怀疑权力在影响司法。如果司法是独立的，法官在做出判决时不受任何人的干预和影响，这种对审判结果的怀疑就将不攻自破，无论判决的结果如何，人们都会相信它是依法做出的。但是，司法不具有独立性，这种怀疑就是理所当然的，而这种怀疑必然导致司法缺乏公信力，司法机关无论如何努力，恐怕都无法消除人们心中的疑虑。因此，司法只有"以法律为准绳"，而不是以没有司法权的主体的意志为依据，才能取得人们的认可。"司法要在最大范围内获得社会认同，必然要从法律中寻求裁判的理由。"①这在客观上就要求司法主体在处理具体案件的过程中，只服从法律，而不是听从任何其他主体的指令。正如有的学者指出的：司法独立是防止系统性、整体性司法不公的必要条件，是司法公正的基本保障。②

联合国大会核准的联合国预防犯罪和罪犯待遇大会 1985 年通过的《关于司法机关独立的基本原则》第 1 条规定："各国应保证司法机关的独立，并将此项原则正式载入其本国的宪法和法律之中。尊重并遵守司法机关的独立，是各国政府机构及其他机构的职责。"1989 年联合国经社理事会在《关于司法机关独立的基本原则：实施程序》中进一步强调："所有国家应在其司法系统中，按照各自的宪法程序和本国惯例，通过并实施司法机关独立的基本原则。"这也表明，司法的独立性，并不是哪个人的主观臆想，而是世界各国共同认识到的司法活动的基本规律，是司法的内在要求。

（二）关于司法职权独立行使的认识误区

在我们国家，司法独立的问题几度被妖魔化，成为人人忌讳的话题。其原因往往来源于对司法独立性的误解。确保司法职权的独立行使，有必要厘清对司法独立性的认识误区。

1. 误区之一：强调司法独立会削弱党的领导

有一种观点认为，我们国家是共产党执政的国家，党领导一切是我们国家政治制度的基本特色，强调司法职权的独立行使，就可能削弱党对司法的领导。甚至有人认为，强调司法独立就是要摆脱党的领导。

这种看法曲解了党的领导与司法独立性之间的关系，为党内某些领导人干预司法提供了堂而皇之的理由。

诚然，我们国家是共产党领导的国家，党的领导包括党对司法工作的领导。这是必须坚持的中国政治制度的基本特色。因此，我们反对"三权分立"权力架构下的司法独

---

① 吴英姿：《论司法认同：危机与重建》，载《中国法学》2016 年第 3 期。
② 王敏远等：《重构诉讼体制——以审判为中心的诉讼制度改革》，中国政法大学出版社 2016 年版，第 319 页。

立。但是，我们讲司法职权的独立行使是指人民法院依法独立行使审判权、人民检察院依法独立行使检察权。这样的独立性是我们党历来倡导的，是我国宪法明文规定的，是人民代表大会制度的重要组成部分。"长期以来，我国司法实践中存在以权压法、以言代法等不良现象，严重干扰了司法活动的正常、有序进行，这些是司法独立所反对的，也是与我国的根本政治制度和党的纲领、路线、政策不相符合的。"① 因此，强调党的领导并不能成为否定司法独立性的理由。

首先，党的领导并不意味着党要代替司法机关行使职权。

我们国家在党的领导下设立了国家的权力机关、行政机关和司法机关，并通过宪法和有关的组织法明确了各个国家机关的职权范围，并遵守各司其职、各负其责的原则。党对各个国家机关的领导主要是政治方向和组织路线方面的领导，而不是具体工作上的领导。党要充分发挥各个国家机关的职能作用，支持各个国家机关在宪法法律规定的范围内通过各自的努力充分行使职权，从而实现国家管理的有序和高效。如果一切国家事务都由党的组织直接处理，不仅不利于发挥其他国家机关及其工作人员的职能作用，而且不利于维护共产党的执政地位和党在人民群众心目中的形象。党领导司法，主要是政治上的领导，即确定司法工作的政治方向、法律政策和必须遵循的原则，当然也包括组织上的领导，即为司法机关培养、考察和选派干部，保障司法机关组织上的纯洁性。党领导司法的目的是更好地发挥司法机关的职能作用，保证司法机关正确、高效地执行法律。要发挥司法机关的职能作用，就必须尊重司法的规律性。如前所述，司法的基本规律就是在具体案件中要由司法主体根据案件的证据材料和应当适用的法律独立地进行判断、做出裁决。党对司法的领导要遵循司法规律，就是要尊重司法主体的独立性，让其能够在每一个具体案件中独立地依法行使职权。只有这样，才能发挥司法机关的职能作用，增强每一个司法人员的责任心，保证司法机关的高效运行。如果党对司法的领导违背了司法自身的规律性，无视司法的独立性要求，就可能事与愿违，导致司法功能的丧失，党的领导也就失去了作用。

其次，党的领导并不意味着党的每一个领导干部都可以向司法机关发号施令。

一是，党的基层领导干部未必能代表党。执政党是一个组织严密的领导集体，只有党的中央机关才能代表党，只有党中央制定的路线方针政策和党领导人民制定的法律才能代表党的意志。个人尤其是基层党组织的领导的个人意志，很难说就代表了党的意志。过去，一些基层党组织的领导干部动不动以党自居，到处扬言"不听我的话就是不听党的话""不服从我的领导就是不服从党的领导"。其奉行的逻辑是：党的领导不是抽象的，而是具体的，是通过党的各级组织实现的，在基层，党委书记就代表党，所以，党委书记的话就是党的话。在这种思维逻辑下，一些党的领导干部把自己凌驾于党的组织之上，凌驾于国家的法律之上，实行"一言堂""一长制"，严重败坏了党的形象。特别是在具体案件的处理上，乱批条子、乱下指示的形象在某些地方一度甚为严重，个别领导对双方当事人之间争议的案件，谁求到他，都做批示，以致法院就同一个案件收到两个领导截然相反的批示，使法院无所适从。有的地方党委领导干部甚至动不动就以不

---

① 卞建林主编：《现代司法理念研究》，中国人民公安大学出版社 2012 年版，第 397 页。

服从党的领导为由训斥司法机关的领导，公开干预司法机关对具体案件的处理。近些年来，尽管地方各级党组织领导干部的法治意识不断增强，支持司法机关依法办案的越来越多，随意发号施令的越来越少，但这种现象并没有完全消失。

二是，党的领导干部在具体案件的处理上没有发言权。案件的处理是建立在对案件中的证据材料进行具体分析，进而做出关于案件事实的判断的基础上的。党组织的领导人既不查阅案件的证据材料，也不接触案件的当事人，不可能了解案件的事实真相，因而在具体案件的处理上，应该说是没有发言权的。如果要其对具体案件发号施令，就很可能是建立在偏听偏信、主观臆断的基础上的，因而是缺乏客观性、公正性的。

三是，通过听汇报了解案情容易被误导。有的领导人通过听取汇报来了解案情进而做出指示，这种指示同样很难保证其正确性。因为汇报的内容总是因人而异的。这并不是说汇报的人有意歪曲事实做虚假的汇报，而是每个人对证据材料的理解和对案件事实情节的判断是不同的。同样一份证据材料，检察官可能作为证实被告人犯罪的证据，辩护人可能将其作为证明被告人无罪的证据。不仅对证据材料的认识影响汇报人对证据材料的取舍，而且对犯罪情节的认识也会影响汇报人对案情的取舍。一些细节，汇报人可能认为无关紧要而不予汇报，律师则可能认为直接决定被告人有罪还是无罪。因此，通过听汇报来判断案件的事实真相，进而做出批示，必然受汇报人的思维和认识能力的影响。并且，承办案件的人员向自己的直接领导汇报案情，可能会尽量详细，检察院、法院的领导向地方党委的领导汇报案情，则可能尽量精简，向更高一级的领导汇报案情，则会更加简明，因为越是高级的领导越没有太多的时间听汇报。十八届三中全会决议和四中全会决议都强调要"让审理者裁判"，即意味着排除不直接接触案件材料的人对具体案件指手画脚。当然，这样说，并不排除在个别涉及国家重大利益的案件中，党的领导机关对具体案件的处理做出政策性、指导性的批示。这种情况是司法权行使中的例外，是司法权服从国家重大利益的需要。但这种情况不应该作为一种常态，不能普遍适用于各级党组织。

再次，强调司法职权的独立行使并不意味着否定党对司法的领导权。

人民法院依法独立行使审判权、人民检察院依法独立行使检察权，其前提是"依法"，即依照国家法律的规定行使职权。这本身就是按照党的意志办事。因为法律是党领导人民制定的，是党的意志与人民的意志高度统一并通过一定的程序上升为国家意志的表现。服从法律、依法独立行使司法权，本质上就是服从党的领导，就是按照党的意志行使职权。司法的独立性是指司法机关在办理具体案件时应当具有的独立性，并不是在政治上的独立性。强调司法的独立性，与坚持党的领导并不矛盾。因为司法的独立性并不排斥司法机关在政治上要执行党中央确定的路线方针政策，并不排斥党为司法机关培养、考察和选派领导干部。把司法独立与党的领导对立起来的观点，应该说是一种望文生义的浅薄的看法，以为"独立"就是分庭抗礼，就是毫不相干。事实上，这是不可能的。因为司法机关无论怎么独立，都是在中国共产党的领导下的国家机关，况且，司法机关的绝大多数工作人员都是共产党的党员，与执政党有着千丝万缕的联系。之所以要强调司法职权的独立行使，只是因为司法活动有其自身的规律性，司法机关在自己的职权范围内依法办理具体案件时，任何个人或组织（包括党的基层组织和基层组织的领导人)不要指手画脚，干预其依法独立地做出判断和适用法律。这本身就是司法机关独立设置的制度逻辑，而实践中许多人并不理解或者并不遵守这种制度设置的逻辑，人为地破坏制度设计的初衷，总想让司法机关对具体案件的处理听从自己的指挥，总担心司法机关办错了案件。其结果，必然妨碍司法职权的独立行使，也就从根本上妨碍了司法的公正。

长期以来，我们坚持职务犯罪案件党内请示汇报制度，看起来是加强了党对职务犯罪侦查工作的领导，但在实践中却出现了一系列问题。一是向谁汇报，是向党委书记一个人汇报还是向党委常委会集体汇报，是向政法委汇报还是向纪委汇报；二是何时汇报，是在案件初查时就汇报，还是在初查结束、决定立案时汇报，或者是在侦查终结后汇报；三是汇报后怎么办，党委领导或者有关部门在听取汇报后要不要对案件的处理做出指示，做出什么样的指示。这些问题，在不同时期有不同的做法，在不同地方也有不同的做法。但是无论怎么做，都会造成对司法公正的侵蚀。

党的领导不能陷入对司法机关办理的具体案件的领导。如果把党的领导理解为各级党委都有权过问司法机关办理的具体案件，即使是限定在重大案件的范围内，也会使党的组织陷入具体案件的旋涡，甚至会给某些基层党委及其领导人干预司法带来机会，就会造成司法的不公和司法权的异化。不仅如此，把党的领导视为党对具体案件的领导，就可能把党的组织置于社会矛盾的第一线，把某些人民群众包括当事人对司法机关的不满直接变成对执政党的不满。而通过司法权独立行使，让司法独立地面对和解决各种社会矛盾，从而在一定程度上切割社会矛盾与执政党之间的联系，就可能避免社会矛盾中潜含或蓄积的冲突和对抗直接指向执政党并形成对政权和执政者的不满和抱怨。①

总之，把党的领导与司法职权的独立行使对立起来的观点，在理论上是难以成立的，在实践上是极为有害的。全面推进依法治国，作为执政党，就要尊重司法的规律，确保司法机关依法独立行使司法权，而不能片面强调加强党的领导，任意干预司法机关办理具体案件。事实上，习近平总书记在《中共中央关于全面推进依法治国若干重大问题的决定》的说明中对这个问题已经讲得十分清楚："党领导人民制定宪法和法律，党领导人民执行宪法和法律，党自身必须在宪法和法律范围内活动。"②也就是说，党在领导人民推进依法治国中，对立法是"领导"，对执法(当然包括司法)是"保证"。

不仅如此，强调司法职权的独立行使，是在坚持党中央对司法机关和司法职权行使的集中统一领导的原则下提出的，其目的是更好地维护党中央的权威，进一步加强党中央对司法的集中统一领导。因此，强调从制度上保证司法机关依法独立公正行使审判权、检察权，绝不会削弱党对司法机关的领导。

2. 误区之二：司法独立不符合权力制约的原理

有一种观点认为，任何权力都要受制约，强调司法独立违背了权力受制约的原理，必然导致司法权的滥用。

这种观点貌似符合权力运行的原理，但实际上是不了解司法权运行的基本原理的表

---

① 顾培东：《当代中国司法生态及其改善》，载《法学研究》2016 年第 2 期。

② 新华网 2014 年 10 月 28 日。

现。权力应当受到制约是权力运行的基本原理，但是如何受到制约则应当根据不同权力的不同特点来进行制度安排。

强调司法职权的独立行使，并不是强调司法权的行使不需要制约，而是因为司法权在行使的过程中本身要受到多方面的制约。

首先，司法职权的独立行使是在"依法"前提下的独立性。

司法机关行使司法权，独立地处理案件，必须依照法律的规定进行。法律本身就是司法活动的"紧箍咒"。所谓依照法律的规定，既包括依照法律的授权，在各自的职权范围内处理案件，不得僭越法律的授权在管辖范围之外滥用司法权；也包括按照法律的实体性规定，客观公正地对待每一个案件和案件当事人，严格按照法律规定的标准来定罪量刑、区分是非曲直，做出公正的裁判，不得任意出入人罪；还包括按照法律规定的程序来处理案件，切实尊重和保障当事人的诉讼权利，不得违反法定程序损害当事人权益。司法活动如果没有严格遵守法律的规定，就违背了司法的社会功能。因此，"依法独立行使司法权"，始终是把"依法"放在独立性前面的。其意旨就是强调司法要依照法律的规定进行，要严格依法来行使司法权。这是对司法独立性的最大制约。

其次，司法机关行使司法权始终要受到其他诉讼主体的制约。

如前所述，司法权在本质上是一种对具体案件做出判断和处理的裁判权，因而司法权始终是在诉讼过程中运行的。也就是说，司法权的行使离不开诉讼过程，没有诉讼活动，就没有司法权的运行场域。而诉讼永远是一个有多方参与的活动。

在刑事诉讼中，检察机关作为公诉机关，其对公安机关侦查终结的案件进行审查起诉，一方面要受到公安机关的制约，公安机关如果对检察机关做出的不起诉决定不服，在程序上，可以提请检察机关复议，复议不被接受还可以向上一级检察机关提请复核；另一方面要受到当事人的制约，当事人如果不服检察机关做出的不起诉决定，可以提出申诉，有被害人的案件，被害人不仅有权提出申诉，并且有权直接向人民法院起诉。而对检察机关提起公诉的案件，更要受到人民法院审判活动的制约。即使是检察机关直接受理的职务犯罪案件，虽然侦查、起诉都是由检察机关进行的，但随着诉讼阶段的不同，也要受到不同的制约。如在侦查阶段，要受到犯罪嫌疑人聘请的律师的制约和上一级检察机关的制约，在提起公诉以后，要受到人民法院的制约。检察机关在侦查、审查起诉阶段终止案件的，要受到人民监督员和上一级检察机关的制约。

同样地，人民法院审判案件，一方面要受到检察机关的制约和监督，判决不当的，检察机关有权提起抗诉，审判程序违法的，检察机关有权进行诉讼监督；另一方面要受到当事人的制约，被告人有权对一审判决提起上诉，被害人有权要求检察机关提起抗诉。而一旦提起抗诉或者上诉，下一级人民法院的判决就要受到上一级人民法院的审查，错误的判决就会被改判。在民事诉讼中，人民法院审理的每一个案件，都要受到原告、被告双方当事人的制约，任何一方不服人民法院的判决，都有权向上一级人民法院提起上诉，上一级人民法院则必须对案件进行审理。在行政诉讼中，人民法院审理案件同样要受到行政相对人和行政机关的制约，任何一方不服人民法院的裁判，都有权向上一级人民法院提起上诉，上一级人民法院同样要对之进行审理。此外，人民法院审理民事诉讼案件和行政诉讼案件，还要受到人民检察院的监督。不同诉讼主体行使权利的活动本身，就是对司法权行使的有效制约。

再次，司法责任制本身就是对司法权行使的有效监督。

我国 1979 年颁布的刑法就设立了枉法裁判罪，随着刑法立法的发展，对枉法裁判的行为设置的刑事法网更加严密。按照现行刑法的规定，司法工作人员徇私枉法、徇情枉法，构成犯罪的，要被依法追究刑事责任。

2015 年，最高人民法院发布了《关于完善人民法院司法责任制的若干意见》、最高人民检察院发布了《关于完善人民检察院司法责任制的若干意见》。这些规范性文件，都进一步明确了司法工作人员在办理案件过程中应当承担的责任。尽管人们对这种司法责任的合理性持有不尽相同的看法，这种规定总是体现了"谁办案谁负责、谁定案谁负责"的精神。而司法责任制的实质正是强调司法工作人员在对案件独立自主做出裁判的同时要对案件的质量负责。这是从事后追究的角度设置的对司法活动的制约。

总之，法律在司法权运行的各个环节中已经按照权力制约的原理对司法权的行使设置了种种制约。这种程序性的制约本身就是为了更好地防止司法权被滥用。认为强调司法权的独立性就是主张司法权不受制约的观点，是没有根据的，也是不符合司法实际情况的。

至于司法实践中出现的冤错案件，一方面是因为，任何案件的处理都是建立在对已经发生过的案件事实的分析判断基础上的，由于人类认识的局限性和收集证据手段的有限性，对案件事实判断错误在所难免。即使是在美国那样刑事司法技术极为发达的国家，自 20 世纪 80 年代末 DNA 技术被用于刑事侦查以来，"已经有超过 320 名无辜者通过定罪后的 DNA 检测被无罪释放"。① 司法活动追求尽可能地少犯错误，但无法保证不犯任何错误。正因为司法活动中难免出现错误，所以在程序设计上规定了一审、二审、再审的制度，以尽可能地减少错误的发生。另一方面是因为我们的诉讼制度还不够完善，长期存在着以侦查为中心的诉讼模式，对证据的审查不够严格，法庭审理被虚化。正因为这些问题的存在，新的刑事诉讼法确立了非法证据排除规则，十八届四中全会决议提出了推进以审判为中心的诉讼制度改革的意见，目的就是要进一步完善我们的诉讼制度，防止冤错案件的发生。这种情况说明，冤假错案的发生，与司法权是否受制约没有必然的联系。事实上，已经发现的冤假错案，多数与没有直接参与案件办理的人员发号施令、干预司法有关，是司法权的行使受到不当干预的结果。

这样说，并不是否认司法机关和司法人员可能滥用职权，而是说，司法权的行使本身要受到多方面的制约，这种制约是司法权运行的内在规律，也是司法独立的应有之意。强调司法职权的独立行使，意指在这种程序性的制约下，司法机关和司法人员应当独立地对案件做出判断和决定，不应当再受到其他方面的干预或制约。至于司法机关或司法人员不顾及这种程序性的制约，故意违反法律的规定，滥用职权，枉法裁判，那就不是司法权受不受制约所能解决的问题，而是追究有关机关或个人法律责任的问题。不能因为司法活动中存在着滥用职权的现象，就违反司法权运行的基本规律，一味地加强监督制约，使司法机关和司法人员在处理具体案件过程中前怕狼后怕虎，无所适从。

---

① [美]布兰登·L. 加勒特：《误判》，李奋飞等译，中国政法大学出版社 2015 年版，中译本序第 Ⅵ 页。

3. 误区之三：缺乏司法独立的人力资源

有一种观点认为，司法的独立性是必要的，但我们国家目前还存在着司法人员整体素质不高的现实情况，在这种情况下，让司法机关独立行使职权，党和人民不放心，所以还不能完全放手让司法人员独立办案，甚至司法机关的某些领导也认为司法人员的素质令人担忧，担心放权给法官、检察官独立办案容易出问题，给自己惹麻烦。

这种观点，不能说没有道理。但问题是，如果没有司法独立性的制度设计，哪来高素质的司法人员？

长期以来，我们国家都是把法官、检察官作为普通的国家干部对待的，实施《公务员法》之后，法官、检察官也是被作为普通的公务员对待的。尽管《公务员法》规定，法律对法官、检察官的义务、权利和管理另有规定的，从其规定。但是《法官法》《检察官法》颁布实施多年来，法官、检察官依然是按照普通公务员的管理模式和福利待遇来对待的。在这种管理模式下，法官、检察官的待遇、晋升像普通公务员一样，要受到单位职数、工作年限、人际关系、领导和同事的认可程度等因素的影响，干与不干、干多与干少、干好与干坏，对其福利待遇和晋升没有实质性的影响，从而也就失去了努力学习、钻研业务、不断提升办案水平的动力，以致一些司法人员把人际关系看得比业务水平更为重要。在这种环境下，尽管司法机关这些年来下了很大的功夫，花了很多的经费大力进行业务培训，但整体素质的提高仍然十分有限。

从另一个角度看，由于司法人员整体素质不高，所以不敢放权给法官、检察官，而承办案件的法官、检察官手中没有权，事事要请示汇报，也就没有提高业务水平的动力。有的法官、检察官办了一辈子案件，对有关的法律规定还不够熟悉。这种情况并不鲜见。这既说明我们的管理机制中缺乏提高素质的动力，也说明不放权形成了一种恶性循环：越是不放心，就越不放权；越不放权，就越难提高素质。

要想有高素质的司法队伍，就应当让司法保持高度的独立性，一方面促使司法人员不断提高独立办理案件的能力，淘汰不能胜任司法工作要求的司法人员；另一方面促使司法人员尊重法律、信仰法律，严格依法办案。离开了司法人员独立办案的路径（当然要与司法责任制配套），很难有高素质的司法人员。

（三）司法职权独立行使的制度障碍

之所以要重视司法职权的独立行使，是因为我们国家的司法制度难以保障司法职权的独立行使。这方面存在的问题，已有太多的论述。此处仅简要指出最为突出的几个方面：

1. 地方权力对司法独立性的侵蚀

在司法体制上，我们国家的司法机关是按照行政区划设置的。这种设置，作为一种制度安排，本来是无可厚非的。但是，由于宪法在规定人民法院、人民检察院独立行使职权的时候，明确加上了一句"不受行政机关、社会团体和个人的干涉"。于是有的人就认为，司法机关只是不受行政机关的干涉，显然不包括党组织的干涉、权力机关的干涉，从而把同级党组织、同级人大及其常委会对人民法院、人民检察院的干涉制度化。特别是宪法明确规定，地方各级人民法院、人民检察院都由同级人民代表大会产生，受同级人民代表大会的监督，这更使地方司法机关在地方权力面前丧失了应有的独立性，什么事情都要听从地方领导的指示。

在我们国家，尽管地方利益和国家利益在根本上是一致的，但由于"分灶吃饭"的财政体制，地方利益毕竟具有一定的独立性。地方权力对司法机关的控制，就使国家的司法权很可能沦为地方领导实现个人意志的工具。特别是改革开放以来，地方经济的发展很不平衡，各地领导对本地的经济发展高度关注，要求司法机关为本地经济的发展"保驾护航"的呼声甚为强烈。在这种体制下，司法权很容易成为地方权力的附庸而丧失其独立性。这些年来，司法权行使中的"地方保护主义"一直是人们诟病的问题之一。

十八届三中全会决议在提出"确保依法独立公正行使审判权和检察权"的改革任务时，首先提出的措施就是"改革司法管理体制，推动省以下地方法院、检察院人财物统一管理，探索建立与行政区划适当分离的司法管辖制度，保证国家法律统一正确实施"。这个措施的推进，必将改善我们的司法体制，使司法机关在行使职权时有可能在一定范围内摆脱地方权力的控制，保持应有的独立性。遗憾的是，在"推动省以下地方法院、检察院人财物统一管理"的过程中遇到了许多困难和阻力，如果这些困难和阻力不能得以正视和克服，改革的结果将与改革的初衷相去甚远。

2. 司法管理中的行政化对司法独立性的侵蚀

如前所述，司法权实际上是在具体案件中对事实的判断权和对法律的适用权，这种权力的行使需要司法主体亲自查阅案件的证据材料，接触案件当事人，独立地做出判断。但是，我们国家在对司法活动的管理方面，设置了太多的行政管理机构和管理活动。一方面，法院、检察院要按照地方党委、人大、政府的工作安排，部署本院的工作，地方党委、人大、政府每年的考核都直接根据完成他们所部署的工作任务为依据，不能很好地完成他们部署的工作任务，每年的年终奖金就会大打折扣。这就迫使地方的法院、检察院从事许多与司法权没有直接关系的工作，消耗一定的人力、精力和时间，难以集中精力行使司法权。另一方面，各级法院、检察院内部都设立了一系列行政管理部门，这些管理部门可能不同程度地存在形式主义，安排了一些费时费力而意义和价值不大的工作。这些工作部署、这些活动安排，在很大程度上消耗了司法人员的时间和精力，妨碍了司法人员尽心尽力地钻研法律、办理具体案件。

3. 司法权运行模式中的行政化对司法独立性的侵蚀

在司法权运行模式方面，基于对司法人员整体素质不高的评估和对司法人员的不信任，无论是各级人民法院还是各级人民检察院，都设置了一系列行政化的案件流程控制制度，诸如案件汇报制度、案件审批制度、审判委员会或检察委员会讨论案件制度等等。① 这些制度设计，如果仅限于重大案件，倒是完全有必要的。问题在于，过去人民法院、人民检察院办理的所有案件，都要提请审判委员会或检察委员会讨论，特别是检察机关内部规定：所有不起诉的案件都要提请检察委员会讨论决定，所有职务犯罪案件做撤案、不起诉处理的都要提请上一级人民检察院批准，所有职务犯罪案件需要逮捕犯

---

① 长期以来，法院、检察院都形成了"承办案件的人员办理案件、庭长（科处长）审核案件、院长（检察长）审批案件，重大案件提请审判委员会（检察委员会）讨论决定，审判委员会（检察委员会）意见分歧或者拿不准的情况下请示上一级法院、检察院"的审判权、检察权运行机制。

罪嫌疑人的都要提请上一级人民检察院批准。这种运行机制，可以说，在一定程度上适应了业务素质较低的司法人员办理案件的客观需要，有利于保障审判权、检察权行使的正确性。因为它可以通过层层审批、集体把关的方式防止因个人素质不高做出错误的裁判。但是，这样一种司法权运行机制，从根本上违背了司法独立性的规律，无法贯彻证据裁判原则，难以保证司法裁判的准确性。"司法的行政化是导致司法偏离规律、法官角色异化，削弱司法认同的主要原因。"①

4. 人员管理中的行政化对司法独立性的侵蚀

我们国家，对司法人员始终实行行政化管理，是司法难以独立的重要制度性因素。一是在身份定位方面，无论是否行使司法权，只要是法院、检察院的正式在编人员，大家都是国家公务员。尽管有《法官法》和《检察官法》，但工资待遇都是按照《公务员法》来管理的。只要行政级别达到一定的位置，不管是否会办案，也不管办没办过案，其工资待遇都是一样的。二是在工作关系方面，各级法院、检察院普遍奉行的是行政长官制。谁的行政级别高，谁在法院、检察院的管理中包括在案件处理问题上的发言权就大，谁的行政级别低，谁就得事事听从别人的安排。三是在考核评价方面，每个法院、检察院都是按照统一标准和要求来考核全体工作人员、评价工作人员。每年年终总结，人人都按照"德、能、勤、绩"四个方面写总结、汇报工作成绩，部门领导或主管领导都按优秀、良好、称职、不称职来给自己的部下做出评语。四是在晋升提拔的问题上，法院、检察院的评价标准都是以人际关系为主要依据，通过群众推荐、民主测评的方式确定入选人名单，然后再由组织部门进行考察。如果一个人在本单位的人际关系不好，群众没有推荐，或者民主测评时得票率不高，那就进不了考察的范围。

这样一种人员管理制度，在党政机关可以说是通行的做法，因为党政机关都是实行下级服从上级的管理模式和工作原则。但是对司法机关而言，这种人员管理模式，就使司法人员有可能把是否听领导的话放在首位，而不是把法律规定放在首位；把人际关系看得比依法办事更重要，而不是把坚持原则看得更重要；把完成行政领导交给的任务看得更重要，而不是把履行法定职责看得更重要。长此以往，不仅司法人员自身的独立性没有了，而且行使职权的独立意识更是没有了。②

以上这些问题都不是人的问题，而是制度性的问题。因此，解决这些问题，不能靠教育，不能靠提高个人的素质，或者加强对个人的管理，只能是通过制度性的改革，改

---

① 吴英姿：《论司法认同：危机与重建》，载《中国法学》2016年第3期。
② 这种泛公务员化的管理模式有三个特点：第一，政治标准高于业务标准。把政治可靠作为选拔干部包括晋升的重要条件。然而，在和平时期，没有大的政治风波和变革的情况下，政治表现往往是看不见的，难以用客观的因素或者表现来衡量。这种重要而又无形的条件如何衡量，在很大程度上，便取决于"组织"上的鉴别。第二，行政级别高于实际水平。行政级别的高低，不仅与个人的福利待遇直接挂钩，而且直接影响到一个人发言权的大小。无论是办理案件，还是处理其他事务，行政级别高的人就会有更大的发言权和决策权。第三，人际关系高于工作业绩。一个人要提高自己的待遇，就必须提升自己的行政级别。而提升行政级别，除了努力工作之外，在很大程度上要看你的人际关系如何，包括你与领导的关系、与同事的关系，甚至包括与下级的关系。业务能力再强，办案质量再高，办案数量再多，人际关系一般，就很难在民主测评和民主推荐中得到多数票，很难有晋升的机会。这样一种泛公务员化的管理，给司法人员的队伍建设直接造成四个方面的问题：第一，难以造就高素质的法官、检察官队伍。第二，难以对司法人员进行有效的分类管理。第三，难以保证司法权的公正行使。第四，难以使法官、检察官抵御外界的各种诱惑。见张智辉主编：《司法体制改革问题研究》，湖南大学出版社2015年版，第10~14页。

变这种管理体制。

（四）构建能够保证司法职权独立行使的制度

从制度上保证司法的独立性，需要进一步深化司法体制改革。从 2013 年开始的第四轮司法体制改革正在朝着这个方向努力，但一些制度性的深层次的问题依然有意无意地被回避了。

坚持党的领导是司法机关依法独立行使司法权的政治保障。党如何领导司法既是一个可以研究的问题，也是一个存在着多种可能性的问题。

十八届三中全会决议既考虑到对司法机关集中统一领导的必要性，也考虑到全国各地发展不平衡的实际情况，提出了"推动省以下地方法院、检察院人财物统一管理"的改革思路，其目的就是要确保地方法院、检察院独立于地方党委、政府。这是实现党中央对司法职权集中统一领导的重要一步。目前，在中央政法委员会的领导下，全国各地正在进行这方面的试点。现在的问题是：省以下地方法院、检察院的人财物实行统一管理之后，县、市两级的法院、检察院与同级地方党委、政府的关系如何处理？法院、检察院的领导选配、人事任免是否还要由地方同级党委负责并由同级人大任免？地方党委的工作部署是否还包含同级法院、检察院？法院、检察院办理的重大案件是否还要向同级地方党委汇报请示、由地方党委政法委来协调？法院、检察院的经费特别是"人头费"是否还要由同级地方财政来保障？这些问题如果不能从根本上改变，改革就很可能是一种"穿新鞋走老路"式的改革。

应当看到，省以下地方法院、检察院人财物统一管理是一种体制性的改革，是针对以往的司法管理体制而采取的改革措施。因此，只有打破原有的管理体制，这项改革才能真正推进。如果试图在原来管理体制的基础上做一点微调，或者仅仅是强化某些工作机制，那是不可能实现这项改革的初衷的。所以，要真正推进这项改革，就需要明确以下几个问题：

1. 地方法院、检察院的人事任免权由省级党委统一行使

在推行省以下地方法院、检察院人财物统一管理试点的地方，普遍成立了法官、检察官遴选（惩戒）委员会，负责法官、检察官的选任和惩戒工作。这种委员会应当在省级党委的统一领导下进行工作，以体现党对司法的领导权。这种委员会的职权，不应该仅仅是解决法官、检察官进入员额的资格审查问题，它应当担负起法官、检察官的录用、入职、考评、晋升、调配、待遇、惩戒等管理职能，从而使法官、检察官摆脱对同级地方党委的依附关系。一方面，法官、检察官遴选（惩戒）委员会正式运行以后，县市两级地方党委对本地法院、检察院的领导人选，不应该依然保留考察提名权，而应当由遴选委员会统一提名，在宪法修改之前，继续由同级地方人大任免，但地方人大只能在省级遴选委员会确定的候选人范围内任免，不得自行变更候选人。候选人没有当选的，应当由遴选委员会重新提名候选人。另一方面，在法官、检察官实行省级统管之后，法院、检察院的其他工作人员包括非业务岗位的领导人，除了现有人员（已在改革方案中解决）之外，任何新录用的人员，都应当由法院、检察院根据工作需要提出方案，报请遴选委员会决定，而不能仍然由同级地方党委、政府决定。同级地方党委如果要向

法院、检察院选送干部，应当报请省级法院、检察院，由省级法院、检察院按照工作需要和录用程序决定。这样可以保证地方法院、检察院相对于同级地方党委、政府的独立性。

2. 建立法院、检察院向同级地方党委政法委通报重大案件的制度

党的政法委员会是党领导政法工作的专门机构。在传统的管理体制下，政法委员会代表党委领导政法工作，包括对公安机关、检察机关、审判机关、司法行政部门以及武装警察、民政等部门的领导。实行省以下地方法院、检察院人财物统一管理之后，县市两级地方党委政法委对政法工作的领导，在范围上应当有所调整，即应当集中在对地方党委、政府管理下的相关部门的领导，而不应当继续包括对同级法院、检察院的领导。当然，同级地方党委政法委应当加强与同级法院、检察院的协调配合工作，支持同级法院、检察院依法独立行使职权。为了保证人民法院、人民检察院依法独立办案，应当废除以往的法院、检察院向同级党委汇报请示案件的制度。法院、检察院办理在当地有重大影响的案件，应当及时向同级地方党委政法委通报情况，听取意见。对于公安机关与检察机关、审判机关在案件处理上有争议的案件，应当提请上一级有管辖权的法院、检察院处理，而不应当继续由同级党委政法委组织"协调"。

3. 取消同级地方党委对法院、检察院的工作部署和年度考核、评比活动

实行省以下地方法院、检察院人财物统一管理之后，法院、检察院应当按照自己的管辖范围和职责权限以及上级法院、检察院的部署开展工作，不应当仍然按照同级地方党委、政府的工作安排开展工作。同级地方党委、政府不能要求同级法院、检察院贯彻执行本地的工作安排。因为，实行省以下地方法院、检察院人财物统一管理之后，县市两级的法院、检察院就不再是地方同级党委、政府管辖下的一个工作单位，没有理由继续接受地方同级党委、政府的工作部署。同时，对法官、检察官的考核和对法院、检察院的考评，都应当由省级遴选委员会统一组织实施，而不能继续由同级地方党委、政府进行。当然，法院、检察院也不应当继续享受同级地方政府发放的各种奖金、补贴(实行统一管理的省级财政应当考虑解决这些待遇问题)。

4. 明确同级党委的纪委与法院、检察院之间不具有隶属关系

党委纪委与法院、检察院的关系，也应当随着省以下地方法院、检察院人财物统一管理制度的建立，而做出相应的调整。同级地方党委纪委查办的违纪案件，如果涉嫌犯罪的，应当将案件线索及时移送至有管辖权的检察机关，由检察机关依照法律的规定负责立案侦查(如果职务犯罪侦查权的归属重新调整，那就另当别论)。检察机关应当根据自己独立进行侦查的情况做出是否提起公诉的决定，审判机关应当根据自己对案件的审理情况做出裁判，法院、检察院在做出决定前，不应当请示同级地方党委纪委，更不应当按照纪委的要求做出决定。同级地方党委纪委不能要求检察机关完全按照纪委查清的案情进行起诉，更不能要求法院完全按照纪委查清的案情做出判决。特别是在推进"以审判为中心"的刑事诉讼制度改革中，人民法院对案件进行实质性审查被作为改革的重点，为了保证这项改革的真正实施，就必须破除"侦查中心主义"，树立侦查机关移送的证据必须接受审判机关审查的理念。

5. 地方党委、政府包括其领导人不得就具体案件向司法机关做出指令性的批示

2015年3月18日中共中央办公厅、国务院办公厅联合印发了《领导干部干预司法活动、插手具体案件处理的记录、通报和责任追究规定》。其中明确规定："任何领导干部都不得要求司法机关违反法定职责或法定程序处理案件，都不得要求司法机关做有碍司法公正的事情。"2016 年 7 月 21 日，中央办公厅、国务院办公厅联合印发了《保护司法人员依法履行法定职责规定》，其中也明确提出："任何单位或者个人不得要求法官、检察官从事超出法定职责范围的事务。人民法院、人民检察院有权拒绝任何单位或者个人安排法官、检察官从事超出法定职责范围事务的要求。"这两个规定的初衷是为了贯彻落实《中共中央关于全面推进依法治国若干重大问题的决定》，防止领导干部干预司法活动、插手具体案件处理，确保司法机关依法独立公正行使职权。这里所讲的"任何单位或者个人"，无疑包括了同级地方党委、地方党委政法委和纪委及其领导人。也就是说，即使是党委的领导人，也不能以组织或者个人的名义干预司法活动，不能过问和插手具体案件的处理。

过去，在实践中，一些地方党委包括党委政法委、纪委的领导人以听取汇报为名，要求法院、检察院的领导人向其汇报具体案件，并就具体案件的处理做出指示。这类指示往往是冠冕堂皇的，如要"严格依法办理"，要"尽快做出处理"，要"尽快给被害人一个交代"，要"按程序办"，要"慎重处理"，等等。针对这种情况，《保护司法人员依法履行法定职责规定》中明确界定了干预司法活动的行为类型。按照这个规定，地方党委包括其政法委、纪委的领导人"以听取汇报、开协调会、发文件等形式，超越职权对案件处理提出倾向性意见或者具体要求的"同样属于干预司法活动。这种行为，虽然没有明显地要求司法机关违反法定职责或法定程序处理案件，但由于提出了倾向性的意见，其影响力就足以使法院、检察院不得不按照该意见去处理案件。实行省以下地方法院、检察院人财物统一管理之后，县市两级的地方党委对同级法院、检察院就失去了领导权。县市两级的党委及其政法委、纪委的领导人对同级法院、检察院办理的具体案件提出的任何倾向性意见或者具体要求，就可以说是超越职权的、干预司法活动的行为，都应当予以禁止。

6. 县市地方法院、检察院的经费不应继续由当地财政来负担

既然实行省以下地方法院、检察院人财物统一管理，地方法院、检察院的经费支出，法官、检察官以及其他司法机关工作人员的待遇，就应当由省级财政统筹解决，而不能继续由县市的地方财政来保障。至于省级财政如何统筹解决，应当依靠中央和地方两个方面的财源，在保证中央专项转移支付适量增加的同时，省级财政应当扩展财源，充分保障各级法院、检察院的经费，不能因为省级统一管理而使法官、检察官以及其他司法机关工作人员的待遇整体下降。如果实行人财物统一管理之后，依然把法院、检察院的经费以及法官、检察官的待遇与地方同级财政捆绑在一起甚至按照地方财政向省级财政上缴的数量决定地方法院、检察院的预算额度，法院、检察院的福利待遇依然由当地财政来负担，那么，法院、检察院就必然还要继续看地方党委、政府的脸色行事，统一管理的初衷就难以实现，地方法院、检察院的独立性同样会丧失。

不仅如此，对法院、检察院的财政预算审核方式应当同步改革，即不能仍然由省财政部门统一进行预算，"一揽子"报省人大批准，而应当由省级法院、检察院根据实际需要做出预算，直接提请省人大审查批准，省财政保证执行。预算应当包括按照规定标准计算的各项固定开支和工作需要计算的专项开支，其中，固定开支只要符合规定的标准，就应当全额保障，而不能以当地财政状况为由予以缩限；对于专项开支，可以由有关部门组织论证和审核后，由省级人大批准实施。

保证司法独立性的制度，除了国家权力结构中的制度设计之外，还应当包括人民法院、人民检察院上下级之间的独立性问题，法官、检察官身份的独立性问题。这些问题将在下文中讨论。

总之，司法的独立性只有通过制度来保障，才是可靠的、有效的。如果不是通过制度，而是试图通过教育或者管理来保障，其结果就可能是水中捞月，可望而不可即。

三、司法职权与相关职权的配置问题

正在推进的"以审判为中心"的诉讼制度改革，起因于对司法实践中事实上长期存在的"以侦查为中心"的刑事诉讼模式的否定，实际上，这项改革所涉及的，首先是侦查权、检察权、审判权之间的关系问题，是为了强化检察权对侦查权、审判权对侦查权和检察权的制约，其目标是要突出法庭审理在刑事案件处理中的实质性作用。然而，在"优化司法职权配置"和"加强人权司法保障"的大背景下，讨论侦查权、检察权、审判权的配置及其关系，就不是现有的改革所能涵盖的。无论是庭审实质化的推进，还是证据裁判规则的确立，都不能完全解决对刑事案件的公正处理和刑事案件办理中的人权保障问题。因此，我们有必要把研究的视野延伸到刑事案件的源头，系统地考虑司法职权与相关职权的配置问题。

（一）行政处罚权与刑事处罚权的配置问题

我国《刑法》第13条规定："一切危害国家主权、领土完整和安全，分裂国家、颠覆人民民主专政的政权和推翻社会主义制度，破坏社会秩序和经济秩序，侵犯国有财产或者劳动群众集体所有的财产，侵犯公民私人所有的财产，侵犯公民的人身权利、民主权利和其他权利，以及其他危害社会的行为，依照法律应当受刑罚处罚的，都是犯罪，但是情节显著轻微危害不大的，不认为是犯罪。"这个规定，一方面意味着，一切危害社会的行为，依照法律应当受刑罚处罚的，都是犯罪，都应当按照《刑事诉讼法》的规定来处罚；另一方面也意味着，一切危害社会的行为，只要情节显著轻微危害不大，就不作为犯罪来处理。对于这样的行为应当怎么办？《刑法》中没有明文规定，在刑事诉讼中也不能作为犯罪来立案侦查。然而在实践中，对于这样的行为，国家不可能不闻不问，不可能放弃治理权。事实上，我们国家通过行政处罚的方式，处理了大量的因为犯罪情节显著轻微而不认为是犯罪的危害社会的行为。这种行政处罚中所包含的国家权力，与对刑事案件的处理中所行使的国家权力，具有很多相通的地方：第一，都是对法律规定的危害社会行为的处罚，甚至其中的多数行为在表现形式上是一致的，或者说是同一种危害行为，只是情节轻重、危害程度不同而已；第二，对这些危害行为的处罚都是行使国家权力的表现，都表现为单方面地、积极主动地惩罚违反法律规定的行为，都是为了维护相同的法律秩序；第三，处罚这些行为的方式都是限制或者剥夺行为人的人身权利或者财产权利，所不同的只是程度上的差别；第四，行政处罚可以折抵刑事处罚，按照《行政处罚法》第28条的规定，行政机关对违法当事人给予行政拘留的，在人民法院判处拘役或者有期徒刑时可以折抵刑期，行政机关对违法当事人给予罚款的，在人民法院判处罚金时可以折抵罚金。因此有必要对这种行政处罚的权力与刑事处罚的权力一并予以考量。

实际上，国家有关方面早已注意到行政执法与刑事司法的关系问题，提出了行政执法与刑事司法相衔接的工作机制。但这个问题并不仅仅是一个衔接的问题。特别是在当下要求加强人权司法保障的大背景下，有必要进一步调整行政执法与刑事司法之间的职权配置。

1. 行政执法与刑事司法之间分权的必要性

在某些西方国家，违法行为与犯罪行为之间没有严格的界限。轻微的违法行为通常被规定为"违警罪"，通过简易的刑事诉讼程序进行处理。在我们国家，对于轻微的违法行为，过去长期实行劳动教养制度。这是由中国的国情决定的。一方面，中国是一个人口大国，无论做什么，都会有很多的人参与其中。同时，中国又是一个缺乏法治传统的国家。人们对法律的漠视与不尊重所导致的违法行为比比皆是。如果所有的违法行为都作为犯罪通过刑事诉讼程序来处理，需要投入的人力物力资源将会十分巨大。我们国家还处在社会主义初级阶段，难以承受如此巨大的司法资源投入。另一方面，在中国的法律文化传统中，犯罪被普遍认为是一种"恶"，一个人一旦被贴上犯罪的标签，不仅其本人的就业、生活会受到不同程度的影响，而且连他的家人也会受到社会的鄙视。为了减少犯罪的标签效应，国家尽可能地不把实施轻微违法行为的人作为犯罪来处理，所以给犯罪设置了较高的门槛，只有实施违法行为情节比较严重依法应当受到刑事处罚的，才被认为是犯罪，由司法机关按照《刑事诉讼法》规定的程序进行处罚。

由于大量的违法行为在我们国家不被认为是犯罪，为了维护法律的严肃性，推进依法治国，实有必要建立不同于刑事司法的治理机制来处理这些违法行为。因此，我们国家通过立法赋予行政机关大量的处罚权。这种行政处罚权，既包括传统的由公安机关行使的对违反治安行政管理行为进行治安行政处罚的权力，也包括由其他政府部门行使的对违反行政管理法规的行为进行行政处罚的权力。这些行政处罚的对象，实际上可以说是轻微的犯罪行为，这些行为一旦情节严重，都是作为犯罪，由司法机关按照《刑事诉讼法》规定的程序来处罚的。因此，我们有理由认为，行政处罚与刑事处罚，实际上是行政机关与司法机关在处罚违法行为方面的一种分权，即轻微的违法行为由行政机关行使国家的惩罚权，严重的违法行为由司法机关行使国家的惩罚权。

这种分权，在我们国家是十分必要的。它可以通过行政机关便捷的处罚方式处理大量的轻微违法行为，极大地减少了司法资源的投入，使司法机关极为有限的司法资源用于对付那些较为严重的违法行为即犯罪，从而更有效地维护社会的安宁与稳定。

2. 对行政执法进行外部制约的必要性

行政机关依据行政法规处理轻微违法行为，具有合法性，它是根据国家法律的授权行使的国家权力，同时也具有便捷性的优势，可以快速、简捷地处理轻微违法的案件。但是也应当看到，行政机关行使对违法行为的惩罚权，本身存在着难以避免的弊端，需要借助外部的国家权力进行制约。

　　首先，行政处罚是一个相对封闭的系统，缺乏外界权力的制约。在我们国家的法律体系中，除了国家权力机关通过法律设定的行政处罚之外，国务院可以通过行政法规设定行政处罚，也可以授权具有行政处罚权的直属机构依照《行政处罚法》的相关规定，规定行政处罚；地方性法规可以设定除限制人身自由、吊销企业营业执照以外的行政处罚。不仅如此，行政处罚的实施，往往是由行政法规授权的行政管理部门进行的，这些行政管理部门往往是政府的下属机关，他们负责制定行政处罚的具体标准，并行使行政处罚的权力，同时还可以委托依法成立的管理公共事务的事业组织或者具有熟悉有关法律、法规、规章和业务的工作人员以行政机关的名义行使行政处罚的权力。行政执法人员可以当场做出行政处罚的决定，也可以在调查、检查、询问的基础上报请行政机关的负责人做出行政处罚的决定。违法行为是否构成犯罪、是否移送司法机关，也由行政机关决定。这种完全由行政机关行使的行政处罚权，是一个相对封闭的自我循环的系统，不符合权力制约的基本原理。

　　其次，行政处罚的程序过于简化，难以形成有效的内部制约。虽然行政处罚法对行政处罚的实施做出了程序性的规定，但是由于行政处罚的特点，这种程序是十分简洁的。当场处罚谈不上制约性的程序，因为从事实的认定到处罚决定的做出都是由同一个主体在极其短暂的时间内做出的。即使是按照一般程序做出的行政处罚，也都是根据行政执法人员的调查、检查和询问笔录，由行政机关主管的负责人个人做出的。是否应当处罚、是否应当从轻或者减轻处罚，完全由行政执法人员决定。这种程序中，既缺乏对抗性的事实认定过程，也缺乏被处罚人在做出决定的人面前进行辩解的机会。即使被处罚人不服行政处罚的决定而申请行政复议或者提起行政诉讼，也不能停止行政处罚的执行。被处罚人的权利很难得到充分的保障。

　　再次，行政处罚中涉及对公民人身权利的限制和财产权利的剥夺，需要严格控制。按照《行政处罚法》的规定，行政处罚的种类包括：警告；罚款；没收违法所得、没收非法财物；责令停产停业；暂扣或者吊销许可证、暂扣或者吊销执照；行政拘留；法律、行政法规规定的其他行政处罚等七种。其中，罚款、没收违法所得和非法财物，涉及对公民、法人或其他组织财产权利的剥夺，而行政拘留则直接涉及对公民人身自由权利的限制。行政处罚如果缺乏严格的程序性限制，就可能不适当地影响到公民对这些重要权利的保障。

　　最后，行政诉讼对行政处罚的救济十分有限。尽管《行政处罚法》设置了行政复议程序和行政诉讼程序作为被处罚人在不服行政处罚时的救济措施，但是，行政复议程序是在行政机关内部进行的体内循环，并且缺乏对抗性的程序，很难保障被处罚人的申诉权得到应有的尊重和对待。而行政诉讼的成本对被处罚人而言，往往显得过于昂贵。自《行政诉讼法》颁布实施以来，真正进入行政诉讼的不服行政机关处罚决定的案件极为有限，被处罚人在行政诉讼中胜诉的概率又极低，以致《行政诉讼法》的初衷即通过人民法院审理行政诉讼案件制约行政处罚权的愿望难以实现。正因为如此，全国人大常委会批准最高人民检察院在部分地区开展提请行政公益诉讼的试点，希冀通过检察权来制约行政机关的处罚权。①

因此，为了推进依法行政，对行政机关的处罚权设置必要的制约机制，即通过司法机关的司法审查来制约某些涉及公民人身权利和财产权利的行政处罚措施，是非常必要的。

3. 通过司法职权的配置制约行政处罚权的制度构建

行政机关对轻微违法行为行使行政处罚权，具有现实合理性，而且在目前的国家治理体系中具有不可替代性。因此，对于大多数行政处罚措施，还应当由行政机关自行行使，但对于其中涉及公民人身权利和财产权利的处罚，则有必要设置相应的制约程序。

基于必要性与可行性的考虑，我们认为，对行政处罚中限制公民人身自由的处罚措施，以及剥夺公民、法人或者其他组织较大数额的财产权利的处罚措施，应当在做出决定前提交司法机关进行司法审查，以避免对公民、法人或者其他组织造成不必要的侵害，同时也有助于行政处罚与刑事司法的有效衔接。一方面，在公安机关决定对违法的行为人进行行政拘留时，应当将违法的证据和处罚的理由提交检察机关进行审查，检察机关同意行政拘留的，公安机关才可以执行行政拘留的决定；检察机关基于违法事实不成立而不同意的，公安机关应当放弃对当事人的处罚；检察机关基于缺乏必要性而不同意的，公安机关应当改为其他处罚措施。另一方面，对于罚款的处罚措施，应当根据违法行为的种类设定一定的额度。在一定额度内的处罚，可以由行政机关自行做出；超过一定额度的，应当由做出处罚决定的行政机关将处罚的事实根据和理由提交检察机关或者审判机关进行审查。检察机关或者审判机关同意处罚的，行政机关方可发出处罚决定并予以执行；检察机关或者审判机关不同意的，行政机关应当改变自己的决定。

检察机关或者审判机关在审查限制公民人身自由的处罚决定和较大额度的罚款决定时，如果认为行政处罚所针对的违法行为构成犯罪的，应当建议行政机关将案件移送至有管辖权的国家机关立案侦查，按照《刑事诉讼法》的规定追究刑事责任。

（二）检察职权与审判职权的配置问题

检察职权是以公诉为核心的权力，审判职权是以裁判为核心的职权。三大诉讼法及两大组织法，对审判职权与检察职权做了明确的规定。二者之间有着明确的分工和严格的界限。

但在刑事诉讼中，对刑事案件的处理权，存在着进一步划分的必要。我们认为，对于严重违法构成犯罪的行为进行处罚的权力，应当在检察机关与审判机关之间进行分权，以保证刑事案件按照《刑事诉讼法》的规定，公正高效地处理。

1. 对刑事案件进行分流的必要性

十八届四中全会决议明确提出了"推进以审判为中心的诉讼制度改革"的任务。以

---

① 检察机关提起公益诉讼的实践已经得到法律的确认，即 2017 年 6 月 27 日第十二届全国人大常务委员会通过了《关于修改〈中华人民共和国行政诉讼法〉的决定》，决定在现行行政诉讼法中增加一款，即第 25 条增加一款，作为第 4 款："人民检察院在履行职责中发现生态环境和资源保护、食品药品安全、国有财产保护、国有土地使用权出让等领域负有监督管理职责的行政机关违法行使职权或者不作为，致使国家利益或者社会公共利益受到侵害的，应当向行政机关提出检察建议，督促其依法履行职责。行政机关不依法履行职责的，人民检察院依法向人民法院提起诉讼。"

审判为中心的关键是法庭审理的实质化，即控辩双方在法庭上充分地展示证据，充分地质证和辩论，使法官能够通过法庭审理查明案件的事实真相。然而目前的状况难以保证法庭审理的实质化进行。一是因为刑事案件不断增长，人民法院长期面临着"案多人少"的压力。二是因为审判资源的有限性，难以为每一个刑事案件的法庭审理提供充足的时间。三是因为某些刑事案件确实没有必要开庭审理，开庭本身只是"走个过场"。在许多案件中，犯罪嫌疑人不仅认罪，而且与被害人双方已经达成和解，取得了被害人方面的谅解，案件的性质并不严重，也没有恶劣情节，是否开庭审理，并不影响对案件的处理。对这类案件，开庭审理也只是"走个过程"而已，但会消耗人民法院的审判资源，使有限的审判资源更为紧张。

由于受到司法资源的上述限制，许多刑事案件法庭审理时，证人、被害人不出庭，法庭调查主要靠公诉人宣读证人的证言和被害人的陈述，法庭质证无法进行；法庭辩论往往是辩护人、公诉人各发表一次或两次意见，难以展开交锋，无法保证辩护律师在法庭上充分地发表辩护意见。

为了确保法庭审理的实质化进行，有必要进一步优化司法职权配置，分流刑事案件，让人民法院有充足的时间和精力审理确有争议的、重大的刑事案件，让被告人及其辩护人在法庭上能够充分地发表意见，让包括当事人在内的人民群众真正在每一个刑事案件的审判中看到公平正义的实现。

2. 刑事案件分流的域外经验

对刑事案件进行分流以便法院集中力量审理重大案件，是一些法治国家的普遍做法。如英国，轻微刑事案件传统上都是由治安法院的治安官和法官审理的。由于大量的轻微刑事案件通过治安法院被处理了，直接或通过治安法院移送而进入刑事法院的案件十分有限，所以皇家刑事法院就有充足的时间和精力审理那些严重刑事犯罪案件。美国则大量适用检察官与被告方之间的辩诉交易来处理轻微刑事案件。美国大法官沃伦·伯格在总结辩诉交易的实践时曾经指出：一旦有罪答辩从90%减少到80%，法院就需要付出双倍的人力和设施——法官、法庭记录员、法警、书记员、陪审员和法庭。美国司法系统已经非常依赖效率的提高来维持运行，如果不用类似辩诉交易式的方法将全部刑事案件作适当分流，就可能面临崩溃的危险。[①]

大陆法系国家在传统上将刑事案件分为违警罪、轻罪、重罪，只有轻罪和重罪由法院审理。但是近年来，也在探索对轻罪的分别处理模式。如荷兰，在鹿特丹市设立了庭外处理轻微刑事案件的"越开越好"试点办公室，授权检察官直接裁决轻微刑事案件而不将案件移送法院审理。

在德国，各州一般规定，所有最高刑在6个月监禁以下的轻罪案件都由地方检察官处理。比如柏林就规定了刑法典中侵犯住宅安宁罪等30余项罪名专属地方检察官处理。柏林地方检察官还可以处理盗窃罪、侵占罪中损失额不超过2000欧元的案件。下萨克森州地方检察官可以处理侵财类案件的范围更广，除了盗窃罪、侵占罪之外，还包括损

---

① ［美］弗洛伊德·菲尼、岳礼玲选编：《美国刑事诉讼经典文选与案例》，中国法制出版社2006年版，第262页。

失额不超过 1000 欧元的诈骗、毁坏财物罪等案件。由于地方检察官办理的案件都是些不太严重的案件，因此多数案件是采取终止程序及不起诉的方式结案。地方检察官的工作大大节省了司法资源。[①]

3. 刑事案件分流的基础

对刑事案件进行分流的前提是犯罪嫌疑人、被告人认罪认罚。如果犯罪嫌疑人、被告人不认罪认罚，无论案件的性质如何、情节严重与否，按照《刑事诉讼法》的规定，都只能启动普通程序进行实质化的审理，而不存在分流的可能。因此，只有对认罪认罚的案件，才可以根据从宽处罚的精神，简化诉讼程序，分情况进行分流处理。案件分流也就只能是对认罪认罚案件的分流处理。

认罪认罚案件是指犯罪嫌疑人、被告人承认自己实施了指控他的犯罪，并愿意接受司法机关依法对其处罚的案件。认罪认罚案件应当符合以下条件：①案件事实已经查清；②犯罪嫌疑人、被告人真诚认罪；③犯罪嫌疑人、被告人愿意接受依法处罚。

一个案件，只有同时具备上述三个方面的条件，才能作为认罪认罚案件，进行分流处理。如果缺少其中任何一个条件，都不宜作为认罪认罚案件，其中有从宽处罚情节的，可以依法从宽处罚，但在处理过程中不宜简化审理程序。

4. 刑事案件分流的具体构想

对犯罪嫌疑人、被告人认罪认罚的案件，应当根据案件的性质和严重程度，在司法机关之间进行分流，以促使这类案件快速、便捷地及时处理。

对于认罪认罚案件进行分流，首先，应当充分运用现行法律的规定，尽可能在《刑事诉讼法》现有的法律框架内，实现案件分流，从而把改革的成本降到最低限度。其次，应当根据《刑法》中从轻、减轻或者免除处罚的规定，对认罪认罚的犯罪嫌疑人、被告人从宽进行处理。

按照现行法律的规定，刑事案件的分流，主要是通过以下程序进行的：一是不起诉程序。《刑事诉讼法》规定了四种不起诉程序，即绝对不起诉、相对不起诉、存疑不起诉和附条件不起诉。二是速裁程序。通过速裁程序可以分流部分常见、多发的轻微刑事案件。三是简易程序。按照《刑事诉讼法》的规定，基层人民法院对自己管辖的案件，符合一定条件的，就可以适用简易程序进行审判。四是普通程序。适用普通程序审理的案件主要是：被告人虽然认罪，但属于《刑事诉讼法》第 209 条明文规定不适用简易程序的案件；被告人不认罪的案件；可能判处无期徒刑或者死刑的案件。

虽然新的《刑事诉讼法》明文规定了四种不起诉制度，但是在司法实践中，对于犯罪嫌疑人认罪认罚的案件，检察机关很少适用不起诉的法律规定来分流刑事案件，以致几乎所有的公诉案件都移交到人民法院，由人民法院通过审判程序来处理。其主要原因，可以归纳为三个担心：一是担心该权力被滥用；二是担心缺乏制约；三是担心出力不讨好。

由于检察机关极少适用不起诉程序，就使得几乎所有刑事案件都通过人民法院的审判程序来处理。这就必然加剧人民法院审判刑事案件的压力。特别是随着司法体制改革

---

① 黄礼登：《德国有一套鲜为人知的地方检察体系》，载《检察日报》2016 年 2 月 16 日。

的推进，法官员额制的落实，能够主持法庭审判的法官资源更加紧缺。在这种背景下，由检察机关通过不起诉程序处理那些不需要判处刑罚的轻微刑事案件，就成了在现行法律的框架内分流刑事案件的不二选择。

当然，充分发挥不起诉制度的功能，需要对现行的不起诉制度进行必要的改造：

第一，废除对不起诉的限制性规定。一是在刑事政策上鼓励基层检察院依法适用相对不起诉和附条件不起诉；二是实行检察官办案责任制以后，取消不起诉案件由检察长或者检委会决定的规定，直接交由检察官决定是否适用；三是进一步明确界定相对不起诉的适用条件；四是扩大附条件不起诉的适用范围，并把监督考察的主体由人民检察院改为司法行政机关。

第二，赋予人民检察院一定的处罚权。人民检察院在做出不起诉的决定时，应当有权对涉嫌轻微犯罪的行为人做出一定的惩罚性的决定，而不是单纯宣布不起诉，如责令赔偿、道歉、接受社区的监督，要求缴纳一定数额的罚款，禁止其在一定时间内从事某类职业或某项活动，并监督刑事和解的执行等。

第三，赋予当事人在不起诉案件中的辩护权。人民检察院拟作不起诉处理的案件，应当允许犯罪嫌疑人、被害人聘请律师为自己提供法律帮助，以避免当事人因不懂法而事后反悔。

第四，赋予当事人不服不起诉决定时向人民法院申诉的权利。对于人民检察院做出的不起诉决定，应当赋予当事人一定的救济渠道。无论是被告人不服不起诉决定，还是被害人不服不起诉决定，都有权向人民法院提出申诉。这样可以保证对不起诉权实行外部制约，防止该权力被滥用。

第五，增设人民法院审理不服不起诉决定的审判程序。对于当事人不服不起诉决定的申诉，人民法院应当按照普通程序开庭审理，以保证案件的公正处理。

（三）检察职权与监察职权的配置问题

2016年12月25日，根据中共中央的决定，全国人大常委会做出了《关于在北京市、山西省、浙江省开展国家监察体制改革试点工作的决定》。2018年1月，按照中央政法委员会的要求，全国各级检察机关的反贪、反渎和职务犯罪预防部门整体转隶监察委员会，其相关职权也就相应地由监察委员会行使。这项改革涉及查办职务犯罪案件方面国家权力配置的重大调整，有必要进行深入的研究。

1. 监察委员会制度改革是对我国监督机制运行状况的经验总结

长期以来，我们国家存在着多种监督机制，如：党内监督、民主监督、舆论监督、行政监督、社会监督、法律监督等等。监察制度改革，是为了进一步整合各方面的监督力量，形成全面覆盖、集中统一、权威高效的监察体制。

我国以往的监督机制乏力的原因，从表面上看，是因为政出多门，各种监督机构之间协调配合不够，没有形成强有力的监督合力。但是，认真思考一下就会发现，其根本原因在于，所有的监督都难以形成对"一把手"的监督。并且，各个地方、各个单位、各个领域的"一把手"要对自己管辖范围内的反腐败工作"负总责"，就难免要对反腐败工作发号施令，所有从事反腐败工作的部门或领导都要向他汇报反腐败工作的开展情况。在这样一种领导体制下，"一把手"实际上是不可能受到监督的。唯一的可能是他的上级机关，只有上级机关的监督机构才有可能对下级地方或单位的"一把手"形成监督。从过去查处的腐败案件看，所有领导人的腐败案件都是上级纪委发现和查办的。这既是事实，也是经验。

能否形成对"一把手"的监督，是监督机构能否发挥作用的关键。新成立的监察委员会，如果想真正发挥监督的作用，就需要认真研究如何才能解决有效监督"一把手"的权力配置问题。如果新成立的机构仍然是在本地方、本单位"一把手"的领导下，甚至只是在"三把手"的领导下开展监督工作，那么，无论其机构多么庞大，权力多么集中，都可能与以往的监督机制一样，不可能真正发挥监督的作用。

因此，新成立的监察委员会应该是一个独立于任何地方国家机关的、自上而下的体系，它应该由国家最高权力机关产生并直接向国家最高权力机关负责的国家机关。只有当监察委员会在体制上摆脱了地方权力的控制时，才有可能形成对地方权力的有效监督。从以往的经验看，监察机关虽然由上一级国家机关直接领导，但在体制上仍然是地方国家机构中的一个组成部分，那它就必然要受到地方权力的约束，就不能不听命于地方权力中的"一把手"，也就不可能形成对"一把手"的有效监督。

2. 监察委员会的权力配置应当符合国家权力配置的基本原理

监察委员会制度改革的目的是整合监督资源，集中统一行使对国家工作人员的监督权。但是，这种监督权的配置同样要符合权力配置的基本原理，符合法治的基本要求。

首先，在监督对象方面，监察委员会的权力要能够覆盖所有的国家工作人员，包括党员领导干部。也就是说，无论是不是中国共产党党员，只要是国家工作人员，其履行职责的行为，都应当毫无例外地纳入监察委员会监督的范围，不能因为某个人是中国共产党党员，就不受监察委员会的监督（在监察委员会的监督之外，党内可以另外对其进行党纪处分，但不能用党纪处分代替国家监督）。监察委员会依法对国家工作人员行使监督权，不受其他机构和个人的干预。

其次，在监督范围方面，监察委员会的监督应当覆盖所有履行法定职责的行为。国家工作人员在履行法定职责中可能出现的所有违反法律规定的行为，都应当受到监察委员会的监督。也就是说，不论是一般的违法行为，还是严重的违法行为即构成犯罪的行为，无论是贪污受贿的行为，还是玩忽职守、不作为、乱作为的行为，都应当受到监察委员会的监督。监察委员会对国家工作人员履行法定职责的情况进行统一的监督。这样才能达到对国家权力进行监督的"全覆盖"，才符合监察委员会设置的初衷。[①]

再次，监察委员会的监督权应当按照权力配置的基本原理，进行必要的区分。一方面，应当将调查权与处分权相分离，即负责对国家工作人员的违法行为进行调查的部门，只负责就事实情况进行调查，收集能够证明违法行为存在的证据材料，至于对违法事实的认定和处罚，应当由没有调查权的部门来负责，以保证公正地对待受到调查的国家工作人员。另一方面，应当将一般违法与严重违法相区别。在调查的基础上，对于有一般违法行为的国家工作人员，可以由监察委员会中行使处分权的部门，直接给予行政

---

① 第十三届全国人民代表大会第一次会议通过的《中华人民共和国监察法》，基本体现了这种原理。

处分；对于有严重违法行为即构成犯罪的国家工作人员，则应当移送检察机关，按照《刑事诉讼法》的规定进行处罚，不能用行政处分甚至党纪处分来代替国家法律的惩罚。在调查过程中，需要对被调查的国家工作人员采取限制人身自由等强制措施的，应当提交检察机关进行审查批准。这既是权力配置的内在要求，也是依法治国、保障人权的必然要求。在这方面，可以参考我们国家在对待一般违法与犯罪问题上设置的法律制度来设计。对法律实施中的违法行为，我们国家的法律制度采取了"两分法"或"二元制"来进行治理：对于一般违法行为，由有关的行政执法部门（公安机关和其他授权行使行政执法权的部门）进行调查处理；对于严重违法的行为即构成犯罪的行为，仍然由公安机关进行侦查，但由司法机关依照《刑事诉讼法》的规定进行处罚。这既是权力分工的要求，也是保障人权的要求。在监察体制改革中，不妨按照我们国家这种传统的制度模式进行制度设计，以防止权力过分集中可能引起的副作用，也有利于保障违法犯罪的国家工作人员的人权。

3. 监察委员会的职权应当受到检察职权的制约

随着检察机关职务犯罪侦查部门整体转隶到监察委员会，职务犯罪侦查的职权也就随之由监察委员会行使。监察委员会行使职务犯罪侦查权，必然要受到检察机关的制约。这种制约包括三个方面：

第一，检察机关对逮捕的审查批准权。监察委员会在行使职务犯罪侦查权的过程中，需要逮捕犯罪嫌疑人的，应当按照我国《宪法》和《刑事诉讼法》的规定，提请检察机关批准。只有在检察机关批准逮捕后，监察委员会才能够合法地逮捕犯罪嫌疑人。为此，监察委员会在行使职务犯罪侦查权的过程中，如果认为需要逮捕犯罪嫌疑人，就应当按照《刑事诉讼法》的规定，在法定期限内向检察机关报送相关材料。检察机关应当认真履行审查批准逮捕的职权，严格按照《刑事诉讼法》的规定，决定是否批准逮捕。对于没有逮捕必要性或者不符合逮捕条件的案件，应当敢于做出不批准逮捕的决定。

第二，对侦查活动的监督权。《刑事诉讼法》明确规定，人民检察院依法对刑事诉讼实行法律监督。监察委员会既然行使了职务犯罪侦查权，就等于承担了刑事诉讼中的侦查职能，也就应当按照《刑事诉讼法》的规定，接受检察机关的法律监督。检察机关应当像对其他侦查机关一样，对监察委员会的侦查活动实行法律监督。[①]

第三，对侦查终结的职务犯罪案件审查起诉权。监察委员会侦查终结的职务犯罪案件移送检察机关审查起诉时，检察机关应当认真履行审查起诉的职权，严格依照法律的规定，做出提起公诉或者不起诉的决定。对于不构成犯罪的案件或者不符合起诉条件的案件，应当做出不起诉的决定。特别是在推行"以审判为中心"的诉讼制度改革中，应当严格按照审判所要求的证据标准审查移送给自己的案件，确保证据的合法性、有效性。

监察委员会对于检察机关行使职权的活动，应当给予必要的尊重和配合，以便共同完成查办职务犯罪的任务。

---

① 令人遗憾的是，我国《监察法》没有把国家监察委员会对职务犯罪的调查纳入刑事诉讼的轨道，而是用"留置"取代了逮捕，用调查取代了侦查。

四、重构检察机关的侦查权

按照全国人大常委会关于开展国家监察委员会改革试点工作的决定，国家监察委员会成立以后，检察机关原有的反贪部门、反渎部门和职务犯罪预防部门将整体移交给国家监察委员会。这些侦查部门整体移交以后，检察机关是否还享有侦查权？如何配置检察机关的侦查权？就是一个不得不深入研究的问题。

（一）检察机关享有侦查权的必要性

职务犯罪侦查权移交监察委员会，并不意味着检察机关就不再享有侦查权。

首先，按照现行法律的规定，检察机关依然具有侦查权。反贪部门、反渎部门和职务犯罪预防部门的整体移交，只是意味着检察机关不再承担职务犯罪侦查和预防的工作任务，也就是说，检察机关不再行使对职务犯罪的侦查权，并不意味着检察机关就丧失了所有的侦查权。《刑事诉讼法》规定由检察机关行使的其他侦查权依然存在。

第一，2012年《刑事诉讼法》第18条第2款中规定的"国家机关工作人员利用职权实施的其他重大的犯罪案件"，需要由人民检察院直接受理的时候，经省级以上人民检察院决定，还应当由人民检察院立案侦查。这里所规定的"其他重大的犯罪案件"，显然不应当是贪污贿赂犯罪案件和渎职侵权犯罪案件，而是《刑法》中规定的"其他"犯罪案件即贪污贿赂犯罪案件和渎职侵权犯罪案件以外的案件。对这些案件的侦查权，不能因为反贪部门、反渎部门的外移而丧失。

第二，按照2012年《刑事诉讼法》第171条第2款的规定，人民检察院审查案件，对于需要补充侦查的，可以退回公安机关补充侦查，也可以自行侦查。该条所规定的人民检察院审查的案件包括了所有的公诉案件，对这些案件自行侦查的权力也不可能因为反贪部门和反渎部门的外移而丧失。

第三，按照原《人民检察院组织法》的规定，检察机关"对于叛国案、分裂国家案以及严重破坏国家的政策、法律、法令、政令统一实施的重大犯罪案件，行使检察权"。这里规定的"检察权"包括了法律赋予检察机关的各项职权，其中当然包括法律赋予检察机关的侦查权。这种侦查权同样不能因为反贪部门和反渎部门的外移而丧失。

其次，从理论上讲，检察机关享有侦查权是十分必要的。这种必要性主要表现在以下几个方面：

第一，检察机关享有侦查权是由检察权的本质属性决定的。检察是以"检"为前提、为依托的。没有"检"，就没有检察，就没有现代检察制度。所谓"检"，就是调查了解情况。现代检察制度是在资产阶级革命中为了打破中世纪司法专横而从法官的权力中分离出来的。它从诞生的时候起就担负着维护国家法律统一正确实施的使命。为了维护法治的权威，保障法律的正确实施，就必须具有发现违法的手段。这种手段正是侦查权的行使。没有侦查权，检察机关就难以发现违法事实的存在，就难以保障法律的正确实施。

第二，检察机关享有侦查权是现代公诉制度的必然要求。现代公诉制度是建立在国家追诉主义理念基础之上的。追诉犯罪的权利，在历史上是由被害者个人及其家族享有的。国家之所以禁止被害人个人追诉，而要由国家来追诉犯罪，是因为在国家看来，犯罪不仅仅是侵害个人权利的行为，而且是危害国家利益和人类社会共同利益的行为，国家有责任让每一个实施犯罪行为的人都受到法律的追究。因此，公诉制度存在的价值就是为了保证使每一个犯罪都能受到应有的法律追究，以伸张法律正义。而要保证这一点，除了国家建立必要的侦查机关来侦查已经发生的犯罪案件之外，检察机关应当具有相应的职权，以便在应当追诉而侦查机关没有进行侦查的情况下，主动进行侦查，以发现和证实犯罪事实，使实施犯罪行为的人受到法律的追究。这是国家追诉权实施的制度保障。特别是在"以审判为中心"的诉讼制度改革之后，检察机关如果没有侦查权，在应当调查的犯罪事实没有充分调查的情况下，国家追诉主义的理念就不可能真正实现。从这个意义上讲，检察机关享有侦查权是国家追诉主义的必然要求。

第三，检察机关享有侦查权是权力制约的客观需要。从权力制约的角度看，我们国家设置了多个行使侦查权的国家机关，如公安机关享有对普通刑事案件的侦查权，国家安全机关享有对危害国家安全犯罪案件的侦查权，海关享有对走私犯罪案件的侦查权，国家监察委员会享有对职务犯罪案件的侦查权。而这些部门之间互不隶属，也没有互相监督的机制。如果其中任何一个部门没有充分行使侦查权，导致有关方面的刑事案件没有被侦查，或者虽然进行了侦查但获取的证据难以达到追诉犯罪的要求，这方面的侦查权就可能被虚化，就难以实现该权力配置的目标。因此，赋予第三方即检察机关以特别侦查权，作为侦查机关没有充分行使侦查权的补充，就可以有效制约其他国家机关侦查权的行使，弥补侦查机关渎职造成的破坏法律正确实施的不利后果。

第四，检察机关享有侦查权是世界各国的普遍做法，[1] 反映了检察制度的基本规律。《德国刑事诉讼法》第 160 条规定："检察院不仅要侦查证明有罪的，而且还要侦查证明无罪的情况，并且负责提供提取有丧失之虞的证据。检察院的侦查，也应当延伸到对确定法律对行为的处分具有重要性的情节，对此，它可以请求法院提供帮助。"第 161 条规定："为了前款所称目的，检察院可以要求所有的公共机关部门提供情况，并且要么自行，要么通过警察机构部门及官员进行任何种类的侦查。警察机构部门及官员负有接受检察院的请求、委托的义务。"[2] 在意大利，按照 1988 年《意大利刑事诉讼法典》第 5 编第 327 条的规定，初期侦查阶段，由检察官领导侦查工作并且直接调动司法警察。在法国，侦查权主要由司法警察、司法警官、共和国检察官和预审法官行使。但是，《法国刑事诉讼法》第 41 条规定："共和国检察官对违反刑法的犯罪行为，进行或派人进行一切必要的追查与追诉行动。为此目的，共和国检察官领导其法院管辖区内的司法警察警官与司法警察警员的活动。"第 42 条规定："共和国检察官在履行职务时有权直接调用公共力量协助。"第 51 条规定："预审法官只有在第 80 条至第 86 条所规定的条件下，依据共和国检察官提出的立案侦查意见书受理案件以后，或者仅在受理以民事当事人身份进行的告诉之后，始得进行侦查。"第 80 条规定："预审法官只有根据共和国检察官的立

---

① 甄贞等：《世界各国法律均规定检察机关有侦查权》，载《检察制度比较研究》，法律出版社 2010 年版，第 520 页。

② 《德国刑事诉讼法》（中译本），李昌珂译，中国政法大学出版社 1995 年版。

案侦查意见书始得进行侦查。"①在日本，法律赋予检察官广泛的侦查权。《日本刑事诉讼法》第 191 条规定："检察官认为必要时，可以自行侦查犯罪。检察事务官应当在检察官的指挥下进行侦查。"②这就意味着，检察官对任何案件都可以直接立案侦查；还可以指挥司法警察协助其进行侦查；对警察的侦查活动，可以发出一般性的指示。在韩国，检察官享有充分的侦查权。《韩国刑事诉讼法典》第 195 条规定："检事（即检察官）认为有犯罪嫌疑时，应当侦查犯人、犯罪事实和证据。"第 196 条规定："侦查官、警务官、总警、警监、警卫作为司法警察官应当受检事的指挥进行侦查。"③这就意味着，韩国刑事案件的初始调查权（法律有特别规定的除外）属于检察官。④ 韩国各地方检察厅还设有特别搜查部，最高检察机关即韩国大检察厅设有"中央搜查部"，专门负责侦查政府高层官员的贪腐案件。

在英国，传统上，检察机关没有侦查权。但是，根据 1985 年《英国犯罪起诉法》、1987 年《英国刑事审判法》等法律，陆续设立了由总检察长统一领导下的检察机关，其中包括担负公诉职能的王室检察署、集侦查职能和起诉职能于一体的反严重欺诈局、为政府提供法律顾问或起诉服务的财政律师部等机构。

检察机关之所以普遍享有侦查权，是因为检察机关行使侦查权具有其他侦查机关无法替代的制度优势。一方面，检察机关作为司法机关或者准司法机关，行使侦查权具有相对的独立性。而其他行使侦查权的机关基本上是行政机关。行政机关所具有的"上命下从"的权力特征使其在行使侦查权的时候不得不顾及行政长官的意志，难以保证侦查的客观公正。另一方面，在世界范围内，检察官的入职门槛都要高于警察。与其他侦查主体相比，检察官往往具有更高的法律素养和更好的社会形象。对于一些社会影响特别大的刑事案件、一些关系到国家特别重大利益的案件，由检察官进行侦查，更能保证案件的质量。此外，在大陆法系国家，侦查通常被视为"公诉之准备"。检察官代表国家发动追诉犯罪的行为，就负有举证责任。而为了保证这种举证责任的实现，就必须赋予检察官以侦查权或侦查控制权。正如德国学者指出的，侦查程序是在为检察机关关于决定是否应提起公诉时所做的准备工作。其目的乃为避免对不成立的犯罪嫌疑施以审判程序，其另一目的则是搜集及整理证据。在此程序中之主导者为检察官。⑤

当然，检察机关是以国家公诉为主要职权的国家机关，不可能对所有刑事案件亲自进行侦查。所以，检察机关的侦查权往往是有限的，即只限于对特殊案件的侦查，而不可能是一种包罗万象的侦查权。检察机关应当享有侦查权，在检察机关的反贪部门、反渎部门和职务犯罪预防部门整体移交给国家监察委员会以后，应当重新构建检察机关的侦查权。

① 《法国刑法典 刑事诉讼法典》（中译本），罗结珍译，国际文化出版公司 1997 年版。

② 《日本刑事诉讼法》（中译本），宋英辉译，中国政法大学出版社 2000 年版。

③ 《韩国刑事诉讼法》（中译本），马相哲译，中国政法大学出版社 2004 年版。

④ 按照《韩国刑事诉讼法》第 197 条的规定，森林、海事、专卖、税务、军队等方面的刑事案件，依据法律的特别规定，由这些系统的侦查机关负责侦查。

⑤ ［德］克劳思·罗科信：《刑事诉讼法（第 24 版）》，吴丽琪译，法律出版社 2003 年版，第 354 页。

(二)重构检察侦查权的思路

重新构建检察机关的侦查权,应当紧紧围绕检察机关的宪法定位,从履行法律监督职能的需要出发来配置,把侦查的对象集中在法律实施领域,以充分发挥检察机关在维护国家法律正确实施、推进依法治国中的职能作用。

1. 检察侦查权的类型

重新构建的检察侦查权,不再是对某一类具体犯罪案件的侦查权,而应当是一种特别的侦查权。这种侦查权在类型上,应当包括:

(1)直接侦查权,即检察机关直接立案侦查的权力。对于某些特别重大案件,需要由检察机关进行侦查时,检察机关根据党中央的决定,或者国家最高权力机关的授权,或者法律的明文规定,直接进行立案侦查。检察机关侦查这类案件,应当享有法律赋予侦查机关开展侦查活动时依法享有的各种侦查手段。

(2)参与侦查权,即检察机关对于其他侦查机关查办的犯罪案件,在认为必要的时候,有权介入案件的侦查活动。对于其他侦查机关管辖范围内的犯罪案件,在社会影响比较大的情况下,检察机关如果认为有必要,有权要求介入对案件的侦查。介入侦查的目的,一方面是作为国家的法律监督机关,保证侦查活动的合法性,以提高侦查机关侦查活动的公信力;另一方面也是为了了解案件的证据材料,为提起公诉做准备。

(3)机动侦查权,即检察机关对于其他侦查机关管辖范围内的犯罪案件,在一定条件下有权介入并进行侦查。机动侦查权包括两种情况:一是对于其他侦查机关侦查终结移送起诉的案件,检察机关如果认为案件的事实不清、证据不足,有权按照《刑事诉讼法》的规定,退回侦查机关补充侦查,也有权自行进行补充侦查。特别是在退回补充侦查后,有关侦查机关消极不作为,没有进行有效的补充侦查,或者没有重新收集到对提起公诉甚为关键的证据,而案情比较重大不能不提起公诉的情况下,检察机关有必要自行进行侦查,以保证国家追诉的有效进行。二是对于其他侦查机关管辖范围内的犯罪案件,有权侦查的机关不予立案侦查或者没有进行有效的侦查,检察机关提出监督意见后,有关侦查机关没有接受亦没有提出不立案侦查的正当理由时,检察机关应当有权直接立案侦查。

2. 检察侦查权的范围

除了参与侦查之外,检察机关直接侦查的案件,在范围上,应当受到严格的限制。笔者认为,重新构建的检察侦查权,在适用范围上,应当仅限于以下三类案件:

第一,特别重大的犯罪案件。

特别重大的犯罪案件主要是指颠覆或分裂国家的重大犯罪案件,以及严重破坏国家的政策、法律、法令统一实施的重大犯罪案件。对这类特别重大的犯罪案件,应当由检察机关行使侦查权。这类案件对于国家安全和国家法律的实施具有极大的危害,可能引起全国民众的广泛关注,甚至可能在国际关系上产生重大影响,需要极为慎重地对待,不能由一般的侦查机关来侦查。因为,查办这类案件需要更高的法律政策水平,需要更为专业的法律人才,需要社会各界的高度信任和支持。而这些要求是一般侦查机关所不具备的。所以,从世界各国的法律规定和实践来看,这类案件通常都是由检察机关来进行立案侦查。有的国家是临时性地设立特别检察官，并由国会授权其专门侦查已经发生的该类犯罪案件；有的国家则是通过法律把该类犯罪案件的侦查权直接赋予检察机关。在这种情况下，检察机关侦查权的启动，应当有一定的限制，即必须是根据国家最高权力机关的特别授权或者批准。检察机关不能自行启动这种侦查权。

第二，执法犯法的犯罪案件。

执法犯法的犯罪案件主要是指负有执行法律职责的国家工作人员在履职过程中实施的妨害法律正确实施的案件。无论是在刑事执法过程中还是在行政执法过程中，无论是在法律适用过程中还是在法律实施过程中，都可能出现执法人员知法犯法的情况。对于这类案件，由检察机关行使侦查权，是检察机关作为国家的法律监督机关理应履行的职责。因为这类犯罪不仅仅是普通的职务犯罪，而且首先是危害国家法律实施的犯罪，对依法治国的破坏作用极大。对这类犯罪案件进行立案侦查，对于维护国家法律的统一正确实施具有特别重大的意义，是检察机关的职责所在。不仅如此，这类犯罪案件往往涉及法律的具体应用问题，查办这类犯罪案件本身需要较高的法律专业方面的知识和经验。而检察机关应当是查办这类犯罪案件的不二人选。

第三，其他机关应当侦查而不侦查的犯罪案件。

对于本应由其他侦查机关立案侦查的犯罪案件，有管辖权的侦查机关不立案侦查的，检察机关应当有权立案侦查。侦查机关应当按照法律的规定，对自己管辖范围内的犯罪案件进行立案侦查。但是如果有的侦查机关对本该由自己立案侦查的犯罪案件不予立案侦查，这类犯罪案件就无法得到应有的法律追究，法律的尊严就有可能受损。在这种情况下，检察机关通过行使机动侦查权，可以弥补有关侦查机关渎职情况下维护国家法律实施的需要。这是检察机关作为国家的法律监督机关应当具有的职能。同时，检察机关享有机动侦查权也是权力制约的制度需要。因为国家把某种权力赋予一个主体的时候，如果这个主体放弃权力，无论是不愿意还是不能够行使这种权力，就可能导致国家权力的缺位和治理功能的丧失。为了弥补这种缺失，用一种权力制约另一种权力，在权力缺位时及时进行补救，是权力配置的基本原理。

当然，对这种机动侦查权应当有明确的限制，以防止其被滥用。一方面，法律应当明确规定机动侦查权行使的条件，只有在法定条件出现的情况下，检察机关才能行使机动侦查权；另一方面，法律应当明确规定机动侦查权行使的程序，通过程序控制，保证机动侦查权行使的必要和必需。

3. 检察侦查权重构后的特点

重新构建的检察侦查权，与以往的检察侦查权相比，具有三个明显的特点：

（1）有限性。在我国，检察机关是国家的法律监督机关，而不是专门的侦查机关，检察机关应当主要履行法律监督的职能，而不能把自己关注的重点放在查办具体案件上。因此，检察机关的侦查权应当局限在与法律实施直接有关的犯罪案件上，以便与检察机关的宪法定位相适应。对于与法律的实施没有直接关系的犯罪案件，检察机关只有在特殊的情况下并且是在法律明确规定的情况出现时，才可以启动侦查权。以往，检察机关行使的侦查权，是一种常态化的、对某些特定类型犯罪案件的侦查权。这就极大地分散了检察机关的精力和本来就极为有限的检察资源，使检察机关难以集中精力履行法律监督的职责。重新构建的检察侦查权只限于对特殊案件的侦查，并且局限于与法律实施直接相关的犯罪案件，从而有可能使检察机关成为名副其实的法律监督机关。

（2）补充性。重新构建的检察侦查权，不是对《刑法》规定的某些类型的犯罪进行侦查的权力，因而不是一种常态化的侦查权，不存在与其他侦查机关分享侦查权的情况，而是作为各类侦查机关行使侦查权的补充和例外。除了对直接影响法律实施的犯罪案件，由检察机关作为国家的法律监督机关进行立案侦查之外，检察机关只有在其他侦查机关没有或者不能充分履行侦查职能的情况下，才启动侦查权，以保证法律的切实遵守和法律的权威性，因此只具有补充侦查的性质。

（3）可控性。检察机关的侦查权不是一种可以任意行使的侦查权，尤其是对特别重大复杂案件的侦查权，必须经过国家最高权力机关的特别授权或者批准才能启动，必须在法律规定的条件出现时才能启动，并且必须按照法律规定的程序启动。这些限制性的制度设计，可以有效地防止检察侦查权的滥用和失控。当然，对于法律实施过程中出现的犯罪案件，检察机关作为国家的法律监督机关，在法律规定的范围内直接进行立案侦查，是履行法律监督职责的必然要求，不需要特别的授权或批准。这种权力的行使要受到诉讼环节特别是审判环节的制约和程序上的救济，也不存在一旦被滥用而无法控制的情况。

（三）重构检察侦查权的路径

重新构建检察机关的侦查权，可以通过对《人民检察院组织法》的修订和对《刑事诉讼法》的修订来进行。

就检察机关的侦查职权而言，在修订《人民检察院组织法》时应当考虑：一是保留原法第5条第一项规定，即"对于叛国案、分裂国家案以及严重破坏国家的政策、法律、法令、政令统一实施的重大犯罪案件，行使检察权"。二是明确规定检察机关对行政执法活动实行法律监督的职权。三是强调检察机关在法律规定的范围内行使侦查权。这样就可以在有法律规定的基础上，增加检察机关对行政机关的执法活动进行监督的职责，使法律监督能够覆盖法律实施的各个领域，同时为检察机关的侦查权在《刑事诉讼法》修订中留下余地。

在修订《刑事诉讼法》关于侦查权的规定时应当考虑：

第一，修改原法第18条第2款的规定，即将"贪污贿赂犯罪，国家工作人员的渎职犯罪，国家机关工作人员利用职权实施的非法拘禁、刑讯逼供、报复陷害、非法搜查的侵犯公民人身权利的犯罪以及侵犯公民民主权利的犯罪"，修改为"国家机关工作人员利用职权实施的妨害法律实施的犯罪"，由人民检察院立案侦查。至于"妨害法律实施的犯罪"的范围，可以通过司法解释的方式予以具体化，原则上应当限定在国家机关工作人员在适用或执行法律过程中实施的犯罪。

第二，将该款中规定的"对于国家机关工作人员利用职权实施的其他重大的犯罪案件，需要由人民检察院直接受理的时候，经省级以上人民检察院决定，可以由人民检察院立案侦查"修改为"对于公安机关管辖的国家机关工作人员利用职权实施的重大犯罪案件，需要由人民检察院直接受理的时候，经省级人民检察院决定，可由人民检察院立案侦查"。这样修改的理由是，为了与《人民检察院组织法》原第 5 条规定的第一项职权相对应，并对这项职权的行使进行严格的控制。

第三，增加规定"对于有关侦查机关应当立案侦查而没有立案侦查的案件，在必要时，经省级以上人民检察院决定，可以由人民检察院立案侦查"。这样修改的理由是，在赋予检察机关补充侦查权的同时，严格控制这种侦查权的行使。

第四，保留原法第 171 条第二款的规定，允许检察机关在审查起诉过程中对侦查机关没有或者没有有效的补充侦查的案件进行侦查。

第六章　司法职权内部配置的共性问题

司法职权内部的配置问题，涉及三个方面：一是法院、检察院上下级之间的职权配置问题；二是同一个法院、检察院内部不同主体之间的职权配置问题；三是司法机关内部的司法职权与司法管理职权的配置问题。

一、法院、检察院上下级之间的职权配置问题

司法的独立性，不仅包括司法机关作为一个整体，相对于其他国家机关的独立性，而且包括每一级法院、检察院的独立性。因为《宪法》规定的"人民法院依法独立行使审判权""人民检察院依法独立行使检察权"是对每一级、每一个法院、检察院都有效的。不同级别的法院、检察院有着不尽相同的职权范围，每一个法院、检察院办理的案件都需要保持必要的独立性。

但是，长期以来，无论是检察系统，还是法院系统，都形成了上下级之间事实上的领导关系。比如，按照《人民法院组织法》规定，人民法院上下级之间的关系应该是监督关系，但由于法院系统内部长期流行着行政化的监管模式和"请示案件"的传统，致使这种监督关系变成了事实上的领导关系。下级法院办理的案件，搞不清如何处理时，往往会向上一级法院甚至最高法院请示，上一级法院包括最高法院会对下级法院请示的案件提出明确的处理意见。这种做法经常受到律师界的诟病，因为下级法院对具体案件所做出的裁判是按照上级法院的意见办理的，案件上诉到上一级法院甚至最高法院，其命运都是一样的。这在事实上就等于剥夺了当事人的上诉权，也使法院的审级制度形同虚设。"上下级法院之间的命令与服从关系，使下级法院失去了应有的独立性。"①而在检察系统，一直强调加强上级人民检察院对下级人民检察院的领导，最高人民检察院下发了一系列文件，都规定了上级检察院的领导职责和对下级检察院的要求，但是，在这些规定中，很少有上级检察院的义务和责任，很少顾及下级检察院的独立性。这些做法过度强调上级人民检察院的领导和下级检察院的服从，使领导关系变成了单方面的服从关系。这种关系，在一定程度上妨碍了下级法院、检察院在行使审判权、检察权中的独立性。在推行省以下法院、检察院人财物统一管理的过程中，这个问题将更加凸显。

因此，完善法院、检察院内部上下级之间的职权配置，重要的是尊重和保证基层法院、检察院在具体案件处理中的独立性，确保每一级、每一个法院、检察院都能够依法独立行使职权。在这个方面，需要明确的是：

---

① 黄竹胜：《司法权新探》，广西师范大学出版社 2003 年版，第 153 页。

（一）每一级法院、检察院都应当依法独立行使职权

基层法院、检察院依法办理的案件，无论是依职权受理的，还是上级法院、检察院指令、移送或交办的案件，都有权独立地依照法律规定做出决定。在具体案件办理的过程中，应当根据事实和法律来处理案件，而不应受到任何外来的干预。上级法院、检察院认为下级法院、检察院办理的案件确有错误的，应当通过法定的诉讼程序来纠正，而不应在基层法院、检察院办理具体案件的过程中发出倾向性的要求或者就案件的处理提出具体的指令。如果上级法院、检察院在具体案件的处理中指手画脚，就可能影响到基层法院、检察院依法独立行使职权，影响到具体办案人员的积极性和责任心。固然，上级法院、检察院对下级法院、检察院行使职权负有监督或者领导的职责。但是，这种职责如何行使需要进一步研究。至少，以往那种代替下级法院、检察院做主的做法，或者明确指示下级法院、检察院在具体案件的办理中必须这样、不得那样的做法，特别是上级法院、检察院的个别领导或部门没有经过法定程序就否定下级法院审判委员会或者下级检察院检察委员会讨论决定的案件的做法，应当摒弃。只有保证每一个法院、检察院，对于自己依法管辖的案件，都有权独立地做出决定，才能要求每个法院、检察院对自己的决定负责，才能真正落实人民法院、人民检察院依法独立行使审判权、检察权的宪法原则。

上级法院、检察院尤其是最高人民法院、最高人民检察院，为了保证法律适用的统一性，就司法实践中的常见情况或疑难问题制定统一标准，就法律适用中的某些问题做出解释，或者总结司法实践经验，就法律适用中存在的某些带有普遍性的问题提出纠正意见，或者就某些已经处理过的典型案件进行分析作为指导性案件加以发布，无疑是非常必要的。但是，这些活动的对象都是针对类型化的案件或者已经办结的案件进行的。对于基层法院、检察院正在办理的具体案件，上级法院、检察院应当给予应有的尊重和信任，不能随意发布指示或者提出意见。

即使是在检察机关，上级人民检察院对下级人民检察院具有领导权，但在具体案件的办理过程中，也应当尊重下级人民检察院的自主权。上级人民检察院对下级人民检察院正在办理的具体案件，如果不放心或者不满意，可以通过指定管辖的方式，把案件移交其他检察院办理或者自己亲自办理；如果要对具体案件的处理做出指示，也应当通过检察委员会集体讨论决定并以书面形式正式通知下级人民检察院，而不能以个人的名义、以口头的方式、以建议或指导的口气，要求下级人民检察院如何处理具体案件。因为，只有具体办理案件的人员，才最了解案件的证据材料，最了解案件当事人的情况，因而在具体案件的处理上也才最有发言权；只有让承办案件的人员做主，他才会有责任心去办好案件。上级人民检察院基于其领导权，可以对下级人民检察院办理的具体案件提出原则性的要求，可以督促案件的进度，可以事后检查办案的过程，可以在案件办结后评价案件办理的质量，可以追究违法违规办案的责任，甚至可以要求下级检察院更换办案人，但不能在具体案件办理过程中对案件的处理发表具体意见。

过去，上级法院、检察院常常以指导的名义派员介入下级法院、检察院办理的重大案件，案件的处理也往往是以上级法院、检察院派去的人员的意见或者上级法院、检察

院的意见做出的。这种情况，下级法院、检察院实际上只是上级法院、检察院办案的承办人，而不是依法独立行使审判权、检察权的主体，严重影响了下级法院、检察院在具体案件办理上的独立性。随着司法体制改革的不断深入和司法责任制的推行，这种督办案件的模式应当予以改革。

诚然，许多案件中都可能涉及对政治效果和社会效果的考量。但是，一方面，可能涉及政治效果或社会效果的案件比较多，上级法院、检察院未必有精力能够全部接管或者指导。通过上级法院、检察院甚至通过本院的审判委员会或检察委员会来把关，并不是唯一可行的措施，大量的案件还是需要由下级法院、检察院的法官、检察官去办理。另一方面，应当信任下级法院、检察院包括下级法院、检察院的法官、检察官，相信他们有能力在办理具体案件的过程中考虑案件的政治效果和社会效果。因为我国目前的法官、检察官绝大多数都是中国共产党党员，具有坚定的政治立场，也具有从法律上、政治上考量案件的能力。特别是实行员额制以后，法官、检察官都是经过考核的、具有合格的政治素养和办案经验的业务骨干，完全具备对案件的政治效果和社会效果进行考量的能力。

（二）上级法院、检察院应当对下级行使职权的活动提供必要的保障

实行省以下地方法院、检察院人财物统一管理以后，基层法院、检察院对地方党委政府的依赖将逐步消除，反过来，其对上级法院、检察院的依赖将明显加重。上级法院、检察院应当担负起保障下级法院、检察院依法独立行使职权的责任。

这种责任，首先是人力资源的保障。长期以来，上级法院、检察院向下级法院、检察院借调业务骨干的现象大量存在。实行省以下地方法院、检察院人财物统一管理以后，基层法院、检察院的法官、检察官员额十分有限，如果还像以前那样上级法院、检察院任意借调，将严重影响下级法院、检察院独立完成办案任务。因此，为了保证基层法院、检察院能够依法独立行使职权，在各级法院、检察院的法官、检察官员额确定之后，上级法院、检察院特别是省级法院、检察院，不应动不动就借调下级法院、检察官的法官、检察官到上级法院、检察院工作，以保证基层法院、检察院有足够的司法人员办理案件。同时，应当为基层法院、检察院配备必要的司法辅助人员，协助法官、检察官办案。在各级法院、检察院现有司法人员的基础上，需要补充法官、检察官和司法辅助人员时，省级法院、检察院应当首先满足基层法院、检察院的需要，因为大量的案件主要是基层法院、检察院办理的。基层法院、检察院的领导人，由于不再由同级地方党委配备，省级法院、检察院就有责任及时向省委推荐人选，为基层法院、检察院配备合格的领导人员。

其次是财力资源的保障。实行省以下地方法院、检察院人财物统一管理以后，同级地方政府不再给基层法院、检察院提供经费保障。如果省级法院、检察院遇到经费保障不足时首先考虑本级法院、检察院的需要，基层法院、检察院很可能成为被"断奶"的孩子，无处求救。没有足够的财力支撑，依法独立行使职权就失去了脊梁骨，司法公正就面临制度性的崩溃。因此，如何保障基层法院、检察院在脱离同级地方政府的财政支持之后能够体面地维持自己的生计和办案的需要，将是省以下地方法院、检察院人财物

统一管理后面临的重大问题之一。解决这个问题的关键，是省级法院、检察院能不能担负起上级院的责任，协调省级财政筹集充分的财力资源，确保基层法院、检察院必要的经费开支得以全额保障，能不能确立首先满足基层、其次满足本院的原则，把保障基层法院、检察院的财政需求作为自己必须担当的责任。

再次是解决问题的保障。基层法院、检察院在行使职权的过程中遇到难以克服的阻力或者困难而求助上级法院、检察院时，上级法院、检察院不能推诿、无所作为，而应积极帮助解决或者协调有关方面予以解决。

（三）省级法院、检察院在"统一管理"中的角色问题

在推进省以下地方法院、检察院人财物统一管理的过程中，省级法院、检察院无疑负有重大责任。一方面要动员、组织全地区的法院、检察院积极推进这项改革，为改革的顺利进行做好各项准备工作，包括人员、财政状况的摸底、编制，方案的起草、论证等；另一方面要协助省委做好"统一管理"的工作，甚至可能成为省级党委、人大的"办事机构"。离开了省级法院、检察院的协助，新成立的机构对全省法院、检察院人财物的状况不甚了解，就难以推进"统一管理"的工作。

但是需要明确的是：省以下地方法院、检察院人财物统一管理是省级党委、人大（通过专门的委员会即法官、检察官遴选委员会）对全省法院、检察院的统一管理，这无疑应当包括省级法院、检察院，也就是说，省级法院、检察院本身也是被管理的对象。作为被管理的对象而不是管理者，在实行"统一管理"之后，省级法院、检察院将逐步失去对下级法院、检察院的人财物进行管理的职权，而要担负起依法独立行使审判权、检察权的角色，办理本该由本级法院、检察院办理的案件。如是，就不用担心程序失灵以及由此带来的司法认同危机。[①] 相反，如果在实行"统一管理"之后，省级法院、检察院依然代表或者代替省委、省人大来管理全省的法院、检察院从而成为事实上的管理者，掌控全省各级法院、检察院的人财物，那么，基层法院、检察院对省级法院、检察院的依赖就将进一步加剧，"程序失灵"的问题就将更加严重，不服法院判决或检察院处理的案件就将更加"上诉无门"。

二、法院、检察院内部司法职权配置问题

在每一个法院、检察院内部，都存在着多元的行使司法职权的主体，这些不同的司法主体之间如何分配司法职权，历来是司法职权配置方面没有真正解决的问题。这个问题，不仅表现为对事实上行使司法职权的个体的职权缺乏明确的规定，而且表现为对不同主体之间的职权划分缺乏清晰的界限。

（一）法官、检察官与审判委员会、检察委员会的职权划分

应当承认，在目前的社会背景和司法状况下，审判权、检察权是不可能完全交由个

---

① 陈瑞华：《刑事程序失灵问题的初步研究》，载《中国法学》2007 年第 6 期；吴英姿：《论司法认同：危机与重建》，载《中国法学》2016 年第 3 期。

体的法官、检察官独立行使的。那么，哪些案件的审判权、检察权由法官、检察官个人行使，哪些案件的审判权、检察权由法院、检察院行使，就涉及司法权在法院、检察院内部的分配问题。

我们认为，在"员额制"改革完成之后，法院、检察院办理普通案件的决定权原则上都应当由法官、检察官（包括担任领导职务的法官、检察官）独立行使；特殊案件的决定权依然由法院、检察院（审判委员会、检察委员会）行使。

所谓普通案件，是相对于特殊案件而言的，即特殊案件之外的所有案件，都应当属于普通案件。普通案件的范围，取决于如何界定特殊案件。如果特殊案件的范围很宽泛，区分普通案件与特殊案件就失去了实质意义。过去，名义上，审判委员会、检察委员会只讨论"重大复杂疑难案件"，但实际上几乎所有案件都要通过审判委员会或检察委员会讨论决定，因为几乎每个案件都可能被认为是重大复杂疑难案件。所以，界定必须提交审判委员会或法院主管领导审批的案件、必须提交检察委员会或检察院主管领导审批的案件范围越小，就越会放权给法官、检察官；如果必须集体讨论决定或必须审批的案件范围过大，法官、检察官依法独立行使职权的范围就会很小。

其一，从司法实践中看，特殊案件应当是指特别重大的案件。过去，很多法院、检察院都把"重大、复杂、疑难案件"作为提交审判委员会或检察委员会讨论决定的案件范围。实际上，一个案件是否复杂、疑难，往往取决于法官、检察官个人的专业知识、业务能力和司法经验。一个法官、检察官认为复杂的案件，在另一个法官、检察官看来，可能是很容易办理的案件；一个法官、检察官对案件提出的疑难问题，另一个法官、检察官可能轻而易举地就给出了解决方案。因此，为了缩限审判委员会、检察委员会讨论决定案件的范围，特殊案件不应当包括"复杂""疑难"案件。

其二，特殊案件不应当包括公检法意见不一致的案件。过去，许多检察院把公诉部门与侦查部门意见不一致的案件、抗诉案件作为提交检察委员会讨论决定或检察长审批的案件范围，许多法院把检察院提起抗诉的案件作为提交审判委员会讨论决定或院长审批的案件范围。这种做法的初衷在很大程度上是基于对检察院与公安机关、法院与检察院关系的考虑，以便慎重地对待这类案件。但是从依法独立行使职权的视角看，这种考虑应该说是不必要的。有争议的案件，固然在处理上有一定的难度，也需要更加慎重，但法院、检察院在案件处理上保持各自的独立性，不受其他主体意见的左右，本是依法独立行使职权的题中应有之意，不能因为其他机关有意见，就可能改变办案程序和决策主体。当然，不同机关之间有争议的案件中，如果确有案情重大的，则应当因为案情重大而不是因为意见不一致改变决策程序和决策主体。

其三，特殊案件不应当包括所有上级交办的案件。上级法院、检察院把案件交给下级法院、检察院办理，可能基于多种考虑。有的是因为案情重大，有的是因为在当地办理阻力太大，有的是因为媒体或领导人过于关注，有的是因为管辖法院、检察院缺乏办理该案件的专门人才。不能因为是上级交办的案件就一律作为特殊案件由审判委员会或检察委员会讨论决定。对于普通案件，即使是上级交办的，也应当由承办案件的法官、检察官按照法定程序独立做出决定，并把办理结果报上级法院、检察院备案。只有上级交办案件中的特别重大案件，才有必要提交审判委员会或检察委员会讨论决定，或者由主管领导审批。

其四，特殊案件不应当包括所有"在当地有社会影响的"案件。许多案件特别是刑事案件，一旦被发现或者被披露，在当地都会产生一定的社会影响，尤其是被害人一方闹访、缠访的案件，在当地的社会影响会更大。对于这类案件，法院、检察院应当依法办理，没有理由因为被害人闹访、缠访就改变办理的程序和决策的主体。对相同的案件一视同仁地进行处理，是法治的起码要求。当然，对于可能涉及众多人的利益的重大案件，应当特别慎重，由审判委员会或检察委员会讨论决定，无可厚非。但这类案件，不是因为有社会影响，而是因为涉及众多人的利益，处理不当可能影响到社会稳定。

其五，特殊案件不应当包括新类型案件。一个案件，如果只对承办案件的法官、检察官而言，是新类型的案件，他就应当去研究其他法院、检察院，或者其他法官、检察官以前办理过的类似案件，增长办理这类案件的能力，或者申请由其他法官、检察官来办理，而不是把案件提交审判委员会或检察委员会去讨论。司法实践中，对个人而言，以前没有办过的案件，比比皆是，不可能个个都提交领导审批或者审判委员会、检察委员会讨论。如果确实是司法实践中未曾出现过的案件，那么，它不仅对承办案件的法官、检察官而言，是新类型案件，对审判委员会、检察委员会而言，甚至对上级法院、检察院而言，同样是新类型案件，谁都没有办理这类案件的经验，由谁来办理，实际上是一样的。与其在审判委员会、检察委员会上进行盲人摸象，还不如直接交给法官、检察官办理。办结以后，审判委员会、检察委员会甚至上级法院、检察院可以去评价案件办理的利弊得失，总结经验，形成指导性案例，进而指导司法实践。

其六，特殊案件不应当包括不起诉案件、无罪判决案件。以往，为了防止检察权、审判权的滥用，许多检察院把拟作不起诉处理的案件列为必须提交检察委员会讨论决定的案件范围，许多法院把拟作无罪判决的案件列为必须提交审判委员会讨论决定的案件范围。因为这类案件的处理可能使真正有罪的人逃脱刑事制裁，所以要慎重对待。实际上，这类案件由于案情简单、犯罪性质并不严重，或者证据难以达到确实充分的程度，在审判委员会或检察委员会上往往不会引起委员们的重视，讨论决定也常常是"走过场"，绝大多数情况下都是按照承办人或主管领导的意见处理。因此完全没有必要提交审判委员会或检察委员会讨论决定。对这类案件最有效的制约，一是被害人的复议程序和检察院的抗诉程序（如果认真对待被害人的复议或者检察院的抗诉，可能滥用检察权或审判权的问题就会被发现，并且就可能通过诉讼程序予以纠正）；二是事后的案件评查（如果在案件评查中发现某个法官、检察官办理的案件存在滥用职权的情况，可以通过司法责任制追究其相应的责任，防止法官、检察官滥用职权）。

综上，特殊案件应当限定在特别重大案件的范围内。所谓特别重大案件，是指涉及国家重大利益、社会重大利益或者个人重大利益的案件。涉及国家重大利益的案件主要包括危害国家安全的案件，涉及国家重大军事利益或外交的案件，涉及国家重大政策贯彻执行或调整的案件等。涉及社会重大利益的案件主要包括危害众多人的生命、健康的案件，可能颠覆社会道德底线的案件，可能损害众多人员个人利益的案件，重大环境污染的案件，可能导致群体性事件的案件等。涉及个人重大利益的案件主要包括可能判处无期徒刑或者死刑的案件，涉及众多当事人利益的案件等。对于这类案件，应当作为特殊案件，按照特殊的程序来办理，即由承办案件的法官、检察官提出处理意见，提交审判委员会或检察委员会讨论决定（不同级别的法院、检察院对特别重大案件的范围界定，在程度上应该有所区别）。

涉及国家重大利益的案件，如果是由国家领导人或者领导机关向最高司法机关提出的，最高人民检察院或者最高人民法院应当把国家有关领导的指示包括自己对案件的处理意见书面通知承办案件的人民检察院或者人民法院。承办案件的检察官或者法官应当认真全面地审查案件的所有证据材料，提出对案件事实的基本判断和处理意见，向检察委员会或审判委员会汇报案件的情况，并通过承办案件的人民检察院或者人民法院呈报最高领导机关。最高领导机关有明确指示的，承办案件的检察院、法院包括检察官、法官应当执行。上级交办的案件或者指定管辖的案件，涉及国家、社会或者个人重大利益的，承办案件的检察官、法官应当主动向检察委员会、审判委员会汇报，并按照检察委员会、审判委员会讨论决定的意见办理。检察长、院长也可以要求承办案件的检察官、法官就该案件向检察委员会、审判委员会汇报，并按照检察委员会、审判委员会的决定处理。承办案件的检察院、法院认为需要向上级检察院、法院汇报的，应当在做出处理决定之前报上级检察院、法院。

对于不属于特别重大案件的其他案件，都应当作为普通案件，由承办案件的法官、检察官依照法律规定独立自主地做出决定。法官、检察官在办理普通案件的过程中，不接受其他主体的指令。处理决定有错误的，可以通过法定程序来纠正。法官、检察官对于错误决定有故意或重大过错的，可以按照规定追究其责任。

（二）法官、检察官与直接领导之间的职权划分

除了法官、检察官与审判委员会、检察委员会的分权之外，行使审判权、检察权的法官、检察官之间还存在一个分权的问题，即承办案件的法官、检察官与直接领导在案件处理权上的关系问题。

法官、检察官的直接领导包括所在部门的领导、分管的院领导、法院院长或检察院检察长。法官、检察官行使职权的活动离不开直接领导的制约，而如何解决法官、检察官与直接领导的关系则直接关系到审判权、检察权的有效行使问题。我们认为，按照权力分配的规定，凡是应当由法官、检察官行使的权力，法官、检察官就没有必要向自己的直接领导请示汇报，他应当按照法定程序查明案件的事实真相，并依照有关法律的规定，自行做出处理决定，并按程序进行办理。对于这类案件，直接领导不能对法官、检察官发号施令。

如果承办案件的法官、检察官认为自己难以胜任某个案件的办理而需要听取其他法官、检察官意见的，则应当向部门负责人提出，由部门负责人召开法官会议或检察官会议，法官会议或检察官会议对提请讨论的案件所发表的意见，只能作为咨询意见供承办案件的法官、检察官参考。如果承办案件的法官、检察官认为该案件需要多名法官、检察官共同承办，可以向部门负责人提出，由部门负责人指派其他法官、检察官协助其共同办理该案件。如果承办案件的法官、检察官认为自己所承办的案件属于应当报请领导审批或审判委员会、检察委员会讨论决定的案件，则应当按照规定的程序，在对案件进

行实体审查之后提出初步的处理意见，报部门负责人审查其是否属于应当提交审判委员会、检察委员会讨论决定或主管领导审批的案件。如是，则提请主管领导审批或审判委员会、检察委员会讨论决定；如不是，则退回承办案件的法官、检察官自己办理。

审判委员会或者检察委员会讨论决定案件，本身就是以法院、检察院集体行使审判权、检察权的方式出现的。承办案件的法官、检察官应当就自己所掌握的全部证据材料和对事实、证据的分析如实而全面地向审判委员会、检察委员会汇报。审判委员会、检察委员会的组成人员应当负责任地发表意见、形成决议。对于审判委员会或检察委员会的决定，承办案件的法官、检察官应当执行（如有不同意见，除在审判委员会或检察委员会讨论时提出外，可在工作卷宗中注明）。承办案件的法官、检察官不执行审判委员会、检察委员会的决定时，法院院长、检察院检察长可以更换承办案件的法官、检察官。审判委员会或者检察委员会讨论决定的案件，应当由审判委员会或检察委员会集体负责（但在讨论决定案件的过程中明确提出反对意见的委员，不应当承担错案责任）。

三、法院、检察院内部关系与司法职权配置问题

除了司法职权行使本身所形成的法官、检察官与法院院长、检察院检察长，以及分管领导，审判委员会、检察委员会的关系之外，法院、检察院内部不同主体之间的关系，也可能影响到司法职权的行使。这些关系，实际上是司法职权与司法管理权、司法监督权之间的权力配置问题。能否通过制度性的安排处理好这些关系，本身是从制度上保证司法职权独立行使的重要方面。

（一）司法职权与司法事务的关系

在第四轮司法体制改革中，通过法院、检察院工作人员的分类管理，司法职权将主要由进入员额制的法官、检察官来行使（部分司法职权由审判委员会、检察委员会来行使）。司法辅助人员则是协助法官、检察官办案的司法人员。司法辅助人员所做的工作实际上是司法事务性的工作，没有对案件的处理权即审判权或检察权。

司法职权与司法事务之间的关系，直接通过行使司法职权的法官、检察官与办理具体司法事务的司法辅助人员之间的关系表现出来。由于法官、检察官在处理具体案件的过程中离不开司法辅助人员的协助，所以，如何处理法官、检察官与司法辅助人员的关系，就会直接影响到司法职权的有效行使。

在实行员额制和司法责任制之后，法官、检察官与司法辅助人员的关系将会成为内部关系中一个突出的问题。一方面，司法辅助人员中，有的可能是承办案件的法官、检察官以前的领导或者同事，由于员额制的实行而成为法官、检察官的助理，并且其工资待遇与法官、检察官之间存在着明显的差别，这可能使他们在心理上存在着不服气、不舒服的感觉而影响到行动上的配合。另一方面，法官、检察官与司法辅助人员之间客观上存在着领导与被领导的关系，这种关系如何摆脱传统的行政管理模式以适应办案的需要，本身是一个需要研究、探索的课题。不仅如此，进入员额制的法官、检察官如果其

本身并不具备独立行使司法职权的资质或者没有精力履行法定职责，而将案件交由司法辅助人员来办理，自己在名义上是案件的承办人、实际上却是由司法辅助人员在办理案件，那么，司法职权与司法事务之间的关系同样会被颠倒。

因此，正确处理法官、检察官与司法辅助人员的关系，对于保证司法职权的依法行使十分重要。解决这个问题的关键在于以下三个方面：

1. 要有明确的角色定位

应当明确，法官、检察官是行使审判权、检察权的主体，在法官、检察官承办的具体案件办理过程中，只有法官、检察官有权对案件的处理做出决定。司法辅助人员是协助法官、检察官处理案件办理过程中具体事务的人员，其本身没有对案件的处理权。目前在试点过程中，有的地方法院、检察院，把法官、检察官承办的案件交给法官助理或者检察官助理去办理，员额制的法官、检察官只负责在其他法官助理或者检察官助理所办案件上签字（审批）的做法，违背了员额制的基本精神，把员额制内的法官、检察官变相地变成了原来的科室负责人，而把司法辅助人员变相地变成了法官、检察官。这种改革只是原来的办案模式的变种，毫无实质性的改革意义。员额制改革的根本点在于，员额制内的法官、检察官是经过法官、检察官遴选委员会考核合格的法官、检察官，是依法独立行使审判权、检察权的主体，而司法辅助人员则没有依法独立行使审判权、检察权的法律地位。无论案件多少，每一个案件都应当由员额制内的法官、检察官亲自去办理，即亲自查阅案卷中的证据材料、亲自讯问犯罪嫌疑人、亲自询问证人、亲自听取辩护人、被害人的意见，亲自做出对案件的处理决定。司法辅助人员就其本义，只是协助法官、检察官的人员，而不是行使审判权、检察权的主体，也就是说，他们可以帮助法官、检察官处理案件办理过程中的一些具体事务，不能代行法官、检察官对案件的处理权。

2. 要有明确的职责划分

司法辅助人员既然是辅助法官、检察官办理案件的人员，就应当听从法官、检察官的指挥，处理案件办理过程中的某些具体事务。如果司法辅助人员不听从法官、检察官的指挥，或者消极怠工、玩忽职守，影响了案件办理的进度或导致案件办理中的差错，就应当由司法辅助人员独立承担责任。而在案件处理上出现问题，则应当由法官、检察官自己承担责任。目前在司法实践中，由于各地法官、检察官与司法辅助人员之间的比例很不一致，配备方式亦不相同，法官、检察官与司法辅助人员之间的职责难以明确划分。有的法院、检察院，一个法官、检察官只能配备一个司法辅助人员甚至平均不到一个，司法辅助人员可能只是个书记员，案件办理过程中的具体事务都是法官、检察官自己去办理；有的法院、检察院，一个法官、检察官可能配备了多个司法辅助人员，其中包括若干名法官助理、检察官助理和若干名书记员，法官、检察官实际上担负了指挥管理的职责。技术类、法警类司法辅助人员，更是由法院、检察院统一使用。这种状况，在过渡期内是难以避免的，但在员额制正式实行之后，就应当逐步改变，以便对各类司法辅助人员的职责与法官、检察官的职责做出明确的划分。

3. 要有明确的评价体系

对法官、检察官的工作与司法辅助人员的工作，应当由不同的评价主体按照不同的评价体系来进行评价。法官、检察官办案的能力和质量，应当由法官、检察官遴选（惩戒）委员会组织进行评价，并作为其晋升、调动的依据。评价的指标体系应当根据行使审判权、检察权的基本要求来设置。对司法辅助人员的考评，则应当由司法辅助人员的管理机构来组织进行，司法辅助人员管理机构对司法辅助人员的考评，应当参考并尊重其所服务的法官、检察官的意见。评价的指标体系则应当根据办理案件中的事务性工作的质量要求来设置。

（二）案件办理权与案件监管权的关系

实行法官、检察官办案责任制以后，行使司法职权的法官、检察官享有承办案件的职权，但是法官、检察官承办的案件无疑应当接受案件监管部门的监督管理，这就使承办案件的法官、检察官必然要与法院、检察院内部的案件监管部门和其他业务部门发生关系。如何理顺这种关系，直接关系到承办案件的法官、检察官能否独立行使司法职权的问题。

1. 案件的受理与分配

对案件的受理与分配，严格说来，不是一个对案件办理权的监管问题，而是服务问题。随着司法体制改革的推进，法院对案件受理的审查制变成了登记制。案件的受理明显地成为一种事务性的工作。问题在于，无论是法院或者检察院，受理案件之后如何分配给员额制内的法官、检察官来承办。

以往有的法院、检察院甚至是由部门负责人来掌管，根据每个法官、检察官的特点来分配案件。实行员额制之后，某些院领导为了增加自己的办案数而又不愿意花费更多的时间来办案，也往往会要求分案人员把工作量小、容易办理的案件分配给自己。这就违背了员额制法官、检察官都要亲自办理案件的初衷，违背了公平分配的原则。

因此，对于本院受理的案件，应当建立一种自动分案的机制，即按照事先设定的方式，对依法受理的所有案件，在本部门享有案件办理权的法官、检察官之间，采取自动轮转的办法进行分配。这种分案机制，一方面可以保证每个法官、检察官都有平等的机会办理难易程度不等的案件，避免人为因素造成的不公平；另一方面可以检验每一位法官、检察官办理案件的效率，建立对法官、检察官进行考核的数据材料。

至于某些特殊的案件或者上级法院、检察院特别关注的案件，需要违反正常的轮转程序而由其他法官、检察官办理时，应当有案件管理部门的负责人或者本院的主管领导书面提出，并说明理由，提请法院院长或检察院检察长审批并指定其他法官、检察官来办理。

2. 案件监管的模式

以往，案件监管部门为了加强对案件的监管，提出了事前监督、事中监督、事后监督的工作思路，要求对案件办理的过程进行"全覆盖"。这样一种监管模式，是建立在对承办案件的法官、检察官极度不信任的基础上的，它妨碍了承办案件的法官、检察官积极性、主动性的发挥，在一定程度上影响了案件的及时办理。

实行司法责任制之后，承办案件的法官、检察官对自己所办理的案件要承担错案责任，案件监管部门应当改变监管思路，变"全覆盖"的监督为事后监督，即案件监管部门所进行的监督管理不应妨碍法官、检察官依法独立行使职权。案件监管部门对于没有在法定期限内办结的案件,应当督促承办案件的法官、检察官抓紧时间办理;对于违反法定程序办理的案件,应当及时提出纠正意见并监督其纠正;对于案件中涉及的赃款赃物,应当负责接收并保管;对于法官、检察官向外单位移送的案件,应当负责按程序移送;对于已经办结的案件,应当提醒法官、检察官在规定时间内归档并将有关材料移送案件监管部门保存;对于已经办结的案件,可以组织质量评查。对于正在办理的案件的投诉,案件监管部门应当将这种投诉转交承办案件的法官、检察官,由其自行处理,待案件办结之后,案件监管部门应当及时审查法官、检察官对投诉的处理是否得当,并将处理情况记入该法官、检察官的业务档案。因承办案件的法官、检察官对投诉处理不当而导致案件处理不公或者违法的,应当通过救济渠道来纠正对案件的处理。至于对法官、检察官贪赃枉法、违法办案的投诉,则应当由纪律检查部门来受理并依照有关规定来处理(放权法官、检察官之后,对这方面的投诉,更应当高度重视、及时查处)。

至于法官、检察官在具体案件中做出的处理决定,案件监管部门不应当过问,更不能在办案过程中对其进行审查。法官、检察官在办理具体案件的过程中,其他业务部门无论是部门负责人还是普通法官、检察官,都不应当主动过问案件的进度和办理情况;需要其他业务部门配合的,应当由承办案件的法官、检察官向本部门的负责人提出申请,由本部门的负责人与有关业务部门的负责人联系,或者报请主管的院领导决定,并安排有关人员配合。

3. 对违法办案的责任追究

案件监管权还涉及对法官、检察官的责任追究问题。在放权的同时,要求法官、检察官对自己独立办理的案件承担责任是完全应当的,也是保证案件公正处理的制度性保障。特别是在法官、检察官的职业伦理尚未普遍树立的情况下,司法责任制就是保证案件严格依法办理、保证案件办理的质量的重要措施。

对违法办案的责任追究无疑是案件监管权的重要内容。但是案件监管权特别是司法责任制不应该成为法官、检察官独立办案的"紧箍咒"。司法责任制应当建立在严格依法办案的基础上,即追究法官、检察官司法责任的前提必须是"违法"。法官、检察官在独立行使职权的过程中,如果严格遵守了法律的规定,就能够获得制度上的保护;只有在明显违反了法律规定并且造成严重后果的情况下,才能被问责。最高人民法院颁布的《关于完善人民法院司法责任制的若干意见》和最高人民检察院颁布的《关于完善人民检察院司法责任制的若干意见》,都对法官、检察官的司法责任以及追究司法责任的程序做出了明确的规定。这些规定,从另一个方面对法官、检察官独立行使职权进行了制度上的制约,也可以说是依法独立行使审判权和检察权的制度性保障。

在此,值得重视的不是责任追究,而是责任豁免。如果对法官、检察官的责任追究过于严苛,特别是对"重大过失"的认定过于宽泛,就可能违背司法活动中的认识规律,导致法官、检察官不敢办案的结局。正如有的学者指出的:"如果置司法产品制作的特殊性于不顾,沿袭古代对错案一概追责的做法,或简单照搬产品严格责任的归责方式,那必然会使司法人员人人自危，从而严重挫伤他们的积极性。"①

我们认为，对法官、检察官的责任追究，不应该以是否发生了错案为基础。这不仅是因为错案的认定争议很大，错案发生的原因复杂，而且因为诉讼程序的设计本身就是为了防止错案。检察官审查侦查机关移送的案件，法官审查检察官移送的案件，二审法院审查一审法院判决的案件，再审纠正二审的错误，这些程序本身就是一个不断纠正可能发生的错案的过程。程序失灵导致的错案不是司法人员的责任，不能因为发生了错案，就一定要由司法人员承担责任。更重要的是，责任追究的目的不是为了防止错案的发生，因为无论怎样追究司法人员的责任，错案总是难以避免的。在司法活动中追究司法人员的责任，根本目的是防止司法人员滥用司法权。因此，对法官、检察官的责任追究，应该以实现司法公正为目的，着重审查其在办理案件的过程中是否故意违反了法律规定的程序、是否故意违反了实体法的要求。而不能因为发生了错案，就一定要有人对之承担责任。

（三）司法职权与司法行政事务管理权的关系

每一个法院、检察院都会有一些行政管理方面的事务和人事管理方面的事务。这些事务本来是服务性的，但在"官本位"的管理模式下，对这些事务的管理就成了一种领导权，而这种领导权直接关系到法院、检察院所有工作人员的升迁和待遇。如果用这种"领导权"来制约承办案件的法官、检察官，就可能妨碍其依法独立行使自己的司法职权。

这种关系具体表现为法官、检察官与法院、检察院司法行政事务管理部门及其工作人员特别是这些部门领导的关系问题。在以往的行政化管理模式下，行政管理部门安排的活动往往比办案还要重要，法官、检察官经常被迫放下手中的案件去参加各种行政管理性活动。因为对这些活动的态度包括对行政管理部门领导的态度，直接影响到法官、检察官的政治生命甚至包括物质待遇。行政管理部门及其工作人员尤其是其领导人也往往滥用这种影响力，对法官、检察官发号施令，包括在具体案件的处理上提出明确要求。这种状况无疑影响了法官、检察官行使审判权、检察权中的独立性。

推行法官、检察官员额制和司法责任制，必须打破这种行政化管理模式，保证法官、检察官在行政管理部门及其工作人员面前具有人格上、行动上的独立性。

一方面，法官、检察官的职责是行使审判权、检察权，而不是行政管理，行政管理部门不能绑架法官、检察官去参加行政管理部门安排的各种活动，不能任意占用法官、检察官的工作时间。对于行政管理部门安排的各种活动，应当尊重法官、检察官的选择权，即法官、检察官有权根据自己的工作安排选择是否参加这类活动。如果选择不参加，行政管理部门不得强迫法官、检察官参加。因为，法院、检察院毕竟是以审判业务、检察业务为主要工作内容的国家机关，审判或检察业务工作应当是法院、检察院的主业，因而也是法官、检察官的主业。法官、检察官为了完成自己的办案任务而不参加行政管理活动，不应当受到非议。并且，法院、检察院的行政管理工作本身，应当是更

① 朱孝清：《错案责任追究与豁免》，载《中国法学》2016年第2期。

好地为法官、检察官办理案件服务的，应当服从办案的需要，而不是反其道而行之。

另一方面，行政管理部门及其工作人员不能对法官、检察官履行职责的情况进行评价，更不能把这种评价作为行使行政管理权的依据，影响法官、检察官的升迁和待遇。因为法官、检察官的工作业绩是办案的数量和质量。法官、检察官工作的好坏，应当由案件监管部门来评价。行政管理部门并不接触法官、检察官办理案件的情况，没有资格来评价法官、检察官的工作，也没有依据来评价法官、检察官的"人品"，更没有理由用行政管理部门工作人员对法官、检察官的评价来影响法官、检察官的升迁。相反，作为法院、检察院的行政管理部门及其工作人员，应当服务于法官、检察官履行职责的活动，为法官、检察官履行职责的活动提供必要的条件和充足的物质保障。法官、检察官对行政管理部门及其工作人员的满意度，应当作为评价行政管理部门工作优劣的依据之一。

（四）法官、检察官的职业保障问题

法官、检察官的职业保障问题，是从制度上保证依法独立公正地行使审判权、检察权的重要方面。没有充分的职业保障，法官、检察官就没有抵御来自各个方面的、各种各样的诱惑与干预的盾牌，司法机关就无法防止司法职权被滥用。

关于法官、检察官的职业保障问题，目前关注度比较高的是法官、检察官的入职门槛和工资标准。提高法官、检察官的入职门槛和福利待遇是保障其独立性的重要方面，建立高于普通公务员的职业保障标准对于防止其职务被收买，具有非常重要的意义。但这只是职业保障中的一个方面。更重要的是对法官、检察官履行职责独立性的保障。2016 年，中共中央办公厅、国务院办公厅公开印发了《保护司法人员依法履行法定职责规定》，对保障法官、检察官依法独立行使审判权、检察权做了明确的规定，这对法官、检察官的职业保障是非常必要的。

但是仅有这个规定是不够的，还应当建立一种制度：法官、检察官的工资和待遇根据其本人的职业等级来确定（在总体上应当高于普通公务员），法官、检察官的等级确定与晋级根据其工作年限和遴选（惩戒）委员会的考评来决定，不受本人所在单位行政级别和职数的影响，不受各级领导和同事认可程度的影响。只有这样，才能从制度上保证法官、检察官在履行职责的过程中敢于对任何人干预司法活动的要求说"不"，敢于独立自主地对法律负责。否则，即使"有权拒绝任何单位或者个人违反法定职责或者法定程序、有碍司法公正的要求"，即使要求"对任何单位或者个人干预司法活动、插手具体案件处理的情况，司法人员应当全面、如实记录"，法官、检察官也不敢对干预司法活动的行为进行登记报告，甚至领导干部无须直接干预，只要有任何意思表示，法官、检察官都得揣测领导的意图并按照领导的意图处理案件，因为自己的前途命运掌握在领导人的手中。即使不是自己的直接领导，但只要对法官、检察官的升迁晋级具有影响力，法官、检察官就不能不顾及其意见和要求。

因此，职业保障最根本的问题，就是要从制度上杜绝个人的意见和看法影响法官、检察官的职业生涯，使法官、检察官在任何个人的意见面前都能够无所顾忌地依法履行职责（当然，这种无所顾忌是以司法责任制为底线的）。

下　编

优化司法职权配置的微观问题

第七章　审判职权的优化配置问题

　　为了深入研究人民法院审判权配置问题，我们坚持问题导向，采取书面调研与实地调研相结合的方式，面向 H 省 14 个市州中级人民法院以及 125 个基层法院、3 个铁路运输法院，开展了书面调研，并选取 H 省高级法院、若干中级人民法院和基层法院作为样本，采取问卷调查、个别访谈、查阅案卷、旁听庭审等调研方式，进行了一次深入的实证调研。调研中，共向法官和其他工作人员发放并收回有效调查问卷 1784 份。此外，课题组还前往各样本法院召开了专题调研座谈会，专门听取基层一线法官和其他工作人员的建议意见，以期能更客观、全面地反映人民法院审判权配置的现状、问题，并提出具有建设性的建议。

一、审判职权配置的现状与问题

　　改革开放以来，人民法院的审判职权随着国家法治的发展不断进行调整和完善。最高人民法院先后发布了 5 个"人民法院五年改革纲要"，不断推进司法体制改革，人民法院内部的职权配置不断完善。特别是党的十七大明确提出优化司法职权配置后，各级人民法院在如何优化审判权配置和运行方面进行了许多新的探索。从客观上看，人民法院审判职权的配置，与我们国家的政治体制和权力架构是吻合的，基本上适应了我们国家经济社会发展的需要和全面推进依法治国的需要。当然，也要看到，受制于对司法规律的认识不足，理论上尚缺乏对审判权科学配置的深入研究，实践中审判权配置面临的问题和困境仍然很多，有的不仅背离了审判的本质特性，而且在一定程度上阻碍了法院工作的开展。

　　这些问题，可以归纳为以下几个方面：

（一）四级法院的职权配置尚欠科学

　　由于历史和现实的原因，长期以来，我国四级法院的职权配置没有明显区分，不同审级法院缺乏职能分层的制度安排，在实践中形成了相当程度上的同质化圆柱形结构。

1. 不同层级法院案件审理职能缺乏明确区分

　　根据最高人民法院工作报告，在 2007 年最高人民法院收回死刑案件核准权前，最高人民法院每年受理的案件数在 3000 件以下。而在 2007 年后，其受理的刑事案件迅猛增长，大量的案件涌入最高法院。2008 年至 2014 年最高人民法院受理的案件数年平均为 1.19 万件。同时，当事人向最高人民法院提起申诉和申请再审的案件数量也在逐年增加，2007 年达到了 2336 件。而与之相对应的是最高人民法院的司法解释、司法政策制定却不足 100 件，制定规则最多的 2008 年也才达到 449 件，远远低于最高人民法院审理具体案件的数量(见表 7-1 与表 7-2)。数据分析表明，在我国尚未确立三审制的情况下，最高人民法院"主动"审理大量案件，自觉或不自觉地成了一般性案件审理机构。不仅如此，最高人民法院在审理大量、具体的个案过程中，其解决纠纷的微观功能与地方三级法院职能定位并没有明显的区别，而其制定司法解释及其他规范性文件的宏观功能则受到掣肘和制约。

表 7-1　2003—2007 年最高人民法院办理案件的类别比例①

年份	总数	死刑复核和刑事再审案件		民商事（含涉外）案件		民商事执行案件		行政诉讼和国家赔偿案件		申诉和申请再审案件	
		数量	比例	数量	比例	数量	比例	数量	比例	数量	比例
2003	3113	300	8.4%	431	12.0%	293	8.2%	/		2089	58.2%
2004	2845	400	13.7%	611	20.9%	186	6.4%	106	3.6%	1542	52.8%
2005	3196	445	13.9%	645	20.2%	210	6.6%	62	1.9%	1834	57.4%
2006	3668	405	11.0%	673	18.3%	213	5.8%	318	8.7%	2059	56.1%
2007	6560	3252	46.0%	836	11.9%	136	1.9%	/		2336	33.0%
合计	19382	4802	23.5%	3196	15.6%	1038	5.1%	486	7.6%	9860	48.2%

表 7-2　2008—2014 年最高人民法院办理案件数量与制定规则量对比情况

年份	2008	2009	2010	2011	2012	2013	2014
案件数	10553	13318	12086	11867	13502	11016	11210
规则量	441	449	301	137	103	224	122

　　从司法功能学科定位而言，世界各国一般将初审案件任务配置给低层级法院，将上诉审、监督审任务配置给较高一级法院。根据我国法律规定，四级法院均可受理一审案件，虽然司法实践中最高法院很难成为一审法院，但是地方三级法院一般均受理一审案件。为了更直观地了解相关情况，课题组对 H 省基层、中级、高级等 7 个三级法院在近 7 年受理一审案件的总数进行了统计。7 个法院近 7 年来受理一审案件处于增长的态势，H 高院作为一审法院在 2008 年至 2014 年审理的案件也不断地增加，从 2008 年的 235 件上升到 2014 年的 324 件。同时，在我国因不同地方法院因经济发展程度的不一样、案件影响程度的不同，设置了不同的案件管辖标准。司法实践中常常存在对于同样性质、同样标的额的案件，甲地由中院作为一审案件审理，在乙地却由基层法院作为一审法院审理。如 H 省 2015 年 5 月 1 日前争议标的额在 3000 万元的民事案件由中级人民法院作

---

　　① 表 7-1 数据来源于最高人民法院工作报告，由于 2008 年以后最高人民法院工作报告不再区分受理案例类型，导致无法统计具体的数据。

为一审进行审理，2015 年 5 月 1 日后由基层法院作为一审法院审理。这种因地点、时间的不同"浮动"管辖案件的现象说明我国四级法院案件管辖范围并不是确定的，地方三级法院都有可能成为同一类案件的一审法院。总言之，三级法院都可能行使相同的审理职能。这与我国对民商事案件大部分是以诉讼标的额的多少为管辖标准有关。

2. 四级法院审理模式没有明显区别

从域外上下级法院审理案件的职能配置来看，初审法院负责事实审，上诉法院负责法律审或有限的事实审。这种配置体现了不同层级法院的功能差异。但在我国，这种差异却并不明显，甚至各级法院都是事实审法院。从课题组对 5 个上诉中高级法院各抽取的 25 份二审案件判决书进行分析来看，发现就审查范围而言，其中事实认定方面的论证就有 97 份，约占 72.7%，而事实不清部分的论证几乎占了一半（49.2%）。与此相对应的是，法律适用下的程序论证与法律事实论证在判决书中仅有 29 份，仅占 26.8%，导致二审判决书中的事实认定远远超过了法律适用的次数，是法律论证的 2.7 倍（见表7-3）。可见，事实认定在上诉法院中，占据了主导性地位，也呈现出上级法院的全面审查模式与一审审理方式没多大区别，都突出强调案件事实方面的认定。

表 7-3 上级法院判决书所涉及案件数量具体内容统计表①

法院	事实论证					程序论证			法律论证
	事实不清	新证据	证据伪造	证据未经质证	超出诉讼请求	管辖错误	审判组织违法	剥夺当事人诉讼权利	实体法适用
H 高院	12	2	0	3	2	0	0	2	4
C 中院	15	6	1	4	2	0	0	1	6
H 中院	13	5	0	0	1	0	0	0	4
L 中院	12	0	0	2	0	0	1	1	7
S 中院	10	3	0	2	0	0	0	0	8
占比	49.2%	12.6%	0.7%	6.3%	3.9%	0	0.7%	3.1%	23%

我国三大诉讼法均规定了"第二审人民法院对上诉案件，应当组成合议庭，开庭审理"，但在调查中课题组发现，上诉法院倾向于履行事实审的职能，在面对案件的法律适用与事实认定的争议判断上，法官是否均以开庭的方式进行呢？根据问卷调查结果：法官实际上以"事实是否查清"作为开庭与否的依据，即无论处于何种审级，多数法官将案件分为事实不清和事实清楚两种类型，并以此来决定自己的行动逻辑。如果案件事实存在争议，较为倾向于全面审查后进行开庭审理，占 62%；而在事实清楚的情况下，以适用法律错误或程序错误作为开庭的依据，各自才占了 28% 与 17%；除非案件本身重大复杂，即使案件适用法律错误或程序违法，也只进行有限审查后进行书面审理，分别

---

① 案件来源于从每个法院 100 个案件中各抽取比较典型的二审案件 25 个，统计数据存在一定的交叉重合。

占72%和83%（见表7-4）。可见，上诉审很多时候成为了事实审的法院，无异在重复履行一审查清事实的职能，纯属一审审理模式的异化——非典型的复审制。

表7-4　上级法院审查原审案件方式自我评估对比表（$N=100$）

事项	事实	法律	程序	审查模式	审理模式	法官数	
						人数	占比
类型1	不清	正确	合法	有限审查	书面审理	23	38%
				全面审查	开庭审理	37	62%
类型2	清楚	错误	合法	有限审查	书面审理	43	72%
				全面审查	开庭审理	17	28%
类型3	清楚	正确	错误	有限审查	书面审理	50	83%
				全面审查	开庭审理	10	17%
类型4	清楚	正确	合法	有限审查	书面审理	54	90%
				全面审查	开庭审理	6	10%

3. 上诉审法院以非审判方式履行审判指导职能

按照我国法律的规定，最高人民法院被赋予了对全国法院的监督指导职能，这种职能在日常司法管理中多体现为司法规范性文件的制定功能。为避免"政出多门"，破坏法制统一，最高人民法院明令禁止地方各级法院制定带有法律适用性质的规范性文件，[①] 但在考核压力等多种因素作用下，作为地区司法"家长"的上级法院仍会采取包括制定规范性文件在内的多种方式保障下级法院在适用法律上尽量达到统一。从方式选择上，高级法院和中级法院也往往"仿效"最高人民法院的审判指导和业务规范方式，其中召开审判业务会议、发布典型案例、组织法官培训、发布审判业务文件等四项审判指导方式所占比重均在二成以上，而召开审判业务会议进行审判指导达到了29.2%，进行错案分析通报、发布工作意见等形式的指导占比则为3.7%和4.5%（见表7-5）。

表7-5　2008—2014年样本法院审级指导的各方式次数统计表

法院	业务文件	审判业务会议	组织法官培训	发布参考性案例	典型案例	错案分析通报	工作纪要（意见）	内部函
H高院	82	110	95	0	105	0	11	0
C中院	46	56	42	0	41	14	9	5
H中院	41	64	41	0	34	19	11	7
L中院	52	78	39	0	58	0	13	4
J中院	56	62	48	0	38	15	14	6

---

① 见最高人民法院、最高人民检察院《关于地方人民法院、人民检察院不得制定司法解释性质文件的通知》（法发〔2012〕2号）。

续表

法院	业务文件	审判业务会议	组织法官培训	发布参考性案例	典型案例	错案分析通报	工作纪要（意见）	内部函
占比	17.9%	29.2%	20.9%	0%	21.8%	3.7%	4.5%	1.7%

在调查中课题组还发现，上级法院在二审中常常以内部函件方式指出一审裁判存在的问题。有的中级法院就在刑事二审发回重审案件中下发内部函，对刑事附带民事诉讼哪些不应赔偿进行限制性规定。有的法院则就案件重审应该查明哪些问题、如何适用法律一一说明，以行政化的方式指导下级法院审判。这些方式的存在，表明高级法院与中级法院在各自的辖区范围内，仍以某些变通的方式履行着与最高人民法院类似的统一法律适用职能，具体而言主要是以非审判方式履行相同的审判管理。

上级法院对下级法院有着一套几乎约定俗成的多元化审判指导和业务规范方式，当被问及被调查人员对这些不同审判指导方式的态度时，28.1%的法官认为这种指导方式为下级法院的审判活动提供了多层面、更为畅通的业务指导途径，有利于下级法院的业务水平提高，在统一规范下级法官裁判思维和裁量尺度上发挥着各自的优势。但也有相当多的法官认为，这种方式带来的问题较多，影响了各级法院的审级独立和审判职能的依法行使。由于地方法院的指导性文件质量参差不齐、指导方式不统一、指导效力不明确、裁判依据过多，在一定程度上确实影响了裁判统一。另外，由于不同时期的司法政策、裁判理念变动或侧重点不同，彼此之间难以衔接，甚至造成相互冲突的现象，这不仅使上级法院在统一法律适用方面缺乏有序性，还容易导致下级法院在适用法律过程中出现结果的不稳定。

（二）民事、刑事、行政与专业审判权之间的配置不尽合理

1978年之后，为了适应经济社会发展的复杂性，人民法院的事权逐步得以扩张，其内部的各项审判业务也逐渐细化，各级法院普遍设立多个审判庭，分别行使刑事、民事、行政案件的审判职权。虽然法院系统先后进行了几次机构改革，但内部审判机构的设置却越来越多、越来越细，由此带来的职能重叠、交叉甚至冲突等问题不容忽视。

1. 审判庭职权划分标准不一

目前，各级法院在内部普遍设立了刑事庭、民一庭、民二庭、行政庭等审判组织，但实践中各地法院对审判庭之间审理职权划分（案件管辖分工）的依据并无统一的标准。课题组针对H省95个法院的调查发现，对于各业务庭管辖案件的分工归纳起来主要有四种方式：

（1）按案由分配案件。例如有些法院民一庭审理婚姻家庭案件，民二庭则负责公司企业间的民事争议案件。按这样的标准划分案件审理权的有49个法院，占51.6%。

（2）按地域分配案件。在一些中级以上法院，对于刑事或民事案件，按法院管辖的行政区分配案件，属于某一辖区范围内的案件对口由某一业务庭审理。这种情况分配的法院数占30.5%。

（3）按案件编号分配案件。为平衡审判庭之间的工作量，有的法院对同一性质的案

件按案号在审判庭之间均匀分配。按这样方式分配的有 12 个法院,占 12.6%,如案号为偶数的民事案件由民一庭审理,案号为奇数的由民二庭审理,等等(见表7-6)。

(4)有些法院对于刑事、民事案件采用不同的案件分配形式划分案件审理权。例如民事审判庭按案由分配案件,而刑事审判庭则按行政区域分配案件。有的法院某个审判庭法定管辖的案件数较少,就从本院其他审判庭调剂一些案件到该庭审理,不受审理权划分的限制。

可见,《人民法院组织法》虽然规定了各级法院依据三大诉讼法设置不同的审判庭,最高人民法院也曾规定了各个审判庭的审判职权划分,但司法实践中各地法院常常根据各自辖区不同的特点和需要确立分庭标准,"这表明知识专业化并不是法院分庭的前导性因素"[①],各地法院分庭标准模糊,并不统一。这就导致对于同一类案件的不同层级法院的审理机构可能并不一样。质言之,在同一层级的法院,即使审判庭的名称相同,由于各地的分庭标准不一样,审理的案件并不完全相同,各地法院刑事、民事、行政庭的审判职权并不一致。

表 7-6 H 省审判业务庭职能划分标准情况

依据	案件性质	案件地域	案件编号	其他
法院数量	49	29	12	5
占比	51.6%	30.5%	12.6%	5.3%

2. 职能交叉重叠

即便是有部分法院完全按照最高人民法院确定的案件管辖和分配标准划分不同审判庭的审判职权,由于诉讼案件的复杂性和多样性,实践中仍避免不了审判庭之间的职权交叉重叠问题。

课题组针对以案由划分案件审判权的 4 个法院为样本调查发现,虽然各个庭以案由进行案件分配有一定的逻辑性和合理性,但抽象地规定某类案由属于某庭审理,难免出现因为案件本身所囊括诉讼事实的多样性、可以确定不同的案由,到底由哪个业务庭审理往往难以厘清的情况。此时可能导致审判庭之间互相推诿案件的审理。有的案件事实涉及多个案由,不同审判庭均有审判权,又可能导致相互间争抢案件的审判权(见表7-7)。此外,对于申请再审的案件,立案庭与审判监督庭针对再审案件的审查也存在一定的职能交叉与冲突。立案庭对于再审申请的审查究竟是形式审查还是实质审查,立案庭法官就再审案件做出的审查判断对于审监庭的法官是否有约束力等问题,在法院系统长期存在争议,实践做法并不一致。

3. 刑事、民事、行政交叉案件的审判权难以确定

就法院审判庭职能的宏观划分而言,我国法院的刑事、民事、行政三大审判权,是对应于刑事、民事、行政等三大诉讼法律体系进行设置的。不过在司法实践中,刑事、民事、行政交叉案件较为普遍,有的案件既涉及刑事问题,又涉及民事纠纷、行政争

---

① 刘忠:《论中国法院的分庭管理制度》,载《法制与社会发展》2009 年第 5 期。

表 7-7　样本法院各审判庭根据案由受理案件的分类情况表

单位	刑庭			民庭					行政庭
	刑一庭	刑二庭	刑三庭	民一庭	民二庭	民三庭			
H高院	分片管辖刑事一审、二审案件	部分经济犯罪、财产案件；职务犯罪	分片管辖刑事一审、二审案件	民事一、二审案件	审理二审商事案件	知识产权纠纷、涉外涉港澳台案件			负责行政案件审理
	刑一庭	刑二庭		民一庭	民二庭	民三庭	民四庭	民五庭	
C中院	一审、二审人身、管理秩序犯罪等	一审、二审经济犯罪、财产犯罪等		一审、二审人格权、婚姻家庭、侵权等	一审、二审合同纠纷、信托纠纷等	房地产开发、不动产登记纠纷等	公司、企业等有关的民事纠纷、劳动争议等	知识产权民事、涉外名商事纠纷	
	刑一庭	刑二庭		民一庭	民二庭	民三庭			
H中院	刑事一审案件	刑事二审案件		民事一审案件	民事二审，企业纠纷	知识产权纠纷、交通事故案件			
				民一庭	民二庭	民三庭			
T法院	刑事审判庭（刑事公诉案件及刑事自诉案件的审理）			婚姻家庭、继承、侵权责任、房地产开发等纠纷	公司、证券、保险、票据等有关的民事纠纷	林业、商事、劳动争议、交通事故责任纠纷			

议。对于这类案件，是否有审理的先后次序，或应当由哪个审判庭为主审理，实务界对此认识不一致。课题组在对 H 中级法院审理刑民、行民交叉案件的调查中发现，一方面基于刑事案件的重要性，刑民交叉案件以"先刑后民"的审理模式占了 65.9%，而"先民后刑"的审理模式只占 21%，偶尔也出现由审判监督庭审理(占 12.9%)。这说明刑民交叉案件先由哪个业务庭审理还存有争议。另一方面，就行政、民事交叉案件的审理，只要涉及具体行政行为效力问题的案件(32.4%)，一般交由行政庭审理，而多数(59.4%)涉及民事基础行为效力争议问题的案件，一般由民事庭负责(见表 7-8)。可见，由于刑事、民事、行政交叉案件的审理权在审判庭之间的划分缺乏清晰的标准和逻辑，实践中难免出现推诿、扯皮，甚至难以确定审判庭审理的现象。例如，在调查中课题组发现，有些交叉案件经过了民事、行政诉讼程序多次审理，都难以终结，说明交叉案件审判庭的不确定使诉讼周期更"不稳定"。

表7-8 H中院交叉案件在不同业务庭审理的数量统计（件）

案件类型	刑事审判庭		民事审判庭			行政审判庭	审判监督庭
	刑一庭	刑二庭	民一庭	民二庭	民三庭		
刑民交叉案件	48	59	13	10	8	0	19
行民交叉案件	0	0	43	23	36	0	9

依案由制度设立的初衷，法院立案庭应先正确地标识个案的案由，交由对应的业务庭审理，然后审判庭方能正确地适用法律。课题组在调查中也发现，有的审判庭认为立案庭认定的案由有误，自行变更为其认为正确的案由，再移送其他庭进行审理的情况，时有发生。但有时被移送的审判庭认为变更的案由不准确，与移送的审判庭发生争议，拒绝受理移送案件。针对这一问题的解决，其中以明确案由、相互协商、诉讼（指控）的主要事实确定案件审理的审判庭所占的比例略高，分别为23.7%、18.9%、18.3%。以无论案件的性质如何谁先受理就由谁审理，也占了13.6%（见表7-9）。由上可知，法院审判庭之间分工越细越精，在司法实践中就不得不通过协调等诸多形式明确彼此的受案范围，增加了审判权行使的协调运行成本。

表7-9 职能交叉重叠下审判庭之间案件的分配数量统计

依据	主要诉讼事实	先行受理	准确的案由	相互协商	其他
法院数量	31	23	40	32	43
占比	18.3%	13.6%	23.7%	18.9%	25.4%

4. 专业审判机构与其他审判机构的职权冲突

20世纪80年代开始，由于重大复杂且涉及专业领域的案件与日俱增，社会各界对于法官如何妥当处理专业案件日益关注，各级法院为此陆续成立了专业审判组织机构。以H省法院为例，截至2015年，H省设立有165个专门审判机构，其中基层法院设立的专门审判机构达131个，占79.4%，中级法院设立的专门审判机构为34个，占20.6%，比2008年增加均接近了一倍，但该省的高级法院并没有存在这种组织的设置（见图7-3）。从专业审判机构具有独立编制来看，除了为人所熟知的少年审判庭、知识产权庭、林业庭外，还存在道路交通事故案件审判庭、计划生育案件审判庭、家事案件审判庭、环境资源案件审判庭、土地征收案件审判庭等业务庭。此外，还有一些专业审判组织以专门合议庭、巡回法庭等形式存在，但往往要依附于某一特定的审判庭，且多数采取非正式合议庭模式，如维护妇女儿童权益合议庭、涉家暴案件合议庭、涉毒案件合议庭等等。

为了能够了解专业审判组织的受案范围，课题组对H中级法院、H区法院及T县法院设置的未成年人案件审判庭进行调查，发现了三个审判庭受理案件范围并不一致（见表7-10）。首先，从刑事案件的受案范围来看，有的未成年人案件审判庭做出一定例外规定，排除了某些未成年人刑事案件，其他两个审判庭均受理所有涉及未成年人刑事犯罪的案件。其次，在民事案件受案范围上，有的法院对未成年人案件审判庭作出了仅受理涉及未成年人权益的婚姻与家庭案件的限制性规定，其他两个法院未成年人案件审判庭并没有如此的规定，而是受理所有涉及未成年人的民事案件。再次，有的未成年人案件审判庭对于涉及未成年人的行政案件均能受理，有的未成年审判庭却不受理涉未成年人行政案件。由于各地法院自行规定专业审判组织的受案范围，为顾及"全面性"，往往将与专业审判庭无关的其他类型案件纳入受案范围，实践中与其他普通业务庭在受理案件范围上常常出现冲突。这种冲突现状在其他专业审判组织中也较为普遍，更为重要的是有些专业审判组织往往无案可审，不得不"外借"审理其他普通类型的案件，使专业审判组织不再"专业"。如前些年不少地方法院设立了环保法庭，因环境案件数量较少，为避免审判力量闲置，环保法庭不得不审理大量的其他民事、刑事案件，其工作重心实际上并未放在环境资源案件的审理上。[1]

表 7-10　未成年人专业审判庭受案范围的比较情况

受案范围	H中院未成年人案件审判庭 A	H法院未成年人案件审判庭 B	T法院未成年人案件审判庭 C
刑事案件	涉及未成年人刑事案件，但未成年人与成年人共同犯罪由刑事审判庭审理	涉及未成年人刑事案件	涉及未成年人刑事案件
民事案件	涉及未成年人合法权益的案件	涉及未成年人权益的婚姻、家庭案件	涉及未成年人合法权益民事案件
行政案件	当事人一方为未成年人的行政案件	无	涉及未成年人行政案件

（三）审判权与执行权没有严格区分

《中共中央关于全面推进依法治国若干重大问题的决定》提出，"完善司法体制，推动实行审判权和执行权相分离的体制改革试点"。多年来，我国一直在探索审执分离的改革路径，并取得了一定成绩，但深入考察后不难发现，制度变革一直在浅水区徘徊。具体表现为：

1. 审判权与执行权混合行使

这种混合主要体现在两个方面：一是人民法庭由于功能定位的特殊性，还存在审执一体的现象。[2] 据统计，H省三级法院都设立了独立的执行机构，但省内 473 个人民法庭仍未彻底摆脱审执一体的格局。由于各地情况不一，审执一体的具体表现形式多种多样，根据课题组对 C 市中级法院 53 个人民法庭所作的调查显示，仅有 2 个距城区较近的城郊法庭案件全部移送给执行局执行，其他 51 个法庭都存在不同程度的审执一体现

---

[1] 丁岩林：《超前抑或滞后——环保法庭的现实困境及应对》，载《南京大学法律评论》2012 年第 2 期。
[2] 毛煜焕、罗小平：《人民法庭审执关系：从分立到协调——以基层社会治理优化切入》，载《法治研究》2014 年第 12 期。

象(见表7-11),个别基层法院还存在各个法庭之间执行模式不同的情况。法庭法官既当裁判官,又当执行员,造成案件审执不分,监管乏力。二是刑事领域涉及财产刑的部分还存在同时行使审判权和执行权的情况。从表7-12可以看出,在课题组调查的125个基层法院中,有70个法院选择由刑庭负责财产刑的执行,占了半数以上。部分法院介绍,为了贯彻审执分离制度,没有将财产刑的执行权交给刑庭。而其他法院则认为,由于现行法律并未明文规定财产刑具体由法院哪一部门执行,考虑到刑庭在审理案件的过程中容易掌握被告人的财产情况,由刑庭负责财产刑的执行更为便利。另据课题组了解,在部分中级人民法院,还存在财产刑由负责减刑、假释工作的审判监督庭执行的情况。这就导致财产刑的判决主体和执行主体都是审判法官,引发外界对财产刑适用合理性的质疑。

表7-11 C市53个人民法庭执行模式调查

执行模式		采用法庭数	所占比例
法庭案件全部由法庭执行	谁审理谁执行	19	35.85%
	年底集中大执行	11	20.75%
法庭先行执行,执行不了的移交执行局执行		14	26.42%
按标的划分,标准值以下由法庭执行,标准值以上由执行局执行		7	13.21%
统一移交执行局执行		2	3.77%

表7-12 H省125个基层法院财产刑执行主体调查表

财产刑执行主体	法院数量	所占比例
刑庭	70	56%
执行局	44	35.2%
法警大队	11	8.8%

2. 执行判断权与执行实施权混合行使

司法实践中,审判工作与执行工作按照法律文书生效时间划分仍是主流状态。绝大多数法院规定,判决前的事项一律由承办法官负责,判决后的事项一律由执行法官负责。众所周知,执行过程是一个复合的过程,不仅包括具体执行行为的实施,通常还会涉及权利义务的审查,如执行异议的裁决、执行主体变更的审查等事项明显需要司法裁判的介入。课题组抽样分析了H省12个基层法院的360份执行卷宗,发现有156份卷宗中既有执行实施事项的文书,又有执行判断事项的文书。而在这156份卷宗中,执行判断事项的文书与执行实施事项的文书署名为同一人的有84份,占总数的53.85%,执行判断权与执行实施权由同一人行使的现象比较突出(见表7-13、表7-14)。执行判断权和执行实施权统归一人行使一方面为滋生执行腐败提供了土壤,另一方面虚化了法院内部对执行活动的监督效能。

表 7-13 360 份抽样执行卷宗中执行实施事项和执行判断事项占比情况①

涉及事项	具体内容	文书数量	所占比例
A 执行实施事项	A1 扣留、提取被执行人的收入	89	24.72%
	A2 查封、扣押、冻结、拍卖被执行人的财产	127	35.28%
	A3 搜查被执行人隐匿的财产	24	6.67%
	A4 强制交付法律文书指定交付的财物或票证	11	3.06%
	A5 强制迁出房屋或土地	13	3.61%
	A6 查封、冻结、划拨被执行人的财产	54	15%
	A7 办理有关财产权证照转移手续等等	18	5%
B 执行判断事项	B1 审查处理案外人异议	30	8.33%
	B2 依职权或当事人申请追加、变更被执行主体	27	7.5%
	B3 发现据以执行的法律文书确有错误，提出书面处理意见	21	5.83%
	B4 对有关的执行强制措施、制裁措施和实施措施的异议复议审查	18	5%
	B5 裁定中止、终结或不予执行	102	28.33%
	B6 裁定执行回转等等	6	1.67%

表 7-14 156 份执行卷宗中执行实施权和执行判断权混合行使情况

表现形式	卷宗数量	所占比例
A1 与 B1 混合行使	17	10.90%
A2 与 B1 混合行使	31	19.87%
A5 与 B1 混合行使	5	3.20%
A2 与 B2 混合行使	6	3.85%
A4 与 B3 混合行使	3	1.92%
A2 与 B4 混合行使	11	7.05%
A3 与 B5 混合行使	2	1.28%
A6 与 B6 混合行使	1	0.64%
A6 与 B1 混合行使	8	5.13%

3. 程序性事项与实体性事项混合处理

在执行案件审查的过程中，既有执行异议的裁判等实体性事项，也有执行方式的选

---

① 由于部分卷宗同时包含执行实施文书和执行判断文书，故各比例相加之和不等于100%。

择、分配方案的裁决等程序性事项。对这些事项的执行裁判保障了执行活动的公正，及时地执行裁决则是执行效率的命脉。[①] 课题组随机调查了 H 省内各级法院的执行复议申请表 124 份，其中既涉及程序性事项又涉及实体事项的申请有 25 份。一些走在执行工作改革前列的法院，虽然单设了执行裁判庭处理执行审查事务，但是没有区分执行程序中执行行为和执行争议的性质，[②] 不管是实体问题还是程序问题一律交由执行裁判庭处理，既混淆了执行裁判庭的职责，又束缚了执行员的正常权力，减损了执行效率。

4. 执行权配置模式五花八门

(1)机构设置模式多样。从 2009 年《最高人民法院关于进一步加强和规范执行工作的若干意见》要求探索执行局内部执行实施权与审查权的分离开始，各地法院一直在积极尝试。但由于缺乏统一的指导和成熟范例的引用，各地的执行机构设置模式各树一帜，甚至在同一省份内出现了不同的设置模式(见表 7-15)。

表 7-15　不同法院执行机构设置模式表

法院	设置模式	执行裁判权归属
北京市第一、第二中院	在执行局下设三个庭，一、二庭负责执行实施，三庭负责执行裁判	设在执行局内部
深圳中院	在执行局下设执行裁决处、执行监督处、执行实施处	设在执行局内部
长沙中院	执行裁判庭从执行局中独立，负责行使执行裁判权	独立于执行局
绍兴中院	执行局下设执行工作部、执行裁决处、综合事务办公室	设在执行局内部
昆明中院	执行局下设执行裁决庭、执行处和综合处	设在执行局内部

(2)权力划分模式多样。在已经区分执行实施权和执行判断权的法院，对两种权力具体内容的认识并未达成一致，导致实践中权力的划分及权力的归属五花八门。从表 7-16 中可以看出，H 省内 125 个基层法院对执行实施权的划分种类繁多。

表 7-16　H 省 125 个基层法院关于执行实施权具体内容的划分情况

对执行实施权的划分	法院数量	所占比例
划分为执行命令权、执行调查权、强制措施施行权及其他事务性权力	14	11.2%
划分为执行财产调查权、执行财产控制权、执行财产处置权	9	7.2%
划分为调查权、保全权、处置权、审查权、监督权	11	8.8%
划分为对人身的执行权和对财产的执行权	5	4%
划分为执行审查权、执行调查权、执行实施权	7	5.6%

[①] 郑金玉：《审执分离的模式选择及难题解决》，载《西部法学评论》2015 年第 5 期。

[②] 石时态：《论民事执行机构的重构——以湖南法院两次执裁分离改革为视角》，载《求索》2010 年第 7 期。

续表

对执行实施权的划分	法院数量	所占比例
未作划分	79	63.2%

（3）人员配置模式多样。为应对近年来日趋严重的案多人少问题，各地在执行人员的配置上颇费心思，有区分执行员和执行法官的，有组成"1+2+1"的执行团队的（1 名法官、2 名执行员、1 名书记员），但目前最普遍的做法是司法警察参与执行。由于法律规定不明确，各地理解不一，在 H 省司法警察参与执行的 82 个基层法院中，参与模式形形色色（见表7-17），尚未形成统一范式。① 2010 年至 2014 年，H 省各级法院司法警察参与执行主要集中在强制退迁房屋、没收等措施上。

表 7-17　H 省 82 个基层法院司法警察参与执行的模式分布

形式	司法警察机构与执行局间的关系	主要特点	法院数量	所占比例
协助执行	司法警察协助执行局执行	司法警察根据执行员或执行法官的指示参与执行，在执行过程中起辅助作用	48	58.54%
独立执行	司法警察机构与执行局独立执行，实际上是第二执行局	司法警察机构作为执行主体独立行使执行权	6	7.32%
交叉履职执行	司法警察派驻执行局，受执行局指挥	司法警察以执行局名义对外行使执行权，日常工作以执行局管理为原则，以司法警察机构临时安排为例外	9	10.98%
合署执行	两块牌子，一套人马	对外两个机构，对内两个机构的人员、工作合并	12	14.63%
执行警务局或司法警察局	执行局与司法警察机构合并	既是民事执行机构，又是司法警察机构	7	8.54%

（四）审判职权主体之间的关系有待理顺

从制度文本看，我国法定的审判权主体有独任庭、合议庭和审判委员会，合议庭是人民法院的基本审判组织，审判委员会是人民法院的最高审判组织。② 然而，司法实践中合议制度和审判委员会应有的功能没有得到充分发挥，合议庭对案件的决定权被不同程度地"侵蚀"，审判委员会讨论决定重大、复杂、疑难案件的作用往往因人而异、因

① 石时态、屈国华：《司法警察参与民事执行的实证研究》，载《法学评论》2011 年第 1 期。
② 独任庭主要审理简单的民事案件和轻微的刑事案件，其运作机理及其与院、庭长和审判委员会的关系与合议庭类似，下文不再单独表述。

地而异，而总结审判经验的功能又经常陷入"沉默"，① 未曾出现在法律文本中的定案主体——院长、庭长却发挥着承接合议庭和审判委员会的作用。不同审判权主体之间的权责纠缠交织，以致不管是身处法院外还是法院内，对案件的最终裁判都难以说清楚到底"谁说了算"。

1. 审判委员会讨论案件的范围不明确

《人民法院组织法》规定审判委员会讨论决定"重大的或者疑难的案件"，但以何种标准来界定"重大的或者疑难的案件"，却是十分困难的，实践中也没有统一的标准。尽管最高人民法院《关于改革和完善人民法院审判委员会制度的实施意见》对此有所涉及，但"重大或者疑难案件"的标准问题并没有妥善地解决。据我们对 H 省 3 个中院、3 个基层法院审判委员会讨论案件情况的调查数据看（见表 7-18），提交审判委员会讨论的案件数相差较大。调研发现，影响审判委员会案件讨论数量最重要的不是法院收结案件的数量多少，而是对"重大的或者疑难的案件"标准的掌握。最能说明该问题的数据是被调查的 3 个基层法院 2011 年到 2015 年收结案数均有较大幅度的增长，但其提交审判委员会讨论的案件数量并没有同步增长，有的甚至反而呈下降态势。进一步访谈得知，提交审判委员会讨论的刑事案件基本上限于《刑事诉讼法》和《关于改革和完善人民法院审判委员会制度的实施意见》有明确规定的、应当提交审判委员会讨论的案件，如拟判处死刑立即执行、拟在法定刑以下判处刑罚或免于刑事处罚、拟宣告被告人无罪等案件，除此之外提交审判委员会讨论的刑事案件数量极少，而提交审判委员会讨论的民事案件除极个别新类型案件外，其余都是常规案件，但有合议庭和民事审判庭庭长、主管民事审判工作的副院长认为"案情重大复杂"而提交审判委员会讨论的案件。审判委员会讨论案件的绝对数量虽然不大，但由于应当或可以提交讨论的范围不清晰，导致其他审判权主体能够做出决定的案件范围不明确。

表 7-18　H 省 6 个法院近年来提交审判委员会讨论案件数

年份 法院	2011	2012	2013	2014	2015
A 基层法院	48	37	40	41	46
B 基层法院	25	15	29	22	30
C 基层法院	45	43	38	37	32
A 中院	112	108	118	122	120
B 中院	38	32	46	40	45
C 中院	199	154	187	203	195

2. "合而不议"的问题具有普遍性

合议制的主要优点在于：可集中集体智慧，防止法官个人专权擅断，在法制环境不

---

① 岩皓：《审判委员会功能的异化与重构》，载《西南政法大学学报》2005 年第 6 期。

好的情况下可以集体名义对抗外部干扰。^① 然而，在合议制之外，司法实践普遍实行承办法官制度。法院立案后，案件被指定给某一法官承办，承办法官由此承担起案件办理的"主要职责"。通常情况下，承办法官承担阅卷、落实证据补查（刑事案件）、接待和听取当事人、辩护人或诉讼代理人意见、准备庭审提纲、拟定审理报告和裁判文书等职责。合议庭评议时，先由承办法官汇报案情，提出处理意见，合议庭其他成员结合开庭审理和承办法官汇报的案情发表意见。为检验合议制作用的发挥，我们向 H 省 680 位法官发放问卷，以下数据可以反映"合而不议"问题确实存在。

关于"您参与合议他人承办案件时是否查阅案卷"的问题（有效答案数据项 666 个），选择"不太多""偶尔""从不"三个选项的比例达到 67.1%，选择"经常"选项的只有32.9%。尤其值得注意的是，选择"从不"选项的有 8.7%（见表 7-19）。

关于"您参与审理他人承办案件是否会在庭审时发问"的问题（有效答案数据项 665个），选择"不太多""偶尔""从不"的占到 49.7%，选择"经常会"的 49.2%，即超过半数很少在庭审中发问（见表 7-19）。

关于"您参与审理他人承办案件是否提出过不同于承办人的意见"的问题（有效答案数据项 663 个），选择"从不""偶尔"的占到 57.4%，"不太多"和"比较多"的占 42.6%（见表 7-19）。

表 7-19　H 省法院"合而不议"情况问卷调查

项目＼法院	经常（比较多）	不太多	偶尔	从不
是否查阅案卷	32.9%	32.3%	26.1%	8.7%
是否庭审发问	49.2%	22.3%	24.2%	3.2%
是否提出异议	10.0%	32.6%	54.1%	3.3%

为验证问卷结果是否与实际情况吻合，课题组在 H 省 A 市和 B 市各选择 250 件案件，均是刑事案件 100 件、民事案件 100 件（民事案件均为普通程序）、行政案件 50 件。各市的中级法院和基层法院案件数各一半。因为 H 省未对合议庭阅卷书面留痕，因而合议庭成员阅卷未能统计到有效数据。就合议庭成员庭审时是否发问和评议时是否提出异议，统计结果显示，庭审笔录记载中非承办人有发问的分别为 56 件和 72 件，分别占比 22.4% 和 28.8%。A 市的 56 件非承办人庭审中有发问的案件，基层法院 12 件，中级法院 44 件；B 市的 49 件非承办人庭审中有发问的案件，基层法院 14 件，中级法院 35件。合议笔录中记载有非承办法官提出不同意见的案件，A 市和 B 市分别为 9 件和 13件，占比分别 3.6% 和 5.2%。A 市的 9 件合议庭成员意见有分歧的案件，基层法院 3件，中级法院 6 件，B 市的 13 件合议庭成员意见有分歧的案件，基层法院 4 件，中级法院 9 件（见表 7-20）。

---

① 尹忠显：《合议制问题研究》，法律出版社 2002 年版，第 56 页。

表7-20　H省法院"合而不议"数据验证统计

项目 法院	A市中院	A市基层法院	B市中院	B市基层法院
有庭审发问	35.2%	9.6%	28%	11.2%
有提出异议	2.4%	4.8%	3.2%	7.2%

3. 院长、庭长对裁判结论形成的"深度介入"

从法律文本的角度而言，院长、庭长的审判职责与其他法官并无区别，但实践中院长、庭长的作用却极其重要。在课题组对H省法官的访谈中，多数中级法院、省法院的法官表示，一个法院如果有认真负责的院长、庭长，那个法院的办案质量通常就会有保障。调研发现，院长、庭长影响裁判结论形成的具体方式有：

（1）行使审核签发权。H省法院裁判案件，大多数由院长、庭长审核签发文书，由审判长签发的案件范围窄、数量较少（人数较少的庭，庭长本身就是审判长）。一审的通常操作模式可分为三类：调解或撤诉结案的，由审判长签发；进行实体判决的，由庭长审核签发或者庭长审核后报副院长审核签发；经过审判委员会讨论的，报庭长审核后由副院长审核签发。二审的通常操作模式也可分为三类：调解或撤诉结案的，由审判长签发；合议庭一致意见维持原判的，除法律明文规定应提交审判委员会讨论或者院、庭长不同意合议庭意见的外，由庭长审核签发；合议庭意见存在分歧，或者评议意见拟改判的，报庭长审批后由副院长审核签发。经过审判委员会讨论的，报庭长审批后由副院长审核签发（案件处理通常流程见表7-21）。在H省高院，合议庭与庭长之间还要经过副庭长层级（中级法院、基层法院副庭长通常是合议庭审判长）。当然，院长、庭长签发法律文书受到案件数量的影响，案件数量多的法院，院长、庭长因为时间、精力的限制不得不"放权"，意即院长、庭长审核签发权的范围窄于上述通常做法。但不管有无案件审核签发的细则规定，理论上院长、庭长可以对任何案件提出呈报审核的要求。合议庭出于规避办案风险的考虑，也会根据案件的实际情况和既定的文书审核细则，将部分按既定规则本可不必呈报的案件呈报院长、庭长审核签发。实际的做法是，未经院长、庭长审核签发的案件，院长、庭长认为可以"放权"，且合议庭也认为可以不呈报审核签发的常规案件。

表7-21　H省法院案件处理流程表

审级	流程节点	结案方式
一审	合议庭	调解、撤诉
	合议庭—庭长	判决
	合议庭—庭长—副院长	判决
	合议庭—庭长—副院长—审判委员会	判决

续表

审级	流程节点	结案方式
二审	合议庭	调解、撤诉
	合议庭—庭长	维持
	合议庭—庭长—副院长	维持或改判
	合议庭—庭长—副院长—审判委员会	维持或改判

（2）院长、庭长"列席"合议庭评议。课题组发现，除了理论界所熟悉的对案件行使审核签发权的通常途径外，H省法院还有一种院长、庭长介入案件裁判结论形成的常见方式，即院、庭长"列席"合议庭评议。在课题组抽样调查的法院中，有4个中院规定，合议庭对一审案件进行评议时，庭长和副庭长应当参加，有时主管副院长也参加。主管副院长、庭长、副庭长"列席"评议时，均会发表对案件应当如何裁判处理的意见。课题组在访谈中还了解到，H省一些法院还有一种非正式的合议模式。通常的操作模式是，对普通的案件（或者是承办法官眼中的"常规"案件），承办法官在庭审结束后就判决意见口头简单征求合议庭其他成员的意见，合议庭成员有不同意见的，再做进一步口头讨论，但不一定是合议庭成员全体到场，很多情况下是承办法官与持不同意见者个别交流，如果仍然不能达成一致意见，承办法官即向庭长、院长报告，与庭长、院长口头商量确定判决方案后再进行沟通。此种非正式合议模式与正式合议模式下院长、庭长"列席"评议具有类似的运作机理，院长、庭长通过直接地参与影响合议庭的评议结论。通常而言，对院长、庭长在正式合议模式下发表的案件处理意见，对承办法官与庭长、院长研究确定的方案，合议庭其他成员往往会表示同意，即使其内心并不能完全地认同或接受。

（3）合议庭评议前"定盘子"。如果说前两种方式中院长、庭长参与裁判结论的形成还有某种"被动性"的话，H省法院还存在一种院长、庭长主动"过问"案件的做法。课题组了解到，院长、庭长对自己关注的案件要求合议庭评议前承办法官和审判长向自己汇报并就案件处理提出"方向性"意见，在H省的审判实践中并非个别。在课题组的问卷调查中，"对疑难、重大、复杂案件，院长、庭长是否会在合议前发表倾向性意见"的问题，10.6%选择"一般会"，46.1%选择"偶尔会"，43.3%选择"从不"。进一步访谈发现，部分院长、庭长可以"从不"在合议前发表倾向性意见，原因主要在于院长、庭长可以通过"列席"合议庭评议或者文书审核签发影响裁判结论。不过，院长、庭长"列席"合议庭评议与合议庭评议前找承办法官或合议庭审判长"交流"并非相互排斥关系，为避免裁判处理"少走弯路"，实行院长、庭长"列席"合议庭评议做法的法院，也对有些案件的裁判处理事先找承办法官或合议庭审判长"定盘子"，即确定案件裁判的大体框架，有的甚至有明确具体的裁判意见。院长、庭长主动"过问"的案件，主要是舆论关注案件、涉众型案件、党委或人大关注的案件。

（五）审判权与审判管理权（监督权）边界较为模糊

审判管理权作为一种法院内部的权力运行状态，具有同法院本身一样长久的历史。

所谓"审判管理权"是指，"一定的审判主体(如审判委员会，院长、庭长等审判主体)根据法律法规或司法解释的授权，以配置审判资源、控制审判行为，以服务和保证审判实施权正当有序地运作为目的的一系列权能的总和"。[①] 设置审判管理制度的重要目的在于能够约束和控制法官自由裁量权，但在实践运行中审判管理权与审判权之间的界限模糊，甚至处于矛盾的状态。

1. 主体职能弥散性较为明显

审判管理权有广义与狭义之分，广义的审判管理权既有管理还有监督，即审判指导监督权，而狭义的审判管理权局限于对审判程序的控制，表现形式为审判流程管理、案件质量评查、审判业绩考评等。狭义的审判管理权也被称为审判事务管理权。从我国有关司法文件的规定来看，对院长、庭长等主体的审判指导监督权与审判事务管理权的功能分布有明确划定，但两者功能外延并不清晰明确，显示出两者功能分布的分散性(见表 7-22)。同时，除了审判管理机构作为审委会、院长、庭长权力的一种让与和整合之外，其他不同层次主体实施审判与管理方式各具特点，审判委员会作为法院内部最高的审判组织，其审判管理权在整个审判管理体系中处于统领地位，而院长、庭长则在整个审判管理体系中起到承上启下的作用：院长、庭长行使某种程度的审判管理权，既可以提高普通法官一定的办案能力，又能将案件存在的问题反馈给审判委员会。

表 7-22　不同主体审判管理权权责配置具体情况

权　力		审判管理机构	审判长	庭务会	庭长	分管院长	审判委员会
审判管理权	指导监督权	×	✓	✓	✓	✓	✓
	案件质量评查权	✓	✓	×	✓	✓	✓
事务管理权	审判绩效控制权	✓	✓	✓	✓	✓	✓
	审判流程权	✓	✓	×	✓	✓	✓
	其他权能	✓	✓	×	✓	✓	✓

("✓"表示是；"×"表示否)

审判事务管理权的实质是将实体审判权和相关流程管理权实行相对分离，避免权力过于集中在办案法官手中，打破权力过于集中的格局，但是课题组在对普通法官(被管理者)的调查中发现，他们对审判事务管理权对审判权影响的认知态度，可以说是"毁誉参半"：持利大于弊与弊大于利各为 45% 和 47%，而持模糊态度的仅为 8%。在访谈中，过半的法官认为目前审判事务管理对自己办案起到一定的提醒作用，但是在案多人少的情况下，诸如对判决书标点符号和语句等错误进行过于细致的考评，无形中增加了自己的办案压力。更有甚者，在办案中遇到"难办"案件时，持审判事务管理权的主体经常以"办案期限"的名义提醒办案法官尽快结案，直接压缩了法官做出判决时所需要的"合理"时间，判决的质量自然会降低。

---

① 江必新：《论审判管理科学化》，载《法律科学》2013 年第 6 期。

2. 权责配置交织杂糅

"审判管理是法院的一项具有行政性质的公共管理活动",[1] 而其与审判权在法院诸多主体的分布格局中,从合议庭到审判委员会更大程度上呈现出"倒金字塔形",越往上职权种类越多,下一级主体所享有的自由则逐渐缩小。与此同时,不同的审判管理主体(如专门审判管理机构,院长、庭长等)对于指导监督管理的事项可能有所侧重,权力格局配置上出现了一定程度上的交错,例如从《人民法院合议庭工作的若干规定》等规定来看,赋予了审判长的权力涵盖了合议庭工作的主要方面和重要环节,包括了"指导权""主持权""提请权""签发权"等,但在庭务会上就缺乏了"签发权"(见表7-23)。不过在一定程度上仍能说明审判实践中行政管理者等同于司法审判者、审判权与审判管理权(审判指导监督权)交织杂糅在一起的情况。

表7-23　不同主体审判权与审判指导权的权责配置具体情况

权　力		合议庭/独任庭	审判长	庭务会	庭长	分管院长	审判委员会
审判权	认证权	✓	✓	✓	✓	✓	✓
	裁判权	✓	✓	✓	✓	✓	✓
指导监督权	指导权	×	✓	✓	✓	✓	✓
	主持权	×	✓	×	✓	✓	✓
	提请权	✓	✓	✓	✓	✓	×
	签发权	×	✓	×	✓	✓	✓
	考核权	×	×	×	✓	✓	✓

("✓"表示是;"×"表示否)

目前,各级法院普遍形成了从院长、庭长到审判长、法官的审判层级管理体系,各个法院虽实行了不同形式的审判权与审判管理改革,但由于放权的幅度及内设机构设置的差别,不同法院权责配置出现很大的差异。例如,H法院刑庭仅有4名审判员,难以组成庭务会,53.5%的简易与简单普通程序多数由合议庭/独任庭决定,无须院长、庭长行使过度的审判管理权,只有16.7%与9.4%的案件报院长、庭长决定,极少数案件(6.4%)报审委会决定;而与此相对应的是L中级法院刑庭,几乎以每周开一次庭务会决定六成以上(67.4%)的案件,并将重大、疑难的案件(12.6%)提交审委会讨论决定(见表7-24)。课题组在调查中还发现,有的法院实现了精细化管理,明确规定了院长、庭长的管理职责,设置了多项审执管理的责权点。由此可知,不同法院权责配置的不同,导致审判权与审判管理权在实践中出现动态、随意配置的情况。

---

[1]　江必新:《论审判管理科学化》,载《法律科学》2013年第6期。

表 7-24　不同法院权责配置具体情况

样本法院	合议庭/独任庭	审判长	庭务会	庭长	分管院长	审判委员会
L 中级法院	15.5%	4.9%	67.4%	0	0	12.6%
H 中级法院	10%	20.5%	0	41.4%	17.5%	10.4%
T 基层法院	41.5%	24.9%	23.8%	4.3%	4.9%	5.4%
H 基层法院	53.5%	13.8%	0	16.7%	9.4%	6.4%

3. 运行方式相互交错

审判管理权是为"规范、保障、服务"审判权独立、公正、高效行使，使两者以合轨的形式在运行。课题组在对四个法院的刑事判决书的考察中发现，从决策途径来看，作为兼具指导监督权与审判权的院长、庭长等主体，是以听取承办人口头汇报或阅读书面审理报告作为决定的基础，而非另行单独实施开庭审判，决定判决书结果形成了相互交错的四种途径。一方面，对于案件判决是否以会议讨论的形式决定，除 H 中级法院外，可以说汇报相较于合议的形式，明显偏低；另一方面，对于论证形式在案件事实认定与法律适用上的运用，作为审判管理权主体的指令性虽然低于议论性，不过仍说明了判决书制作"管道"的多种多样的动态运行形式（见表 7-25）。

表 7-25　2014 年决定刑事判决书的不同途径的数量对比情况[①]

法院	会议形式		证成形式	
	合议	汇报	议论性	指令性
L 中级法院	231	45	268	98
H 中级法院	103	325	236	163
T 基层法院	415	98	418	59
H 基层法院	298	201	354	51

法院的中、高层领导同时拥有审判管理权和审判权，他们是否清楚何时行使审判权，何时行使管理权？课题组在针对 80 位院长、庭长进行的调查中发现，只有 24% 清楚知道何时行使何种权力，接近一半（49%）的院长、庭长对审判管理权和审判权的界限认识模糊，并交互使用，甚至有 27% 并不清楚两种权力行使的具体时机。这种审判管理主体身份混同的情况下，导致审判行为与管理行为之间的关系进入混同状态，不过由于审判管理行为往往潜伏、内含在具体案件决断之中，审判管理原本应当具有辅助性的建议、咨询功能，实际上成了带有很强权威性的指令，使得法官在"利益衡量"之下有意无意地放弃了审判权的独立性。

4. 反向性较为突出

在理论界与实务界对审判管理权的合法性存在质疑的前提下，对于审判管理权存废

---

① 四种形式划分存在一定的交叉，故而统计存在重合。

问题众说纷纭。但课题组在对院长、庭长(管理者)与普通法官(被管理者)各80人对于"行政管理权处理案件的认知态度"进行的调查中发现,多数法官(约75%)出于推卸责任和规避可能的职业风险的考虑,某种程度上形成一种偏于行政化处理案件的"路径依赖",即某些时候放弃独立行使审判权;而作为院长、庭长(约79%)基于对法官的不信任,习惯行使审判管理权监督法官的行为。可见,管理者与被管理者对现有审判管理的共识,均能防止案件处理由"审理者"独自处理带来的不确定风险,无形中也成为审判权主体最好的"避风港"。[①]

从理论上说,不管院长、庭长还是审判员,依据审判管理权(监督权)的功能,应该对全部案件进行审查,要么完全同意并批准下判,要么提出异议并直接改判,两者至少应该处于一个平衡的状态。但是课题组在对样本法院的刑事案件决定权的情况考察时发现,由于工作量大,管理者与被管理者在案件处理上又形成另一种共识:管理者只能抓大放小,管理重点案件与"重点"人员,出现一般比较尊重合议庭的意见、很少直接改判的情况,4个法院均维持在8%左右(见表7-26)。课题组在访谈中进一步得知,多数具有管理权的主体在处理审判决定上会做如下处理:如果合议庭对案件处理没有争议,院长、庭长一般予以附和;如果合议庭意见少有分歧,则偏向于多数意见;如果两种意见分歧很大,则要求合议庭重新合议,争取产生出多数意见。所以,被调查法院的院长、庭长直接改变合议庭结论的只占全部案件的1%左右,直接提交审委会改判的更在这一数目之下(约0.4%)。

表7-26 2014年兼具审判管理权与审判权的主体改变合议庭/独任庭的案件数

样本法院	审判长	庭务会	庭长	分管院长	审判委员会
L中级法院	12	21	0	0	6
H中级半院	13	0	8	11	3
T基层法院	18	9	1	2	2
H基层法院	9	0	6	9	8

(六)审判权与审判辅助权没有科学分工

近年来,人民法院"案多人少"的矛盾非常突出,解决问题的关键是如何使法官从繁杂的辅助事务中抽身,集中精力办案。在这种情况下,需要将审判事务在法官和辅助人员之间重新调整分配。但长期以来,我国各级法院对审判权与审判辅助权未进行明确、合理的划分,司法实践中呈现相互交错混同的状况。

1. 审判事务与审判辅助事务没有实现更深层次的分离

目前,我国法院系统审判实践中事务的分工兼有分离模式与混合模式的特点。[②] 分离模式的特点体现在于对审判事务存在一些简单的分类和分工,如对审判员、助理审判

---

① 龙宗智:《审判管理:功效、局限及界限把握》,载《法学研究》2011年第4期。
② 邹碧华:《审判事务的分工与法官辅助人员的配置探讨》,载《法律适用》2002年第12期。

员、书记员、执行员和司法警察等几类人员的职责进行了粗略分工，法院内部事务也分别由不同的业务庭和其他部门承担，但目前绝大部分法院并未成立专门的审判事务中心，集中办理送达、委托鉴定等事务性工作，例如委托鉴定有时由业务庭负责，有时由司法技术室负责，所以导致了我国法院审判事务的具体运作过程更多地体现了混合模式的特征。在我国审判实践中，审判与审判辅助事务大致可划分为事实认定、法律适用、司法裁判、审判性事务、审判技术性事务等五项事务，其中，前三项属于法官的核心职能。课题组对 12 个法院审判人员承担这些事务的情况进行了抽样调查，结果显示：对于事实认定、法律适用、司法裁判等属于审判核心工作，有的法院由法官亲力亲为，但一些法院法官助理也承担了审判核心工作，甚至包括有两个法院默认书记员也履行事实认定和法律适用的职责。审判性事务、审判技术性事务等审判辅助工作，除了主要以书记员、法官助理承担外，在很多法院法官对此职责仍需承担一些审判事务性工作(见表 7-27)。由此可知，在我国法院尽管审判事务与辅助事务实现了一定程度的分离，但对于主辅事务分离没有明确界定，哪些事务由法官做，哪些事务可在法官指导下完成，哪些事务不必由法官做，似乎只是不同法院的习惯性做法，尚未达到更深层次的分离。

表 7-27　不同法院审判权与审判辅助权的权责配置具体情况统计

主体	事实认定	法律适用	司法裁判	审判性事务	审判技术性事务
法官	12	12	12	7	5
助理法官	12	12	12	10	7
法官助理	8	5	3	10	9
书记员	2	2	0	12	12

2. 法官与审判辅助人员的法定职责没有得到更清晰的界定

虽然我国《人民法院组织法》《法官法》等界定了法院可以行使的职权，但这些职权具体由谁行使并未做出明晰规定，集中表现在审判实践中，法官和助理审判员(助理法官)、法官与法官助理、法官助理与书记员之间职能缺乏分工定位。

(1)法官与助理法官的角色混同。按照《人民法院组织法》的规定，助理审判员被定位为"助理法官"角色，主要是"协助审判员进行工作"，代行审判员职务仅仅是"临时"的例外，但课题组对不同法院各 40 名审判员与助理审判员一年审结案件情况的调查发现，实践中法官和助理法官承担相关审判工作量没有多大区别，虽然普通法官担任审判长的案件数比助理法官担任审判长的案件数多 79 件，但助理法官所办理的案件数还高于法官 40 件。在绝大多数法院，一个人只要被任命为助理审判员，就可以"无条件代行审判员职务，'临时'二字早已灰飞烟灭"，[①] 审判员和助理审判员职责不分、职责重叠甚至职责混同成为各级法院的普遍现象。

(2)法官与法官助理的职责界限不清。建立法官助理制度虽然被明确为司法改革的目标，但现行法律对法官助理的职责还未做出明确规定。根据法院人员分类管理的要

---

① 许前飞：《中国法官定额制度与人民法院体制改革》，载《法律适用》2002 年第 12 期。

求，法官应是专职从事审理、裁判工作的专门人员，原本由其承担的大量审判辅助性、事务性工作应由法官助理等承担。目前一些法院探索试行法官助理制度，有的法院明确规定了法官助理的职责，但从课题组抽样调查的情况来看，办理案件过程中的各项事务，法官和法官助理均有可能"染指"，法官助理虽然在接待、安排案件当事人、采取诉讼保全措施、委托鉴定、评估等的工作量高于法官，但法官在审查诉讼材料、诉讼争执要点与归纳证据、排定开庭日期、拟定判决书的工作量均高于法官助理（见表7-28）。可见，在审判权行使上，不少法院对于法官和法官助理的职责缺乏明确区分，基本上各自都承担了对方的工作职责。这种"混杂"运行模式，容易给人造成一种"一个案件两个法官审"的错觉。

表7-28　法官与法官助理完成相关审判流程任务的情况

事　项	法官完成	法官助理完成	法官和法官助理共同完成
审查诉讼材料	74.6%	20.8%	4.6%
诉讼争执要点，归纳证据	62.4%	31%	6.6%
接待、安排案件当事人等	33.2%	39.7%	27.1%
采取诉讼保全措施	41.5%	46.7%	11.8%
委托鉴定、评估等	27.9%	68.4%	3.7%
排定开庭日期	78.9%	20.9%	0.2%
拟定判决书	61.2%	28.5%	10.3%

（3）法官助理与书记员职能界限交叉。在调查的法院中，法官助理与书记员并没有明显的差别，一些法院虽设立法官助理制度，但又混淆法官助理与书记员的地位和作用。当书记员不够的时候，法官助理就临时充当了"高级书记员"的角色，承担了除开庭记录、装订卷宗外的一切事务性工作（见表7-29）。有的是法官助理和书记员"谁在场"，任务就派给谁；有的则是由法官助理和书记员共同完成。根据课题组对抽样法院的调查，除法官助理组织证据交换任务比书记员多出48.1%外，法官助理完成开庭记录、装订卷宗、送达等事务性任务都在两成以上；承担文书送达任务的法官助理和书记员，各自所占的比例没有多大的区别，联系辩护人或代理人的事务，在不少法院法官助理和书记员之间并无明显区分。这种法官助理和书记员职能的交叉重叠，导致法官助理的工作压力增大，不堪重负。

表7-29　法官助理与书记员完成相关审判流程任务的情况

事　项	法官助理完成	书记员完成	法官助理和书记员共同完成
组织证据交换	68.6%	20.5%	10.9%
联系辩护人或代理人	49%	43.5%	7.5%
开庭记录	34.8%	59%	6.2%
文书送达	34.6%	36.7%	28.7%

续表

事　项	法官助理完成	书记员完成	法官助理和书记员共同完成
装订卷宗	29.1%	50.8%	20.1%

3. 法官与审判辅助人员的构成比例没有实现合理的搭配

按道理来说，"在一个合理设置的员额制度中，司法辅助人员的比例，不应当低于法官的比例，尤其是法官助理，应当明显甚至成倍数高于法官的比例"。[①] 但由于长期以来，在法院内部审判权与审判辅助权的界分不明确，为了争取更好的待遇，加之司法体制改革之前法官并无员额限制，以致各级法院都是"千军万马"挤"法官"这一独木桥，形成法官比例过高而审判辅助人员、司法行政人员比例过低的倒三角形人员结构。以 H 省为例，2014 年全省 143 个法院政法专项编制为 14730 人，实有 14072 人，在职法官共 8245 人，占总人数的 58.6%；法官助理和书记员仅占 12.9%。课题组随机调查了 6 个法院，虽然每个法院法官与辅助人员的具体比例不一，但法官比例均高于 50%，司法辅助人员的比例不到 20%（见表 7-30）。在案件数量激增，而法官助理、书记员配备不足的情况下，法官不得不分散精力处理很多本应由审判辅助人员完成的司法辅助工作，按司法体制改革确立的 39%、46%、15% 的员额比例，要确保审判辅助人员的来源或供给，难度还比较大。

表 7-30　法官与审判辅助人员构成情况分布表

单　位	C 中级法院	H 中级法院	L 中级法院	S 中级法院	H 基层法院	T 基层法院
在编人员数量	352	299	234	189	119	67
法官数量	237	182	122	98	69	38
法官助理数量	30	24	26	21	12	3
书记员数量	29	30	20	16	8	6
司法行政人员数量	55	48	41	42	20	14
司法警察数量	21	15	15	11	10	6

4. 对于法官与审判辅助人员科学分工没有凝聚更多的共识

从权力行使的主体角度而论，受统一的人事管理制度影响，一直以来我国对法院人员都套用与行政机关并无二致的单一化人员管理模式。即便在法院内部，法官管理也与法院其他工作人员的管理高度等同化，审判员、执行员、编制内法警和书记员、司法行政人员都是公务员，身份、地位、工资、福利待遇等基本一致，使用、管理、考核等方面基本上套用一个模式，相互之间轮岗调转也十分常见。此外，由于过去强调对司法的监督、管理较多而对司法活动专业特质的认同不够，导致"以法官为中心"的管理理念在法院长期缺乏共识。在问卷调查中，尽管有 63% 的受访者赞同推行"以法官为中心"的法院人事管理改革，但仍有 37% 的受访者认为不需要或者不知道如何看待"以法官为

[①]　郑成良：《司法改革四问》，载《法制与社会发展》2014 年第 6 期。

中心"的法院人事管理改革。

此外，从另一项调查来看，只有 46% 的受访者赞同拉开法官、审判辅助人员、司法行政人员三类序列人员的收入差距，明确回答不赞同的占了 29%，而回答不好说的占25%。上述两项调查均表明"以法官为中心"的法院人事管理理念在法院内部尚缺乏认同。反思近年来法院人员分类管理改革的得失可知，法院人员分类管理改革还需要凝聚更多的共识，还需要各方理解、支持。承担越来越大的办案压力的员额制法官需要支持，从事幕后司法辅助工作的法官助理、书记员、法警以及司法行政人员也需要支持。

二、优化审判职权配置的若干建议

人民法院审判权的优化配置和运行对于提高司法权威、维护司法公平正义具有重要的作用。优化人民法院的审判权配置，应当在充分尊重司法规律的基础上，突出审判活动为法院工作的中心环节，突出法官在法院各项工作中的中心地位，从法院体制机制和内外两个层面同时进行。

（一）科学定位四级法院的审判职权

从来自不同地区的调查问卷和座谈会调研的总体情况来看，上下级法院间职能分层技术阙如、权限边界模糊，未形成基于审级职能分工的金字塔的外观与机制，是一种"柱形"结构的司法等级，而分级行使审判权是司法权的特质，在于发挥审级的价值效率，不使审判发生错误，使得权利方获得救济。在构建我国四级法院的职能上，要考虑不同层级法院在实现规则之治与纠纷解决的分工，处在塔顶的法院需基于公共的目的，重在履行公共政策的制定等规则之治功能，而处于塔基的法院，重在解决各种具体的纠纷。

1. 建立以一审为中心的审查诉讼模式

我国流水线的诉讼构造呈现了以"二审（上级）"为中心的特点，存在对一审信任不足的问题。从域外制度看，英美法系与大陆法系的诉讼程序虽存在着诸多区别，但是"审级制度方面，两大法系不约而同地对第一审程序给予充分的关注"。[1] 毕竟"就深入理解一个案件而言，初审法官比上诉法官更有优势，特别是已实际审查某个案件，因为初审法官为该案已经花费了很多时间，远远超出复审其判决的上诉法官所花费的时间"。[2] 因此，确立以一审为中心的审判权行使模式，强化一审法官事实发现的功能，符合审级事实认定的规律。对于刑事诉讼而言，当前全面废除二审全面审查原则的条件尚未成熟，短期的改革目标应该是对于事实问题应坚持上诉采取不告不理的原则，如同民事与行政案件重点围绕上诉（抗诉）理由，对有争议问题进行重点审理；对于法律问题的上诉则仍采取全面审查的模式，以此突显二审法院能将有限精力履行法律审的职能。

---

① 易延友：《我国刑事审级制度的构建与反思》，载《法学研究》2009 年第 3 期。
② ［美］理查德·波斯纳：《法官如何思考》，苏力译，北京大学出版社 2009 年版，第 69 页。

2. 重视基层法院解决纠纷与中级法院定分止争功能

按照《人民法院组织法》和三大诉讼法的规定，所有的第一审案件，除了法律另有规定的之外，都由基层人民法院审理。因此，基层人民法院以审理一审案件为主，处于我国四级法院的塔基地位。基层人民法院与当事人接触最为紧密，其最主要的任务就是直接处理各种矛盾纠纷，发挥"初审"法院的功能。因此，需要高度重视基层人民法院解决纠纷的职能，保证基层人民法院行使一审案件的审判权。

中级人民法院除了审理法律规定由其管辖的一审案件以及基层人民法院报请审理或者收件人没反应指定管辖的一审案件之外，一个重要的职能就是审理对基层人民法院判决裁定提出上诉或者抗诉的案件，审理按照审判监督程序提起的再审案件。因此，中级人民法院在定分止争中担负着重大的职责。为了更好地发挥中级人民法院定分止争的作用，有必要把更多的案件下沉到基层人民法院，而让中级人民法院有更多的精力审理二审和再审案件。具体来说，"在科学测算的基础上，提升中级人民法院一审受案标的的金额，将绝大多数普通民商事一审案件的管辖权下放到基层法院"[①]。

基层法院面对案多人少的困境，可通过简化诉讼程序、案件繁简分流、完善小额诉讼速裁机制、健全多元化纠纷解决机制等措施，注重案件的事实审理，发挥事实审理的作用，达到分流案件与案结事了。对于中级法院而言，其重心应该直接在于对一审上诉案件的处理，而不是将更多的精力处理自身承担的一审案件，追求目标"不是纠纷的实质性解决而是案件的法律化处理"。[②] 对此，中级法院要采取有效的措施，避免与基层法院争夺一审的案源，将主要精力用在处理与纠正一审法律适用与事实认定上错误的案件，增强法律规范性的裁判说理，充分保障当事人获得二次救济的程序权利，真正发挥其"上诉法院"的核心角色功能。

3. 高级人民法院再审监督与审判指导并重

按照四级法院设计原理，高级人民法院应为最高人民法院分担大部分审判监督职能，重点审理对中级人民法院判决和裁定提出上诉或抗诉的案件、按照审判监督程序提起的再审案件，以及中级人民法院报请复核的死刑案件。因此，"高级人民法院虽然与最高人民法院适用相同的再审事由和甄别标准，但是在决定再审案件自审、提审或指令再审的标准上，应当明显不同于最高人民法院"，[③] 其职能应当从"再审、二审并重"逐步转化为"再审法院"与"管理法院"。也就是说，高级人民法院要以自己较为丰富的再审经验，承担起绝大多数的再审案件的审理任务。高级人民法院直接审理的一审案件，仅限于法律规定由其管辖的第一审案件，以及下级人民法院报请审理的重大案件和最高人民法院指定管辖的一审案件。高级人民法院审理的案件，更多的应当是再审案件，重在纠正一审、二审中可能存在的违法行为，而不应过多地审理一审或二审案件。此外，高级人民法院还可以通过发布典型案例、总结审判经验等方式，进行审判监督指导，负担起统一辖区法律适用的监督管理功能。

---

① 何帆：《论上下级法院的职权配置——以四级法院职能定位为视角》，载《法律适用》2012 年第 8 期。

② 王庆廷：《四级人民法院的角色定位及功能配置》，载《中州学刊》2015 年第 5 期。

③ 傅郁林：《司法职能分层目标下的高层法院职能转型——以民事再审级别管辖裁量权的行使为契机》，载《清华法学》2009 年第 5 期。

4. 最高人民法院以审判特别重大案件与创制司法解释并重

最高人民法院是我们国家最高的审判机关。它直接审判的案件，应当是特别重大的案件。这些案件包括：对高级人民法院判决和裁定提出上诉、抗诉的案件；按照全国人民代表大会常务委员会的规定提起上诉、抗诉的案件；按照审判监督程序提起的应当由最高人民法院再审的案件；高级人民法院报请核准的死刑案件，以及其他法律规定由最高人民法院管辖的案件和最高人民法院认为应当由自己管辖的第一审案件。随着最高人民法院巡回法庭的建立，最高人民法院管辖的案件，主要应当由最高人民法院派出的巡回法庭来审理，而最高人民法院本部的工作重心应当放在创制司法解释和发布指导性案例方面。

最高人民法院作为最高审判机关，负有监督地方各级人民法院和专门人民法院的审判工作的职责。就审判监督职权而言，尽管最高人民法院出台了相关司法解释使其受理案件数量上有所限制，但是最为根本的解决方式是：改变以诉讼标的金额或犯罪的轻重程度为标准选择管辖案件的方式，"建立上诉审筛选案件机制，将具有法律意义的案件筛选到最高法院"。[①] 同时，这并不意味着将所有具有法律意义的案件都集中到自己手中，而应赋予地方法院先行受理新型民商经济案件的权力，只有确实具有全国法律统一适用的案件才有管辖的意义，才能有更多的精力履行其核心角色——"法制统一、公共政策形成、权力制约等宏观功能"，[②] 实现从"办案法院"向"政策法院"转变。因为，最高人民法院依法享有对属于审判工作中具体应用法律的问题进行解释的职权和发布指导性案例指导全国各级法院审判工作的职权。最高人民法院应当更多地重视这些职权的发挥。特别是每一个司法解释的创制，都可以影响到一大批案件的审理。司法解释的质量问题直接关乎全国司法机关法律适用的公正与否。最高人民法院应当在这个方面下更多的工夫，发挥更大的作用。

（二）调整优化审判业务部门职权配置

目前，人民法院内部审判庭职权配置条块分割严重，职责交叉重叠程度较高，缺乏一套逻辑清晰的分庭标准，这既浪费了审判的资源，更不利于公众接受法院的司法服务。因此，要彻底理顺关系、改变法院审判部门职责分工不合理、职责交叉混乱的现状，就必须打破分工越细越精的固定审判庭设置藩篱，构筑新的审判格局。

1. 合理确定案件受案范围和管辖规定

目前三大诉讼法在受案范围、管辖等方面的制度均存在不一致的地方，三大诉讼类型的划分对应形成民事、行政和刑事案件，但司法实践中案件具有复合性与复杂性，存在个案形成上的类型交叉与关联。从短期的改革目标来看，在尊重当事人的选择权情况下，应制定办理交叉案件的司法事务分配管理办法，由"立案庭、行政庭、民事审判庭共同组成行政、民事案件交叉问题协调组织，3 个庭室各选派 1 名代表负责案件具体协调处理工作"，[③] 以规范业务庭之间的受案范围，避免案件分配的随意性，同时，可发

---

① 侯猛：《最高人民法院的功能定位——以其规制经济的司法过程切入》，载《清华法学》2006 年第 1 期。

② 左卫民：《死刑控制与最高人民法院的功能定位》，载《法学研究》2014 年第 6 期。

③ 朱军巍、武楠：《关于行政、民事纠纷交叉案件审理的调研报告》，载《法律适用》2009 年第 5 期。

挥专业法官的优势，与专业有关的案件，应由具有专业审判经验的法官优先参加审理。还可进一步规范专业审判组织的管辖级别和合理扩展管辖区域，以有效解决部分专业审判庭"无米下锅"的困境。此外，有的地方法院探索进行了民商事分案制度的改革尝试，在分案上打破审判庭的界限，实行各审判法官的平均分案，平衡各审判庭和法官案件审理的工作量。这种分案方式对于人数较少的基层法院可以普遍推行。

2. 重构上下级审判组织的职权配置体系

目前，我国审判组织很难说形成了完善的上下级审判组织体系，"法院在各庭间分配案件主要考虑的是案件工作量的平均和法院管理的便利"，[1] 缺乏层级和结构上的支持，审判职权的上下级动态运行存在无序发展的状态，不利于审判组织的上下互动。调整我国现有的上下级审判庭职权配置模式，一是要充分发挥中级法院在专业审判中的中坚作用；二是应以辖区内的案件情况为实际，充分关注不同层次法院审判庭系统整合的"纵向划分"，同类型案件较多的地方，可指导辖区法院建立对应的审判组织；三是裁撤不必设立的审判庭，让不必设立的专庭法官回归普通法庭，使上下级法院案件归口统一，审判模式相同。

3. 建立上下有别的大审判格局

1999 年，我国就要求调整民事审判格局，建立大民事审判格局的改革，而之后在改革中并没有得到较好的推广与实行，形成了对传统民事、刑事、行政三大审判庭职能划分的路径依赖。在目前司法改革中，有的法院以案件的特点和共性为依据，根据各人的专长相对集中地划分专业审判组织，而不再设立审判业务庭，并取得了较好的效果。[2] 因此，打破目前各审判庭各自为政的局面，从长期来看，需通过"拆庙"（撤销各审判业务庭）的方式减少微观职能。在基层法院，尤其要打通民事审判庭和刑事审判庭，组建混合型的审判组织，受理案件不用考虑行政、民事以及刑事上的分类，滚动分案，以保持各审判组收案动态均衡，也利于刑、民、行交叉案件的审理。由于我国法院随着级别的递增，专业审判越显得重要，在低层级法院应构建大审判的格局，而高级法院、最高法院可以在此基础上，根据实际情况设立各专业审判庭，以兼顾其专业审判与案件指导的功能。

（三）探索审判权与执行权相分离的合理模式

对于审执分离，不管是"彻底外分论"还是"深化内分论"，在理论界和实务界均存在一定争议。目前看来，彻底外分面临着机构、人员、衔接等巨大的成本，公众和法院的执行理念一时也难以扭转，且近年来，通过执行信息化、失信惩戒制度、协助执行网络、执行规范化等各项制度的建设，执行难、执行乱已经得到了有力遏制。结合我国的法律传统和现实状况，深化内分是当前审执分离改革最好的选择。审执分离的改革是一个系统工程，这不是简单的机构设置能够解决的，还需要立法、权力配置、组织、人员等多方面的合力。

---

① 曹志勋：《商事审判组织的专业化及其模式》，载《国家检察官学院学报》2015 年第 1 期。

② 马贤兴：《解决基层法院忙闲不均问题需构筑大审判格局》，载湖南省高院网 2015 年 9 月 1 日。

1. 制定"强制执行法"，实现立法分离

相较于审判程序的庞大立法架构，关乎执行的 35 条法律条文、60 条司法解释实属微乎其微。执行权在立法上的弱势地位不仅固化了大众对于执行权附庸于审判权的认知，也不利于司法实践中执行权的规范行使。因此，有必要制定单独的"强制执行法"，一方面实现审判权与执行权在立法层面上的分离，另一方面明确争议事项，厘定执行裁判庭和执行实施庭的具体分工，从根本上实现执行过程中审判权与执行权的分离。[①]

2. 整合刑事执行权，分立民事执行三权

通过执行分类，刑事领域财产刑的审执混合乱象将得到有效遏制。现阶段，我国民事执行已基本实现单列，刑事执行由于立法的原因，由法院、公安和司法行政机构分管，下一步的改革中，应将刑事执行权整合归口到司法行政部门，避免法院审执合一。就民事执行权的运行而言，权力分属不同机构，才能形成制约与监督。关于执行权的分立，执行实施权、裁判权、监督权三权鼎立的执行三权观比较契合实践。为了防止监督的虚化，三权应当分属不同的机构，且各机构应处于相互独立的地位。理想的执行权分立模式应如图 7-13 所示：

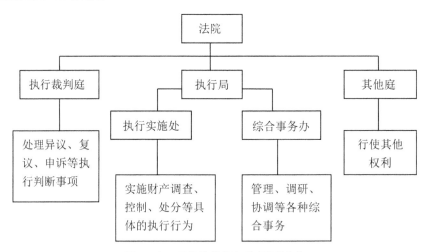

图 7-13　理想的执行机构设置模式

3. 推广先进经验，单列执行员序列

近年来，一些法院根据中央十八届四中全会的精神，积极探索执行体制改革，在试点的深圳前海法院，执行工作由深圳市中级人民法院统一领导和管理、统一指挥和调度，并以派驻执行实施团队的方式开展强制执行工作，以加强上下级执行部门行政领导关系来弱化执行的司法性。[②] 这种组织结构不仅在执行团队内部实现了裁判权与执行权的分离，还促进了司法权与行政权在形式上的分离。一方面确保了市级范围内执行机构的统一设置和管理，同时避免了地方保护主义的干预，值得复制和推广。在人员配置改革上，当前我国还没有建立起单独的执行员队伍，执行员和审判员间时常互换身份。此

---

① 陈亚尔：《执行程序中审执关系难题与权限规制》，载《福建法学》2014 年第 3 期。
② 王娅：《审执分离问题初探：规范分析与实证建构》，载《华中师范大学研究生学报》2015 年第 9 期。

外，执行员队伍普遍存在素质不高、队伍不稳定、不专业的现象。为了实现审执分离，必须建立执行员序列，明文规定执行员的任职条件、职责内容、职业特性，吸纳具备法律、财会、金融、房产等多学科知识的高素质人才充实执行队伍。[①] 具体设计为：执行法官负责执行裁判事务，执行员、书记员、司法警察负责执行实施实务及其他辅助事务。对人民法庭，则可派驻独立执行员，明确派驻执行员的授权范围，实现法庭在人员配置和管理上的审执分离。[②]

（四）改革完善不同审判职权主体的职责分工

完善不同审判权主体的职责分工，牵涉面极广，而且基于其间的相互勾连关系，对不同主体职责设定应当系统考虑、统筹安排。

1. 改革完善院长、庭长的监督管理职责

目前，院长、庭长是极其重要的审判监督管理主体，但院长、庭长过度介入裁判结论形成，又极大地侵蚀了合议庭在裁判结论形成过程中的主导作用，是造成"审者不判、判者不审"的重要制度性因素。课题组认为，遵循改革循序渐进原则，目前改革不宜完全否定院长、庭长对裁判过程的参与和影响，但应当严格限定和规范其审判监督管理权的行使。具体可分为三个方面：一是审判资源配置。着力构建体现审判工作中心地位的人力资源配置结构，最大限度地将力量充实到审判一线。通过人力资源优化配置，为案件依法公正高效处理奠定坚实基础。二是程序管理。监督管理合议庭是否真正落实各项要求，重点是监督管理落实合议工作机制，同时监督管理合议庭遵守流程规范、审限管理、审判公开等工作要求。三是限制院长、庭长监督指导实体裁判的范围。这是改革完善院长、庭长审判监督管理权最重要的环节。在充分研究论证的基础上，对院长、庭长可以（或应当）给予监督指导的案件范围做出明确限定，在此明确限定的范围之外，院长、庭长不得发表影响案件实体裁判的意见。如此，既可避免侵蚀合议庭作为基本审判组织的主导作用，又可保障院长、庭长集中精力用于研究疑难案件的处理。应当配套推进的是健全院长、庭长办案机制。院长、庭长很大程度上可以理解为较为优秀的法官，在将院长、庭长从繁重的案件审核签发任务中解放出来的同时，应当充分发挥院长、庭长的智慧和经验，由院长、庭长直接承办疑难复杂案件或者担任合议庭审判长。如此，既可保障疑难复杂案件的依法稳妥处理，又可有效发挥传帮带作用，促进队伍办案水平不断提高。与此同时，健全完善院长、庭长的责任机制。当前机制要求院长、庭长对分管条线或全庭的审判工作负责，必然推动院长、庭长对裁判结论形成的"深度介入"，以案件审批等行政化方式对审判权进行控制把关成为必然。基于"权责一致"的原则，缩减院长、庭长对实体裁判进行监督指导的范围，保障合议庭发挥基本审判组织的主导作用，院长、庭长承担的责任必然也要相应调整，院长、庭长只在其职责范围内承担责任。

2. 改革完善审判委员会的权责范围

当前审判委员会制度存在的突出问题是，讨论决定案件范围不确定，审判经验总结

① 肖建国、黄忠顺：《论司法职权配置中的分离与协作原则——以审判权和执行权相分离为中心》，载《吉林大学社会科学学报》2015年第11期。

② 洪冬英：《论审执分离的路径选择》，载《政治与法律》2015年第12期。

功能发挥明显不足。由此造成的影响是，一方面，造成合议庭对审判委员会的依赖心理，或者造成依赖心理的强化；另一方面，造成对合议庭直接裁判案件的辅助、支持不足，面对疑难复杂案件，合议庭缺乏可资运用的审判经验，面对真正的疑难案件难以形成经得起质疑的裁判结论。理论界对审判委员会的存废及其改革有很多的讨论，各方观点分歧很大。[①] 调研组认为，改革的方向应当是适当缩小审判委员会讨论案件的范围，重点加强对审判经验的总结，形成法律知识的共享机制，形成对合议庭直接裁判强有力的支撑。具体的制度设计，如刑事案件的讨论范围，不宜从可能判处的刑罚角度规定审判委员会讨论的范围，而应从案件涉及的问题是否具有示范指导意义的角度来做出决定。合议庭有提交审判委员会讨论的建议权，但对不符合既定讨论案件范围规则的案件，审判委员会可以拒绝讨论，或者审判委员会的讨论只作为参考，而无强制合议庭服从的效力，由此将合议庭的职责做到实处。

3. 改革完善司法考核评价机制

司法责任的追究，要以尊重和保护法官独立判断和负责精神为原则。既然合议庭对案件自主做出裁判，为防范可能的权力滥用和懈怠马虎，应当完善其责任机制。但如若法官行使裁判权时并无损害司法公正的不端行为，仅因裁判后事实、证据等情况的变化而追究法官办案责任，规避风险自然成为法官的"本能"选择，即使放权给合议庭，合议庭也会想尽办法"让渡"裁判权。在当前现实条件下，完全的放权难以行得通，必然给合议庭"让渡"权力留下通道。

此外，要发挥好合议庭的功能，科学设计法官的考核机制是基础。其中的重点亦有两个方面：一是科学设定法官的工作量标准，弱化结案数量的影响权重，着力克服当前较为普遍的"以数量论英雄"的弊端。当然，在审判权与审判辅助权合理分工的基础上，法官的办案数量标准相对目前应有较大幅度提升。二是强化合议庭工作机制落实。既要对参与审理非自己承办案件工作量的合理核算，又要对参与审理非自己承办案件的责任有合理的制度设计。对参审案件工作量的合理核算，有利于全面、公正评价法官的办案实绩，也可为合议庭工作机制落实提供正向激励。在责任承担方面，既不能过于严苛让法官对非属于自己原因导致的工作失误而动辄得咎，也不能让责任机制失灵对敷衍塞责、马虎大意者而放任自流，从而为合议庭工作机制落实提供反向约束。通过激励与约束措施同时推进，以充分保障法官尽职尽责。

4. 改革完善审判权运行保障机制

实现"审理者裁判"的改革目标，最主要的担忧是如何确保裁判质量，法官的能力和素质是否足以胜任？课题组认为，当前法官队伍的素质和能力是否足以胜任"审理者裁判"的要求，当然是值得认真研究和思考的。但是，如果认为法官能力素质不足而继

---

① 苏力：《基层法院审判委员会制度的考察及思考》，载《北大法律评论》1998 年第 2 期；雷新勇：《论审判委员会审理制——价值追求与技术局限》，载《人民司法》2007 年第 13 期；顾培东：《人民法院内部审判权运行机制构建》，载《法学研究》2011 年第 4 期。

续坚持全面的"行政化审核"，法官素质和能力的提升、"审理者裁判"必将永远只是梦想。① 当然，基于对法官整体素质的保守估计，基于统一裁判尺度的需要，在形成重心向合议庭倾斜的审判权格局的同时，应当建立完善对合议庭处理疑难问题的辅助支撑系统：第一，较为完善的法律信息资源，包括比较完备的裁判规则体系，比较丰富的指导案例、参考案例资源等，便于合议庭在处理疑难复杂案例时执行、借鉴或参照。第二，运转顺畅的业务咨询机制，便于合议庭在处理新类型案件时集思广益，如目前正在探索的专业法官会议，如审判委员会总结审判经验功能的发挥。第三，完备的上诉纠错和统一法律适用体系。探索改革目前大多数案件止于中级法院的机制，允许对法律争议重大的案件上诉至高级法院或最高法院，以审级制度确保法律的统一适用。

与此同时，基于目前的现实环境，应当增强法官、法院对抵御外界干扰、化解办案困难的能力。其一，追求社会效果应有的限度。司法裁判者在自由裁量权的范围内应当尽可能考虑社会效果，对"社会效果"的追求只能在法律规定范围内行事，绝不能以社会效果不好，如引发上访、闹访等对办案法官和合议庭做出负面评价。其二，排除办案阻碍应有"帮手"。当前的审判工作不可避免地存在一些单凭法官与合议庭难以有效、及时解决的困难，如当前刑事审判中的证据补查、推动证人、鉴定人和侦查人员出庭，信访维稳的处理等，需要有合理的渠道解决，可预期的是强化院长、庭长在这个方面的职责，而不是承办法官或合议庭对此单打独斗、负责到底。其三，职业保障应当不断加强。如果"在法官作出判决的瞬间被别的观点，或者被任何形式的外部权势或压力所控制或影响，法官就不复存在了"。② 为保障法官依法秉公行使审判权，既要对不端行为严肃追责惩戒，又要着力加强对法官的职业保障。最为基础的是建立正常的、制度化的晋升机制，让法官不必为考虑其职业晋升而影响对法律精神和公平正义的不懈追求。

（五）科学界定审判权与审判管理权（监督权）的关系

尽管审判权与审判管理权的关系呈现为一种矛盾的状态，受司法的现实条件所制约，当前人民法院仍需相当力度与适当方式的审判管理。换言之，在处理审判权与审判管理权两者关系上，既要防止审判管理权的"无界化"，又要防止审判权的"自由化"，使其保有相对合理的界限并实现良性互动。进一步来说，就是采取有效的举措构建"审判管理权与审判权是服务与被服务、制约与被制约的关系"。③

1. 确立审判管理权服务保障审判权的理念

当前，我国"法院内部是按照行政化结构搭建的形成明显的科层化等级结构"，④ 基于多种权力资源形成的隐性权威，院长、庭长等具有审判管理权的主体，很容易影响本

---

① 长久以来的"行政化审核"机制，虽然具有统一把关案件裁判质量的效果，但也造成普通法官业务钻研精神的不足的严重弊病，案件处理反正有院长、庭长和审判委员会把关，越是业务钻研认真的法官反而越容易在案件处理上跟领导顶牛，让领导不舒心。

② ［英］罗杰·科特威尔：《法律社会学导论》，潘大松、刘丽君、林燕萍等译，华夏出版社1989年版，第296页。

③ 李生龙、贾科：《反思与重塑：法院系统内部审判管理机制研究》，载《西南政法大学学报》2010第4期。

④ 张卫平：《体制、观念与司法改革》，载《中国法学》2003年第1期。

身所具有的审判权，更影响只拥有审判权的法官。但就"法院在社会中的基本职能而言，其内部行政管理制度从制度逻辑上看应当是为了支撑法院实现其审判职能的，应当是辅助性的"。[①] 因此，应当确立审判权在法院处于最为核心的地位，不能轻重倒置，毕竟最终代表法院的司法判断，依然源自审判权，所以院长、庭长等"所持"的审判管理权是衍生、从属于审判权的辅助性权能，不能超越审判权而独立存在，目的在于促进审判公正的高效权威。

2. 限制审判管理权的行使范围和行使方式

目前院长、庭长行使审判管理权影响案件的处理还是较为普遍，行政要素的强化与审判规律的要求处于一种尴尬的胶着状态，合理的做法应该是"监督法官，其方式和限度需把握于不损害法官的独立性与权威"。[②] 一方面，审判管理应以程序性、事务性为主要内容，不涉及实体性的判断。对于那些需要法官做出事实认定和价值判断的审判"核心问题"，审判管理权一般不应介入。例外的介入，也只能是政治敏感与法律适用存在争议的案件。另一方面，在内部处理案件的方式，应废除承办人向院长、庭长等审判管理主体报送判决意见的做法，主要采用合议方式。即主要采取院长、庭长亲自参与庭审、主持合议庭评议或采取类似"审判联席会议"的形式介入复杂、疑难案件的处理，而不是一味采取指令性的做法。

3. 建立审判权运行保障机制

审判管理权像任何行政权一样，具有天然的扩张性，要通过完善审判管理制度，解决好管理的介入程度或管理行为的规制问题，保证审判管理权力行使的谨慎克制，尤其要确立审判权行使的保障机制，并使其能"反制"审判管理权，从而改变"两权"之间的单向关系，实现两种权力的有效互动。[③] 同时，防止一味地强调追究法官责任，只要法官已尽必要的关注和谨慎义务，就不应当以客观上的错案后果追究法官责任。这样有利于避免一线法官将案件上交审判管理权主体决定，转嫁自己的办案风险。

（六）完善审判人员分类管理制度

如前所述，我国各级法院审判核心事务与审判辅助事务的运转均集中于审判单元，使法官深陷辅助性事务"难以自拔"。毕竟为建立"理想国"，柏拉图把人分为"黄金""白银"和"铜铁"，赋予不同职责，各司其职，各负其责。[④] 同理，为建立"法律帝国"，也需要对法官职权进行分类，分配不同权限，以便各就其位，各尽其能。

1. 合理区分核心审判工作与辅助审判工作

无论是法官，还是审判辅助人员，如果将案件从立案受理到最终归档的所有工作都承揽下来，难免造成他们对审判程序各个环节都熟悉，但又都不是特别熟练和精通，烦琐的事务性工作也会花费法官很多的精力，并且"疲劳度会引起司法裁判结果的变

---

① 苏力：《论法院的审判职能与行政管理》，载《中外法学》1999 年第 5 期。
② 龙宗智：《审判管理：功效、局限及界限把握》，载《法学研究》2011 年第 4 期。
③ 龙宗智：《审判管理：功效、局限及界限把握》，载《法学研究》2011 年第 4 期。
④ ［古希腊］柏拉图：《理想国》，郭斌和、张竹明译，商务印书馆 1986 年版，第 128 页。

化"。[1] 为此，应根据工作具体职责是否需要相应的司法专业能力，将审判性工作内容区分为核心审判工作与辅助审判工作，核心审判工作的内容可理解为，"在案件处理过程中，必须由职业法官亲自完成或者在场完成的具有独立决策性质的审判工作"，[2] 包括了认定事实、适用法律及司法裁断。而辅助审判工作又可以分为两类，"一类从事具有相应司法技术含量的审判技术性工作，另一类则从事无须司法技术要求的纯粹审判事务性工作"，[3] 前者包括了阅卷、财产保全、庭前调查等，后者包括了送达、开庭、结案归档等。

2. 构建以法官为主导的审判工作配置模式

在审判工作分类的基础上，再实行审判人员的合理分类，不同的工作交由不同的人员处理，这样审判工作的运转更富有效率，责任更加明确，也使得审判管理更有针对性。不过"实行法官员额制，归根到底是要推动建立以法官为中心、以服务审判工作为重心的法院人员配置模式"。[4] 通过对审判各个阶段工作的分析可以看出，一方面对于体现审判权基本属性的审判核心工作，如开庭审理、审核裁判文书、是否准予当事人的各种程序性申请等事实认定与法律适用的工作，应该法官来完成。另一方面，阅卷、财产保全、庭前调查等审判技术性工作，由于此类事务是对于法律专业知识要求较高的审判辅助性工作，需要思路与法官的裁判思路保持基本一致，应该由法官助理来完成。送达、结案归档、开庭等纯事务性工作，对于法律专业知识需求很低，可以交由具备初步法律知识和经验、具有相应行政工作能力的书记员来担任而无须法官助理，更无须法官来完成。另外，为了避免审判辅助人员之间因工作出现不必要的冲突，以便案件审判的运行，法官助理"可以依据法官的授权调度书记员的工作"。[5]

3. 进一步细分审判辅助事务

在将审判辅助事务区分为审判技术性工作和纯粹审判事务性工作下，建议进一步划分审判辅助类职位，增设立案审查官、审判管理员、院长助理、庭长助理、司法调研员等辅助人员职位。在域外，立案工作、审判流程管理工作通常是由审判辅助人员来完成，在我国，则专门由一批法官来承担，占用法官员额。可以借鉴国外法院的做法，设立程序性审判辅助人员，明确立案庭、审判管理等部门的工作由程序性辅助人员来完成。如立案审查员主要负责登记立案、信访接待、咨询、计算诉讼费缴纳标准、案件排期、案件记录、庭前准备等工作。审判管理员主要负责审判管理工作，包括案件督查、审限监督、案件质量评查、司法统计等。此外，与案件审判直接相关的审判行政事务工作往往由审判业务庭庭长来完成，耗费了资深法官很多精力，使资深法官无法集中精力裁判案件，可以考虑设立庭长助理等辅助性职位，分担庭长的事务性行政工作，以便让

① 李学尧、葛岩、何俊涛、秦裕林：《认知流畅度对司法裁判的影响》，载《中国社会科学》2014年第5期。
② 王静、李学尧、夏志阳：《如何编制法官员额——基于民事案件工作量的分类与测量》，载《法制与社会发展》2015年第2期。
③ 王静、李学尧、夏志阳：《如何编制法官员额——基于民事案件工作量的分类与测量》，载《法制与社会发展》2015年第2期。
④ 贺小荣、何帆：《深化法院改革不应忽视的几个重要问题》，载《人民法院报》2015年3月19日。
⑤ 叶锋：《司法改革视野下审判辅助事务管理模式初探》，载《东方法学》2015年第3期。

庭长集中精力裁判案件。还可以根据法官员额制改革需要设置院长助理，协助院长处理事务性行政工作，使院长能有更多的时间、精力办案。对于一些事务繁忙的资深法官，也可以考虑配置法官秘书，协助处理事务性工作，如安排日程、协调工作安排等。

4. 合理确定法官和审判辅助人员配比

从便于管理的角度出发，法官助理、书记员应直接配置给法官个人，这就意味着，至少要给法官配置1名审判辅助人员。当然，不同层级的法院配置审判辅助人员的比例应该不同，如中级、高级法院审判辅助人员配置的比例应该更高，但在配置过程中，也要避免"法官助理的数量与法院及法官级别成正比，导致'官'越大助理越多，而不是'活'越多助理越多"。[①] 从课题组的调查情况来看，多数人认为法官、法官助理和书记员按1∶1∶1比例配备更适宜。在当前制约各类人员比例确定有制度因素和诸多现实因素的情况下，如果从现有法院人员结构来看，审判辅助人员数量不足以满足这一比例配置。所以，应采取各种举措，尽量配置到上述的比例，在此前提下，才能考虑各种因素，配备更多审判辅助人员。

---

① ［美］理查德·波斯纳:《波斯纳法官司法反思录》，苏力译，北京大学出版社2014年版，第45～48页。

第八章　检察职权的优化配置问题

检察职权的优化配置是优化司法职权配置问题的重要组成部分，也是检察改革的核心问题。从检察改革的历程看，检察改革的绝大部分任务，都与检察职权的配置和行使有关。检察改革之所以都是围绕着检察职权配置进行的，是因为优化检察职权配置是检察改革始终不变的目标。检察改革如果缺乏对检察职权配置系统清晰的认识，如果没有明确的方向，如果违背权力配置的基本规律，就会盲目进行，就难以达到党和人民满意的效果，甚至连检察机关自身的要求都不能得到满足，今天的改革成果可能成为明天的改革对象。[①] 也正是因为检察职权配置在检察改革中占据了非常重要的地位，因此一直以来都是实务界和学者们研究的重点内容。

一、检察职权配置的现状与问题

自 2000 年最高人民检察院颁布《三年检察改革实施意见》以来，检察机关通过一项项扎实有力的改革方案对检察职权配置问题进行了总体部署，在全国检察人员的共同努力下取得了许多重大的成就。例如，全面建立主诉、主办检察官办案责任制度；完善人民监督员制度；逐步改革铁路、林业等检察院的管理体制；规范人民检察院派出机构的设置；省级以下自侦案件批捕权上提一级；推进检察人员分类改革等。以上的诸多改革在各个历史阶段顺应了整个司法改革的潮流，满足了司法工作的客观需要，对实现刑事案件的程序正义和实体正义起到了至关重要的作用。

但是，检察职权优化配置是一个复杂的系统工程，它涉及检察工作的方方面面，关涉多个权力机构，不可能一蹴而就。不仅如此，虽然检察机关在司法职权配置方面不断取得重要进步，但社会经济转型中出现的各种复杂矛盾也对我国司法职能不断提出新的挑战。党的十八届四中全会在《关于全面推进依法治国若干重大问题的决定》中明确指出，"必须完善司法管理体制和司法权力运行机制，规范司法行为，加强对司法活动的监督，努力让人民群众在每一个司法案件中感受到公平正义""推进以审判为中心的诉讼制度改革，确保侦查、审查起诉的案件事实证据经得起法律的检验"等等，这无疑对检察职权配置提出了全新的、更高的要求。[②]

---

① 张智辉：《检察改革要以检察职权优化配置为核心》，载《河南社会科学》2011 年第 3 期。

② 根据党中央确定的《关于在北京市、山西省、浙江省开展国家监察体制改革方案》，第十二届全国人大常委会第二十五次会议决定：在北京市、山西省、浙江省开展国家监察体制改革试点工作。党的十九大报告指出："深化国家监察体制改革，将试点工作在全国推开，组建国家、省、市、县监察委员会。"这一全局性的重大政治改革将职务犯罪侦查权从检察职权中剥离而由监察委行使，必将对检察职权的配置产生重大影响。

从总体上看，当前我国检察职权的配置是合理的、科学的，检察机关的司法改革向着让人民群众感受到公平正义的目标不断靠拢。但也必须承认，无论在理论上还是实践上，检察机关的职权配置还有许多有待完善之处。我们认为，当前我国在检察机关职权配置方面主要存在以下几个重要问题亟待明晰：

（一）检察职权的边界不太清晰

1. 检察职权边界的理论存在较多分歧

检察职权的内容相当复杂，不同的国家、地区之间存在着较为明显的差异。在检察职权的边界问题上，检察权和审判权的关系、检察权和侦查权的关系属于两个最为重要的理论问题，本书将在下文进行详细论证。除此之外，我们认为还有两个重要问题和检察职权的边界密切相关，需要给予足够的关注。

其一，检察起诉裁量权的边界模糊。[①] 起诉裁量权是检察机关彰显实质作用、体现程序价值的重要司法职权。"司法资源能否得到合理有效的配置、现代刑事诉讼的机体能否保持生态平衡，在某种意义上可以说仰赖于检察起诉裁量权的运作状况。"[②] 但长期以来，我国检察机关的起诉裁量权存在较为明显的问题，主要表现为法律条文规定过于简单，留下了过大的裁量空间。例如，1996 年《刑事诉讼法》第 142 条中对相对不起诉的规定只用了 42 个字，即"对于犯罪情节轻微，依照刑法规定不需要判处刑罚或者免除刑罚的，人民检察院可以作出不起诉决定"。而在 2012 年修订后，第 173 条完全继承了上述条款的内容，检察机关只能用大量的司法解释来填补法律的空白，这又造成了有关裁量权的立法分散、指导性差的情况。当然，用明确的条件来规定起诉裁量行为显然并不现实，但检察官行使某一种起诉裁量权至少要有一定的依据，比如说更为具体的"公共利益"、更加明确的"刑事政策"等，而这些在我国当前法律中基本没有规定。因此不少学者认为应当限缩检察起诉裁量权，例如从立法上规范不起诉制度，扩大不起诉裁量权的适用范围；从监督制约机制上取消"公诉转自诉"的规定，建立不起诉公开审查制度；从检察机关的管理体制上简化不起诉裁量权内部运行程序，制定科学、合理的案件质量考核标准等。[③]

值得注意的是，附条件不起诉制度是对我国起诉裁量权的一个重要变革。2012 年《刑事诉讼法》修订时新增了未成年人附条件不起诉制度。此外，该法在第 271 条、第 272 条和第 273 条较为详细地规定了附条件不起诉的程序和考察期注意事项及惩戒措施等内容。

"刑罚的个别化不仅适用于法院如何对被告人定罪量刑，同时也适用于在审前阶段，

[①] 从严格意义上来说，检察机关所有行使裁量权的领域都会牵涉到检察职权行使的边界范围问题，而在我国刑事诉讼中，检察机关可能行使裁量权的地方较多，"包含审查起诉、提起公诉、不起诉、抗诉等过程，检察官在这些过程中均可依法行使裁量权"。考虑到起诉裁量权和检察职权范围联系最为紧密，最具代表性，因此本书仅论述起诉裁量权。见姜伟主编：《公诉业务教程》，中国检察出版社 2003 年版，第 77 页。

[②] 周长军：《制度与逻辑——刑事诉讼机制的转型分析》，中国方正出版社 2005 年版，第 155 页。

[③] 卢建平、郭理蓉：《宽严相济与和谐社会——"以检察实践为主要视角"理论研讨会综述》，载《法制日报》2006 年 11 月 23 日。

警察机关以及检察机关判断是否有必要将被追诉人逮捕或起诉"。① 而附条件不起诉制度在实现刑罚个别化方面发挥着非常重要的作用，例如日本的起诉犹豫制度，检察官依法可以根据犯罪嫌疑人的犯罪性质、年龄、处境、犯罪危害程度及犯罪情节、犯罪后的表现行使裁量权，决定是否提起公诉。

但问题在于，我国 2012 年修订《刑事诉讼法》时将附条件不起诉限定在未成年人犯罪领域，这显然满足不了我国的实践需要，表 8-1 中 H 省的实践也印证了这一情况。2013—2016 年，H 省全省适用不起诉的案件数量分别为 68 件、142 件、223 件、214 件，适用的数量少，比率低。

表 8-1　H 省人民检察院 2013—2016 年审查起诉情况表

年份	审查案件总数	决定起诉		决定不起诉									
				合计		法定不起诉		相对不起诉		证据不足不起诉		附条件不起诉	
		数量	比例	数量	比例	数量	比例	数量	比例	数量	比例	数量	比例
2013	42925	37538	87.5%	5387	12.5%	315	0.7%	4404	10.3%	600	1.4%	68	0.2%
2014	43619	38277	87.8%	5342	12.2%	398	0.9%	3782	8.7%	1020	2.3%	142	0.3%
2015	46123	40218	87.2%	5905	12.8%	285	0.6%	3890	8.4%	1507	3.2%	223	0.5%
2016	48259	41900	86.8%	6359	13.2%	309	0.6%	4313	8.9%	1523	3.2%	214	0.4%

当然，附条件不起诉的范围并非天然狭窄，我国检察机关最早探索适用"附条件不起诉"制度就不是针对未成年群体。南京市人民检察院检察委员会于 2002 年 10 月 22 日通过《检察机关暂缓不起诉试行办法》，浦口区检察院是该方案的试点单位。该区大学生犯罪数量相对较多，"法律既要惩前毖后，也要治病救人。一个孩子念到大学不容易，被轻易开除无论是对于个人、家庭还是社会，都是一个大家不愿意看到的结果"。"如果作出暂缓不起诉决定，给出一个期限对这些学生进行帮扶教育，使他们悔过自新，效果就要好得多"。因此，浦口区人民检察院出台了《大学生犯罪预防、处置实施意见》（讨论稿），"对于已构成犯罪的在校大学生，针对不同情况，有选择性地对有帮教条件和具有可塑性的初犯、偶犯，综合考察其犯罪情节、作案手段以及犯罪动机，检察机关可相应地作出暂缓不起诉的决定"。这种突破既有立法的创新行为自然引发了法律上的极大争议。② 在当时，学者们对附条件不起诉制度的适用范围进行了较为充分的研讨，大部分都认为这一制度适宜扩大至所有群体，"暂缓起诉是检察机关根据法律的规定，对符合法定条件的犯罪嫌疑人决定附条件缓予起诉的决定，犯罪嫌疑人在一定期限内履行了法定的义务，作出终止诉讼决定的起诉裁量制度。暂缓起诉的实质是附条件不起诉"。③ 出于各种原因考虑，我国在 2012 年修订《刑事诉讼法》时对附条件不起诉的适用

① 张小玲：《刑事诉讼中的"程序分流"》，载《政法论坛》2002 年第 3 期。
② 刘建平：《"暂缓不起诉"捅了法律娄子？》，载《南方周末》2003 年 4 月 11 日。
③ 王敏远：《暂缓起诉制度——争议及前景》，载《人民检察》2006 年第 7 期。

范围设置较为狭窄，这也意味着迫于司法实践的需要，基层检察机关仍然存在着"创设"其他领域附条件不起诉的巨大动力，造成起诉裁量权适用边界的模糊。

其二，检察机关客观中立义务的客观困境。检察机关客观义务是指公诉人在刑事诉讼的过程中，并不以打击犯罪，追求胜诉为唯一的目的，而是将追求犯罪责任和保护被告人合法利益两者并重，主持正义的一种国家诉讼责任。在大力提倡司法竞技、平等对抗的刑事司法改革浪潮中，检察机关客观义务强调检察机关在公诉中应当偏向被告人一方。在刑事诉讼人权保障理念的推动下，检察官应当坚持客观义务已经被我国大多数学者所接受。[①]

检察机关客观义务转变了检察机关仅作为一方当事人的单一身份，拓展了检察机关的职能范围，要求检察机关及时收集、主动提供有利于被告人的相关证据。我国《刑事诉讼法》对此有着大量的规定，最为典型的是要求检察官全面收集证据，如第 50 条的规定。此外，检察院是有权提起审判监督程序的主要机关之一，如果事实、法律确有错误，检察官负有提起抗诉的义务，有责任保证法律的公正实施，应按照审判监督程序向人民法院提出抗诉。为了保证检察官能够真正履行客观义务，我国在立法中还专门规定了检察官回避制度，这在世界各国并不多见。

我们发现，将检察机关客观义务作为一个口号式的宣言不会存在太大争议，但如果要落实成具体的制度则面临着很多的挑战。有的检察官具体总结认为中国当前的检察机关客观义务存在着以下四个缺点：对各种证据的收集不全面；主要证据的范围把握不合理；是否提起公诉考虑欠周全；听取当事人的意见落实不到位。[②] 由于身份的重叠，让检察官认真履行客观义务是一个世界性的难题。在我国的司法实践中，出于起诉工作的巨大压力，以往检察官故意忽略收集有利于被告人证据的现象并不少见。而从其根源上，这正是检察职权行使边界不明确的一个重要表现。

2. 民行检察职权的规定存在明显不足

民事行政检察职能是检察机关的法律监督权在民事和行政领域的具体运用，一直属于检察职权中不可或缺的重要环节。我国《检察院组织法》中的检察职权基本集中在刑事检察领域，"重刑轻民"的现象在检察工作中长期存在，由于工作重心、专业知识局限、案件复杂性强等各种原因，民行检察工作在立法和实践中都还存在着一些困难。近年，我国的《民事诉讼法》《行政诉讼法》相继做出重大修订，对检察机关的民事行政检察工作提出了新的要求，2013 年 11 月 18 日《人民检察院民事诉讼监督规则（试行）》正式发布，2016 年 4 月 15 日《人民检察院行政诉讼监督规则（试行）》正式发布，为民行工作领域的检察职权完善做出了重要贡献和努力。而职权配置方面还存在以下几个问题：

首先，民事检察监督的范围扩大与否的分歧。《民事诉讼法》第 14 条规定："人民检察院有权对民事诉讼实行法律监督。"这是检察机关开展民事检察监督工作的纲领性条

---

① 林钰雄教授的著作《检察官论》（台湾学林文化事业有限公司 1999 年版，第 32~34 页）对检察官客观义务的本体问题有着比较深入的阐述。《国家检察官学院学报》2005 年第 4 期及《人民检察》2007 年第 17 期对检察官客观义务进行的专题讨论，以及对检察官客观义务的本体论问题均没有本质性的争议，学界基本形成共识。

② 陈晓东：《公诉案件中检察官义务的落实和强化》，载《人民检察》2008 年第 10 期。

款。我国《民事诉讼法》在具体的程序中还进一步规定检察机关可以在民事审判和民事执行两个领域发挥重要的监督作用，特别是在民事审判领域，既可以对做出实体处分的文书进行监督，同时也可以对审判监督程序以外的其他审判程序中审判人员违法行为进行监督。据最高人民检察院新闻发言人 2014 年 9 月的消息，"从近一年多来检察机关依法履行民事检察监督职责情况来看，民事诉讼法修改后，民事检察监督已从单一的对裁判结果的诉后监督步入涵盖对诉讼过程及审判人员违法行为和执行活动等在内的全面监督新阶段，监督范围和监督方式均得到拓展，监督力度更为有效"。[①]

　　但由于民事诉讼的特殊性，检察机关民事检察职能的扩大在理论上必须非常谨慎，在民事诉讼中，当事人双方地位平等，法院居中裁判，尤为尊重当事人的意思自治和实体处分权。我国民事诉讼一直在努力摆脱职权主义中国家机关（主要是指审判机关）对程序绝对主导和控制的局面，时至今日，已经在诉讼程序当事人化的道路上取得了相当大的成绩。有鉴于此，检察机关的民事检察监督权和当事人诉权之间的关系一直受到学界和实务界的高度关注，各方争议也较大。[②]

　　例如，在检察机关享有抗诉权方面，刑事诉讼领域的抗诉权合理性基本没有受到太多的质疑，而在民事诉讼中的抗诉权的问题上，很早就有学者提出强化当事人申请再审的权利而取消民事抗诉监督权，这些意见至今仍是学术研讨的课题之一。[③] 我们认为，检察机关的民事抗诉权有利于维护民事法律的正确实施，有利于维护当事人的合法权益，应当予以保留。但我们同时尊重当事人诉权和审判权，承认检察机关的抗诉权应当持审慎的态度。最高人民检察院的研究成果就认为，抗诉数量本身从来都不应当是民事检察价值追求的目标，"衡量抗诉数量是否适宜，其根本尺度应当是抗诉的法律效果和社会效果。"[④]权力行使的思路即便已经明确，但是在执行中还是很有可能会出现偏差。《人民检察院民事诉讼监督规则（试行）》第 23 条规定："民事诉讼监督案件的来源包括：（一）当事人向人民检察院申请监督；（二）当事人以外的公民、法人和其他组织向人民检察院控告、举报；（三）人民检察院依职权发现。"前两项规定的争议较小，但"人民检察院依职权发现"则存在扩大化理解的可能。实际上，对比《人民检察院行政诉讼监督规则（试行）》中并没有类似规定就可以得知，民事检察监督领域的权力边界并不十分清晰。

　　其次，民行监督运行中时常出现权力对冲。2012 年《民事诉讼法》修订之后，我国的民事检察监督出现了一些较为明显的变化。一方面，根据 H 省的统计，全省 2013—2016 年受理对裁判结果不服的监督数量分别为 767 件、1033 件、1046 件、969 件（见表8-2），但对民事行政审判活动违法监督则为 212 次、267 次、155 次、148 次。由此可见，大部分案件集中在对裁判结果监督的领域，而对审判人员违法行为和执行活动违法

---

　　① 徐盈雁、贾阳：《民事检察监督从单一抗诉转为多元化监督》，载《检察日报》2014 年 9 月 26 日。

　　② 马书振、潘美全：《民事检察监督的现状与完善——以依职权监督为视角》，载《中国检察官》2015 年第 10 期。

　　③ 以避免影响当事人诉权为主要论据，支持废除检察机关民事诉讼抗诉权的学者呼声一度较高。相关文献较多，较为典型的可参见景汉朝、卢子娟：《论民事审判监督程序之重构》，载《法学研究》1999 年第 1 期；欧阳明发、余向阳：《单一制民事再审制度的法律构建》，载《法学杂志》2001 年第 6 期。

　　④ 最高人民检察院法律政策研究室：《我国民事检察的功能定位和权力边界》，载《中国法学》2013 年第 4 期。

监督案件的数量则相对较少。从检察机关的职能特点而言，一般情况下，虽然对民事诉讼裁判结果进行监督，但是由检察机关对审判机关的各种违法行为和执法活动违法进行监督，更加能够体现出监督效果，体现了检察权对审判机关的直接影响，应当予以高度重视。另一方面，从处理结果上看，绝大多数案件的处理结果不支持监督申请。例如2016年已办结的969件案件中，做出不支持监督申请决定的有728件，所占比率为75.1%，提请抗诉或提出抗诉和提出检察建议共计185件占19.1%。出现这种情况的重要原因是，在新法实施后，当事人向检察机关申请监督没有时效规定，许多历史老案都能进入受理、审查环节，而真正要推翻原来的裁判，在证据的收集、调查等方面存在较大难度。有的检察机关反映，有的地方法院在驳回当事人再审申请后即不再受理当事人的申诉；有的地方法院在判决、裁定文书中明确写有"不服本判决（裁定）的可以向人民检察院申请监督"。事实上，这种做法是审判机关没有在自己的职能范围之内解决审判中出现的专业性问题，有推诿履行审判职能、转化矛盾的嫌疑，这种做法对社会稳定和司法机关的公信力有无裨益，值得进一步研究。

表8-2　H省2013—2016年不服生效裁判监督案件审查结果数据统计

审查结果 ＼ 年份	2013	2014	2015	2016
合计	767	1033	1046	969
提请抗诉	99	169	159	108
提出再审检察建议	35	79	17	28
提出抗诉	123	107	47	49
不支持监督申请	399	580	726	728
终止审查	78	65	63	43
其他	43	33	34	3

再次，检察机关内部控申部门与民行部门在处理案件时也存在职能不清互相推诿的现象。对于民事监督案件，民事诉讼监督规则确定了由控申检察部门受理、民行检察部门审查的"受审分离"的原则。但有的地方对规定的理解存在偏差，没有贯彻好规定的要求，存在控申检察部门应该受理而不受理，不该受理而受理的情况。有的地方控申检察部门以不熟悉、不了解民行业务为由，先将材料送民行检察部门审查是否符合受理条件，民行部门认为符合受理条件的再受理，甚至是民行部门认为符合监督条件的再受理，混淆了两个部门的职能；有的地方民行部门把控申部门受理的民事案件又退回控告部门；有的地方民行部门发现下级院做出的不支持监督申请决定有误，需要重新办理的，移送控申检察部门受理；有的地方根据《民事诉讼法》第15条及高检院民行厅工作要点的要求，对于发现的支持起诉案件和行政违法监督案件，由控申部门发送受理通知书；有的地方民行检察部门对不支持监督申请的案件，不认真配合控申部门作息诉罢访工作，致使有些案件久缠不休，影响检察机关正常的工作秩序。

最后，公益诉讼中的检察介入问题。正如上文所述，检察机关介入公益诉讼成为近年我国诉讼法领域研究的热点问题。2012年《民事诉讼法》第55条规定："对污染环境、侵害众多消费者合法权益等损害社会公共利益的行为，法律规定的机关和有关组织可以向人民法院提出诉讼。"这一条是原则性的规定，并没有明示检察机关可以介入公益诉讼，因此在这个基础之上，2015年12月16日最高人民检察院通过《人民检察院提起公益诉讼试点工作实施办法》对检察机关明确介入民事和行政公益诉讼进行了专门规定，该实施办法第1条规定："人民检察院履行职责中发现污染环境、食品药品安全领域侵害众多消费者合法权益等损害社会公共利益的行为，在没有适格主体或者适格主体不提起诉讼的情况下，可以向人民法院提起民事公益诉讼。"第28条规定："人民检察院履行职责中发现生态环境和资源保护、国有资产保护、国有土地使用权出让等领域负有监督管理职责的行政机关违法行使职权或者不作为，造成国家和社会公共利益受到侵害，公民、法人和其他社会组织由于没有直接利害关系，没有也无法提起诉讼的，可以向人民法院提起行政公益诉讼。"

从职权配置的角度，检察机关介入公益诉讼是检察职权的延伸，最高人民检察院对公益诉讼工作给予了相当的重视，2016年3月，时任检察长曹建明在向全国人大进行工作报告时提出，自2015年7月起，以生态环境和资源保护、国有资产保护、国有土地使用权出让、食品药品安全等领域为重点，在13个省、自治区、直辖市开展提起公益诉讼试点。山东、江苏、广东等地检察机关已提起公益诉讼12件。在2016年4月8日，最高人民检察院发布了三则检察机关提起公益诉讼的典型案件。[①]

在检察机关提起公益诉讼试点的一年时间内也反映出一定的问题，其中最为典型的是检察机关介入民事和行政公益诉讼存在着较为明显的选择性执法。和庞大的信访数量相比，检察机关发现的案件线索比率几乎可以忽略不计，而且检察机关对提起民事公益诉讼的领域似乎也有一定的选择性。截至2016年6月，13个试点省份检察机关已发现公益诉讼案件线索1233件，其中行政、民事公益诉讼案件线索分别为984件和249件，多数公益诉讼线索属于涉环境资源领域，而食品药品安全领域的仅61件，且尚未形成诉讼。

如何破解检察机关提起公益诉讼存在的选择性问题，是确保公益诉讼全面开花必须面对的课题。[②] 法律赋予了检察机关介入公益诉讼的空间，但是留下了较大的裁量权，因此在是否启动公益诉讼方面，检察机关有着较大的操作空间，职权使用基本上属于模糊不清的状态。换言之，检察机关是恰当行使了职权还是怠于行使职权，是主观因素还是客观因素导致没有进行公益诉讼，这些问题目前还处于研究的初级阶段，需要较长时间的跟踪研究。

---

① 广东省汕头市人民检察院对郭松全等人污染环境案提起民事公益诉讼；江苏省苏州市吴江区人民检察院对吴江区国土资源局提起行政公益诉讼；云南省普洱市人民检察院对云南景谷矿冶有限公司污染环境案提起民事公益诉讼。

② 张智全：《公益诉讼发力须让主体"突围"》，载《人民法院报》2016年6月5日。

（二）检察职权的手段较为薄弱

党的十八届三中全会之后，我国对省级以下法院和检察院的人财物管理提出了新的要求和做法，提出了省级统一管理的构想，这对检察事业的发展起着非常深远且积极的重要作用。中央的统一部署有利于弥补检察机关在人财物方面的短板，但除此之外，各级检察机关在具体履行检察职能的时候还会遭遇到各种情况，也反映出某些工作上检察职能的手段还比较薄弱，需要在今后的改革中予以修正。

1. 诉讼监督方面

由于牵涉到与不同机关的协调，因此诉讼监督方面存在的沟通协调难度最大，问题也最多。有学者直言："这十多年来，检察机关的权限一直处于不断缩小的状态已经成为不争的事实。检察机关在面对强势的公安机关时，也往往不能拿出有力的制约手段，导致监督不够。"[①]

首先，对刑事立案的监督。立案监督是检察机关对刑事案件入口的监督方式。《刑事诉讼法》第 111 条明确规定了人民检察院的立案监督权。但在司法实践中，公安机关对检察机关的意见反馈并不积极（见表 8-3、见表 8-4）。2012 年公布的《人民检察院刑事诉讼规则（试行）》第 560 条规定："公安机关在收到通知立案书或者通知撤销案件书后超过十五日不予立案或者既不提出复议、复核也不撤销案件的，人民检察院应当发出纠正违法通知书予以纠正。"这一监督的约束力较低，无法充分保障被害人的合法权益。

表 8-3　H 省 2013—2016 年对公安机关应当立案而不立案的监督情况表

年份	2013	2014	2015	2016
受理	617 件	861 件	1156 件	1265 件
其中办案发现	352 件	552 件	701 件	674 件
其中被害人控告	112 件	109 件	179 件	143 件
其中行政执法机关移送件	8 件	28 件	30 件	51 件
要求公安机关说明不立案理由	609 次	848 次	953 次	1079 次
公安机关主动立案	476 件 609 人	621 件 729 人	756 件 906 人	795 件 1017 人
通知公安机关立案	68 件 82 人	97 件 115 人	117 件 140 人	83 件 96 人
公安机关执行通知立案	71 件 84 人	89 件 106 人	105 件 131 人	67 件 80 人
对不立案发出纠正违法通知书	0 次	4 份	6 份	1 份
催办	19 次	1 次	3 次	0 次

---

① 苏斐然：《检察机关刑事诉讼监督失灵问题探析》，载《牡丹江大学学报》2015 年第 12 期。

表 8-4　H 省 2013—2016 年对公安机关不应当立案而立案的监督情况表

	2013 年	2014 年	2015 年	2016 年
受理	309 件	553 件	662 件	693 件
其中办案发现	135 件	336 件	327 件	384 件
其中当事人申诉	18 件	54 件	25 件	22 件
要求公安机关说明立案理由	307 件	550 件	582 件	662 件
公安机关主动撤案	278 件	436 件	482 件	500 件
通知公安机关撤案	24 件	83 件	151 件	121 件
公安机关执行通知撤案	24 件	78 件	136 件	119 件
复议复核	0 件	/	/	/
其中维持原决定	0 件	1 件	6 件	1 件
其中改变原决定	0 件	1 件	0 件	0 件
对不撤案发出纠正通知书	19 份	19 份	3 份	0 份

其次，对侦查过程的监督。在侦查阶段，侦查违法是检察机关监督的重要工作之一，由于缺乏深度介入，检察机关一般通过对案件材料进行书面审查的方式发现侦查违法的情况，监督效果难以保障。根据实务部门同志总结，司法实践中的监督方式经常不规范（见表 8-5），"由于目前法律并没有对检察机关采用的这些监督方式给予明确，导致监督的效力缺乏法律制度的有力保障，监督的效果自然差强人意"。[①]

表 8-5　H 省 2013—2016 年侦查活动监督情况表（件）

年份及部门	2013 年侦查监督部门	2013 年公诉部门	2014 年侦查监督部门	2014 年公诉部门	2015 年侦查监督部门	2015 年公诉部门	2016 年侦查监督部门	2016 年公诉部门
侦查取证违法	8	9	20	10	29	15	18	6
徇私枉法	0	0	2	0	0	0	0	0
侦查措施违法	23	10	9	7	29	4	9	8
涉案赃物违法	60	50	52	21	64	26	37	22
不当撤案	1	1	12	0	0	2	1	0
强制措施违法	82	65	91	43	80	68	65	83
阻碍诉讼权利行使	26	36	40	23	47	32	18	52
办案期限违法	221	282	389	384	423	545	363	588

[①]　张庆宇：《检察机关侦查监督职权问题研究》，载《山西省政法管理干部学院学报》2011 年第 3 期。

续表

年份及部门	2013年侦查监督部门	2013年公诉部门	2014年侦查监督部门	2014年公诉部门	2015年侦查监督部门	2015年公诉部门	2016年侦查监督部门	2016年公诉部门
回避与告知违法	120	167	104	45	70	62	106	56
其他	854	1308	1029	954	1189	936	1254	926
书面提出纠正合计	1395	1928	1748	1487	1931	1690	1871	1741
	3323		3235		3621		3612	
已纠正合计	3134		2979		3032		3177	

最后，新设制度的监督。在三大诉讼法修订之后，我国新增了一部分重要诉讼制度，而对这些制度经常存在着监督不足的情况，譬如，对精神病人强制医疗程序是我国新增的特别程序之一，在司法实践中已经开始逐渐产生影响。

虽然2012年《刑事诉讼法》第289条规定了人民检察院需要对强制医疗的决定和执行实行监督，但《刑事诉讼法》并没有规定任何监督方式，仅仅在《人民检察院刑事诉讼规则(试行)》中通过第661~667条对检察机关的监督程序进行了进一步规定，抛开检察机关通过司法解释自我授权式的立法是否妥当不论，该司法解释也并没有对一些重要的关键性问题进行更多的解释。例如，《刑事诉讼法》第286条规定，人民法院受理强制医疗的申请后，应当组成合议庭进行审理。同时明确提出应当通知被申请人或者被告人的法定代理人到场。但检察机关是否应当到庭？在法理上，如果检察机关不参与庭审，则无法出庭支持自己提出的强制医疗申请，同时也无法对决定过程进行有效监督。我国《刑事诉讼法》和《人民检察院刑事诉讼规则(试行)》对此均没有规定，实际上，因为司法解释规定强制医疗执行监督由人民检察院监所检察部门负责，而监所检察部门在出庭方面的工作能力相对比较欠缺，这些立法缺陷自然会影响检察机关监督职能的顺利履行。

除此之外，我国《民事诉讼法》和《行政诉讼法》新增了民事公益诉讼、行政公益诉讼，还对检察机关监督范围、监督方式、监督手段、抗诉程序等方面进行了不同程度的调整，检察机关如何更好地履行这些职能还存在一定的适应过程，还需要在实践中不断总结经验。

2. 刑事侦查权方面

我国检察机关的刑事侦查权目前处于一个变革的历史节点。2016年12月，国家决定在北京、山西、浙江开展国家监察体制改革试点工作。2017年10月，中共中央办公厅印发《关于在全国各地推开国家监察体制改革试点方案》，部署在全国范围内深化国家监察体制改革的探索实践，完成省、市、县三级监察委员会组建工作，实现对所有行使公权力的公职人员监察全覆盖。按照全国人大常委会通过的试点工作决定，监察委员会可以采取谈话、讯问、询问、查询、冻结、调取、查封、扣押、搜查、勘验检查、鉴定、留置等措施。王岐山同志在十八届中央纪委七次全会上的工作报告中指出："监察委员会作为监督执法机关，履行监督、调查、处置职责，赋予谈话、询问、留置等调查权限，体现全面深化改革、全面依法治国、全面从严治党的有机统一。"因此，我国检察机关的刑事侦查权可能需要进行统一的调整。但这不妨碍我们对检察机关侦查权进行认真总结。即便是今后检察机关侦查权划归监察委员会等单位，但检察机关数十年侦查工作的经验仍然值得总结和继承。

从既往的工作来看，我国检察机关在侦查权的配置上出现了如下职权配置不力的情况。

第一，检察机关职务犯罪侦查权的内部监督乏力。否定论者认为职务犯罪案件由反贪反渎部门侦查，由侦查监督部门审查批捕，由公诉部门审查起诉和提起抗诉，这种自侦自查、由检察权全方位包围的程序设计，自始至终只有两方即检察机关一方、犯罪嫌疑人及其法律帮助者一方，没有第三方的介入，更遑论"中立的第三者"，使权力运行缺乏有效的监督制约机制，因而并不具有正当性。例如，有学者明确指出："面对强大的国家机器，一切强制性限制或者剥夺公民权利措施都不需要第三方的批准，这样一种单方、超职权的侦查权，在全世界任何法治国家都不可能允许存在，在这样的前提下要求废止检察机关的侦查权，还需要太多的理由吗？"[①]为弥补职务犯罪侦查领域监督的乏力，检察机关进行了多项改革，例如，将检察机关自侦案件的批准逮捕权上提一级，基层人民检察院不再享有自侦案件的批捕权，在批捕问题上实现了不同检察机关之间的错位监督；建立人民监督员制度，加强外部监督，维护了犯罪嫌疑人的合法权益等。但是，制度上的修补却始终难以摆脱监督不足的质疑，"把下级检察机关的职权提到上级检察机关来行使，是否具有科学性，同样是一个值得研究的问题"[②]。

第二，职务犯罪侦查权的独立性不强。按照法律和党章的规定，纪检监察机关负责查处党员干部违纪案件，检察机关负责查处国家工作人员职务犯罪案件。但从实践来看，检察机关查办职务犯罪案件的职权和党的纪检监察部门查办党纪案件的职权往往界限不清。同一个人的同一个案件，存在既由党的纪检监察部门查办，又由检察机关侦查的情况。在反腐败斗争形势严峻时期，党的纪检监察部门更是承担着大量查处贪污腐败、渎职侵权犯罪的工作，相比之下检察机关职能犯罪的侦查能力则稍显不足。同时，由于司法权独立性不足，检察机关在行使职务犯罪侦查权的过程中往往受制于地方党委和地方政府，一定程度上制约了检察机关职务犯罪侦查能力的发挥。[③]

第三，过分依赖职务犯罪侦查权。由于检察院一直采用侦查办案的手段作为行使法律监督的重要方式，通过打击国家公务人员职务犯罪，利用由此产生的威慑力起到法律监督的作用，久而久之法律监督被弱化了，检察院的侦查权反客为主，变成了检察院的主要职责。权力的膨胀加之监督制约的乏力，导致了一些违法现象的产生。

监察委员会改革之后，职务犯罪侦查工作从检察机关脱离已经是必然结果。面对这一重要职权的丧失，部分检察官产生了消极、悲观的情绪，认为职务犯罪侦查权剥离

---

① 高一飞：《从部门本位回归到基本理性——对检察机关职权配置的思考》，载《山西大学学报（哲学社会科学版）》2008 年第 6 期。

② 张智辉：《检察改革要以检察职权优化配置为核心》，载《河南社会科学》2011 年第 3 期。

③ 刘广三、马云雪：《职务犯罪侦查权独立性研究——以法律监督为视角》，载《法学杂志》2013 年第 6 期。

后，检察机关的法律监督的权威无法保障，法律监督将会形同虚设。在建立全面覆盖国家机关及其公务员的国家监察体系的大局面前，检察机关必须切实提高政治站位，强化责任担当，深入细致做好检察官的思想政治工作，确保思想不乱、队伍不散、工作不断。在当前形势下，如何将职务犯罪侦查权顺利交接，如何将职务犯罪侦查的诸多经验传递，如何在制度上让侦查权运行更加符合诉讼原理，如何将新设置的职务犯罪侦查权和检察机关现有的公诉、侦监和控申等各部门进行有效对接，如何使法律监督向纵深发展、保障法律监督职能实施，加强对这些问题的思考，是能够满足时代发展需要，有益于准确处理法律监督权、检察权和侦查权之间关系的正确做法。

3. 提起公诉方面

从公诉权对审判权的制约机理上分析，检察机关至少可以在程序启动、公诉变更、量刑建议和抗诉等四个方面对审判权产生较为明显的制约关系。这其中，有部分权能面临着制约乏力的尴尬局面。

最近几年，我国不断加强对检察机关量刑建议的重视程度。早在 2005 年，最高人民检察院就颁布了《人民检察院量刑建议试点工作实施意见》。2010 年，两高三部联合发布了《关于规范量刑程序若干问题的意见（试行）》，最高人民检察院也进一步下发了《关于积极推进量刑规范化改革全面开展量刑建议工作的通知》和《人民检察院开展量刑建议工作的指导意见》。在"以审判为中心"的改革背景下，不仅需要公诉人简单地发表量刑建议，更需要对量刑证据、量刑事实、量刑结论等问题与被告人、辩护人展开充分的辩论，量刑建议权已经成为公诉权的一个组成部分。

但在目前，一方面，量刑建议的适用范围受到了一定的限制，审批程序较为烦琐，不利于诉讼效率的提升，而且在表现形式上，由于《人民检察院刑事诉讼规则（试行）》等文件要求以"量刑建议书"为主要形式，虽然有利于规范量刑建议提出程序和严格量刑建议，但这种方式的另一面是灵活性机动性不足。庭审过程是一个动态变化的过程，有些量刑情节如自首、被告人认罪态度、刑事和解等容易在庭审环节发生变化。另一方面，由于我国法院的判决文书高度格式化，长期存在说理性不足的问题，而法院有关量刑的相关司法解释又留有余地，并没有对量刑建议的采纳、评述等问题做出明确规定，由此导致在实践中量刑建议仅限于建议的范畴，法院采纳或不采纳的随意性较大。

（三）检察职权内部配置有待优化

在司法实践中，任何检察职能最终都需要通过一定的部门设置落实为部门的具体工作，故而检察职权的内部配置和检察机关内设机构问题密切相关，均属于研究我国检察职权优化配置的必然组成部分。

我国的检察机关的内设机构处于一个动态变化的过程，有学者对我国检察机关内设机构的历史进行了考察，"内设机构设置经历了新中国成立初期的初建、1978 年检察机关恢复重建至 1983 年设机构进一步发展和规范、1983 年至 2000 年内设机构调整，以及 2000 年至 2003 年检察机关集中改革完善内设机构设置等 4 个发展时期。"[①]这仅仅是

---

① 徐鹤喃、张步洪：《检察机关内设机构设置的改革与立法完善》，载《西南政法大学学报》2007 年第 1 期。

2007年的研究成果，实际上从1999年开始的检察机关多个改革方案中，几乎每次都会专门提及司法职权内部配置的问题。例如，1999年2月8日下发的《检察工作五年发展规划》单独设置一点，要求"科学设置机构，统一业务机构名称，合理配备力量"。在这一文件中，还详细列举了改革的任务目标，"总的原则是精减非业务机构，合并职能重叠的部门，充实业务部门和基层的力量。高检院、省级院、地级院、县级院业务部门的人员配备分别应占同级院总人数的60%、65%、70%和75%以上。依法规范各级检察院的业务机构，合理配置职能，改革目前职能有交叉、名称不科学、不统一的状况，地级以上检察院的业务机构力求一致。"而2015年的《关于深化检察改革的意见（2013—2017年工作规划）》，同样要求规范内设机构设置，"研究制定地方各级检察院内设机构设置指导意见，明确设置标准，整合相关职能，形成科学合理、规范有序的内设机构体系。制定派出检察院管理办法，规范派出检察室设置标准、职能定位和职责权限，明确派出主体，完善审批程序"。可以认为，检察机关内部职能配置一直是近二十年来检察机关改革的关注重点之一。

在中央和最高人民检察院的统一部署下，各级检察院结合工作职能变化和本地特殊情况也一直在开展着内部结构调整的有关工作。以湖南省某市为例，1985—1987年，为了加强信访处理、纠正冤假错案，设立控告、申诉检察股；1989—1993年，全国人大相继制定了《行政诉讼法》《民事诉讼法》，这两部诉讼法分别赋予检察机关对行政诉讼审判、民事诉讼审判进行法律监督的职权，基层检察院纷纷设立了民事行政检察股；在20世纪90年代，经济检察股更名为反贪污贿赂局，并升格为副局级机构；法纪检察股更名为渎职犯罪侦查局。随着检察机关自身建设不断加强，检察工作逐步深入，服务法律监督职能的内设机构逐步设立，如政工、纪检、监察、行财、法警、技术等内设机构基本上是在20世纪90年代成立的。在2002年，该市基层检察院根据"三定"方案整体上完成了内设机构的设置，随后根据中央和最高人民检察院统一要求，各基层检察院在内设机构设置上又有了新的变化，包括更改机构名称、少数机构升格或是高配、增设新部门等。如，随着反腐倡廉建设的推进，探索职务犯罪预防工作，设立预防机构；2005—2006年，该市基层检察院渎职犯罪侦查局升格为副科级机构，更名为反渎职侵权局；为了加强案件监督和管理，推动规范执法建设，2011—2012年，基层检察院设立了案件管理中心等。

可以认为，国家对检察机关内部职能配置给予了相当程度的重视，各地检察机关也较好地配合着中央和上级检察机关的工作要求。但不可否认的是，迄今为止我国检察机关内部职能配置还存在着较为严重的问题，已经对检察工作产生了较为严重的负面影响。"内设机构设置的不科学，影响检察职能的充分发挥，甚至使法律赋予检察机关的某些职权没有机构行使；内设机构职责划分的不清晰，影响检察职权的有效行使，容易造成内设机构之间的推诿；内设机构设置的不科学，影响检察资源的充分利用，使本来就有限的检察资源更加紧缺；内设机构混乱，影响检察管理水平的提高，使执法规范化建设难以实现。"[①]产生这些问题的原因较为复杂，检察机关内部职能配置涉及单位内部

---

① 张智辉：《应当重视检察机关内设机构改革》，载《检察日报》2011年8月19日。

人财物的统一调配，牵涉较多的实际利益，需要综合考虑各种因素，因此改革的难度较大，同时，检察机关内部职能配置还需要考虑到和其他国家机关之间的对比，和上级检察机关工作的对接，加大了机构设计的复杂性。下文将从基层检察机关的视角详细分析我国检察职能内部配置方面存在的问题。

1. 内设机构的设置依据较为复杂

检察职权的内部机构设置必然需要依照科学的依据，一般而言，最主要的考量因素应当是履行检察职能的实际需要。但在检察实践中，不少基层检察机关在安排内设机构的时候加入了一些复杂的因素。第一，延续了国家机关精简机构乏力的传统。一直以来，在机构设置上我国都有"做加法"容易"做减法"难的问题，检察机关同样如此。任何机构设立之时肯定是为了突出某项工作，在特定的历史背景下有着必要性，但是随着时间变化，有些机构设立之初的条件因素发生变化，办案数量、工作任务要么是长期没有多大变化，要么是逐渐减少，机构存在失去了必要基础，完全有必要同其他机构进行整合，但不少检察机关出于各种考虑，一般不会主动精简裁撤这些部门。第二，有些地方把机构设立变相作为解决干警职级待遇的途径和平台。机构多，官帽多，为检察干警争取职级待遇有了理直气壮的依据，特别是在某些经济相对落后的地区，检察机关工作任务较重，工作条件较为艰苦，工资水平较低，多设置领导岗位是留住人才的一种较为常见的手段。第三，服从大局安排的需要。上级会对检察机关内部职能配置进行统一安排，这种安排具有科学性，但是各地情况差异较大，因此落实在基层则有可能会显得并不合理。例如某些基层检察机关基本不存在某一项工作任务，但是为了保证和上级检察机关工作对接，从而设置了对应的机构。

2. 机构设置缺乏规范性

在我国，当前不少地区检察机关的机构设置规范性不足，譬如，即便是一个地级市内下辖的县区检察院也可能会存在着机构设置不统一的情况。具体表现有，首先，机构的数量不统一。例如，某市13个基层检察院统一设立的机构有13个，包括办公室、政工、侦查监督、公诉、反贪污贿赂、反渎职侵权、监所、民行、控申、法警、林检、技术、案管。除此之外，有4个基层检察院根据工作需要又另行设立的机构有5个，如职务犯罪预防、监察、行财、法律政策研究、检务督查。其次，机构的名称不统一。基层检察院不同业务部门机构名称多达6种，包括局、室、科、股、队、中心。就是同一机构名称也不一样。同样是政工部门，有的检察院叫政治部，而有的基层检察院称政工室；同样是侦监部门，有的检察院叫侦查监督室，有的叫侦查监督股，或者为侦查监督科。最后，机构设置的程序不统一。在基本规范的要求上，检察机关的内设机构需要经过地方机构编制部门审批，但是在某些基层检察机关存在着内设机构没有经过编制部门审批的情况，例如，我们发现，某市的11个基层法院都设立了职务犯罪预防部门，但在调研时发现真正经过编制管理部门审批的只有6个，还有5个未经审批。

3. 机构设置空心化情况较为严重

中华人民共和国成立初期，多数基层院刚成立时内设机构只有3个，"文化大革命"后恢复重建时也只有四五个。但是经过30余年的发展壮大，内设机构平均增加到10多个。一般而言，每个基层检察院会有12~17个内设机构。由于基层检察院的人员编制相对有限，出现了大量的 1 人或是 2 人股室，"官多兵少""庙多僧少"的矛盾比较尖锐。例如，某区检察院有 37 个人员编制数，实际内设机构达到 12 个，除去 9 名院领导、1 名主任科员外，平均每个部门不到 2.5 人。因为机构设置过多，在编制数难以增加的情况下，有限的人员难以调配到需要的工作岗位。此外，内设机构设置过多也是不少地方内设部门级别较低的一个重要原因，而因为检察机关内设机构级别较低，则在工作上与侦查机关和审判机关发生联系时，又会出现法院、公安等高规格机构很难接受低规格机构监督的尴尬情况。

4. 机构职能配置交叉重叠情况严重

机构职能交叉重叠。因为职能划分过细，出现职能交叉和重叠，造成重复劳动和司法效率不高，占用了有限的人力资源和物质资源。如，不少基层检察院的干警反映，侦查监督和公诉部门的分设使得重复劳动比重十分大，两个部门的办案人员对同一案件重复阅卷、重复审查、重复制作笔录、重复提审、重复取证、重复复印证据资料、重复进行法律和证据上的思考。再如，虽然贪污贿赂罪和渎职侵权罪类型不同，但都是职务犯罪，其办案程序、手段和方式都是相同的，特别是现在贪污贿赂犯罪和渎职侵权犯罪相互交织比较明显，绝大多数滥用职权、徇私舞弊和贪污贿赂是你中有我、我中有你。因为反贪和反渎部门分设都要安排一定数量的领导和侦查人员，造成侦查资源调配困难，阻碍了对职务犯罪活动的打击，与中央"既打'苍蝇'又打'老虎'"的反腐要求有一定的距离。同时，在司法实践中还赋予监所、民行、林检等部门一定的侦查权，导致职能交叉，履职困难。

（四）上下级检察机关之间的职权划分不太明确

在我国，上下级检察机关的关系是研究检察职权时无法忽视的重要问题，"上下级检察院组织关系构建始终是中国检察制度建设中的一个重大问题。从 1954 年检察院组织法中有关检察院上下级关系的'垂直'领导设定到 1983 年检察院组织法中'双重'领导的要求，以及现阶段检察改革过程中所力主推行的'检察工作一体化'建设等举措，无不凸显出检察机关上下级组织关系的厘定和设置在构建与塑造中国特色社会主义检察制度过程中的重要性。"[①]由于我国的检察权存在司法权和行政权的双重属性，放大了上下级检察机关职权行使出现问题的几率，具体而言，可以从立法和实践等两个方面分析这一问题。

1. 上下级关系立法较为模糊

我国立法上对上下级检察机关的规定有一个发展变化的过程，出现过垂直领导、地方领导、双重领导等多种领导体制。

中华人民共和国成立以后，1949 年的《中央人民政府最高人民检察署试行组织条例》第 2 条规定："全国各级检察署均独立行使职权，不受地方机关干涉，只服从最高人民检察署之指挥。"构建起检察机关上下级之间的垂直领导关系。随后在 1951 年颁布的《各级地方人民检察署组织通则》第 6 条增加了检察机关同时接受地方领导的规定，"各

---

① 邹绯箭、邵晖：《"检察一体"与中国上下级检察院组织关系构建》，载《中国刑事法杂志》2013 年第 8 期。

级地方人民检察署（包括最高人民检察署分署）为同级人民政府的组成部分，同时受同级人民政府委员会之领导，与同级司法、公安、监察及其他有关机关密切联系，进行工作。省人民检察署分署受所在区专员的指导"。此时，检察机关的垂直领导变更为双重领导体制。在 1954 年《人民检察院组织法》中，明确规定"地方各级人民检察院独立行使职权，不受地方国家机关干涉"，同时规定了"地方各级人民检察院和专门人民检察院在上级人民检察院的领导下，并且一律在最高人民检察院的统一领导下进行工作"。

目前的上下级检察机关关系是在 1979 年《人民检察院组织法》中确立并被 1982 年《宪法》确认的。1979 年《人民检察院组织法》第 10 条规定："最高人民检察院对全国人民代表大会和全国人民代表大会常务委员会负责并报告工作。地方各级人民检察院对本级人民代表大会和本级人民代表大会常务委员会负责并报告工作。最高人民检察院领导地方各级人民检察院和专门人民检察院的工作，上级人民检察院领导下级人民检察院的工作。"此时，明确将上下级检察机关的关系确定为"领导关系"。

立法虽然明确了上级人民检察院领导下级人民检察院的工作思路，但是具体实施细则并不严谨，2008 年修订的《人民检察院检察委员会组织条例》对上下级检察机关在处理具体事务的问题上有一定的规定，主要体现在各地检察院的检察委员会如果出现较大争议时，下级检察院检察长可以提请上级检察院决定。此外，为了尊重下级检察院的意见，《人民检察院检察委员会组织条例》还规定了救济条款："下级人民检察院对上一级人民检察院检察委员会的决定如果有不同意见，可以提请复议。上一级人民检察院应当在接到复议申请后的一个月内召开检察委员会进行复议并作出决定。经复议认为确有错误的，应当及时予以纠正。"

但问题在于，立法对于上级领导下级的范围和程序都不明确，存在一些较为明显的漏洞。例如，有实务部门的同志反映，办理职务犯罪案件的过程中，本级检察院的检察长和上级反贪部门的意见不统一，则下级反贪部门应当如何处理？在一般工作中，检察机关职能部门经常与上级业务主管部门发生工作上的往来，当然同时也受到本级检察机关负责人的领导，由于此类争议有时并不重大，没有达到提交检委会讨论的程度，这种情况如何解决在当前并没有规范性文件进行权威的解释。

2. 检察实践中存在上下级职权分工的混乱

早在 1999 年，最高人民检察院在《检察工作五年发展规划》中明确提出：健全上级检察院对下级检察院的领导体制，加大领导力度，形成上下一体、政令畅行、指挥有力的领导体制，确保依法独立高效行使检察权。但一直以来，上下级检察机关的领导体制经常会受到各种因素的干扰。

首先，上级不当干涉下级办案的情况时有出现。"尽管在检察制度的建构中，我们曾经出现了几次反复，但检察一体却成为制度建构中不可或缺的一个重要因素。再者，检察权的行政权的本质属性也要求贯彻上下一体、上命下从。"[1]因此，我国检察机关的行政特点较为明显，这对检察机关的职能行使产生了一系列的影响。例如，在进行机构的设置时要求下级检察内设机构注意上下对口，下级检察院在具体工作中会受到上级检

---

[1]　陈卫东：《检察一体与检察官独立》，载《法学研究》2006 年第 1 期。

察院内设机构的直接影响，虽然我国并没有施行严格的检察独立，但是检察机关在办理案件时具有的司法权属性需要我们在一定程度上尊重下级检察官开展工作的独立性，并不一味地适用上令下达模式。

其次，双重领导体制运行中时有不畅。《人民检察院组织法》虽然规定各级检察院检察长的任命在经过同级人大选举后还要经上一级检察院报同级人大常委会批准，但实际中上级检察院对下级检察长只能"协管"，若上级检察院与地方党委的意见不一致，一般很难排斥地方党委的意见，而副检察长和中层检察干部的管理则完全属于地方党委的权力，因此，地方政府和地方党委要代表地方利益干涉检察工作，上级检察机关很难有能力进行阻止。[1] 在这种体制下，很难强行要求检察机关在办案中坚决抵制地方保护主义。综合而言，检察机关的"行政化"属性被过分放大，检察机关实质上成为地方政府的一个部门，检察机关的纵向领导被弱化，导致检察机关地位的附属化和检察权的地方化。

最后，上下之间沟通反馈的渠道有时并不畅通。上下级检察机关之间的业务交流机制并不规范，在办理某些重要案件时，下级检察机关遇到一些细节性问题难以得到上级的及时指导，有时汇报或请示一个案件甚至无法在法定期限内得到明确的书面答复。与此同时，即使有明确的答复，下级检察机关如何去执行，执行结果如何反馈等，也没有明确的规定，导致有的上级机关的决定并没有很好地贯彻执行。此外，上级检察机关对下级检察机关的业务领导主动性不足，例如，上级主动到下级走访的情况很少，工作中大多是下级出现问题时请示上级，上级检察机关积极主动对下级进行指导的情况较少。

（五）检察权的外部关系配置不尽合理

公检法三机关是刑事诉讼中的主要国家机关，在刑事诉讼中共同行使国家的刑罚权，对于公检法三机关之间职权的相互关系，我国《宪法》和《刑事诉讼法》有着原则性的规定。在具体程序上，检察权与侦查权、审判权和执行权之间也以"分工负责、相互配合、相互制约"为原则进行了众多的制度设计，但三机关之间配合有余、制约不足的情况一直备受学者们质疑。"无论是政治决策者还是三机关自身，实践中均特别注重配合，甚至因过度强调互相配合，以致彼此把对方视作刑事司法活动中目标一致、方向趋同的伙伴关系。"[2]

在此基础之上，有些学者对检察权的职权配置提出了质疑，认为调整检察权的职权范围是解决其与侦查权、审判权和执行权之间的根本手段。从国家法律的修改中看，"这十多年来，检察机关的权限一直处于不断缩小的状态已经成为不争的事实"。[3]

我们认为，要求立足我国检察权本质属性即法律监督权的基本事实来研究与侦查权、审判权和执行权之间的关系，检察职权的配置和运作是一项系统工程，影响到检察机关内部各单位及其他国家机关的配合，而在检察机关的职能配置中，"一切检察活动

---

① 何家弘：《中国特色的检察体制的完善》，载《国家检察官学院学报》2005 年第 2 期。
② 左卫民：《健全分工负责、互相配合、互相制约原则的思考》，载《法制与社会发展》2016 年第 2 期。
③ 苏斐然：《检察机关刑事诉讼监督失灵问题探析》，载《牡丹江大学学报》2015 年第 12 期。

都统一于法律监督",① 不能仅从公诉权或者起诉权的视角观察问题,同时也需要重视当前深化司法体制改革和深化检察改革的大背景给检察权注入的新要求,从更广阔的视野审视检察权与侦查权、审判权和执行权之间的关系。

1. 检察机关与公安机关的权力配置问题

(1)检警关系的一般性考察。

检察机关与公安机关之间因为刑事诉讼的分工产生了较为复杂的工作关系,检察机关的职权与公安机关的职权之间的关系内涵较为丰富,"从狭义上讲,检警关系主要是指检察机关在履行刑事诉讼职能中,与行使侦查职权的警察机关为查清犯罪事实、确定犯罪嫌疑人、被告人刑事责任所发生的职权职责关系"。② 我国采用诉讼阶段论,在刑事诉讼中,通常宣称侦查机关享有刑事案件的侦查权,而检察机关享有刑事案件的公诉权,两者在诉讼流程上前后相互衔接,当然,由于检察机关还享有诉讼监督等职能,因此还会和侦查机关在诉讼监督领域发生工作关系。总体而言,我国的检警关系属于检警分离模式,特别是和大陆法系实施检警一体化的国家相比,我国检察权对侦查权并没有直接的领导关系,两者相互独立。

检警关系最为密切的模式是检警一体化模式,以德国、法国以及日本最为典型,③ 而且具有较大影响力。在德国,侦查被认为是"公诉之准备",《德国刑事诉讼法》第160条、第161条等条文均明确规定了检察官在侦查程序中的主导性地位。如第161条规定:"检察官为前条所定之目的,得向所有公务机关要求提出报告,而且得采任何方式自行侦查或使警察机关或警察官员侦查。警察官有遵守检察官之请求或委托之义务。"④ 科劳斯·罗科信教授总结:"检察机关需接受办理人民之告发及告诉,其亦需执行或主持侦查程序,命为暂时之逮捕、扣押、搜索、设置管制站、保全措施、确认人别身份及其他的缉捕措施,并且其需裁判,应否提起公诉。"⑤非常明显,德国检察机关是侦查程序的领导者,而警察机关仅仅是辅助机关。法国的规定和德国基本类似,同样明确规定检察官可以在侦查中命令警察行使职能,《法国刑事诉讼法典》第41条规定:"共和国检察官自己或使他人采取一切追查违法犯罪的行动。"⑥在具体职能行使上,随处可见有关司法警官应当服从检察官指导的规定,如第19条规定:"司法警官在知悉发生重罪、轻罪和违警罪后,有义务立即报告共和国检察官。……对检察长所作的指示,有侦查责任的司法警官在作出任何决定前都应予以考虑。"⑦

日本则相对比较特殊,《日本刑事诉讼法》第191条规定:"检察官在认为有必要时,得自行侦查犯罪。"⑧《日本检察厅法》第6条也规定检察官对任何犯罪都能进行侦

---

① 王桂五主编:《中华人民共和国检察制度研究》,法律出版社1991年版,第256页。

② 钟松志:《检警关系论》,中国人民公安大学出版社2007年版,第1页。

③ 有不少学者认为日本并不属于检警一体化的检警模式,但是从该国的立法和学者的一般观点来看,检察官和警察之间有着密切的关系,至少将其认定为非典型的检警一体化并无不妥。

④ 蔡墩铭译:《德日刑事诉讼法》,五南图书出版有限公司1993年版,第76页。

⑤ [德]Claus Roxin:《德国刑事诉讼法》,吴丽琪译,三民书局1998年版,第75页。

⑥ 《法国刑事诉讼法典》,余叔通、谢朝华译,中国政法大学出版社1997年版,第22页。

⑦ 《法国刑事诉讼法典》,余叔通、谢朝华译,中国政法大学出版社1997年版,第16页。

⑧ 蔡墩铭译:《德日刑事诉讼法》,五南图书出版有限公司1993年版,第49页。

查。但是基本上侦查并不是检察官的主要任务，"现行法下检察官的主要职务是检察法第 4 条所规定的以公诉官的职务为中心，侦查的职务对检察官来说仅具有从属性，即第一次侦查权由警察担任，检察官仅有第二次侦查权"。① 除此之外，从《日本刑事诉讼法》第 193 条也可以看出检察机关对侦查机关之间这种略微复杂的指挥关系。

在英美法国家，一直采取检警分立的侦查模式。英国 1985 年通过了《罪行起诉法》，"英国皇家检察署是刑事案件的起诉机关，独立行使检察职权"，② 检察官对警察的侦查行为没有直接指挥，当然这并不代表着检察机关不和侦查机关进行沟通，"在英格兰和威尔士设立皇家检控署，对警察所指控的犯罪行为人提起诉讼，对可能提起的诉讼向警察提供建议，对警察提出的犯罪指控进行审查，等等"。③ 在美国，"美国检察机关的主要工作在于决定是否起诉、与被告人及其律师进行有罪答辩协商、提起公诉等"。④ 指挥侦查并不是检察机关的工作职能。但同样，"在大多数案件中，美国的检察官并不是亲自去侦查，而是对警察的侦查工作担负一种监督和建议，而且在某种范围内，还赋有一定的强制力"。⑤

综上可以看出，各国的检警关系均结合该国的国情制定，不能轻言检警一体化与检警分立两种模式之间孰优孰劣。即便是我国的检警模式在实践中遭遇了一定的困难，也应当认真分析原因、思考对策，而不应该轻言进行模式上的彻底改造。

（2）时代需要检察机关在审前阶段发挥更大作用。

首先，检察机关在审前阶段发挥更加重要的作用是以审判为中心的需要。2016 年 3 月，《最高人民检察院工作报告》提出了检察机关要"充分发挥审前主导和过滤作用"，这是"审前主导"第一次出现于官方正式文件，它与"全面贯彻证据裁判规则""健全听取辩护律师意见机制"和"防止带病'起诉'"并列，构成检察机关推进以审判为中心的诉讼制度改革的主要措施体系。⑥

按照字面理解，"审前主导"的基本内涵是检察机关应当在审前程序中发挥主导性作用。审前主导的实施对象是检察机关负责起诉的具体案件；"审前主导"的时间范围理应是整个审前程序；在实施内容方面，"审前主导"并没有彻底颠覆我国审前程序诉讼阶段论的传统规定，它只是以证据为抓手，对侦查机关侦查行为进行的技术补强，不应过多解读"审前主导"背后的理论支撑，它在根源上仅仅是试图对已经存在的检察机关和侦查机关案件沟通、合作机制进行系统化和规范化。

其次，必然需要调整我国当前审前程序中的检警关系。检警关系是"审前主导"无法回避的问题。过去的二十年间，各界贤达立足于国情，通过检警一体化、司法审查制

---

① ［日］土本武司：《日本刑事诉讼法要义》，董璠舆、宋英辉译，五南图书出版公司 1997 年版，第 44 页。
② 程荣斌主编：《检察制度的理论与实践》，中国人民大学出版社 1990 年版，第 33 页。
③ 卞建林、刘玫：《外国刑事诉讼法》，人民法院出版社 2002 年，第 337 页。
④ 陈卫东主编：《刑事审前程序研究》，中国人民大学出版社 2004 年版，第 120 页。
⑤ 张洪巍：《美国检察制度研究》，人民出版社 2009 年版，第 80 页。
⑥ 崔凯、彭魏倬加、魏建文：《检察机关"介入侦查引导取证"的理论重塑——兼论制度的可行性》，载《湘潭大学学报（人文社科版）》2017 年第 2 期。

度等各种形式的主题对我国检警关系进行了非常多的讨论。① 不过肯定的是，学界的讨论远没有形成通说，也没有深入影响到立法领域，当然，我国侦查权的运行存在着较大问题，当前"无论侦查人员的程序意识、人权意识、证据意识，还是侦查取证的规范性、全面性、时效性，都存在突出问题，侦查业务素养难以适应检察机关的需要"。② 正是因为如此，我们需要进一步加强构建检察权对侦查权的制约机制。

最后，加强对侦查机关的引导已经成为检察机关下一步重要工作。2015 年 7 月，《最高人民检察院关于加强出庭公诉工作的意见》中提出"介入侦查引导取证"，并且第一次列举式规定了制度的主要内容，③ 最高人民检察院此次推进"提前介入"的决心很大，党的十八届四中全会之后，中央的精神是以审判为中心，全面提升公诉质量是检察机关响应中央要求的必然选择。

值得注意的是，当前我国对程序正义的要求越来越高，因为检察机关和侦查机关之间沟通不到位造成的司法错误很可能影响追诉的效果，这种程序上的办案过失并不会为被害人和社会公众所接受，即便是没有影响最终的起诉和审判，但是也肯定会影响司法权威，降低司法公信力。

2. 检察机关与审判机关的职权配置问题

检察机关在诸多诉讼中会和审判机关产生业务联系。特别是在刑事诉讼领域中，检察机关的公诉权、诉讼监督权与审判机关的职权之间存在着极为密切的关系。检察机关和审判机关均为刑事诉讼中行使重要权力的机关，和检察机关与侦查机关的关系一样，同样服从于《刑事诉讼法》中"分工合作，互相配合，互相制约"原则。

党的十八届四中全会提出了"推进以审判为中心的诉讼制度改革，确保侦查、审查起诉的案件事实证据经得起法律的检验"，这对刑事案件的起诉工作提出了更高的要求。在此基础之上，我们应当认真审视公诉权和审判权的配合和制约关系，以切实提高支持起诉的能力，更好地落实以审判为中心。同样，对诉讼监督权而言，以审判为中心并不是要弱化检察机关的诉讼监督权，"'以审判为中心'与检察监督是并行不悖的，推进以审判为中心的诉讼制度改革，检察机关更得强化监督，防止极少数法官因对'以审判为中心'存在不正确理解而自以为是、主观擅断，从而监督法官谨慎用权、依法公正裁判"④。

（1）检察机关与审判机关的合作关系。

检察机关与审判机关的合作关系主要体现在检察权中公诉权在刑事追诉中发挥出的

---

① 陈卫东、郝银钟两位学者在《侦、检一体化模式研究——简论我国刑事司法体制改革的必要性》一文中，在国内较早地提出了检警分工合作模式存在着资源浪费严重、侦查程序失控等弊端，建议推行检警一体化改革，该文载于《法学研究》1999 年第 1 期。同时期，几乎国内所有主流学者都就这一问题发表过自己的意见，众说纷纭。如陈兴良：《检警一体：诉讼结构的重塑与司法体制的改革》，载《中国律师》1998 年第 11 期；龙宗智：《评检警一体化兼论我国的检警关系》，载《法学研究》2000 年第 2 期。

② 刘计划：《检警一体化模式再解读》，载《法学研究》2013 年第 6 期。

③ 第 3 点："积极介入侦查引导取证。对重大、疑难、复杂案件，坚持介入范围适当、介入时机适时、介入程度适度原则，通过出席现场勘查和案件讨论等方式，按照提起公诉的标准，对收集证据、适用法律提出意见，监督侦查活动是否合法，引导侦查机关（部门）完善证据链条和证明体系。"

④ 朱孝清：《略论以审判为中心》，载《人民检察》2015 年第 1 期。

功能。在现代刑事诉讼中，公诉权从审判权中剥离出来，控辩审三方构成稳定的三角诉讼结构，其中审判机关和检察机关虽然职能相分离，但两者相互配合，共同发现案件真相。

在以审判为中心的改革要求中，庭审实质化成为主要的推动手段，而这必然倒逼公诉机关按照庭审的要求进行高质量的控诉，这不仅要求公诉权重视审前阶段证据的收集和审查工作，还要求公诉人提高公诉能力，认真准备庭审证据，提升庭审中组织和运用证据的能力，增强法庭对抗能力和应变能力。两者必须存在非常紧密的合作关系，唯有如此才能实现个案的公平和正义。

（2）检察权对审判权的监督和制约。

首先，不告不理是现代刑事诉讼的基本原则，检察机关通过公诉权掌握着刑事审判的入口，"启动程序功能如同引起开启车子的功能一样，无法想象其不存在"。[①] 在当前世界法治发达国家，国家公诉权基本上为检察机关所垄断。在我国，检察机关是唯一能够享有追诉权的国家机关，在侦查程序结束之后，检察机关对公安机关移送审查起诉的案件或者自侦部门移送的案件进行审查之后，认为符合起诉条件的提起公诉，不符合条件的则做出不起诉决定。2012 年修订《刑事诉讼法》时增加了未成年人附条件不起诉制度，将不起诉的种类由三种增加为四种，更为重要的是，鼓励检察机关在符合条件时大胆适用不起诉已经成为一种主流的呼声。不起诉不仅仅是一种程序上的处分，在不告不理原则下，基本上还会带来实体上终结追究犯罪嫌疑人刑事责任的实际效果。

当然，检察权此处对审判权的制约也存在着一些问题，例如，2012 年《刑事诉讼法》第 176 条规定的公诉转自诉制度在一定程度上破坏了检察机关的起诉关口功能："……对人民检察院维持不起诉决定的，被害人可以向人民法院起诉。被害人也可以不经申诉，直接向人民法院起诉。"此外，司法实践中由于各种因素的影响，检察机关适用不起诉的情况较为少见，不起诉的案件特别是相对不起诉的案件占所有案件的比率过低，当然，还存在新增加的附条件不起诉适用范围较窄等各种新问题，这些都需要我们进一步的研究改进。

其次，诉审同一原则决定了审判机关的审判范围。到目前为止，我国并没有构建起类似于日本诉因制度的诉审同一制度，法院仍然可以依据检察机关的起诉内容范围按照自己认定的罪名进行判决。但值得注意的是，即便如此，我国审判机关也受到了检察机关起诉事实较为严格的限制，不管是在过去还是现在，审判机关都无法摆脱检察机关起诉的事实对审判内容任意调整。1998 年《最高人民法院关于执行〈中华人民共和国刑事诉讼法〉若干问题的解释》第 178 条规定："人民法院在审理中发现新的事实，可能影响定罪的，应当建议检察院补充或者变更起诉。"2012 年《最高人民法院关于适用〈中华人民共和国刑事诉讼法〉的解释》第 243 条规定："审判期间，人民法院发现新的事实，可能影响定罪的，可以建议人民检察院补充或者变更起诉。"通过这两个条文的对比可以发现立法者思路有着微妙的转变，但整体上仍然没有大的调整，人民法院在面对新的案件事实并不能自行处理，如果想在最终的案件裁判结果中体现出原本没有的事实，只能通

---

① 林钰雄：《检察官论》，台湾学林文化事业有限公司 1999 年版，第 22 页。

过检察院补充或者变更起诉，这保障了在控审分离的状态下完成对犯罪的追诉。当检察院不采纳建议时法院只能按起诉的内容进行裁判，足以体现公诉权对检察权的制约作用。

最后，诉讼监督权可以对审判权进行多重制约。检察机关进行诉讼监督的主要方式为提起抗诉，此外还可以对审判机关的违法行为进行法律监督。检察机关的抗诉分为启动二审的抗诉和启动审判监督程序的抗诉，抗诉是为了纠正法院错误而设置的公力救济途径，只要检察机关认为案件确有错误，就可以启动二审程序或者再审程序，检察机关的启动权并不受审判机关的审查和约束。①

审判人员违法可以分为审判活动中的违法以及其他违法。1996 年《刑事诉讼法》把检察机关当庭监督改为庭后监督。《人民检察院刑事诉讼规则（试行）》对审判人员在审判活动中的违法监督做了专门规定。2016 年 5 月 1 日生效的《中华人民共和国人民法院法庭规则》第 22 条也做了和检察机关文件相同的规定："人民检察院认为审判人员违反本规则的，可以在庭审活动结束后向人民法院提出处理建议。"而审判人员其他的严重违法行为，则可以通过刑法追究其刑事责任。②

（3）审判权对检察权的制约。

"以审判为中心"的刑事诉讼改革本身就是体现了审判权对检察权的制约，探讨审判权对检察权的制约可以帮助我们更加科学地配置司法职权，为优化检察权提供另一角度的参考。

首先，审判权对公诉权的最大制约体现在审判机关掌握有最终的裁判权。根据《刑事诉讼法》第 184 条规定，人民法院审判公诉案件，人民检察院应当派员出席法庭支持公诉。在出庭支持公诉的过程中，公诉人需要宣读起诉书指控犯罪，并且参与法庭调查、法庭辩论等各个诉讼环节。2012 年修法之后，检察机关根据人民法院的要求还需要参与庭前会议，在简易程序中出庭支持公诉等。审判权对检察权出庭支持公诉有很高的要求，检察机关应当认真履行控诉职能，否则将承担败诉的后果，同时需要坚持客观中立义务，不仅要出具对被告人不利的证据，而且还要提供对被告人有利的证据。此外，根据《刑事诉讼法》中刑事和解程序的规定，检察机关可以组织双方当事人和解，对于达成和解协议的案件，人民检察院可以向人民法院提出从宽处罚的建议；对于犯罪情节轻微，不需要判处刑罚的，可以做出不起诉的决定，但是否对被告人从宽处罚，最终仍然需要由人民法院裁量决定。

其次，审判权对检察权存在制约不足的情况。③ 西方国家普遍实施司法审查制度，审判权直接制约侦查权，而我国审判权对侦查权的制约则存在明显不足。正如前文所述，自侦案件是由检察机关决定是否适用刑事强制措施，同时也决定是否适用搜查、扣押等强制性侦查措施，这与检察机关的控诉身份产生了较为明显的冲突。不少论者认

---

① 我国《刑事诉讼法》第 243 条第 4 款规定："人民检察院抗诉的案件，接受抗诉的人民法院应当组成合议庭重新审理，对于原判决事实不清楚或者证据不足的，可以指令下级人民法院再审。"

② 姜伟主编：《中国检察制度》，北京大学出版社 2009 年版，第 127 页。

③ 笔者曾经专门撰文论述审判权对检察权的制约不足和制约不当的问题，见魏建文：《刑事审判权对检察权制约的现状与立法完善》，载《齐鲁学刊》2009 年第 3 期。

为，至少在自侦案件中应当改为由审判机关对检察机关的侦查行为进行制约，这种观点可以继续探讨，但加强审判权对检察权制约的思路确实存在着一定的合理因素。

审判权对检察机关变更或追加起诉权也缺乏制约。根据我国《刑事诉讼法》及相关司法解释，检察机关在变更起诉方面享有较大的自主性，基本不受审判机关的约束。2012 年《人民检察院刑事诉讼规则（试行）》第 455 条规定："法庭审判过程中遇有下列情形之一的，公诉人可以建议法庭延期审理：（一）发现事实不清、证据不足，或者遗漏罪行、遗漏同案犯罪嫌疑人，需要补充侦查或者补充提供证据的；……（五）需要调取新的证据，重新鉴定或者勘验的……"第 456 条规定："法庭宣布延期审理后，人民检察院应当在补充侦查的期限内提请人民法院恢复法庭审理或者撤回起诉。"诸如此类的立法在最高人民检察院和最高人民法院的司法解释中多处出现，意味着公诉机关在公诉权的行使过程中可以在程序上反反复复弥补先行证据的不足。不仅有违现代刑事诉讼法的"程序法定原则"，而且公诉变更权的行使对被告人辩护权必然会造成很大的冲击。

最后，审判权对检察权的不当制约。审判权对检察权的制约乏力不利于司法公正，审判机关对检察机关的过度干预也会导致权力失衡，削弱了检察机关对审判的法律监督功能，影响对当事人合法权益的保护。上文提及的公诉转自诉制度就是审判权对公诉权不当制约的一种典型表现。除此之外，在案件审理阶段，我国的审判机关庭审指挥权过大，与审判机关居中裁判的基本要求不符。人民法院不仅享有证据核实权而且享有调查取证的权力。根据最高人民法院司法解释，"法庭对证据有疑问的，可以告知公诉人、当事人及其法定代理人、辩护人、诉讼代理人补充证据或者作出说明；必要时，可以宣布休庭，对证据进行调查核实"。另外，审判期间，人民法院发现新的事实，可能影响定罪的，可以建议人民检察院补充或者变更起诉。这些行为带有明显的审判职权主义模式，违背了司法审判的中立和被动性原则。

3. 检察机关与刑事执行机关的职权配置问题

根据我国立法，检察机关可以对刑事执行、民事执行和行政执行履行相应的监督权能，在 2012 年之后，随着我国三大诉讼法的相继修订，法律对执行监督进行一定的立法调整，鉴于前文对民事行政检察监督职能有一定的分析，因此本部分将重点分析检察权与刑事执行权之间的关系。根据《刑法》《刑事诉讼法》和《监狱法》等法律及规范性文件，我国检察机关在刑事执行中发挥着不可替代的监督作用。2015 年，最高人民检察院的"监所检察厅"正式改名为"刑事执行厅"，这是我国刑事执行检察制度出现重大调整的必然结果。

（1）对人身自由刑的执行监督。

根据 2008 年《人民检察院监狱检察办法》的规定，人民检察院监狱检察的职责共有 7 项，排在首位的就是对监狱执行刑罚活动是否合法进行监督，这是检察机关履行法律监督权的重要表现。

首先，驻所驻狱检察官负责对监所日常执法活动及监管活动进行经常性监督。执行监察部门对监管场所的被监管人员收监、出监进行监督，通过审查相关文书凭证和个别谈话等方式，监督监狱对罪犯的收监管理活动是否符合有关法律规定。① 在日常监督中，检察机关的工作主要包括禁闭检察、事故检察和狱政管理、教育改造活动检察等三类。其中事故检察尤为重要，其监督的主要内容有被监管人脱逃、破坏监管秩序、群体病疫、伤残、非正常死亡等，在监狱和看守所等羁押场所发生被监管人脱逃或者死亡容易引起广泛关注，造成重大负面影响，因此属于严重的恶性事故，2008年《人民检察院看守所检察办法》第17条也将事故检察作为看守所监管活动检察的第一位，可见这一工作的重要性。

此外，我国采取教育改造和劳动改造双结合的改造模式，因此监所部门应当注意对在押人员的精神和思想的教化、改造以及犯人谋生技能的教育、培养。执行监督检察部门应当监督各单位是否开展教育改造活动，是否注重对犯人的文化和技能教育，是否存在超时超量劳动等侵犯罪犯合法权益的违法管理和改造行为。

其次，检察机关对死刑执行的临场监督。少杀慎杀是我国重要的刑事政策，我国刑事实体法和程序法不断地加强对死刑的各种控制。2007年，我国颁布《人民检察院临场监督执行死刑工作规则（试行）》，对人民检察院临场监督执行死刑工作进行专门工作部署，以保障死刑执行的准确性。2012年《人民检察院刑事诉讼规则（试行）》中规定死刑执行临场监督工作由人民检察院监所检察部门负责，在场检察人员的主要任务包括：核实执行人民法院是否收到最高人民法院核准死刑的判决或者裁定和最高人民法院院长签发的执行死刑命令；依法监督执行死刑的场所、方法和执行死刑的程序是否合法；发现不应当执行死刑情形的，建议执行人民法院停止执行；执行死刑后，监督检查罪犯是否确已死亡；发现和通知纠正执行死刑活动中的违法情况；履行法律、司法解释规定的其他监督任务等。而当死刑执行确有异议时，监所检察人员应当建议执行人民法院停止执行，切实加强保障在押人员合法权益。

最后，对社区矫正的检察监督。社区矫正是我国刑事执行的重要环节，检察机关在社区矫正中发挥着重要作用，根据2012年《社区矫正实施办法》第2条，人民检察院对社区矫正各执法环节依法实行法律监督。《人民检察院刑事诉讼规则（试行）》中对检察机关如何开展社区矫正工作的规定较为详尽，人民检察院发现对被判处管制、宣告缓刑或者人民法院决定暂予监外执行的罪犯，在判决、裁定生效后或者收到人民法院暂予监外执行决定后，未依法交付罪犯居住地社区矫正机构执行，应当依法提出纠正意见。人民检察院发现对被裁定假释的罪犯依法应当交付罪犯居住地社区矫正机构实行社区矫正而不交付，应当依法提出纠正意见。

对犯罪人进行社区矫正需要有一个较长的时间过程，在这个过程中，人民检察院依法对社区矫正执法活动进行监督，发现有违反社区矫正规定的情况，应当依法向社区矫

---

① 2011年5月3日，长沙市星城检察院在对坪塘监狱进行收监检察时，发现新收押罪犯徐某系1993年5月出生，可能是未成年罪犯。检察人员随即调阅了徐犯档案，询问了徐犯本人。查实罪犯徐犯确系1993年5月10日出生，因犯抢劫罪于2011年1月判处有期徒刑2年，2011年2月21日被交付湖南省罪犯第一收押中心执行刑罚，4月28日被调配至坪塘监狱服刑。5月3日长沙市星城检察院向坪塘监狱发出书面纠正违法通知书，督促监狱迅速纠正收押未成年罪犯的违法行为。经过省院监所检察处和湖南省监狱管理局协调，湖南省罪犯第一收押中心于5月6日将未成年罪犯徐某从坪塘监狱送交省未成犯管教所执行刑罚。

正机构提出纠正意见。

（2）对减刑、假释、暂予监外执行的检察监督。

减刑、假释、暂予监外执行是刑事执行领域腐败的"重灾区"。最近几年，社会媒体大量曝光减刑、假释、暂予监外执行中的丑闻，例如健力宝前总裁张海一审被判处15年有期徒刑，先是在看守所中靠假立功减了5年刑期，之后又在监狱中先后两次伪造重大立功事实而提前4年多出狱。根据媒体介绍，"在最高人民检察院为期半年的排查中，通过捷径'越狱'的711名罪犯已经被检察机关建议收监。这711名罪犯主要涉及职务犯罪、金融犯罪、涉黑犯罪，其中有76名厅局级干部"。[①]

正是因为如此，中央政法委员会于2014年1月印发了《关于严格规范减刑、假释、暂予监外执行切实防止司法腐败的意见》，在此之后，最高人民法院、最高人民检察院和司法部陆续出台了相关文件落实中央政法委的意见，最高人民法院颁布了《最高人民法院关于减刑、假释案件审理程序的规定》，最高人民检察院颁布了《人民检察院办理减刑、假释案件规定》，司法部颁布了《司法部关于进一步深化狱务公开的意见》。但出现了两种较为极端的情况。

一方面，我国有关这方面的监督立法较为完善。如2012年《刑事诉讼法》第255条、第256条、第262条第2款、第263条的规定等。又如2012年《人民检察院刑事诉讼规则（试行）》第651条规定："人民法院开庭审理减刑、假释案件，人民检察院应当指派检察人员出席法庭，发表意见。"笔者认为，这些规定标志着我国从立法层面建立了减刑、假释、暂予监外执行同步监督制度，也为检察机关的监督提供了足够的法律依据，虽然有部分观点认为立法还存在某些缺漏，但整体而言，我国已经构建了减刑、假释、暂予监外执行同步监督的法律体系，能够基本满足司法实践的客观需要。

另一方面，立法并没有达到预设的效果。执行机关的权力日渐膨胀，导致监狱寻租屡禁不止，我国检察机关监管力量严重不足等监督乏力使得这一现象蔓延。

第一，派驻检察任务的多重性直接导致了检察机关对执行机关的监督乏力，例如某省共有23个监狱检察室，实有驻狱检察人员81人，平均每个检察室3.5人，本身承担了繁重的日常检察监督工作，加之各监狱一般一年分为三批或者四批集中提请罪犯减刑、假释，每批次有几百名罪犯，在10日内逐案审查完毕力不从心，很容易出现监督流于形式的情况。

第二，减刑、假释案件的诉讼程序经常流于形式。《最高人民法院关于减刑、假释案件审理程序的规定》加强了案件的公示公开，较以往有重要进步。《人民检察院办理减刑、假释案件规定》中也详细规定了检察机关如何参与庭审的相关操作程序问题。但问题在于，因为人财物的各种限制，即便是开庭审理的案件，检察机关也无法做到像普通刑事案件中支持公诉案件那样精心准备，"因为检察机关事先对服刑犯的服刑状况并不了解，对其考察也仅限于事后执行机关提供的材料，而唯一可能持相抗意见的案件被害人，无法参与其中，从而形成'两造对抗'的诉讼格局"。[②]

---

① 习宜豪：《张海提前9年出狱牵出案中案》，载《南方周末》2014年9月5日。

② 张亚平：《法国减刑、假释程序司法化之演进及其启示》，载《法商研究》2014年第5期。

第三，对人民法院决定暂予监外执行案件的监督不够。2012 年《刑事诉讼法》第 255 条、第 256 条，2012 年《人民检察院刑诉规则（试行）》第 644 条、第 645 条、第 646 条，分别规定了对监狱、看守所提请的暂予监外执行案件实施同步监督，但对人民法院决定暂予监外执行的案件却仍然是事后监督，即收到人民法院暂予监外执行决定书后进行事后审查，发现不当地向做出决定的人民法院提出书面纠正意见。在检察实务中，从社区矫正人员的统计数据来看，人民法院决定暂予监外执行占整个暂予监外执行人员比重很大，有的地区统计数据超过五成，且其中刑期长的职务犯罪罪犯比重不小。可见，人民法院决定暂予监外执行案件才是检察机关监督的重点。正是如此，中央政法委在《关于严格规范减刑、假释、暂予监外执行切实防止司法腐败的意见》中提出："审判机关在作出暂予监外执行决定前，应当征求检察机关意见。"但目前这一措施还没有得到全面落实。

（3）对财产刑执行的检察监督。

财产刑执行的检察监督是刑罚执行检察监督的重要组成部分，2012 年《人民检察院刑事诉讼规则（试行）》第 658 条对财产刑的执行监督做了原则性规定。

虽然法律赋予监所检察对财产刑的监督，但实践中，财产刑执行监督却经常流于形式，落实并不到位。在 2012 年《人民检察院刑事诉讼规则（试行）》修改前，财产刑执行监督同样是检察机关应当承担的监督职责之一，但由于没有明确刑罚执行监督职责，全部由监所检察部门承担，因此财产刑执行监督职责处于分工不明确的状态。

此外，财产刑执行监督的尴尬处境与配套制度不足有着密切关系。我国没有明文规定法院应将财产刑的执行活动情况及时反馈给检察机关的义务，也没有规定检察机关获知财产刑执行情况的相关程序规则，检察机关无法对财产刑执行享有必要的调查、取证权力。因而监所检察部门无法获得轻易掌握完整的罪犯财产刑判决的内容的渠道，无法及时获取法院执行部门关于财产刑执行活动的信息，即使发现了也经常为时过晚，如此的困境直接导致财产刑执行监督信息的缺失。而在监督方式和手段上，检察机关监所检察部门发现法院财产刑执行活动违法后提出纠正意见的方式和时间都尚处空白。监所检察对财产刑监督的人财物保障问题急需研究解决。①

对财产刑进行必要监督是监所检察保障在押人员合法权益的重要方式之一，财产刑监督的空白直接可能引发财产刑执行侵犯在押人员合法权益的现实危险性。根据我国刑罚特点，在押人员被处以财产刑的比率很高，执行财产刑是实现国家刑罚权的重要组成部分，同时财产权是在押人员的重要权利，除非被依法剥夺，合法的财产权受到法律的严格保护，因此检察机关有必要对这一问题高度重视，尽早完善相关立法。

二、优化检察职权配置的若干建议

检察职权的优化配置并非检察机关内部职能的完善，而需要放置到整个司法体制改革的大背景中。习近平总书记在《关于〈中共中央关于全面推进依法治国若干重大问题

---

① 最高人民检察院监所检察厅：《财产刑执行检察监督制度研究》，载《人民检察》2013 年第 9 期。

的决定〉的说明》中强调："推进以审判为中心的诉讼制度改革，目的是促使办案人员树立办案必须经得起法律检验的理念，确保侦查、审查起诉的案件事实证据经得起法律检验，保证庭审在查明事实、认定证据、保护诉权、公正裁判中发挥决定性作用。""通过法庭审判的程序公正，实现案件裁判的实体公正，有效防范冤假错案产生。"

检察机关作为国家法律监督机关，在刑事诉讼中肩负多方面的法定职能，是审判程序的启动者、参与者、监督者，应当应势而谋、顺势而为，以庭审为逻辑起点，积极创新工作模式助推以审判为中心的诉讼制度改革。

（一）明确检察职权的范围与边界

与检察权的定位、性质等理论问题相比，检察职权配置的实务性较强。迄今为止，我国有关检察权的性质、定位等本体论问题仍然没有形成共识，影响了对检察职权范围的准确界定。"虽然检察权的定位不同于检察职权的配置，但二者却有着内在的联系，尽管法律监督的任务最终要通过检察职权的配置来实现，但检察权的法律定位对于检察职权的配置具有基础性和决定性的作用。"①由于检察机关的职权配置对检察工作的顺利开展有着极为重要的影响，因此即便是检察权本体论问题仍然存在很多争议，但这并不妨碍我们发现检察职权配置中存在的各种问题，并对检察职权的范围和边界进行必要的优化调整。以下笔者将一一回应前文论述的若干问题，探讨调整检察职权的范围和边界方式方法。

1. 修订《人民检察院组织法》，明确检察职权范围

2018年10月26日，全国人民代表大会常务委员会通过了修订《人民检察院组织法》的决议。修订后的《人民检察院组织法》，进一步明确了人民检察院是国家的法律监督机关的宪法定位，同时明确规定了检察机关的职权。

按照新的《人民检察院组织法》第20条的规定："人民检察院行使下列职权：（一）依照法律规定对有关刑事案件行使侦查权；（二）对刑事案件进行审查，批准或者决定是否逮捕犯罪嫌疑人；（三）对刑事案件进行审查，决定是否提起公诉，对决定提起公诉的案件支持公诉；（四）依照法律规定提起公益诉讼；（五）对诉讼活动实行法律监督；（六）对判决、裁定等生效法律文书的执行工作实行法律监督；（七）对监狱、看守所的执法活动实行法律监督；（八）法律规定的其他职权。"按照新的《人民检察院组织法》的提法，这八个方面的职权，都是"法律监督职权"。也就是说，人民检察院是国家的法律监督机关，人民检察院依法行使的检察权就是法律监督职权。法律监督职权具体包括上述八项具体内容。

此外，最高人民检察院还享有以下职权：对最高人民法院的死刑复核活动实行监督；对报请核准追诉的案件进行审查，决定是否追诉；对属于检察工作中具体应用法律的问题进行解释的职权，以及发布指导性案例。

按照新的《人民检察院组织法》的规定，人民检察院在行使法律监督职权的过程中，可以进行调查核实，并依法提出抗诉、纠正意见、检察建议。这种"调查核实""提出抗

---

① 姜小川：《检察权定位——检察职权配置的关键》，载《法学杂志》2011年第9期。

诉"、提出"纠正意见""检察建议",既是检察机关行使法律监督的主要方式,也是检察机关的一种职权。

2. 扩大审前职能,引导侦查取证

"审前主导"并非代表着检察机关想争夺侦查的领导权,而是为了顺应"以审判为中心"刑事诉讼制度改革的工作改进。我国"审前主导"的目的是"确保侦查、起诉的案件事实清楚、证据确实充分,经得起法律和历史的检验",也就是为了服从以审判为中心,检察机关在起诉时必须将证据的审查和运用向审判需要看齐。为了实现这一目的,检察机关只需要通过对证据拥有足够的发言权就可以实现制度设计的初衷,并不需要直接介入侦查行为。① 我们认为,我国可以围绕以证据为抓手、以不起诉为手段来设计检察机关介入审前的范围、方式、效果等问题,这样可以不突破现有理论框架而完成"审前主导"的预设目的,将改革的阻力和成本降至最低。

制度设计方面,在检察机关介入侦查的范围、时间、手段等方面可以采用柔性规定,留下较大的自由裁量权。既然"检察介入侦查引导取证"对侦查机关和检察机关而言是双赢,那么尽可能地将主动权交由两个机关自己掌控是一个更优的方案。以介入的案件范围为例,假设立法规定检察机关可以在任何案件中介入侦查,但是基于人财物供给、起诉需要等因素考虑,检察机关自然不会介入所有案件,而是只会选择类似于重大、疑难、复杂等自己认为有必要介入的案件,而公安机关在此类案件中,为了保障取证符合审判要求,避免因为被适用非法证据排除而承担责任,也会欢迎检察机关参与侦查。另一角度,由于侦查机关获取证据的好坏将会直接影响检察机关公诉部门的起诉效果,检察机关在面对可能出现问题的案件时,也有介入侦查、指出取证的重点的动机,因为如果此时怠于行使职能,只会更大幅度地增加其在公诉审查环节的工作量,我们相信检察官会做出对自己利益最大化的选择。同理,在介入侦查的时间、手段等具体问题上,立法上应当尽可能地设置一个并不太窄小的范围,让检察机关有选择的余地。综合而言,在确认只是"引导"取证之后,柔性的建议会比刚性的强制性规定更加具有可操作性。

3. 优化民、行监督职能,顺应时代需要

2013年《人民检察院民事诉讼监督规则(试行)》、2016年《人民检察院行政诉讼监督规则(试行)》以及2015年《检察机关提起公益诉讼试点方案》,标志着我国民事行政检察工作及公益诉讼的崭新开始。我们认为,民事行政检察监督容易和审判权发生直接冲突,因此还可以对以下职权内容进行进一步完善。

首先,检察机关在民事检察监督启动上应当放宽要求,以形式审查为主,满足人民群众起诉需求。社会公众对司法裁判不满是影响司法公信力,影响社会稳定的一个重要因素。在以往,当事人申诉渠道不畅,大部分案件都需要通过信访等非正常救济方式解决。在2012年,《民事诉讼法》修订时,强调检察机关享有对当事人进行最终救济的态度非常明确,检察机关应当大胆承担法定职能,不用担心有侵犯审判权之虞。譬如,我国2012年《民事诉讼法》第209条规定:"有下列情形之一的,当事人可以向人民检察院

---

① 唐颖、庆新:《公诉与侦查缘何"亲密接触"》,载《检察日报》2015年9月6日。

申请检察建议或者抗诉：（一）人民法院驳回再审申请的；（二）人民法院逾期未对再审申请作出裁定的；（三）再审判决、裁定有明显错误的。"这些条件都是形式要件规定，不是实质要件。特别值得注意的是，对第三种情形中"再审裁定、判决存在明显错误"是当事人角度对再审裁定、判决的认识，而不是检察机关或者审判机关的认识，以避免影响当事人的申请权。2013年《人民检察院民事诉讼监督规则（试行）》第24条支持了这种理解："有下列情形之一的，当事人可以向人民检察院申请监督：（一）已经发生法律效力的民事判决、裁定、调解书符合《中华人民共和国民事诉讼法》第二百零九条第一款规定的；（二）认为民事审判程序中审判人员存在违法行为的；（三）认为民事执行活动存在违法情形的。"由此可见，当事人认为民事审判程序中审判人员存在违法行为或认为民事执行活动存在违法情形的，均可向检察机关申请监督。

其次，应当逐步拓宽行政诉讼监督范围。无论是《行政诉讼法》还是《人民检察院行政诉讼监督规则（试行）》都可以看出，我国检察机关对行政诉讼的监督力度远逊于民事诉讼，但两部法律还需要协调统一。2014年《行政诉讼法》第11条规定人民检察院有权对行政诉讼实行法律监督，第93条对监督对象的规定较为狭窄，即对"已经发生法律效力的判决、裁定"进行监督，而在2016年《人民检察院行政诉讼监督规则（试行）》第5条中规定，有下列情形之一的，当事人可以向人民检察院申请监督：人民法院对生效判决、裁定、调解书驳回再审申请或者逾期未对再审申请作出裁定的；认为再审判决、裁定确有错误的；认为审判程序中审判人员存在违法行为的；认为人民法院执行活动存在违法情形的。两相对比，可以发现2016年司法解释比《行政诉讼法》中的范围明显扩大。我们认为，为了更好地监督行政机关依法履行职能，督促人民法院公平公正地维护群众利益，应当将行政诉讼监督的范围做扩大化的解释。《行政诉讼法》第91条列举了人民法院应当再审的11项理由，为《人民检察院行政诉讼监督规则（试行）》第5条的扩权提供了一定的法理依据，无论是在理论还是实践中，我们在理解检察行政诉讼监督范围时都应当按照司法解释第5条的理解进行。

此外，《人民检察院行政诉讼监督规则（试行）》第9条提出了人民检察院依职权进行监督的三种情况：损害国家利益或者社会公共利益的；审判、执行人员有贪污受贿、徇私舞弊、枉法裁判等违法行为的；其他确有必要进行监督的。其中第二项内容较为明确，检察机关应当坚决解决，而其他两项内容都较为模糊，弹性很大，为了避免检察机关监督权的滥用，检察机关应当保持审慎的态度，不应轻易启动。

最后，准确定位提起公益诉讼的权限。2015年最高人民检察院发布的《检察机关提起公益诉讼试点方案》标志着我国检察机关正式介入民事公益诉讼和行政公益诉讼，试点方案对提起公益诉讼的范围进行了限定，民事公益诉讼为污染环境、食品药品安全领域侵害众多消费者合法权益等损害社会公共利益的行为，行政公益诉讼为人民检察院履行职责中发现生态环境和资源保护、国有资产保护、国有土地使用权出让等领域负有监督管理职责的行政机关违法行使职权或者不作为。在提起公益诉讼时，检察机关应当充分认识到检察权、司法权、行政权和公民处分权之间的关系，慎重对待公益诉讼，不宜在有适当起诉主体的情况下越俎代庖，而是应当坚持将检察机关提起公益诉讼作为第二位的、补充性的救济手段。

我国在《检察机关提起公益诉讼试点方案》中设置了诉前程序，规定在提起民事公益诉讼之前，检察机关应当依法督促或者支持法律规定的机关或者有关组织向法院提起民事公益诉讼。在提起行政公益诉讼之前，检察机关应当先行向相关行政机关提出检察建议，督促其纠正行政违法行为或依法履行职责。在具体执行这个方案时，检察机关应当积极认真履行这一规定，尽量将纠纷在诉前程序中解决，避免检察机关草率提起公益诉讼。只有当经过诉前程序，经过反复争取，法律规定的机关和有关组织还是没有提起民事公益诉讼，社会公共利益仍处于受侵害状态的，检察机关才可以提起民事公益诉讼。或者经过检察机关的沟通协调，行政机关拒不纠正违法行为或不履行法定职责，国家和社会公共利益仍处于受侵害状态的，检察机关才可以提起行政公益诉讼。无论是从权力的制约和平衡，还是从检察机关承担民事行政监督工作的人财物配置上，检察机关都不应当以最终提起公益诉讼的数量作为工作开展的主要考量标准，支持适格主体起诉或者督促国家机关尽早纠正违法行为、履行法定职责才应当是检察监督的主要工作重点。

（二）完善检察机关行使职权的手段与程序规定

1. 落实人财物统管，加强人员分类改革

2016 年 1 月，孟建柱同志在中央政法工作会议上提出："经过一年多探索实践，包括司法人员分类管理制度、司法责任制、司法人员职业保障制度和省以下地方法院、检察院人财物统一管理四项司法体制改革试点的理论准备、政策支持、经验积累已比较充分，中央批准在 18 个省区市试点基础上，在全国普遍开展试点。"在深化司法体制改革的诸多手段中，搞好四项改革具有牵一发而动全身的作用，可以对优化检察机关职权配置起到基础性保障作用。

在四项工作开展时，除了中央的统一部署之外，检察机关还应该结合本单位的情况进行细节性的安排，总体而言，包括如何选任员额制检察官；如何科学合理界定检察长、检察官等人员和检察委员会的权力清单；省以下检察院过去形成的债务如何化解；巨大经费缺口如何弥补；分类改革后如何加强对检察人员的管理；入额检察官的素质是否适应司法责任制的要求；如何整合内设机构；建立何种财务监控机制等。

我们认为，省级检察机关应当经过反复调研、科学设计、多次论证，对本省范围内的工作有明确的、统一的和规范的安排。以完善员额制检察官选任机制为例，需要公开、公平、公正选任员额制检察官。严格按照标准和程序选任员额制检察官，不搞论资排辈或迁就照顾，防止简单以级别取人、以票取人、以分取人。完善考试、考核机制，考试、考核要紧贴办案实际，科学设定题目，使真正能办案的优秀人才能够顺利通过，不受年龄等外部因素的影响。坚持检察官员额省内统一调配，在全省总体员额内，根据不同岗位、规格、地域实际进行调剂，员额比例适当向基层和案件较多的地区倾斜。同时，对员额留有余地，不一步到位配足配满，为暂未入额的优秀人才留下空间。通过完善选任机制，在坚持政治标准的基础上，重点考察办案能力、司法业绩、司法经验，切实把办案数量多、办案质量好的优秀人才选到一线办案岗位。对原来具有检察官身份而不能入额的，实行"老人老办法、新人新办法"和"双轨制"，过渡期内身份不变、原有

待遇不变，可以作为司法辅助人员协助入额检察官办案，也可以转岗为司法行政人员。年龄较大的检察官，根据本人意愿，可以按照政策，照顾性地解决待遇提前退休。通过实行"老人老办法、新人新办法"和"双轨制"，稳定检察人员队伍。

2. 加强诉讼监督的制约效果

陈光中先生认为，应当以加强人权保障、提升程序公正度为基本点来扩大检察机关的诉讼监督权，符合民主法治的方向。同时，监督的刚性也要有所增强，"通知予以纠正"的规定，有关机关须在 10 日内将处理情况通知人民检察院的规定等都具有较大的约束性，体现了监督手段的强化。①

我们认为，强化检察机关纠正违法意见和检察建议的法律效力应当是今后相当长时间内的工作重点。一方面，重视某些重要监督手段的专门立法，例如，检察建议是检察机关的一种常见且较为有效的法律监督手段，也是当前与监督对象沟通的主要方式之一，但是现行主要法律并没有给予检察建议应有的法律地位，立法并不十分明确。另一方面，在相关法律及司法解释中尽量明确被监督机关的纠正义务，以及不听取检察机关意见和建议的法律后果。对于人民检察院依法提出的检察建议，有关机关无正当理由的应当采纳，否则依法追究有关责任人员的法律责任。对于违法行为提出的纠正意见，相关单位应当落实，并且给予检察机关必要的反馈。

这一项工作不仅在刑事诉讼侦查阶段环节需要进行落实，而且在民事检察监督和行政检察监督中同样需要予以高度的重视。例如，《人民检察院民事诉讼监督规则（试行）》第八章规定，人民检察院对人民法院在民事执行活动中违反法律规定的情形实行法律监督，但法定的监督方式仅有一种，即"应当经检察委员会决定，制作检察建议书"，检察机关在将检察建议书连同案件卷宗移送人民法院之后，如果检察机关不予回复或者不认真回复，检察机关无法进行有效的制约。众所周知，如果检察机关没有足够的应对反制措施，法院也无须承担明确的责任，那么这种执行监督就存在流于形式的可能，不利于维护检察权威，也不利于保障公民的合法权益。

3. 提升检察机关提起公诉的质量

以审判为中心对检察机关提起公诉的质量提出了更高的要求，在庭审实质化的背景下，检察机关必然需要通过对侦查机关的适度引导来获取更高质量的庭审证据，以便于在庭审中和辩方进行强力对抗，增加获得胜诉的可能性。我们无意讨论西方各国检警一体化还是检警分立的侦查模式孰优孰劣，但是为了消除侦查机关和公诉机关之间过分"分工负责"的不当局面，在现有的体制框架内加强检察机关对侦查机关取证行为的引导是一项迫切的工作。我们甚至认为，检察机关要提高庭审的质量，则通过对侦查机关的侦查行为的引导获得高质量的控诉证据是一条必由之路，如果没有检察机关对侦查取证行为的引导，那么公诉机关将很难胜任庭审实质化的真正要求。

需要专门提出的是，以审判为中心将会极大地加强庭审环节各国家机关的工作压力，因此我国已经扩大了简易程序的适用范围，并且希望通过速裁程序试点、构建被告人认罪认罚从宽制度等各种方式进行程序分流，对刑事司法资源进行合理化配置。在这

---

① 葛琳：《两大诉讼法修改与检察制度的完善研讨会综述》，载《国家检察官学院学报》2013 年第 1 期。

些工作中检察机关应当承担重要工作职能，这不仅需要检察机关充分运用传统的不起诉手段，更为重要的是，需要将事实清楚，被告人认罪的案件进行适当分流，减轻庭审压力。我们认为，在今后构建被告人认罪认罚从宽制度时，检察机关需要这一中国式的"辩诉交易"发挥主导性的作用。从各国的实践来看，检察机关都在类似"辩诉交易"的制度中发挥了极为重要的作用并且取得了良好的效果，我国的检察机关也应当有所作为。

有学者对检察机关的具体改革手段提出了很好的建议，例如，应当扩大酌定不起诉的案件范围，打破原有的"犯罪情节轻微，不需要判处刑罚或免除刑罚"的条件限制，逐步扩展至部分重罪，对酌定不起诉的复杂内部审批程序进行简化，以保证其落到实处；扩大附条件不起诉的适用对象，将其推广适用于成年人犯罪的部分案件之中，如将老年人以及轻伤害案件中的被告人纳入附条件不起诉的案件范围；以量刑建议权为契机，落实"坦白从宽"的规定。"坦白从宽"作为一项刑事政策，在我国的刑事司法实践中还并不具有法律的强制效力，为了对犯罪嫌疑人的认罪行为予以肯定，法院在量刑时应当加以考量。[①] 这些建议讨论基本比较成熟，意见较为中肯也具有操作性，可以在今后进一步探讨落实的可能性。

4. 逐步调整检察机关批准逮捕权

基于我国检察制度的历史和现状，学者们对我国检察权的性质提出了各种不同的学说观点。我们认为，无论学理上如何解释，实践中我国的检察机关在执行检察权时均具有行政权与准司法权的双重性质，使检察权表现为一种典型的"司法行政权"。[②] 正是因为检察机关具有司法性，因此决定了我国检察机关享有一般刑事案件的审查批捕权并不违背诉讼原理，但同时由于检察权的行政权属性，决定了我国检察机关享有自侦案件的审查批捕权并不妥当，条件适当时应当予以调整。

侦查机关对犯罪嫌疑人进行未决羁押需要经过司法审查是一种国际惯例，已经成为刑事诉讼中的基本原则。我国很早就有学者建议将检察机关享有的批捕权转移到审判机关，同时也有很多学者主张保留检察机关的批捕权，在主张保留的声音中，不少学者认为从中国的现实国情考虑，由法院行使批捕权不具有现实可行性。[③] 我们认为，我国检察机关行使批捕权已经有着几十年的历史，总结了很多的有益经验，而且随着法治环境的变化也不断地完善着相关制度，如 2012 年《刑事诉讼法》修订之后增加了羁押必要性审查制度等。我国存在的逮捕率过高、超期羁押、刑讯逼供等问题是综合因素影响的结果，检察机关享有批捕权至少不应当是排名前列的主要原因。我们坚持认为，相关立法需要坚持我国检察机关对一般刑事案件享有批捕权的规定。表 8-6 是 H 省人民检察院 2013—2016 年审查逮捕情况。

---

① 步洋洋：《审判中心语境下检察机关职权之再审视》，载《唐山学院学报》2015 年第 2 期。
② 洪浩：《检察权论》，武汉大学出版社 2001 年版。
③ 张智辉：《也谈批捕权的法理》，载《法学》2000 年第 5 期。

表 8-6　H 省人民检察院 2013—2016 年审查逮捕情况

情况 年份	受理案件数量	逮捕人数		不批捕	
		数量	比例	数量	比例
2013	35257	27595	78.3%	7662	21.7%
2014	37300	27669	74.2%	9631	25.8%
2015	38932	28271	72.6%	10661	27.4%
2016	37336	26488	70.9%	10848	29.1%

（三）实现检察权内部配置的科学化

检察机关内部配置的科学化是一项系统工程，需要中央的顶层设计和统一部署。以下结合以往的工作经验提出一些意见和建议。

1. 整合现有机构，优化职权配置

湖南、湖北、江苏、天津等地检察机关在基层检察院内设机构的设置和管理方面积累了不少有益经验，整体来说，应当对检察机关现有内设机构进行必要整合，以实现司法资源的更加有效配置。

刑事检察职能方面。首先，在检察机关职务犯罪侦查部门整体转移给国家监察委员会之后，应当根据《刑事诉讼法》赋予检察机关的侦查权，重新组建新的侦查机构，以满足检察机关行使侦查权的需要。按照新《刑事诉讼法》的规定，人民检察院对于自己在对诉讼活动实行法律监督中发现的司法工作人员利用职权实施的非法拘禁、刑讯逼供、非法搜查等侵犯公民权利、损害司法公正的犯罪案件，可以立案侦查；对于公安机关管辖的国家机关工作人员利用职权实施的重大犯罪案件，需要由人民检察院直接受理的时候，经省级以上人民检察院决定，也可以立案侦查。这些案件，要么是司法人员犯罪的案件，要么是重大犯罪案件，都需要有强有力的侦查手段和很高的侦查技能才能完成侦查的任务。检察机关如何应对这类案件，行使好法律赋予的侦查权，需要认真研究，需要配置很强的侦查力量，需要侦查所必需的和必要的设施和技能。

因此，在原有的职务犯罪侦查部门转隶之后，如何组建侦查队伍，完善侦查机构设置，是新一轮司法改革中检察机关应当重点考虑的问题之一。

其次，为了适应以审判为中心的诉讼制度改革的需要，检察机关应当改变侦查监督部门与公诉部门各自为战的状况，加强对公安机关侦查活动的监督。为此，最高人民检察院在新一轮改革规划中提出：要"构建诉讼以审判为中心、审判以庭审为中心、庭审以证据为中心的刑事诉讼新格局，完善证据收集、审查、判断工作机制，建立健全符合庭审和证据裁判要求、适应各类案件特点的证据收集、审查指引，深化书面审查与调查复核相结合的亲历性办案模式，确保审查起诉的案件事实证据经得起法律检验"。与之相适应，最高人民检察院按照案件类型组建专业化刑事办案机构，实行捕诉一体办案机制，并要求全国各级检察机关实行捕诉一体的办案机制和机构改革。这项改革，从现象上看，是内设机构改革和工作机制调整，实际上，它是检察职权在检察机关内部的重新配置。而这种重新配置，整合了对侦查活动进行监督的力量和力度，有利于进一步加强对侦查活动的法律监督；使审查起诉的主体能够提前介入侦查，引导侦查机关及时提取在法庭上指控犯罪所必需的证据，有利于检察机关在以审判为中心的诉讼结构中更有效地行使公诉权；减少了审查案件的主体，使审查批准逮捕的检察官在后续的审查起诉环节能够更快地熟悉案件材料，节省检察资源，有利于提高检察环节的办案效率。因此，捕诉一体的改革，可以说是在刑事诉讼中优化检察职权的一种有益尝试。

民事行政检察职能方面。为适应经济社会发展和人民群众司法需求，整合审查起诉、民事行政检察、申诉检察等诉讼监督职能，分设民事、行政、公益诉讼检察机构，以便加强民事诉讼监督、行政诉讼监督和公益诉讼监督力量。

2. 统一规范内设机构称谓

原《人民检察院组织法》第20条规定："最高人民检察院根据需要，设立若干检察厅和其他业务机构。地方各级人民检察院可以分别设立相应的检察处、科和其他业务机构。"但是立法并不明确，各地做法不一，因此需要最高人民检察院进行规范，将内设机构的名称统一，以便于检察机关对外的业务往来和工作交流。在新一轮检察改革规划中，最高人民检察院提出：最高人民检察院的内设业务部门统一称"厅"，地方各级人民检察院的内设业务部门统一称"部"，从而结束了检察机关内设业务部门名称长期不统一的状况。

3. 利用四项改革机遇，充实办案一线

整合基层检察院内设机构必须精简管理层，将检察机关工作人员大量充实到办案一线。当前正在进行的员额制和分类管理改革是一个较好的机会，最高人民检察院在各地的试点基础之上起草适当方案。我们认为，基层检察院拟设"一正三副+纪检组长"的领导层为宜，在过渡期可采用班子成员和检委会专职委员兼任部门正职，原部门正职改任新部门副职的方式，确保不减少职数，不降低职级。在落实检察人员分类管理改革制度基础上，坚定地走检察官专业化发展道路，使法律职务和行政职务分离，依照法律职务等级享有匹配的各项待遇，去除检察人员管理中的"官位化"，积极回应基层检察干警的期盼。用以来减少管理人员，增强办案一线力量，彻底改变"倒金字塔"结构。

4. 科学施策，优化考评考核

随着内设机构的整合，势必催生新的考评考核办法，要坚持分类考核的经验做法，精简考评指标和考评程序，突出执法办案业务指标，去除"人头""机构"考评因素，把上级院业务部门对下级院对口部门的考核改为对口工作的考核，注重干警素能培养、履职能力考评、履职形象的评价，使考核评价制度符合内设机构职能整合后的基层院现状。

（四）改善上下级检察机关之间的职权关系

按照《人民检察院组织法》的规定，最高人民检察院领导地方各级人民检察院和专门人民检察院的工作，上级人民检察院领导下级人民检察院的工作。最高人民检察院对地方各级人民检察院的领导权、上级人民检察院对下级人民检察院的领导权，主要体现在以下几个方面：上级人民检察院认为下级人民检察院的决定错误的，有权指令下级人民检察院纠正，或者依法撤销、变更；上级人民检察院有权对下级人民检察院管辖的案件做出指定管辖的决定；上级人民检察院有权直接办理下级人民检察院管辖的案件；上级人民检察院有权根据工作需要统一调用辖区的检察人员办理案件。下级人民检察院应当执行上级人民检察院的决定；有不同意见的，可以在执行的同时向上级人民检察院报告。

我国当前实施的检察一体化工作机制具有一定的历史原因，而且符合中国国情，因此应当继续坚持作为我国检察权运作的一项基本原则。当然，面对着上下级检察机关之间出现的过度行政化、司法属性不足等缺陷，我们有必要进行一些制度性的改革，完善检察一体化的工作模式。

1. 借鉴检察独立的合理内核，加强办案机关处理个案的独立性

虽然我国坚持检察一体化，但并不代表不需要尊重下级检察院的独立办案权限。德国和我国的检察领导体制较为类似，根据《德国法院组织法》第 146 条，"检察机关的公务人员需依其上级长官之职务上的指示行事"。但他们在处理具体职务时，却并不像行政机关那样执行严格的"上令下达"，"如果以为检察官，当其对一被告或因事实，或因法律的原因，认为其为无罪，但却受到上级指示，要对该被告提起公诉，或对之提出羁押命令之申请，或对之处以其他侦查措施时，其是否应服从该指示，文献中对此看法分歧，但较正确的见解应是，该检察官不需服从之"。[①] 而在我国，存在着下级办案机关的独立性较差，有的下级院以案情重大等为事由，将一些本不该请示的案件向上级请示，反之上级院也以案件影响大为由，而随意派员介入下级办案，以示重视等种种不正常情形。[②]

我们认为，坚持法律是检察工作的前提，坚持客观义务也是检察机关重要的工作原则，因此，在具体工作业务上，应当探索建立互动式的上下级关系，例如，如果上级检察机关的指示或决定明显与国家法律政策相冲突，或者与客观事实相违背的时候，下级检察机关有权向上级检察机关暂停执行并向上级检察机关提请复议。

2. 构建更加合理的人事任用体制，加强系统内部领导

上下级检察机关之间关系不顺的一个重要原因，是上级检察机关缺乏对下级检察机关人财物的管理权力，这种情况造成的检察机关地方化的弊端已经被公认不利于落实依法独立行使检察权的宪法要求，亟待改革。我们认为，应当进一步完善上级检察机关在提拔任用下级检察机关领导干部方面的权力，譬如，党委及其组织部门和上级检察机关均有权提名检察机关的领导人选；党委及其组织部门和上级检察机关也都有权否决领导人选。一言以蔽之，检察机关人选应当是党委和上级检察机关一致认可者。

3. 完善司法责任制，加强上级指导的规范性

2015 年《关于完善人民检察院司法责任制的若干意见》对检察机关办案的权限、办案责任都进行了较为严格的规定，对检察机关工作人员办案质量提出了更高的要求，特别是明确提出办案质量终身负责的要求，更是需要每一位检察官必须遵守法律，尊重事

① ［德］Claus Roxin：《德国刑事诉讼法》，吴丽琪译，三民书局 1998 年版，第 77 页。
② 孔璋：《检察一体制的原则与规制》，载《人民检察》2008 年第 23 期。

实，以最大的认真态度处理具体案件。该文件对如何加强上级检察院对下级检察院司法办案工作指导进行了规范要求。

鉴于终身追责制的要求，各级检察机关应当按照《关于完善人民检察院司法责任制的若干意见》中请示和指导的具体程序开展工作。为了避免私下请示的情况，严格按照谁签字谁承担责任的原则进行责任追究，一旦做出错误法律决定的，由签署此错误意见的工作人员单独或者共同承担责任。此外，对于社会影响较大的案件，上级检察机关要保持积极关注，下级检察机关也应当按照程序及时请示，对不捕、不诉、不立案、变更强制措施、涉检信访等重点案件，应当给予特别关注。

第九章　诉讼结构中的司法职权配置

一、以审判为中心的诉讼结构

（一）"以审判为中心"的诉讼结构之提倡

所谓"以审判为中心"，虽然在学理上其含义还有争议，但作为一种诉讼结构，在与"以侦查为中心"的诉讼结构相对的立场来说，得到了普遍的认可，两者的区别在于究竟以审判还是侦查作为诉讼活动的重心，或者说，对案件进行全面性、实质性的调查到底是通过审判还是侦查来完成。

在我国，长期以来，由于公安机关在司法机关中处于强势地位，法院和检察院对公安机关缺少制约，[①] 导致了刑事诉讼的实际重心在侦查阶段，案件的实质调查全部在这一阶段完成，形成了以侦查为中心的诉讼结构。[②] 在这样的诉讼结构中，控制犯罪是唯一的诉讼目的。司法实践表明，以侦查为中心的诉讼结构会带来如下后果：一是造成庭审虚化。庭审中不对证据进行实质性的审查，判决只能机械地复制侦查结论，审判作为"流水作业"的后续工序只是为了给侦查活动加盖合法的印章，[③] 这些最终造成"真正决定中国犯罪嫌疑人和被告人命运的程序不是审判，而是侦查"。[④] 在侦查中心主义模式下，错案频出，无罪率持续趋零(0.07%)。[⑤] 二是导致审前程序司法审查缺位。是否采取涉及公民基本权利的强制措施及强制性侦查行为，完全由公安机关自行批准决定，形成侦查垄断的强势局面，而由于缺乏中立第三方的司法控制，侦查中的违法行为难以得到有效防范和纠正，[⑥] 司法公信力下降。

相反，审判中心主义能够克服上述不良后果，有利于遵循司法特有的规律和要求，维护司法公正性。习近平指出："全会决定提出推进以审判为中心的诉讼制度改革，目的是促使办案人员树立办案必须经得起法律检验的理念，确保在查明事实、认定证据、保护诉权、公正裁判中发挥决定性作用。"可见，构建以审判为中心的诉讼制度，目的是改变以往以侦查为中心的诉讼习惯，重树审判权的权威，重建司法公信力。

---

① 陈光中、魏晓娜：《论我国司法体制的现代化改革》，载《中国法学》2015 年第 1 期。
② 张建伟：《审判中心主义的实质内涵与实现途径》，载《中外法学》2015 年第 4 期。
③ 闵春雷：《以审判为中心：内涵解读及实现路径》，载《法律科学》2015 年第 3 期。
④ 孙长永：《侦查程序与人权》，中国方正出版社 2000 年版，第 5 页。
⑤ 刘昱含：《2014 地方司法观察：中国无罪率持续趋零》，载财新网 2015 年 2 月 12 日。
⑥ 闵春雷：《以审判为中心：内涵解读及实现路径》，载《法律科学》2015 年第 3 期。

（二）"以审判为中心"的实质内涵

构建以审判为中心的诉讼制度，必须明确"以审判为中心"的实质内涵，即回答"以审判为中心""是什么"的问题，唯有如此，才能进一步探索"改什么"和"怎么改"的疑问。

我国学界在这个问题上争议较大，有以下几种观点：第一，审判阶段中心说。叶青指出审判中心主义强调审判阶段的核心地位。[①] 第二，法院、法官中心说。樊崇义、张中提出确立以法院为中心的刑事司法外部体制，并构建以法官为中心的刑事司法内部体制。[②] 第三，审判活动中心说。闵春雷提出"以审判为中心"应以审判活动为中心，而不是以审判权、法官或以审判阶段为中心，侦查、提起公诉等活动应围绕审判进行并接受审判活动的审查和检验，其重心在于保障被告人的公正审判权。[③] 我们认为，前述第一、二种观点有失偏颇。审判中心主义不应仅强调审判阶段的重要性，审前程序在诉讼中同样占有重要地位；虽然法院的地位有加以着重强调的必要，但目前"以法院为中心"不太可能实现。[④] 综合来看，"以审判为中心"宜理解为以审判活动为中心，"审判的逻辑和架构应贯彻刑事诉讼的全过程，审前程序也应体现司法控制"。[⑤]

这一疑问，还与如何理解"以审判为中心"与三机关分工负责、互相配合、互相制约的关系有关。一种观点认为，公检法三机关分工负责、互相配合、互相制约的原则和机制对"以审判为心"的体制、机制产生了约束，二者属于不同的诉讼构造与诉讼关系。在三机关"配合制约原则"依然存续，并继续得到肯定的情况下，以审判为中心的要求缺乏司法结构和司法资源配置上的支持，这项改革能走多远，不无疑问。[⑥] 但是，更多的学者则主张，两者之间并不矛盾。例如，陈光中、步洋洋指出"以审判为中心"是对公检法三机关分工负责、互相配合、互相制约关系的完善和发展；[⑦] 樊崇义针对该观点指出"以审判为中心"是对分工负责、互相配合、互相制约原则的创新和发展；[⑧] 王敏远指出在三机关分工负责、互相配合、互相制约原则思维模式中，辩护权的作用易于被忽视，权利保障难以实现，而"以审判为中心"则是对其的完善。[⑨] 显然，如果认为"以审判为中心"是指以审判活动为中心，那么，它与"三机关分工负责，互相配合、互相制约"之间就并不存在矛盾，后一种观点更符合当前实际情况。

为了实现"以审判活动为中心"，做到在审前程序中也体现司法控制，该从哪里入

---

① 叶青：《以审判为中心的诉讼制度改革之若干思考》，载《法学》2015 年第 7 期。
② 樊崇义、张中：《论刑事司法体制改革与诉讼结构之调整》，载《环球法律评论》2006 年第 5 期。
③ 闵春雷：《以审判为中心：内涵解读及实现路径》，载《法律科学》2015 年第 3 期。
④ 张建伟：《审判中心主义的实质内涵与实现途径》，载《中外法学》2015 年第 4 期。
⑤ 张栋：《我国刑事诉讼中"以审判为中心"的基本理念》，载《法律科学》2016 年第 2 期。
⑥ 龙宗智：《"以审判为中心"的改革及其限度》，载《中外法学》2015 年第 4 期。
⑦ 陈光中、步洋洋：《审判中心与相关诉讼制度改革初探》，载《政法论坛》2015 年第 3 期。
⑧ 樊崇义：《"以审判为中心"与"分工负责、互相配合、互相制约"关系论》，载《法学杂志》2015 年第 11 期。
⑨ 王敏远：《司法改革背景下的三机关相互关系问题探讨》，载《法制与社会发展》2016 年第 2 期。赞同的还有朱孝清：《略论"以审判为中心"》，载《人民检察》2015 年第 1 期；张吉喜：《论以审判为中心的诉讼制度》，载《法律科学》2015 年第 3 期。

手呢？我国学者展开了高屋建瓴的研究。杨凯提出以审判为中心，要求包括侦查、起诉、辩护、审判等整个刑事诉讼程序和环节都围绕"以庭审为中心"和"以证据为中心"展开。在此基础上建构刑事冤错案防范机制的路径主要包括九个方面：以人权保障和人文关怀为机制建构之基础、以证据规则和证据裁判为机制建构之核心、以非法证据的排除规则为机制建构之保障、以刑诉法无罪推定原则为机制建构之逻辑、以诉讼程序正义的理念为机制建构之模式、以切实保障律师辩护权为机制建构之关键、以理顺公检法相互关系为机制建构之补充、以审理查明和认定事实为机制建构之支柱、以正确解释和适用法律为机制建构之内涵。[①] 沈德咏指出以审判为中心，其实质是在刑事诉讼的全过程实行以司法审判标准为中心，核心是统一刑事诉讼证明标准，而改革则应当坚持循序渐进，规划近景、中景和远景三个目标，并分段加以推进；[②] 龙宗智提出庭审实质化是"以审判为中心"的诉讼制度改革的重要内容，它要求适度阻断侦审联结，充实庭审调查，改善举证、质证与认证，完善庭审调查规则，加强释明权的运用，改革裁判方式，充实二审庭审，还应改善庭审准备、加强辩护权保障、推动案件繁简分流以及建立、完善司法责任制。[③] 闵春雷认为，"以审判为中心"通过"庭审中心主义"得以实现，即通过贯彻证据裁判原则实现庭审的实质化，不仅被告人有罪的判决需由审判做出最终裁决，在审前程序中关涉被追诉人基本权利的强制性措施的采用亦应接受司法审查，构建"以裁判为中心"的刑事诉讼结构。[④]

建立在这些研究基础上，党的十八届四中全会指出，推进以审判为中心的诉讼制度改革，应"全面贯彻证据裁判规则，严格依法收集、固定、保存、审查、运用证据，完善证人、鉴定人出庭制度，保证庭审在查明事实、认定证据、保护诉权、公正裁判中发挥决定性作用"。这表明，虽然以审判为中心涉及诉讼结构、诉讼程序、侦查起诉审判间职权的调整等诉讼结构改变的一系列问题，但十八届四中全会将关注的重点放在证据问题上。

我们认为，将改革重点落在证据问题上，对于审判中心的形成不仅具有重大意义，也更具可操作性。我国新《刑事诉讼法》第2条关于刑事诉讼的任务，特别增加了尊重和保障人权的规定。如果说以侦查为中心的诉讼结构的价值诉求在于打击犯罪、实体真实，那么以审判为中心的诉讼结构恰恰突出了尊重人权、程序正当的理念。而诉讼活动是围绕证据展开的，证据既是对事实认定的依据，也是实现价值平衡的调节器。[⑤] 证据是承载刑事诉讼价值转换的重要内容。因此，贯彻以审判为中心的诉讼结构，必须在证据规则的改变上下文章。证据规则虽然是运用于法庭审判过程的，但是，证据规则的确立，将直接影响侦查和审查起诉活动，证据的能力及证明活动都要以法庭标准进行确认，根据法庭上的标准来制约侦查和审查起诉阶段的取证等环节，最终，使得侦查、公

---

①　杨凯：《论审判中心主义视角下刑事冤错案防范机制建构——以湖北高院六年175件刑事再审发改案件为样本的实证分析》，载《法学评论》2016年第2期。

②　沈德咏：《论以审判为中心的诉讼制度改革》，载《中国法学》2015年第3期。

③　龙宗智：《庭审实质化的路径和方法》，载《法学研究》2015年第5期。

④　闵春雷：《以审判为中心：内涵解读及实现路径》，载《法律科学》2015年第3期。

⑤　杨迎泽、孙锐主编：《刑事证据的搜集、审查与运用》，中国检察出版社2013年版，第1页。

诉环节所获取、固定的证据符合审判的要求。在具体的改革路径上，2016 年 6 月，中央全面深化改革领导小组审议通过了《关于推进以审判为中心的刑事诉讼制度改革的意见》（以下简称《意见》），最高人民法院、最高人民检察院、公安部、国家安全部、司法部对这项改革做了明确安排。综合起来，《意见》主要谈从两个方面努力：一是需要建立统一的证据证明标准，二是加大庭审制度的改革。接下来我们进一步讨论"以审判为中心"的改革路径及其具体措施。

（三）"以审判为中心"对司法职权配置的意义

1. 建立统一证明标准

习近平在《关于〈中共中央关于全面推进依法治国若干重大问题的决定〉的说明》中指出："在司法实践中，存在办案人员对法庭审判重视不够，常常出现一些关键证据没有收集或者没有依法收集，进入庭审的案件没有达到'案件事实清楚、证据确实充分'的法定要求，使审判无法顺利进行。"这一评价，正对应着刑事诉讼中存在的三方面主要问题：指控证据不充分、指控证据不合法，以及指控证据未达到法定的证明标准。[①] 对此，《意见》第 2 条明确给出了回应，司法机关应"严格按照法律规定的证据裁判要求，没有证据不得认定犯罪事实。侦查机关侦查终结，人民检察院提起公诉，人民法院做出有罪判决，都应当做到犯罪事实清楚，证据确实、充分"，"侦查机关、人民检察院应当按照裁判的要求和标准收集、固定、审查、运用证据"，实际上是要求司法机关建立"犯罪事实清楚、证据确实充分"这一统一的证明标准。[②]

过去，关于证明标准的含义一直没有得到厘清，公检法各部门按照自己的理解去执行该标准，证明标准不统一。以审判为中心的诉讼制度改革，要求侦查、起诉阶段对于事实认定和法律适用的标准应当参照适用审判阶段的标准，满足审判的要求，确保侦查、审查起诉的案件经得起法庭上质证、认证的检验。据此，新《刑事诉讼法》第 53 条第 2 款对"证据确实充分"的可执行的实质内涵进行了解释："（一）定罪量刑的事实都有证据证明；（二）据以定案的证据均经法定程序查证属实；（三）综合全案证据，对所认定事实已排除合理怀疑。"具体而言，包括以下三层含义：

第一，"定罪量刑的事实都有证据证明"，要求司法机关贯彻证据裁判规则。最高人民法院《关于适用〈中华人民共和国刑事诉讼法〉的解释》第 61 条中规定，"认定案件事实，必须以证据为根据"，从而在我国确立了证据裁判规则。只有在犯罪构成中的各项要素通过证据加以证明后，法院才能认定犯罪成立。然而，公安机关往往证据收集不全面，就将案件移送给了检察院，后者亦欠缺必要的审查就在此基础上提起公诉。在以

---

① 褚福民：《如何完善刑事证据制度的运行机制？》，载《苏州大学学报》2016 年第 2 期。

② 关于是否应建立"统一"的证明标准，有学者与《意见》观点不同，认为统一的标准混淆了侦查、起诉、审判的职能区别；这种做法有违认识规律，刑事诉讼的证明过程应该是由感性到理性的认识过程，是一个逐渐认识真相的过程；此外采用统一的刑事诉讼证明标准，如果侦查机关和检察机关用审判标准衡量，会放纵大量的被追诉人，不利于司法公正的实现。还有学者指出我国在侦查终结、起诉以及定罪上基本实行一致的标准，使得对案件的实质性调查活动在侦查阶段完成，导致对犯罪嫌疑人、被告人有罪与否在审前就基本成为定局，庭审只不过是对侦查阶段的认定结果进行再次确认。参见陈卫东：《以审判为中心：当代中国刑事司法改革的基点》，载《法学家》2016 年第 4 期；张栋：《我国刑事诉讼中"以审判为中心"的基本理念》，载《法律科学》2016 年第 2 期。

侦查为中心的诉讼结构时代，法院面对这种没有足够的证据作为裁判根据的案件，基于种种原因难以依照规则做出裁判，处于"既难以依法定罪也难以依法宣告无罪"的两难境地。① 现在，强调以审判为中心，就是要求：公安机关在证据收集过程中，必须全面客观地收集、固定、移送认定诉讼事实所需要的所有证据材料，而不能有选择地收取、移送证据材料。检察院也必须以此标准审查证据。法院对于经证据充分证明的案件应依法定罪，面对缺乏证据证明的案件时，应能做出"疑罪从无"的认定。

第二，"据以定案的证据均经法定程序查证属实"，强调的是证据的合法性问题，亦即证据资格问题。证据规则包括两类，一类是证据能力的规则，处理证据的可容许性或者证据的法律资格问题；一类是司法证明规则，即对法庭审判过程中，承担证明责任的一方提出证据证明各项待证事实的证明活动做出规定。② 在以侦查为中心向审判为中心的诉讼结构转变过程中，价值诉求由打击犯罪、实体真实向保护人权、程序正义的方向改变，证据合法性问题的重要性尤其凸显。因此，《意见》主张，要注重证据收集方式的合法性和规范性，同时加强对证据本身是否具有证据资格的审查，通过审查的证据才能作为案件事实的依据。可从以下几个方面来探讨：

（1）切实贯彻非法证据排除制度。自最高人民法院、最高人民检察院、公安部、国家安全部、司法部于2010年联合发布《关于办理刑事案件排除非法证据若干问题的规定》正式提出非法证据排除制度后，2012年《刑事诉讼法》和相关司法解释都对这一制度做出了进一步的完善，2012年《刑事诉讼法》第54条至第58条就规定了非法证据的排除范围、调查责任、调查程序和方法、证据合法性证明责任的分配等问题。而最高人民法院《关于适用〈中华人民共和国刑事诉讼法〉的解释》第四章"证据"第一到第八节的相关规定还扩大了非法证据排除的范围。从这一立法进程来看，我国的非法证据排除制度正在不断完善，已经从法律文本走向司法实践。有学者对实践中非法证据排除制度的运用进行了研究，提出存在"毒树之果原理的缺失导致犯罪嫌疑人、被告人的权利不能得到更好保护，部分案件在证据合法性证明问题上出现转嫁举证责任的现象，有些案件法院从内容真实推论程序合法，有些案件因规则模糊导致权利保护不到位"等问题，③ 这些问题还有待在制度运行过程中进一步解决。

（2）积极探索证据收集制度。庭审中证据对抗的结局，很大程度上取决于审判前程序（尤其是侦查程序）中证据的收集。强化证据收集能力才能保障庭审中有足够数量和足够可靠的证据。④ 当务之急，一是建立健全符合裁判要求、适应各类案件特点的证据收集指引，尤其是对于命案等重大案件，应建立检查、搜查、辨认、指认等过程录音录像制度。完善技术侦查证据的移送、审查、法庭调查和使用规则，以及庭外核实程序，统一司法鉴定标准和程序。二是建立证据收集的制约监督机制。在搜查、扣押、拘留、讯问等涉及公民人身与财产权的证据收集环节，仅由警察系统内部或办案人员自我约束

---

① 褚福民：《如何完善刑事证据制度的运行机制?》，载《苏州大学学报》2016年第2期。

② 陈瑞华：《刑事证据法学》，北京大学出版社2014年版，第9页。

③ 易延友：《非法证据排除规则的中国范式——基于1459个刑事案例的分析》，载《中国社会科学》2016年第1期。

④ 张品泽：《以审判为中心与证据收集》，载《证据科学》2016年第3期。

是难以防范的，① 必须重新考量当前检察院对警察收集证据的监督能力与效果。

（3）防止刑讯逼供，不得强迫任何人证实自己有罪。2012年《刑事诉讼法》第50条在证据收集的基本原则中，增加了"不得强迫任何人证实自己有罪"的规定。为了杜绝刑讯逼供的发生，有必要严格执行相关的讯问制度，改变刑事证据严重依赖口供的现状，使"口供为本"向"物证优先""实物证据为本"转变，从"由供到证"向"由证到供""以证促供""证供结合"转变。②

第三，"对所认定事实已排除合理怀疑"，要求司法机关将"排除合理怀疑"作为"案件事实清楚，证据确实充分"的可执行的实质内涵。过去，司法实务中常常秉持"疑罪从轻"和"疑罪从有"的价值观，这在证明标准的运用中表现为证明标准的降低。"案件事实清楚，证据确实、充分"标准演变为"基本案件事实清楚，基本证据确实充分"或"案件事实基本清楚，证据基本确实充分"。③ 2012年《刑事诉讼法》引入"排除合理怀疑"这一标准，标志着司法证明的真理观由客观真实论向法律真实论转变，有助于我国刑事诉讼制度由"侦查中心"向"审判中心"转移，④ 对于把握证据确实、充分的实质内涵，也具有重要的实践指导意义。但是，该标准的把握也存在疑问，关于"什么是合理怀疑，如何排除合理怀疑"的问题，仍然是学界和司法实践的探索热点。⑤

2. 加大庭审制度改革

以侦查为中心的诉讼结构下，庭审形式化是必然现象。案件是否定罪、应定何罪，在侦查阶段就已经确定下来，审判阶段只能被动接受这一结果，庭审仅仅是"走过场"。要转换为以审判为中心，加大庭审制度改革，使决定案件的真正阶段在法庭，就必须进行相应的制度变革，做到"诉讼证据出示在法庭，案件事实查明在法庭，诉辩意见发表在法庭，裁判结果形成于法庭，保证法庭在查明事实、认定证据、保护诉权、公正裁判中发挥决定性作用"。⑥ 换言之，所有的证据都应该呈之于法庭，都要经过质证，并且法官应通过庭审，对移送的证据材料进行全面性、关联性审查，并通过审查被告人供述、证人证言等重要证据材料及相关笔录形成过程，判断证据的真实性、合法性，进行最终的认证。对此，《意见》主要从以下几个方面来改革：

第一，应完善庭前会议程序。冗长的庭审会增加庭审秩序控制难度，对适用普通程序审理的案件，健全庭前证据展示制度，涉及出庭证人名单、非法证据排除、回避等方面，解决好这些程序性问题，有利于实现集中审理，防止合议庭预断，提高庭审效率，保障被告人权利等。从实践来看，我国庭前会议的整体适用率较低，收效也不大。究其原因，有学者提出了庭前会议程序设计的"职权性"、庭前会议效果设置的"非完整性"、

---

① 张品泽：《以审判为中心与证据收集》，载《证据科学》2016年第3期。

② 石莹莹：《构筑"以审判为中心"诉讼制度诸要件的思考》，载《政法论坛》2016年第1期。

③ 何家弘《刑事错判证明标准的名案解析》，载《中国法学》2012年第1期。

④ 刘晓丹：《刑事证明标准的维度分析》，载《中国刑事法杂志》2016年第3期。

⑤ 蔡元培：《论印证与心证之融合——印证模式的漏洞及其弥补》，载《法律科学》2016年第3期；郭庆：《排除合理怀疑在公诉实践中的把握》，载《中国检察官》2016年第9期；刘宝锋：《司法实践中排除合理怀疑的具体运用》，载《法制与社会》2016年第8期。

⑥ 朱孝清：《略论"以审判为中心"》，载《人民检察》2015年第1期。

法官对庭前会议运用的"策略化"等因素。① 我们认为，目前可以从以下两个方面努力：一是对庭前会议进行更清晰的定位。2012 年《刑事诉讼法》和相关司法解释对庭前会议中提出的问题是否要做出裁定或者约定，以及裁定和约定对后续审判程序是否有约束力都没有做出相应的规定，因此有必要加强立法，明确法官在庭前会议中的裁判地位，使庭前会议的决定更具有法律效力，避免其沦为一道多余的"审前"程序。② 二是完善庭前会议中的相关制度。以证据开示制度为例，证据开示制度具有促进控辩双方庭前进行证据交流，避免"证据突袭"，为庭审做准备，提高庭审质量和效率，促进庭审实质化的作用。《意见》明确规定了要健全我国刑事庭前证据展示制度。然而我国目前的刑事证据开示制度还存在很多弊端，如对辩护方开示的证据规定得过少，没有明确辩方证据展示的时间、地点及方式，未规定辩方不展示相关证据的后果，等等。

第二，应规范法庭调查。法庭调查是审判为中心的诉讼制度改革中的重要环节。龙宗智指出，我国庭审虚化的一个主要原因就是法庭调查程序过于简略，对于案件中影响定罪量刑的必要信息，在法庭上披露不够、质辩不足；因此法官很难在法庭上获得全面、准确的信息，而是过多地依赖庭下阅卷，形成裁判意见，③ 换言之，刑事庭审在举证、质证、认证方面都存在虚化。④ 对此，《意见》明确表示，法院应有效组织庭审，应组织诉讼各方围绕定罪和量刑问题，充分提出证据、发表意见，充分组织交叉询问、开展辩论，充分发挥举证、质证、认证各环节的作用。综合实践中的经验，我们认为，在法庭调查的举证环节，应做到除了无争议的事实外，杜绝批量举证；在质证上，新《刑事诉讼法》在这方面有积极进展，如第 59 条强调了质证是采信证言的必要条件。不过，仍需通过更为细致的质证规则贯彻"一证一质一认"，避免证据材料打包质证。⑤ 在认证环节，我国当庭认证率不高，有必要通过加强当庭认证，促进当庭裁判，达到以审判为中心的效果。

第三，应积极构建等腰三角形的控辩审结构。在以侦查为中心的时代，公检法三家互相配合，案件在侦查阶段就已经被决定，法庭上"辩护"形同虚设，违背了控辩平等的司法规律。现在强调以审判为中心，要求案件事实查明在法庭，裁判结果形成在法庭，那么势必要求控辩审三方处于平等地位，其具体含义是：对于调查的范围、顺序和方法，控辩双方享有平等的请求权；控辩双方具有平等的举证权利；控辩双方具有同等的问证和辩论机会；公诉人的审判监督不应导致控辩双方的不平等。⑥ 我国 1996 年《刑事诉讼法》就包含了对抗制因素，2012 年《刑事诉讼法》更是在举证责任的分配上做了进一步规定，其第 51 条规定，被告人有罪的举证责任应由控方承担，第 61 条强调"双方质证"，强调了控方的证明责任，加强了辩护方质证权利，努力平衡控辩地位。但是，辩方权利仍处于弱势，例如，辩方没有侦查人员出庭启动权、对质程序启动权，有必要

① 左卫民：《未完成的变革——刑事庭前会议实证研究》，载《中外法学》2015 年第 2 期。
② 杨新慧：《从庭前会议之困管窥"以审判为中心"》，载《法律适用》2015 年第 11 期。
③ 龙宗智：《庭审实质化的路径与方法》，载《法学研究》2015 年第 5 期。
④ 何家弘：《刑事庭审虚化的实证研究》，载《法学家》2011 年第 6 期。
⑤ 石莹莹：《构筑"以审判为中心"诉讼制度诸要件的思考》，载《政法论坛》2016 年第 1 期。
⑥ 李新鉴：《刑事诉讼构造论》，中国政法大学出版社 1992 年版，第 257～258 页。

在司法实践中进一步完善。

第四，应落实证人出庭作证制度，推行直接言词原则。与侦查中心主义密切相关的是我国刑事诉讼采取的案卷笔录中心主义的审判方式。笔录在刑事审判过程中占据主导地位。例如，在各种侦查活动中形成的勘验检查、搜查扣押、辨认等笔录，它们的重要性不言而喻，法官在认定侦查活动合法与否时必须审查这些笔录。至于被告人供述、被害人陈述、证人证言等言词证据，即使上述主体在庭审中直接作证，法官也更倾向于采信笔录而不是直接言词作为定案根据。由于笔录都记载在卷宗材料上，承办案件的法官往往事先通过阅读卷宗材料就可以做出判断，对证人出庭的需求降至最低，证人、鉴定人出庭作证就会成为"可有可无的环节"。而"如果我们允许大量的侦查机关所获取的各种各样的证据，主要是言词证据，不经法庭质证而径直被认定其在定罪量刑上的定案根据，庭审查证的功能名存实亡，审判为中心就是空谈"。① 证人出庭，并通过直接言词提供证言，接受质证，有助于改善目前法官对证据进行形式审查的局面，"拓宽法院获得证据信息的渠道，最终强化审判对审前阶段诸项行为的'间接控制'"，② 从而促进以审判为中心的诉讼结构的形成。

然而，在我国，证人不出庭作证的现象一直普遍存在，有统计材料显示："全国范围内证人出庭比例为 0.12%，鉴定人出庭比例为 0.04%。"③ 对此，2012 年《刑事诉讼法》规定，证人证言必须在法庭上经过控辩双方质证并且查证属实后才能作为定案的根据，明确了直接言词原则。不过，法律规定还远远不够完善，主要表现在：第一，证人出庭作证的条件不明确。2012 年《刑事诉讼法》第 187 条规定，证人出庭作证应符合以下三个条件：公诉人、当事人或者辩护人、诉讼代理人对证人证言有异议，证人证言对案件定罪量刑有重要影响，人民法院认为有必要。但是，诉讼双方对何谓"有必要出庭作证"存有争议。实践中一般是法院来决定是否出庭。而法院经常出于与检察院配合及诉讼效率的考虑，不愿意证人出庭作证。显然，应将"有必要"这一条件客观化，细化证人出庭作证的标准。④ 我们认为，诉讼双方存在争议的证言，证人必须出庭作证。第二，证人作证规则还不够细化。2012 年《刑事诉讼法》第 192、193 条对证人出庭作证的范围、不到庭证人的惩戒都做了规定，但仍然应对出庭作证的程序、不出庭作证的情形等做出规定，确保"不出庭作证"只能是例外的情况。第三，相关的保障机制尚欠缺。要落实证人出庭，还必须建立一系列保障机制，包括证人保护工作机制，对因作证面临人身安全等危险的人员依法采取保护措施；建立证人、鉴定人等作证补助专项经费划拨机制；完善强制证人到庭制度。第四，证人不出庭作证的法律后果还不够明确。有学者提出，"对于证人应当出庭作证而未出庭的案件的处理应当适用相应的程序性制裁，以程序违法或在二审中发回重审，或依审判监督程序启动再审"。⑤ 这种观点可资借鉴。

① 陈卫东：《以审判为中心要强化证据的认证》，载《证据科学》2016 年第 24 卷第 3 期。
② 左卫民：《审判如何成为中心：误区与正道》，载《法学》2016 年第 6 期。
③ 石莹莹：《构筑"以审判为中心"诉讼制度诸要件的思考》，载《政法论坛》2016 年第 1 期。
④ 陈光中、步洋洋：《审判中心与相关诉讼制度改革初探》，载《政法论坛》2015 年第 3 期。
⑤ 石莹莹：《构筑"以审判为中心"诉讼制度诸要件的思考》，载《政法论坛》2016 年第 1 期。

二、检察权与侦查权的配置关系

在刑事诉讼程序中，国家司法机关主要通过侦查权、检察权和审判权的权能配置实现国家对犯罪的追诉。侦查权的行使主要表现在国家机关对犯罪证据的收集、固定，对犯罪嫌疑人的锁定、控制；检察权则主要包含对犯罪嫌疑人提起追诉的公诉权和对整个刑事诉讼活动进行监督的权力；审判权则为国家审判机关依法对犯罪嫌疑人做出有罪无罪、罪轻罪重裁决的权力。这三项权力运行的最终目的，均指向让犯罪嫌疑人或被告人得到公正的判决和处置。而要实现最终的公正裁决，必须以审前良好运行的侦查权与检察权为基础。

由于刑事案件的特殊性，使得侦查权与检察权存在密不可分的联系，即检察权中公诉权的实现必须以侦查机关通过侦查权的行使所获取的证据为依据。但另一方面，检察权又具有法律监督属性，使得检察权与侦查权在权力配置时不能仅仅考虑如何让双方权力机关更好地配合以实现对犯罪的追诉，更应考虑如何让检察权在实践中真正有效发挥法律监督的作用，以防止侦查权在破案目的的驱使下侵犯公民的基本人权。因此，侦查权与检察权如何保持良好的互动关系，以及应当如何对二者进行优化配置，对于司法公正的最终实现具有重要意义。

（一）检察权与侦查权关系的核心是制衡

公诉权是检察权的主要内容之一，侦查权的有效行使直接关系到案件公诉的成功与否，因为公诉中所形成的公诉意见均需以侦查所获取的证据为基础，如果侦查获取的证据不确实、充分从而无法形成完整的证据链，审判机关自然不会支持公诉机关的公诉意见。但是，即便侦查权与公诉权之间存在紧密联系，这并不意味着检察权与侦查权之间的关系应当以"配合"为其核心内容。相反，检察权与侦查权之间的权力互动应当以"权力制衡"作为其核心内容，这是由侦查权必定具备的外侵性与检察权自身的法律监督性质所决定的。

一方面，侦查机关在运用国家赋予的侦查权对案件进行侦查的同时，也就不可避免地需要动用国家强制力对犯罪嫌疑人、证人等与案件相关的公民进行人身权和财产权方面的限制，如对证据的扣押、对财产的冻结以及对犯罪嫌疑人人身自由的限制等。在这一权力运行过程中，如果对侦查权缺乏一个有力的外部权力加以制约，则极容易造成权力的膨胀和泛滥，进而导致对公民基本人权的侵犯。因此，尤其需要我们警惕行政权向私权利的肆意入侵。

另一方面，我国的检察权作为一种法律监督权，对我国法律在全国范围内正确、统一地实施负有监督职责。所谓保证法律在全国范围的统一实施，不仅包括对违反法律、构成犯罪的公民提起公诉，以确保刑法适用于一切公民，更包括对国家公权力机关，尤其司法机关在权力运行过程中，是否违背各项程序性法律规定、是否侵犯公民权利，以确保国家执法机关依法行使自己的权力，不得违法滥用权力。因此，侦查行为作为刑事诉讼程序中最开始以及最基础的行为，其权力运用得合法与否自然是检察权监督的重点之一。除此之外，也正因为侦查行为的质量直接决定着公诉成败，为了保证侦查所获取的证据能够满足公诉需要，检察权也应对侦查权行使正确与否进行监督。可见，对侦查权进行监督以实现对侦查权的制衡正是检察权的题中应有之意。

值得一提的是，虽然我们常将"制约"与"监督"作为对权力进行制衡的两项内容而相提并论地放在一起，但是细细比较起来二者存在一定区别。[①] "制约"以权力分立为基础，通过一个权力机关手中的权力去制约另一个权力机关的权力，"以权力制约权力"。因此，"制衡"往往需要把原本看似一体的权力进行拆分，将其中的一部分剥离出来赋予另一个权力主体，以达到让权力机关无法实现"一言堂"的制约效果。比如，检察权中的审查批捕权就是对侦查权的一种"制约"，将批捕的决定权与执行权进行了分离。至于"监督"，则是在权力行使之外另设"一双眼睛"，盯着权力主体的一言一行，看其是否符合法律的规定，一旦有违法的情况则需指明，督促其纠正。比如，检察机关可广泛运用的检察建议权就是对侦查机关侦查活动进行监督的手段之一。当然，许多时候监督与制约是相伴而生的，比如在审查批捕过程中，检察机关在做出批捕决定前对侦查活动所进行的审查就是"制约中的监督"，虽然最终做出的批捕决定是一种"制约"，但是在做出"制约"之前需要对案件证据进行审查，不仅要看证据是否充分，还需要审查证据的取得是否合法，这就是在履行的一种"监督"职能。可见，在实践中有时很难将"制约"与"监督"进行完全的分离，也有学者指出"制约"其实就是一种消极意义上的监督，[②] 这也不失为一种化繁为简的理解。因此，为了行文的流畅，下文一般不会对二者进行刻意的区分。

当然，"制约"也好，"监督"也罢，其实质都是防止权力的滥用，实现对权力的制衡。具体来说，检察权主要通过以下两个方面对侦查权进行制衡：

1. 通过检察权对侦查权的分解实现制衡

我国目前总体上是将公诉权与侦查权作为两项权力分属于不同的国家机关，即实现了公诉权与侦查权相分离。与民事诉讼中证据搜集与提起诉讼"一体化"的模式不同，现代刑事诉讼制度中将这两个环节进行了原则上的分离，由不同的主体分别行使侦查取证权和提起公诉权实际上就是将国家的刑事追诉权进行权力分离，从而避免侦查权与公诉权同时集中于一个国家机关手中，以防权力的过度集中。

在这两项权力中，侦查权较之公诉权更具有侵犯性，因为一方面在刑事侦查权的过程中，不可避免地需要对公民的人身权利和财产权利采取一定的限制手段。另一方面，由于侦查权归属于行政权，行政行为的效率性使得这种"限制手段"的运用很有可能成为"无限制的限制"。如果再将公诉权与侦查权融为一体，则通过"无限制的限制手段"认定的犯罪嫌疑人将直接被推送至法院面前接受审判，期间无任何其他权力机关的介入，侦查过程中的违法违规现象也就难以发现。相反，当公诉权与侦查权相分离并交由不同的权力机关行使时，公诉权必定需要对侦查行为以及侦查行为所获取的证据进行检视。在公诉权与侦查权分属不同机关的前提下，公诉部门更容易发现侦查行为的不当，

---

① 蒋德海：《控权型检察制度研究》，人民出版社 2012 年版，第 21～27 页。

② 根据张智辉教授的观点，平等主体间的监督分为积极监督和消极监督，其中消极监督就是利用一种权力制约另一种权力的被动抗衡。张智辉：《检察权研究》，中国检察出版社 2007 年版，第 58 页。

也更敢于及时给予纠正甚至直接不予起诉。这种将公诉权与侦查权相分离的权力配置实际上在侦查环节与审判环节中起到一个缓冲作用，即让公诉权对侦查权形成一种牵制或制衡。

从微观上来讲，分权制衡主要体现在检察权对某些特定侦查行为享有的批准权上。需要通过检察权来予以批准实施的侦查行为一般与犯罪嫌疑人或公民的基本权力紧密相关。根据《刑事诉讼法》的相关规定，我国检察权的批准权主要表现在逮捕以及羁押延期两方面。

批准逮捕决定了犯罪嫌疑人开始被限制人身自由并处于羁押状态；批准羁押延期，则决定了犯罪嫌疑人在常规侦查期限外继续被羁押限制人身自由。可见，无论是逮捕还是羁押延期，二者都直接关系到犯罪嫌疑人最基本的人身权利。如果将实施这些侦查行为的决定权、批准权、执行权等相关权力全部集中于侦查机关手中，则侦查机关很有可能出于破案的压力而独断专行，不该逮捕的也逮捕，应当释放的不释放。因此，我国《刑事诉讼法》规定，侦查机关要求逮捕犯罪嫌疑人的，必须经过检察机关的批准后才可执行；而法定羁押期限届满后，如认为有继续羁押的必要，则应当根据法律规定由同级或上级检察机关批准延期。这种将逮捕和羁押延期的批准权从侦查权中剥离出来作为检察权的一部分交由检察机关行使的权力配置，正是从微观层面实现权力的分立制衡，从而防止侦查权的滥用以保证逮捕以及羁押延期的必要性。

2. 通过检察权对侦查权的监督实现制衡

检察权制衡侦查权的另一路径则为充分发挥检察权的法律监督属性。作为我国司法制度的一大特点，检察机关是我国的法律监督机关，因此检察权即法律监督权。检察权的法律监督属性不仅仅表现在从实体上保证全国法律的正确、统一地实施，同时还表现在从程序上保证全国法律的正确、统一地实施。这就要求享有检察权的检察机关一方面要力求"有罪必罚"，另一方面也要"违法必究"；一方面要确保违反法律规定的犯罪分子得到法律应有的制裁，另一方面也要确保在追究犯罪的过程中，相关机关严格遵守法定程序，避免滥用权力或玩忽职守。例如，2012年《刑事诉讼法》第87、88条规定，为了确保逮捕的正确实施，人民检察院可以派员参加公安机关对于重大案件的讨论，或者讯问犯罪嫌疑人、听取辩护人意见。这是通过检察权的提前介入及时发现问题，从而实现对侦查权的法律监督。

检察机关对刑事强制措施的监督十分重视，尤其是指定居所监视居住（半羁押性质）和逮捕（羁押性质）这类会造成羁押后果的强制措施。侦查过程中，出于固定证据或锁定犯罪嫌疑人的需要，侦查人员不可避免地需要运用一些强制措施对相关人员的财产甚至人身权利进行一定的限制。在这个过程中，如果侦查权没有得到有效的监督、侦查人员没有得到有效的管控，则很容易因为侦查权的滥用而侵犯到公民的合法权利。刑事强制措施运用得是否恰当，与犯罪嫌疑人的基本人权是否得到保障有着紧密联系。因此，对刑事强制措施的监督可谓是检察权中法律监督的重中之重，需要确保强制措施的适用都"确有必要"，防止侦查机关为了"迅速破案"而滥用强制措施。

当然，检察权对侦查权的监督不仅仅限于对刑事强制措施的监督，还应当贯穿于整个侦查权的行使过程中。这就不仅包括了监督是否有侦查权被滥用的情形，也包括了对侦查权"当用不用"的玩忽职守行为的监督。因为"保障法律正确、统一地实施",不仅蕴含着保障人权的内容,要求检察机关关注犯罪嫌疑人等公民的基本权利是否遭受权力机关的不法侵害,同时也意味着检察机关应当以法律监督机关的身份监督刑事诉讼的整个过程是否存在违规操作的现象。这种违规操作不仅包括滥用职权,也包括玩忽职守,无论哪一种情形,都是对我国司法公正的破坏。关于这一点,后文中将有更进一步的论述。

如果说上述对侦查行为的监督属于动态意义上的监督,那么检察权对证据的监督则属于静态上对侦查权的监督。侦查机关侦查结束后,如果认为有起诉的必要,则需将案卷材料移交到检察机关的公诉部门,由公诉部门进行审查起诉。检察机关向审判机关提起公诉是以侦查机关侦查获取的证据为基础,其前提是侦查机关已经向检察机关移送了确实充分的证据以证明犯罪事实和情节轻重。在审查起诉过程中,有可能发现侦查机关违法取证的情况,那么检察机关出于法律监督的职能应当对违法行为予以调查甚至直接排除非法证据;也有可能发现证据不足的情况,那么出于后续公诉的顺利进行,就需要侦查机关进行补充侦查。当然,检察权对证据的监督不仅仅体现在案件终结后的审查起诉这个环节,在有提请逮捕要求的案件中,这种静态监督同样会发生在审查逮捕环节中。

事实上,检察权对证据的静态监督正是对侦查行为动态监督的补充,二者的理论基础均是充分运用检察权的法律监督属性对侦查权进行监督制衡;二者的目的都是为了保证法律正确、统一地实施。如果说对侦查行为的动态监督可能存在因信息不畅通或不充分导致的监督盲点或监督无力,那么对证据的静态监督则是保证让每一个需要被提起公诉的案件接受检察权的监督。表面上,这是检察权对证据的审查监督,其实,这是以证据为切入点对获取证据的侦查行为进行的审查监督。一旦发现违法情形,检察机关一方面可以排除相关证据,另一方面可以对相关人员进行追究,防止不法行为恶劣后果的延续;而一旦发现侦查不足的情况,检察机关也可以及时查漏补缺,要求侦查机关补充侦查。可见,检察权对证据的审查同样可以达到对侦查权的不当运用予以纠正、对侦查权进行制衡的效果。

(二)检察权与侦查权在实践中存在的问题

总体上而言,我国的刑事诉讼制度将检察权与侦查权做出了明确分工,并且通过具体权力的配置形成了一种以检察权制约侦查权的刑事司法格局。然而,在具体的权能划分、手段配备等问题上,依然存在检察权对侦查权制约乏力的现象。

1. 检察权对强制性侦查措施的司法审查范围过窄

我国的刑事强制措施是指,公安机关、人民检察院和人民法院在刑事诉讼过程中对犯罪嫌疑人、被告人所采取的一定期限内暂时限制或者剥夺其人身自由的法定强制方法。[①]《刑事诉讼法》第六章名称为"强制措施",具体规定了拘传、取保候审、拘留、监视居住和逮捕五种强制措施手段。这五种强制措施中,拘留和逮捕都会造成一定的羁押

---

① 卞建林:《我国刑事强制措施的功能回归与制度完善》,载《中国法学》2011年第6期。

后果，拘传、取保候审和监视居住则是从轻到重地对人身自由进行了一定限制。具体到审前的侦查环节中，刑事强制措施则是侦查机关利用侦查权，以国家强制力为后盾，为了调查案件、实现侦查目的对犯罪嫌疑人进行一定人身自由权限制的措施。

虽然我国的《刑事诉讼法》仅将涉及人身权利的侦查措施规定在"强制措施"这一章下，但是脱离《刑事诉讼法》法律条文来看，强制措施，或者说强制性侦查措施，其所"强制"的客体不仅仅是公民的人身权利。应当说，强制措施只是侦查机关众多具有强制性侦查措施的一种，由于其针对的是人身权，因此可以称其为人身性强制侦查措施。除了人身性侦查强制措施外，侦查机关在进行侦查的过程中，出于固定证据的目的也会对公民的财产权采取一定的强制性措施，如扣押、查封、搜查等。这些侦查措施由于对公民的财产权利进行一定限制，从而会在私权利自由与公权力干预之间存在一定冲突。当这种冲突出现时，则需要依靠国家强制力来保证私权利向公权力进行让步。因此，虽然这些涉及公民财产权的侦查措施并没有规定在《刑事诉讼法》"强制措施"这一章中，但毫无疑问同样具有强制性。鉴于此，我们将一切具有强制性的侦查措施统称为强制性侦查措施。在强制性侦查措施中根据其所限制的私权利性质再划分为人身性强制侦查措施（即通常我们所说的强制措施）和财产性强制侦查措施。

无论是人身性强制侦查措施，还是财产性强制侦查措施，其都存在公权力限制私权利的边界问题。对于涉及公民重大人身、财产利益的公权力行为，必须采取严谨的限权态度，防止公权力在"执行公务"的名义下违法侵占公民财产或限制公民人身自由。为了实现这一目标，其首要满足的条件即是将执行权与决定权相分离，不能由一家权力机关全权负责。这就需要独立于执行机关之外的权力机关对强制性侦查措施的合法性进行司法审查。

我国目前仅对逮捕这一项强制措施实现了执行权与决定权相分离的权力配置，即侦查权有权提出逮捕的请求，但必须经过检察权的司法审查、做出批准逮捕的决定后，逮捕才能得以实行。除了逮捕之外，其他的强制性侦查措施均不需要检察权的任何司法审查，而是直接由侦查机关做出。这显然极不利于检察权对侦查权监督制约功能的发挥，更不利于公民基本权利的保护。

（1）人身性强制措施的司法审查不全面。

拘留是一种侦查机关在法律所规定的情形下，为了控制住犯罪嫌疑人所采取的一种临时性地、紧急性地限制犯罪嫌疑人人身自由的强制性侦查措施。虽然拘留属于一种会引起一定期限羁押后果的强制措施，却完全置于侦查机关一家权力的控制之下。

根据 2018 年《刑事诉讼法》第 85 条、第 91 条的规定，对犯罪嫌疑人进行拘留后应当在 24 小时内进行讯问，若认为不应当拘留，则应立即释放；若认为有逮捕必要的，则应在拘留后 3 日内提请检察机关批准逮捕。但是问题的关键在于，《刑事诉讼法》还赋予了侦查机关延长拘留期限的权力。2018 年《刑事诉讼法》第 91 条规定，对于特殊情况，侦查机关可以延长 1~4 日对拘留的犯罪嫌疑人提请检察机关逮捕，即可拘留 7 日再提请逮捕。而对于"流窜作案、多次作案、结伙作案"的重大嫌疑分子，提请审查批准的时间可以延长至 30 日。再加上检察机关所需要的审查逮捕期限 7 日，侦查机关对犯罪嫌疑人的拘留最长可为 37 日。这长达一个多月的拘留期限规定显然已经与拘留作为一种出于紧急情况的"临时性"措施的性质背道而驰。

更为重要的是，在拘留的整个过程中，无论是因"特殊情况"还是因"流窜作案、多次作案、结伙作案"所导致的拘留延期，延期理由完全不需要经过检察机关的司法审查，仅由侦查机关判定延期理由正当与否即可。由于操作的"便利性"，现实中许多侦查机关或侦查人员基于私利或人情，对一些本不需进行刑事立案的经济纠纷等案件进行刑事立案，先将人"关起来"再说，"吓唬吓唬"对方。这一"吓唬"就有可能让当事人遭到无辜的长达一个多月的羁押。而且在拘留的过程中，侦查人员很有可能对犯罪嫌疑人进行刑讯逼供。然而，如果案件没有提请批准逮捕或提请公诉，这些违法行为很难进入检察机关的法律监督视野，也就无人对侦查机关是否合法拘留、是否合法拘留延期进行有效的审查。

除此之外，作为监视居住的一种特殊执行方式，指定居所监视居住的羁押性更胜于拘留延期。根据《刑事诉讼法》的规定，指定居所监视居住的期限最长为6个月，并且其执行地点即不在拘留所，更不在看守所，而是在侦查机关所指定的非办案场所，实践中则往往是安全和监控设备均难到位的宾馆或培训中心等地。因此，指定居所监视居住这一强制措施常常被人们诟病为"秘密羁押"或"变相羁押"。无论哪种评价，其都反映出指定居所监视居住这一强制措施无可争辩的羁押性。虽然《刑事诉讼法》规定检察机关对指定居所监视居住实行监督，但是这一原则性的规定由于缺乏具体且有力的监督手段，使得其极易沦为空话。指定居所监视居住所导致的对人身自由权的限制最长可长达半年，并且其对人身自由权的限制程度绝不亚于逮捕对人身自由权的限制程度，[①] 再加上缺乏有效的监管，指定居所监视居住极易对犯罪嫌疑人的基本权利造成侵害。但是，与拘留一样，检察权无权对指定居所监视居住进行审查批准，即其无须经过任何司法审查程序即可直接由侦查机关做出执行决定，这无疑是为侦查权的滥用又开了一道口子。

（2）财产性强制侦查措施的司法审查缺失。

除了人身性强制侦查措施，包括搜查、查封、扣押书证或物证在内的涉及公民财产性权利的强制性侦查措施也应当由检察权对其适用的正当性进行司法审查，对这些强制性侦查措施的监督不能仅仅依赖2018年《刑事诉讼法》第117条提出的事后监督。[②]

根据我国《刑事诉讼法》的规定，搜查、查封、扣押这类侦查措施由于主要限制财产权利，因此并未被规定在总则的"强制措施"这一章中，而是作为普通侦查手段，列于第二篇"立案、侦查与提起公诉"的"侦查"一章中。事实上，搜查、查封、扣押等这类侦查措施，实施过程中往往会涉及公民重要的财产权利，如对犯罪嫌疑人的住所进行搜查、查封或扣押贵重物品或房产等。正如日本学者田口守一所提到的，强制措施其实

---

① 由于指定居所监视居住往往将犯罪嫌疑人看管在某间宾馆房间中，其日常活动场所通常即在该房间内。并且因为执行地点监控设备的不完善，执行人员出于安全考虑往往24小时严密看守。相反，在看守所中犯罪嫌疑人不但活动范围不仅限于自己的房间，并且也不需要看守所人员"一对一"的紧密监管。见张智辉、洪流：《监视居住适用情况调研报告》，载《中国刑事法杂志》2016年第3期。

② 2012年《刑事诉讼法》第115条规定："当事人和辩护人、诉讼代理人、利害关系人对于司法机关及其工作人员有下列行为之一的，有权向该机关申诉或者控告：（一）采取强制措施法定期限届满，不予以释放、解除或者变更的；（二）应当退还取保候审保证金不退还的；（三）对与案件无关的财物采取查封、扣押、冻结措施的；（四）应当解除查封、扣押、冻结不解除的；（五）贪污、挪用、私分、调换、违反规定使用查封、扣押、冻结的财物的。"

就是会侵犯个人重要利益的措施。① 因为当侦查人员采取这类侦查措施时，将不可避免与保护公民财产权相冲突，需要通过国家强制力作为后盾，以保证此时公民私权利向公权力做出一定的让步。因此，正如前文所提到的，这类侦查措施与强制措施（人身性强制侦查措施）一样因为行为本身具有的强制性而导致对公民重要的私权利的限制。

然而，针对这些涉及财产性权利的侦查措施，我国《刑事诉讼法》仅规定侦查机关有权根据需要对相关财产进行搜查、扣押、查封或冻结等。从决定采取这类财产性强制措施，到批准这类强制措施的适用以及最后的执行，完全由侦查机关自行做出，不需进行任何司法审查。如，2018 年《刑事诉讼法》第 136 条规定，"侦查人员可以对犯罪嫌疑人……有关的地方进行搜查"，第 137 条则规定，"单位和个人有配合搜查的义务"。其后的条文中虽有涉及些许侦查人员搜查的义务或者说限权性规定，也仅涉及应当出示搜查证、应当由女工作人员搜查妇女等形式上的规定。对物证、书证的扣押、查封和冻结等侦查措施，《刑事诉讼法》同样只在一些细节问题上对侦查权做出了些许限权，而不涉及执行权与决定权相分离这类实质性问题。

检察权作为一项法律监督权，其具有制衡强大公权力以保障公民基本人权的职能属性。面对具有强制力的侦查权，公民个人是极其弱小的。在这种不平衡的权力现状下，公民合法的私权利极易遭到公权力的侵犯。这就需要检察权作为公民基本权利的守护者，通过司法审查的手段对侦查权中可能侵害公民重要权力的事项进行控制和监督。然而，我国目前仅对逮捕实行检察权的司法审查，显然没有对公民基本的人身权和财产权引起足够的重视，也没有充分发挥检察权在权力制衡上对侦查权的监督作用，而是提供了让侦查机关"自决自执"的法律依据，为侦查权被滥用提供了滋生的土壤。

2. 检察建议手段疲软

批准权是检察权实现法律监督的一项强有力手段，目前主要运用于逮捕和羁押延期事项上，其有利于检察权在重大事项上及时介入，为侦查活动的正确实施严格把关。② 但值得注意的是，虽然批准权可以形成对侦查活动的有力制约，但是也正因为其"强硬性"，行使批准权不能成为检察权进行法律监督的普遍手段，否则容易导致检察权对侦查权的过分干预，使检察机关实际上成为侦查机关的"上级"。这种过于紧密的联系会让原本将批准权从侦查权中剥离出来以实现权力制约的目的化为虚有，反而是让两大权力机关在侦查环节中牢牢地绑在一起。权力不但没有被制约，反而"强强联合"。因此，检察权的批准权不能成为常规手段，只能运用于涉及公民重大基本权利、若违规实施则严重危害公民人权的事项上。

检察建议权，是指检察机关在行使法律监督职能过程中，根据违法或工作不足的情况，向有关机关或个人提出建议，要求其纠正违法或改进工作的权力。③ 提出检察建议是行使检察权的一项重要手段，检察建议权也是检察权的一项重要权力内容。与强硬的、会对侦查工作造成实体性影响的批准权不同，检察权中的建议权则属于一种非实质

① 田口守一:《刑事诉讼法》，刘迪、张凌、穆津译，法律出版社 2000 年版，第 28 页。
② 蒋德海:《控权型检察制度研究》，人民出版社 2012 年版，第 235 页。
③ 张智辉:《检察权研究》，中国检察出版社 2007 年版，第 195 页。

性的权力，仅对侦查工作产生程序性的法律后果。因此，建议权比批准权更具有普遍性。

根据我国《刑事诉讼法》的相关规定，可以将针对侦查权提出检察建议的情况归为以下三类：(1)工作指导建议。检察机关可以适时给侦查机关提供一些指导下一步工作的检察建议，如批准侦查机关提请逮捕的，检察机关可以对侦查机关提出一些证据收集和法律适用的意见，连同案卷材料一起移交侦查机关执行。(2)违法纠正建议。这类检察建议针对的主要是侦查人员在侦查时的一些违反法律规定，但又未严重至犯罪程度的违法行为。对于这类行为，检察机关一旦发现，为了防止事态恶化，影响司法公正，应当及时向有关部门提出纠正建议，责令其停止继续实施此不法行为。例如侦查机关阻碍辩护人、诉讼代理人行使其诉讼权利的，侦查人员存在非法取证情况的，查封、扣押或冻结与案件无关的财务的，贪污、挪用、私分、调换、违反规定使用查封、扣押、冻结的财物的，违法适用指定居所监视居住的，等等。(3)督促作为建议。对于侦查机关违反法律规定，不及时采取相应的措施，妨碍司法公正的实现或侵犯到犯罪嫌疑人合法权利的，检察机关也应当向有关部门发出检察建议，要求其及时做出相应的行为。例如应当立案而不立案、应当逮捕而未提请逮捕的等等。

虽然违法纠正型建议和督促作为型建议针对的都是侦查机关在侦查过程中的一些不合法律规定的行为，但是违法纠正建议针对的是侦查机关的违法作为行为，提出检察建议是希望侦查机关不要再继续实施这类行为。而督促纠正建议则针对的是违法不作为行为，即侦查机关明明应当及时做出相应的处理却"消极怠工"的情况。

虽然因为检察建议权的"软性"特点是其可以普遍运用于检察权对侦查权的监督指导过程中，但"软性"只是说明检察建议权具有只产生程序性法律后果的特点，而不意味着检察建议权不产生法律后果。然而，无论实践中侦查机关对检察建议的重视程度，还是立法上现有法律条文的相关规定，都表现出检察建议权的手段过软，无法发挥出检察权应当发挥的法律监督作用。

一方面，实践中没有"侦查服务公诉"的意识，侦查人员缺乏主观动力去重视检察建议。虽然公诉权作为检察权的一项重要权力内容，与侦查权分属于不同的权力机关行使，但是公诉权与侦查权之间却具有天然不可分的紧密联系。因为，公诉权与侦查权在目标上具有一致性，都是为了追究犯罪人的刑事责任。公诉本身就是一种追诉行为，而侦查则是为追诉做准备，因而可以说侦查权是从公诉权中派生出来的一种权力。[①] 就追诉犯罪的目的而论，没有公诉环节对犯罪的追诉，案件也就进入不到审判环节，侦查也就失去了其应有的意义。侦查的目的和任务需要通过公诉来实现。因此，侦查应当以顺利实现公诉为其工作标准，侦查所获取的证据以及相关的侦查行为应当满足顺利实现公诉的要求。检察机关作为行使公诉权的直接行使机关，其对侦查活动做出的检察建议具有很高的指导意义。

然而，实践中，侦查人员却往往缺乏这种"侦查服务公诉"的意识，直接导致对检察建议的不重视。侦查人员并不认为其进行的侦查工作是为公诉服务，而是将侦查视为

---

① 张智辉：《检察权研究》，中国检察出版社 2007 年版，第 131 页。

以破案为目的的独立环节。侦查机关认为自己的职责就是破获案件、抓获犯罪嫌疑人。其没有认识到侦查与公诉之间的紧密关系，而是一旦案件移交给检方，就认为其侦查任务已经完成。至于案件的证据是否满足定罪要求，是否符合法律的适用，则不认为是其职责范围内需要考虑的事情，而仅仅是检察机关应当解决的问题。因此侦查机关从态度上对检察建议就没有予以重视，没有认识到如果案件的证据达不到起诉标准，公诉也就不能实现，犯罪人员也就不可能得到审判，之前的"破案"也就没有了实际意义。

另一方面，立法中没有关于检察建议法律效力的实质性规定，侦查人员缺乏客观约束力去重视检察建议。在侦查人员普遍缺乏"侦查服务公诉"意识的现状下，法律并没有加强检察建议的强度。相反，我国现有的刑事诉讼立法在检察建议权方面，从检察建议的适用到检察建议的效力，都缺乏具体的、具有可操作性的规定。

我国《刑事诉讼法》虽然在立案、强制措施执行、证据等方面规定检察机关具有向侦查机关提出检察建议的权力，但是，这些规定仅指出检察机关具有这项权力，并没有具体规定如果被建议机关未遵循检察建议或对检察建议不予理睬会造成什么法律后果。例如，根据2018年《刑事诉讼法》第113条的规定，对于公安机关应当立案而不立案的情况，检察机关"应当通知公安机关立案，公安机关接到通知后应当立案"。但是，至于公安机关坚持拒不立案的情况应当如何处理，法律没有进行规定。换句话说，法律只赋予了检察机关询问不立案理由以及下发立案通知书的权力，这一权力显然缺乏刚性和强制性。[①]

再如，2018年《刑事诉讼法》第117条规定，检察机关接到针对侦查行为违反法律规定的申诉，应当及时进行审查，情况属实的则应当通知有关机关予以纠正。同样的，法律只规定"通知有关机关予以纠正"，至于这种纠正建议具有什么法律效力、会产生什么法律规定，均未涉及。

虽然检察建议权是一种"软监督"，但这并不意味着检察建议不会产生强制性法律效力。检察建议权作为一项国家权力，必然具有强制性的特点，否则不能称之为"权力"。只不过检察建议权的强制程度较其他诸如批准权、审判权等较弱，是一种"建议"，而非"命令"而已。[②] 因此，即便检察建议权的强制性较弱，也应当对权力作用主体产生一定的法律效力。有关机关或个人在收到检察建议的同时，即应当产生一定的法律义务，一旦违反这一义务就必须承担相应的法律后果。

然而，现有的刑事诉讼立法恰恰缺乏相应的义务性规定。在侦查人员普遍缺乏"侦查服务公诉"的意识、缺乏从内心接受检察建议的主观动力的现状下，仅仅泛泛地规定检察建议权在何种情况下可以行使是远远不够的。法律如果没有相应地规定检察建议可以产生具有一定强制力的法律义务和法律后果，这项权力往往无法在实践中得到被建议者的重视，检察建议权所应当具备的法律监督作用也就得不到充分发挥。

3. 检察权对侦查不作为的监管难到位

除了在强制性侦查措施上体现出的司法审查不全面以及检察建议的不受重视外，在

---

① 季美君、单民：《论刑事立案监督的困境与出路》，载《法学评论》2013年第2期。

② 张智辉：《检察权研究》，中国检察出版社2007年版，第204页。

整个侦查过程中，还存在着检察权对侦查不作为现象，以及监督无力等问题。

在以往权力优化的制度改革中，对侦查权改革的侧重点主要为对权力滥用问题严重的侦查权进行内缩性调整，解决的是如何限制侦查权的问题。在这种思想指导下，检察权的监督重点主要在于是否存在侦查权被滥用的情况，即侦查机关乱作为的情况。然而，除了侦查权被滥用，侦查权行使不当还包括侦查不作为的情形。侦查不作为行为不但直接威胁到对公民人身财产权利的保障，也会危及国家和社会的安全。一味限制公权力，而忽视权力机关原本应承担的社会责任，同样是不可取的。

侦查不作为，又可称为侦查消极行为，是指侦查机关有义务进行侦查，并且具有侦查可能性，但是侦查机关不启动侦查程序或者即便进入侦查程序，未积极采取相应侦查措施和手段的一切消极行为。其中，所谓侦查机关有侦查的义务主要表现在有收集、保全、固定证据的义务，以及对犯罪嫌疑人采取适当强制措施的义务。值得注意的是，判断侦查行为作为与否，不能仅单纯看其"是否"采取相应的侦查行为，还要看其所采取的侦查行为"质量"如何。例如，有些侦查人员虽然在现场进行了勘验，但是勘验极度不仔细或故意遗漏证据。又比如侦查人员虽然对犯罪嫌疑人进行了讯问，但是讯问内容不切要点，故意避重就轻等。这些行为虽然从表面上来说，似乎是"有所作为"，但是实质上却等于"无作为"的效果，同样属于侦查不作为。

侦查机关或侦查人员有时候出于利益牵涉的原因，从一开始即对犯罪行为的侦查持以消极的态度。例如，有些经济案件可能会与地方经济利益密切相关，一旦立案可能会影响地方的经济效益；或者，涉案人员与办案人员存在个人利益关系，这种利益关系既有可能是亲戚、朋友等人情关系，也有可能是通过贿赂造成办案人员徇私枉法的不正当关系。

在这种情况下，侦查不作为首先会表现在立案环节上，即侦查机关应当立案而不立案。虽然我国刑事诉讼立法是将立案和侦查作为两个独立的阶段进行规定，但是实践操作中，立案往往意味着侦查的开始。在这个环节中，侦查人员可能对于符合立案条件应当立案的案件不予立案。其有可能直接对这类案件不进行处理，或者即便予以处理，也是将该犯罪行为作为治安违法行为处理，通过做出治安违法处罚来使该案被内部消化。总之，无论是完全地置之不理，还是"犯罪行为治安违法化"，其目的都是对该案不予刑事立案，不让其进入刑事诉讼程序。因为一旦进入刑事诉讼程序，案件侦查将受到检察机关直接的监督。相反，在治安处罚中，公安机关具有很大的自由裁量权，其处罚具有随意性，到底做出行政拘留、罚金还是警告，到底罚多还是罚少，均由公安机关一家决定。

即便侦查机关迫于被害人、社会舆论或者检察机关的压力暂时进行了立案，但仍可"立后再撤"。因为撤案既不需要检察机关的审查批准，也不需要向检察机关备案，而是完全由侦查机关自行决定。侦查机关即便象征性地进行了立案，等"风头"过后或者以证据不足为由，仍可再进行撤案处理。

此外，光有立案还不够，还需要侦查机关积极调查取证，查明犯罪事实。如果在法定的期限内，侦查机关没有收集到确实、充分的证据来证明犯罪嫌疑人的犯罪事实，则案件仍无法由检察机关提起公诉。于是，侦查人员为了让案件滞留在侦查阶段，而不流转至后面的公诉和审判环节，往往选择不积极侦查或直接不进行侦查。比如，在对犯罪嫌疑人的控制方面，侦查人员则对犯罪嫌疑人应履行的取保候审、监视居住等强制措施义务放任不管，让强制措施形同虚设。而在证据的获取方面，由于证据具有及时性特点，于是侦查人员不及时收集、固定证据，从而导致证据的灭失，使得关键证据在证据链中缺失，无法到达提起公诉的证据标准。这类"立而不侦"行为，与"犯罪行为治安违法化"一样，其目的都是为了将有利害关系的刑事案截留在侦查机关，由侦查机关自行处理和消化，阻滞检察机关和审判机关的介入。

针对这些不作为的手段，我国目前所配置的检察权很难进行有效的监管。由于侦查不作为行为的"不作为性"，想要检察权通过外部监督的手段来彻底纠正这一行为是相当困难的。侦查权被滥用体现的是法律义务上的"消极性"与现实行为的"积极性"之间的矛盾；相反，侦查不作为则是法律义务上的"积极性"与现实行为的"消极性"之间的矛盾。在侦查权被滥用的情形中，由于现实行为的"积极性"使得其外观行为具有可视性，例如刑讯逼供等。这种行为上的可视性便于检察权找到证明侦查权被滥用的证据，以加强检察建议的说服力。反观侦查不作为，由于其现实行为特点的"消极性"，较于权力滥用更不易被发现。就算检察机关发现了侦查机关存在不作为的情形，侦查机关也可以辩称"不是不作为，而是还不是时候做或者做不了"。毕竟，每个侦查人员的业务水平、判断能力等方面都是不同的，对一个案件究竟该如何侦查的认识也是不同的。当案件没有采取某一侦查行为而导致案件无法查明的后果时，很难证明其到底是侦查人员的故意包庇，还是侦查水平的不够，抑或是正常的判断偏差。

比如在某共同犯罪案件中，检察机关认为公安机关应当尽早抓获同案犯，否则就是侦查不作为。而公安机关出于某些利益关系，不愿抓获此人，可能会推卸说"时机未到，避免打草惊蛇"。而当"蛇"真的"惊"走了，就算检察机关此时想再追究不作为的责任，其外部监督方式也显得力不从心。

在这种情况下，即便赋予检察机关对不立案、撤案等事项的批准权，也无法保证本无侦查意图的侦查人员尽职尽责地搜集证据。因此，针对侦查不作为，无论是新增批准权还是完善检察建议权效力，都只能作为一种辅助手段。当这些辅助手段失效后，必须再赋予检察权更直接、有效的权力来对侦查不作为所带来的危害进行补救。

（三）检察权与侦查权的优化配置

检察权与侦查权是刑事诉讼审前程序中最核心的两项权力。检察权既基于法律监督职能需要对侦查权的运用保持高度警惕，防止权力被滥用，又基于公诉职能的需要与侦查权之间存在一定的配合。检察权与侦查权之间的关系互动能否良性运行，直接关系到犯罪嫌疑人的权利能否得到保障以及国家能否有效对犯罪分子实施打击。然而，目前我国的刑事司法制度中依然存在司法审查范围过窄、监督手段过软和对侦查监督不足三方面的问题。要实现检察权与侦查权之间的权力优化配置，就必须切实解决这三方面的问题。

1. 扩大检察权的司法审查范围

所谓司法审查，指的是司法机关对行政行为的合法性、正当性进行审查的行为，是司法权制约行政权的主要手段之一。具体在侦查行为中，司法审查权主要作用于对可能限制甚至剥夺公民重要人身权利和财产权利的强制性侦查措施上，对其适用的必要性和合法性进行审查，乃至演化为批准权。

具体来说，为了保护犯罪嫌疑人在审前程序中的基本权利，首要解决的即是对拘留这一强制措施的改革问题。因为根据我国现有的法律规定，拘留显然可以成为一种"非暂时性"的、"非临时性"的限制犯罪嫌疑人人身自由的强制措施，但其执行或者决定程序依然是以"临时性""暂时性"的强制措施的标准设计，这显然与拘留所产生的实际后果不相吻合。

在许多西方国家，实行的是逮捕与羁押相分离的制度，或者说坚持"逮捕前置主义"。① 即便签发了逮捕令将犯罪嫌疑人予以逮捕，但是其是否需要羁押仍由法官通过司法审查后说了算。而我国则是"逮捕羁押一体化"，羁押是逮捕的一个必然后果，而非独立的强制措施。并且，逮捕也不是唯一可以引起羁押效果的强制措施，拘留可以导致羁押的事实状态。当然，也有学者认为，事实上我们也是"逮捕"与"羁押"相分离，只不过我们的"拘留"相当于国外的"逮捕"；我们的"逮捕"相当于国外的"拘留"。② 应当说，根据拘留作为临时性强制措施的性质来说，这样的理解是没有问题的。但是，由于拘留所规定的延期规定，使得拘留已经背离了其原本应有的"临时性""应急性"的属性。不管怎么说，一个可以将犯罪嫌疑人羁押长达37天的强制措施，无论如何也难以定性为"暂时性"的。

鉴于此，对于拘留来说，最好的改革应当是将拘留的延期规定予以废除，让拘留真正成为一种临时性应急措施。如果认为确有特殊情况需要保留这些延期条款，那么拘留的定位就不再是临时性应急措施，其对犯罪嫌疑人造成的影响与逮捕无实质差别，都是会造成较长时间的羁押。因此，倘若拘留延期的规定要予以保留，那么检察机关应当成为拘留延期的批准主体，对拘留延期进行司法审查。其与逮捕相区别存在的意义在于拘留延期的批准条件比逮捕的条件要宽松些而已。

除了拘留以外，指定居所监视居住作为人身性强制侦查措施，其实际产生的效果与羁押无异，甚至可能对犯罪嫌疑人的人身权做出比逮捕更多的限制。对拘留延期尚且需要进行司法审查，更何况可羁押长达半年之久的指定居所监视居住。

对于搜查、扣押、查封等强制性侦查措施涉及公民重大的财产性利益，当侦查机关可以独自决定并执行这些强制性侦查措施时，假公济私、随意执法的现象也就不可避免。比如对一般的经济纠纷或者民事纠纷，侦查人员可能由于利益牵涉而做刑事立案处理，对相关当事人的财产采取强制性侦查手段，以此给当事人施加压力或因财产利益受限而阻碍相关交易的实现。可见，由于这些强制性侦查措施均涉及公民的重大权利，一旦被滥用势必严重影响公民的正常生活，公民的基本权利也就无从保障。

在许多国家，司法机关对涉及公民重要权利的侦查措施都采用严格的审查制度和令状制度。例如，在讲求当事人主义以及崇尚政府限权理论的英国和美国，侦查机关除非

---

① 徐静村、潘金贵：《我国〈刑事诉讼法〉再修改中强制措施立法完善的基本思路》，载张智辉主编：《中国检察》(第14卷)，北京大学出版社2007年版，第308页。
② 易延友：《刑事强制措施体系及其完善》，载《法学研究》2012年第3期。

在紧急情况下，否则无权自行做出搜查、扣押等决定，而是必须获得法院签发的相关令状才可实施。[①] 在强调对犯罪的控制和追诉的大陆法系国家，虽然与英美法系国家比较而言，侦查机关拥有更大的侦查权限，但是涉及公民的重要基本权利时，依然将批准权保留给司法机关。例如，德国的刑事诉讼法规定，在侦查阶段，除了逮捕令必须由法官发出以外，对扣押、搜查等侦查措施也必须由法官做出最终的决定。[②] 日本的刑事诉讼法也规定，侦查机关要根据法官签发的令状才可以进行搜查或者查封。[③] 可见，无论是当事人主义的英美法系国家，还是职权主义的大陆法系国家，虽然其侦查模式和价值取舍的侧重点并不完全相同，但是在尊重个人重要财产权利这一问题上却是一致的。

因此，无论是拘留延期、指定居所监视居住这类人身性强制侦查措施，还是搜查、扣押、查封等财产性强制侦查措施，都必须进行司法审查。大部分国家行使司法审查权的主体为法院，即审判机关。但根据我国检察权的特点，在审前程序中，由检察机关来行使这一权力或许与我国的司法制度现状更相契合。

首先，这些由法院直接对强制性侦查措施进行司法审查的国家，大多是实行"检警一体化"或者"检察领导侦查"的司法体制。在这种体制下，检察机关依然属于行政机关，因此其作为司法审查的主体并不适格。如果侦查机关提请检察机关对其采取强制性侦查措施的合法性进行审查，就好比"下级提请上级进行审查"，并无"司法审查行政"的权力制衡意义。相反，我国实行的是人民代表大会制度下的"一府两院"体制，检察权是与行政权、审判权平行的权力。因此，检察机关与审判机关一样，独立于行政机关。将强制性侦查措施的司法审查权纳入检察权的内容中，可以保证司法审查的中立性。

其次，在审前程序中，侦查机关与检察机关是主要的国家权力主体，审判机关在公诉部门提起公诉之前，基本不参与诉讼活动。因此，在侦查环节中，检察机关比审判机关更具有参与性，更有机会了解到侦查的相关情况，也就更适合以法律监督机关的身份对强制性侦查措施进行审查。

最后，由检察机关行使对强制性侦查措施的司法审查，也符合检察权的权力性质和检察机关的职责特点。检察权最重要的性质即其法律监督性质。侦查机关作为具有侵入性的国家权力机关，如果对其权力的行使缺乏约束，则容易造成权力的滥用和对公民权利的侵犯。保证侦查机关能够正确行使侦查权，尤其谦抑性地适用强制性侦查措施，正是检察权法律监督的题中应有之义。

在我国现有制度中，检察机关事实上也已经担当了这样的角色，即对逮捕和延长羁押批准权的行使。但是，仅对这两个方面的强制性侦查措施进行司法审查，是远远不够的。目前的强制性侦查措施必须对侦查机关进行限权性改革，检察权的司法审查范围必须扩大。

在司法审查过程中，检察机关除了应当对案卷材料进行书面审查外，必要的时候，尤其是针对人身性强制侦查措施时，还应对犯罪嫌疑人进行讯问，认为犯罪嫌疑人满足

---

① 甄贞等：《检察制度比较研究》，法律出版社2010年版，第531页。
② 李昌珂译：《德国行使诉讼法典》，中国政法大学出版社1995年版，第28页，第31页，第36页。
③ 田口守一：《刑事诉讼法》，张凌、于秀峰等译，中国政法大学出版社2010年版，第85页。

法定条件并且确有适用必要性时，检察机关才能做出批准决定。检察机关批准后，侦查机关才能采取相应的侦查措施。只有将决定权与执行权进行分离，由检察权对强制性侦查措施进行全面的司法审查，才能对侦查权形成一种权力制衡，发挥检察权的法律监督职能，以此保障公民的基本权利。

2. 强化检察建议权的监督力度

检察权最核心的内容即法律监督职能，其中检察建议权由于其"软监督"的特性，不至于将"权力监督"异化为"权力干预"，因此具有更广泛的使用空间。检察建议权使用得当，不仅可以及时发现和制止侦查活动中的违法违规行为，还能从公诉的角度，为侦查工作提供具有针对性的指导意见，优化侦查和公诉之间的协作关系。然而，我国目前的检察建议权却没有发挥应有的作用，这既需要侦查人员对侦查权和公诉权之间的关系进行观念上的转变，也需要刑事诉讼法从立法上赋予检察建议更丰富的内容、手段和更实际的法律效力。

从主观方面来说，要让检察权监督到位，则需要被监督者从内心上的接受，在对侦查权进行监督的过程中要提高侦查人员"侦查服务公诉"的意识。侦查人员应当意识到，侦查人员与公诉人员在思维方式和对证据获取的侧重点上各有不同。侦查人员偏重的是刑事侦查技术，关注点在于如何快速地"破案"。而公诉人员则更多的是考虑法律适用的问题，要看证据是否能够达到定罪量刑的要求。由于"破案"的证据标准本身就低于法院做出有罪判决的标准，再加上侦查机关作为行政机关，其行使侦查权时不可避免具有行政效率性的特征，因此会使得侦查人员在侦查中忽视法院审判对指控证据的严格要求。[①] 只有侦查机关在侦查取证中既有刑侦技术为证据的获取保驾护航，又能借用检察机关的法律适用思维保证证据的高质量，才能使得证据符合提起公诉甚至定罪量刑的标准，从而对犯罪进行有效追诉。否则，侦查机关即便破了案，却因为证据获取的不全面、不及时或者不合法而使得证据不足，最终导致犯罪人员逃脱法网，之前的侦查工作也就前功尽弃，浪费司法资源。

但是，仅寄希望于侦查人员主观意识的改变来加强检察监督的效力是远远不够也不切实际的。观念的改变毕竟是个漫长的过程，并且具有不可确定性。如果被监督者认可检察建议的内容，他有可能会做出相应回应；如果被监督者不认可，则检察建议很可能如石沉大海。因此，要真正实现检察权的监督到位还是应当以强化检察建议权本身入手，这就需要法律给检察建议权更强有力的建议内容和法律效力，提高检察建议权自身的地位和效力，让被建议者不得不重视。

强化检察建议的监督力并不是说被监督者需无条件地接受检察建议所建议的内容，这种要求实际上是将检察建议的"建议"属性异化为了"命令"。无论如何对检察建议权进行强化，始终都应当牢牢抓住检察建议权的程序性特点。所谓检察建议权的程序性特点是指，检察建议只能在程序上产生法律效力，其可以引发相应程序的启动，而不能直接在实体上发生效力或者说直接进行纠正行为。[②] 毕竟我国实行的是不侦查权与检察权

---

① 刘计划：《检警一体化模式再解读》，载《法学研究》2013 年第 6 期。
② 邓思清：《检察权研究》，北京大学出版社 2007 年版，第 387 页。

合一的"检警一体化"制度，检察权是作为一种法律监督权独立于侦查权之外。如果普遍适用的检察建议权变成一种可以直接产生实体性法律后果的命令型权力，检察权与侦查权之间的关系会很难把握。如果双方关系协作不佳，则会被诟病成检察权对侦查权的过分干预；协作良好，则难免会演化为检察权与侦查权的"强强联合"，加强了国家追诉犯罪的权力，无形中进一步弱化了犯罪嫌疑人在刑事诉讼程序中的力量。

因此，强化检察建议权必须始终坚持其仅引起程序性后果的特点。在不改变检察建议权的程序性特点的前提下，我国的刑事诉讼法应当从以下两个方面对检察建议权进行优化：

（1）保障检察机关获取信息的通畅性。

检察建议权作为一项普遍性监督权，要让其在侦查环节中充分发挥其法律监督作用，就必须让检察机关及时了解到相关的侦查进展。此外，检察建议权要能被监督者接受，除了被监督者本身对检察建议这一形式的认可，还需确保检察建议的内容切中要害。只有当检察建议有确实、充分的证据证明其正确性时，被监督者才会信服建议内容，才有让被监督者接受建议的可能性。所以，强化检察建议权必须首先保障检察机关获取信息的通畅性。一方面，需要建立全面的备案制度，侦查机关应当将案件立案、撤案以及涉及公民重大人身财产权利的强制性侦查措施的适用情况向同级检察机关备案。另一方面，则应赋予检察机关调查权。调查权不同于职务犯罪侦查权。调查权只是检察机关就侦查过程中可能存在的问题了解情况，或根据当事人、犯罪嫌疑人、辩护人的申诉了解案件情况，其本身不带有追诉犯罪的性质。当然，如果调查中确实发现有职务犯罪的存在，则应移交职务犯罪侦查部门进行侦查。赋予检察机关调查权，就要求侦查机关有义务配合检察机关进行调查，根据要求提交相应的案卷材料，相关的侦查人员也有义务据实调查人员的提问。这是为检察机关提出更及时、准确的检察建议权提供充分的信息基础，也是检察机关发现违法行为、待改进行为，实现检察权的法律监督职能的前提。

（2）加强检察建议的法律效力。

正如上文所提到的，检察建议作为一项"软监督"手段，其法律效力应当体现在程序上，即一旦检察机关行使检察建议权，必定引起一定程序的启动。这需要法律明确规定，侦查机关收到检察建议后必须在规定的期限内对建议内容进行核实，并向检察机关做出答复。如果侦查机关经调查认为不同意检察机关的建议，仍应做出答复并说明理由。

值得一提的是，为了加强检察建议对个人的影响力从而促使侦查人员对检察建议的重视，检察机关也应当有权对具体的侦查人员做出处理意见或评价。例如，根据日本的刑事司法制度，如果司法警察无正当理由拒绝执行检察官的指示，检察官可提起惩罚或罢免该司法警察的诉讼。[①] 因此，检察建议权不仅可以针对侦查工作提出纠正违法行为、指导工作或督促作为的建议，也可以在侦查人员对检察建议置之不理或拒不做出合理解释时，对该侦查人员做出负面评价或直接提出撤换办案人员的检察建议。并且这份

---

① 邓思清：《检察权研究》，北京大学出版社 2007 年版，第 392 页。

检察建议将作为侦查机关内部的人事考核材料，以此刺激侦查人员更认真谨慎地对待每一份检察建议。

3. 扩大机动侦查权的适用范围

刑事诉讼法的基本任务主要存在于两个方面：一方面是打击犯罪，维护社会的安全和稳定；另一方面则是通过法律规定限制国家机关的权力行使，防止国家权力机关在执法的名义下肆意侵犯公民的基本权利。由于过去我国一直存在"有罪推定""口供为王""命案必破"等不正确的思想观念，所以在侦查阶段，侦查机关对犯罪嫌疑人的权利侵害现象时有出现。学者以及司法人员越来越强调刑事诉讼法对人权的保障。我国 2012 年修订实施的《刑事诉讼法》不仅将"尊重与保障人权"写入了刑事诉讼的基本任务中，还规定了非法证据排除、不得强迫自证其罪等保障犯罪嫌疑人基本人权的配套制度。

强调对侦查权的限制是相当有必要的。侦查权的每次滥用，都是对犯罪嫌疑人以及其他公民基本权利的侵犯，更是对我国司法机关公正性、权威性的减损。然而，要求侦查机关不得侦查"滥"作为、"胡"作为，并不意味侦查权行使越少越好，更不代表对侦查不作为的提倡。

纵观中外刑事诉讼制度的发展，无论是职权主义诉讼模式还是当事人主义诉讼模式，控制犯罪都是这些刑事诉讼制度最原始、最基本的目标。可见，刑事诉讼制度不仅仅为了保障人权，同样也需要打击犯罪，维护社会治安。如果将整个刑事诉讼程序比喻为一座大厦，那么侦查就是这座大厦的地基。[①] 作为追诉犯罪的第一步，倘若侦查环节中，侦查机关存在侦查不作为的现象，对应当立案的刑事案件不予以及时立案，对能收集的证据不予充分收集，对能控制的犯罪嫌疑人不予以有效控制，则会使得犯罪行为得不到应有的刑事制裁，让犯罪分子逍遥法外。这无疑对公民的人身财产权造成巨大的威胁，让社会持续处于不安定的状态中。此外，侦查不作为还可能存在侦查人员基于各种原因而故意放纵犯罪的主观恶性。在这种情况下，侦查不作为除了会与打击犯罪这一刑事诉讼目标的背离外，还会造成国家司法制度的腐败以及国家机关公信力的损失。最后，在有被害人的犯罪中，侦查不作为最直接的受害者便是犯罪中的受害人。这些受害人的人身权利和财产权利受到犯罪分子的侵害后，由于侦查机关的不作为，使得犯罪分子逍遥法外，受害人的权利得不到救济，正义得不到伸张。这无疑是对已经遭受侵害的受害人的第二次侵害。这一侵害甚至比第一次的犯罪侵害更令人绝望，因为国家刑事强制力作为保护公民权利的最后屏障，如果其运行失败，尤其是因为侦查人员的恶意不作为而导致刑事强制力的失效，等于让受害人彻底丧失了"找回公正"的机会。这样的后果是恶劣的，不仅让国家的司法制度丧失应有的威信，还会因国家法定的制裁手段失灵，导致人们不得不重回私人报复的原始手段，让整个社会陷入无序和混乱中。

由此可见，侦查不作为所带来的恶劣后果不可小觑，对侦查不作为无法有效监管更是检察权法律监督不到位的表现。由于检察权一般的监督手段无法对侦查不作为形成有效的监管，因此，要真正有效地消解侦查不作为的不利影响，只能依靠扩大检察权的机动侦查权的适用范围来实现。

---

① 李心鉴：《刑事诉讼构造论》，中国政法大学出版社 1992 年版，第 179 页。

在我国的司法语境下，所谓机动侦查权，是指检察机关出于法律监督的需要，在侦查机关侦查不作为的情况下，检察机关可以对原属于侦查机关侦查范围内的案件进行侦查的权力。赋予检察机关完整的机动侦查权是与检察权的内涵相符合的，机动侦查权具有该当性。要想避免侦查不作为所带来的放纵犯罪的恶劣后果，寄希望于侦查人员自己侦查态度的转变是不现实的，检察机关必须主动承担起侦查的职责。当然，也有人会认为，赋予检察机关对所有案件的机动侦查权是检察权的越俎代庖，会造成检察权与侦查权的混乱。其实不然，甚至有些本末倒置。

首先，检察权自始包含侦查权的内容。由于公诉必须以侦查获得的证据为基础，侦查与公诉之间的天然紧密的联系。正因为侦查与公诉之间具有很强的关联性和联动性，在检察机构设置之初，往往将刑事侦查和公诉职能均交由检察机关负责。法国作为现代检察官制度的发源地，其最初将"国王的律师和代理人"改为检察官时，即同时赋予了检察官侦查和公诉的职能。[①] 只是由于检察官的精力有限，因此由警察实际承担大部分具体的侦查任务，形成了所谓的"检主警辅"的模式。

虽然我们并不提倡模仿法国等大陆法系国家实行"检警一体化"的司法制度，但这种检察侦查权的历史沿革，表明刑事侦查权在检察制度设立之初，即与公诉权作为一个整体被赋予检察机关行使。只是出于提高侦查速度的目的将这一权力分解给警察部门，仅将诸如职务犯罪、经济犯罪等重大案件的侦查权保留为检察机关的专属侦查权力。

我国的检察机关最初设立时同样享有着广泛的刑事侦查权。1949 年的《中央人民政府最高人民检察署试行组织条例》规定检察机关对刑事案件实行侦查，后由于 1950 年的镇压反革命运动，使得反革命案件和其他刑事案件实际上由公安机关进行侦查，直到 1954 年的《人民检察院组织法》再次明确规定检察机关对刑事案件进行侦查。[②]

正由于侦查权是从检察权中派生出来赋予警察部门的，因此，当警察部门侦查不作为时，检察权理应享有收回该权力的权力。在"检警一体化"的国家，这一问题由检察机关对警察部门有效行使的侦查指挥权所化解。但我国因不具有"检察指挥侦查"的现实可能性，因此必须寻求别的途径解决侦查不作为问题。机动侦查实际上即可有效遏制侦查不作为所带来的不利后果。既然由检察权派生出的侦查权交由侦查机关后并没有妥善行使，那么也只有重新由检察机关对犯罪行为进行侦查，才能不让侦查机关故意放纵罪犯的目的得逞，以保证对犯罪行为的及时追诉。

其次，完整的机动侦查权也有利于检察权职能的实现。检察权作为一项法律监督权力，其最基本的职能就是保证法律在全国的统一实施。这表明，一方面对普通公民来说，检察机关需要对违反法律规定的犯罪行为进行追诉，维护刑法的权威性，确保"有罪必罚"。另一方面，对于执法者来说，检察机关还应当监督执法者的执法行为，维护法律的正确实施，确保"依法执法"。如果发现存在违法执法的问题，应当及时制止，必要时还应采取补救措施，弥补违法执法带来的恶劣后果。

在侦查不作为的情况中，其一方面破坏的是刑法的统一实施，让犯罪分子逃脱法律

---

① 金明焕主编：《比较检察制度概论》，中国检察出版社 1991 年版，第 310 页。

② 邓思清：《检察权研究》，北京大学出版社 2007 年版，第 163 页。

应有的制裁。使得刑法没有依据其规定公平地适用于每一个公民，更没让刑罚有效地施加于违反刑法规定者。另一方面，侦查人员作为执法者，尤其作为实施刑法追诉第一步基础行为的执法者，其故意为之的不作为举动，是对统一实施刑法和刑事诉讼法基本任务的蔑视。因此，无论从哪一方面来说，对侦查不作为采取有效及时的措施是检察权的题中应有之义。

由于侦查不作为的特殊性，检察建议作为检察机关常用的监督手段无法实现有效控制，至多换来侦查机关"形式上作为，实质上的不作为"。因此，检察机关除了劝说侦查机关依法侦查的被动监督外，还应当将制约此类行为的主动权掌握在自己手上。当侦查机关有意放纵犯罪而不积极侦查时，检察机关及时启动机动侦查，由自己对案件进行立案侦查，可以避免因侦查机关的侦查延误导致重要证据的灭失或犯罪嫌疑人的逃脱。

事实上，机动侦查权对于检察机关来说并不是一个"新"的权力。1979 年的《刑事诉讼法》有规定，"人民检察院认为需要自己直接受理的案件，可以立案侦查"，这其实就是赋予检察机关机动侦查的权力。但是到了 1996 年，检察机关的机动侦查权被大大限制。一是，机动侦查权的范围限制在国家机关工作人员利用职权实施的其他重大的犯罪案件；二是，必须经由省级以上人民检察院决定。这一权力的限制，主要出于"分工负责"的需要，将检察机关的侦查范围基本限定于职务犯罪案件，其他刑事案件则由公安机关负责侦查。因此，检察机关的机动侦查也同样带有"职权性"，要求犯罪主体必须为国家机关工作人员，并且犯罪手段是利用了职权便利。

严格限制机动侦查权，避免检察机关越权侦查或者出现与公安机关权力重叠的现象自是有其必要性，但是"限制"本身也应有个"限度"。为了避免检察机关机动侦查权的滥用，可以在程序上对该权力进行限制，通过更为严格、正规的程序来审核是否确有启动机动侦查的必要。比如现在规定的必须经由省级以上人民检察院决定进行机动侦查，这是在程序上为机动侦查把关。但是，如果在范围上也做出限制，无疑大大削弱了机动侦查权所应有的制约和补救意义。因为，机动侦查权最大的意义就是弥补侦查机关出于自身利益或基于认识的局限性而不积极主动查明犯罪事实所带来的不利后果。而侦查不作为行为显然并非仅存在于，甚至并非主要存在于"国家工作人员利用职权实施的重大案件"。毕竟，"国家工作人员利用职权实施的重大案件"在整个刑事案件中只占一小部分比例。将检察机关机动侦查的权力限定在"国家工作人员利用职权实施的重大案件"的范围内，显然有些"杯水车薪"的意味。要真正有效制裁侦查不作为，就必须全面赋予检察机关机动侦查权，让检察机关对所有侦查机关消极侦查的案件有权进行侦查。通过这一方式，使得检察权在打击犯罪方面与侦查权形成一种互补，同时也是对侦查人员玩忽职守、徇私舞弊所造成的不利后果形成一种制约。

三、公诉权与审判权的配置关系

审判权与公诉权的关系，决定一个国家的刑事诉讼结构是否文明进步，体现司法职权配置是否科学合理。这从原始私人控告的弹劾制诉讼，到法官集侦查、控诉与审判于一身的纠问制诉讼，再到控诉权与审判权相分离的当事人主义及职权主义诉讼模式的刑事诉讼文明进程得以明证。诉审权力关系是刑事诉讼制度的重要内容，诉讼制度改革必然涉及诉审关系的调整和重新配置。十八届四中全会通过的《中共中央关于全面推进依法治国若干重大问题的决定》（以下简称《决定》），提出以审判为中心的诉讼制度改革，强调发挥审判尤其是庭审的作用，强调司法职权对诉讼程序的充分控制，这是刑事诉讼方式的重大变革，是司法职权配置的重大调整，随着改革的深入，诉审权力关系也面临重新界定和重大调整。在审判为中心背景下研究诉审关系，探索与改革相适应的新型诉审关系，对于积极推进改革，实现司法职权的优化配置具有重大意义。

（一）我国诉审关系的现状考察

1. 诉审关系的基本架构

我国《宪法》和《刑事诉讼法》关于人民法院、人民检察院依法独立行使审判权、检察权的规定以及关于公检法三机关分工负责、互相配合、互相制约的规定，决定了我国司法体制的宏观结构，在宏观结构之下公诉权与审判权的权力关系表现为以下方面：

（1）公诉权和审判权分别由检察机关和法院行使。

公诉权与审判权由不同的国家机关独立行使是控审分离原则在刑事诉讼静态结构上的体现，是实现司法权力相互制约、保障被追诉人不被沦为诉讼客体的必要前提。我国法律明确规定公诉权由检察机关行使，审判权由法院行使，检察院和法院在组织体制上相互对应，互不隶属。检察机关是唯一行使公诉权的主体，代表国家向犯罪嫌疑人提出指控，启动和推动审判程序，要求审判机关对犯罪行为进行定罪量刑，实现国家追诉权和刑罚请求权。审判权是法院专享的权力，法院对控诉机关提请审理的刑事案件通过审理来确定被告人行为是否构成犯罪、应否处以刑罚以及处以何种刑罚，促使国家刑罚权的具体实现。诉讼职能的分工，明确了检察院与法院各自的职权范围，检察官承担控诉犯罪这一程序性权力，而法官决定案件的最终处理结果，二者只能在职权范围内活动，不能逾越权力的界限。

（2）行使公诉权的检察机关与行使审判权的法院相互配合。

犯罪不仅是对个人利益的侵害，本质上是对社会和平秩序及国家利益的侵犯，"国家作为法益及和平秩序的维护者，具有责无旁贷的任务去追诉犯罪并处罚犯人，以恢复因为犯罪而受损的法和平性"[1]。我国《刑事诉讼法》第2条规定了刑事诉讼的任务，这些任务，需要人民法院、人民检察院彼此配合，相互协调，通力协作，形成合力，才能有效地完成。因此，人民检察院行使的检察权与人民法院行使的审判权必须密切配合，才能增强打击犯罪的效果，提升惩治犯罪的及时性，有效实现刑罚的惩罚和预防效果，保障公民合法权益，维护社会主义法制统一的任务。如果公诉权和审判权相互割裂、各自为政、互不联系，诉讼程序将无法顺利进行，刑事诉讼的任务也难以实现。

（3）公诉权与审判权的相互制约。

公诉权和审判权在机构上的独立和职权上的分离为两者间相互制约提供前提，权力的相互制约能迫使公诉权和审判权在运行中处于克制与节制状态，保障刑事司法权限行

---

① 林钰雄：《刑事诉讼法》（上册），中国人民大学出版社2005年版，第39页。

使的客观性与正确性。我国控审双方的制约关系表现在两方面：第一，公诉权制约审判权。一方面公诉权启动审判权。审判程序的启动必须以承担控诉职能的检察机关向法院提出控诉为前提，未经起诉法院不得主动审判。按照《刑事诉讼法》第186条规定法院对提起公诉案件的审查内容仅限于查看起诉书中是否具有明确的指控犯罪事实，只要特定公诉请求具备形式和实质要件，法院就有义务进行审理而不得拒绝受理。另一方面，公诉权制约审判权对象范围。在刑事诉讼程序运行过程中，"法院审判的对象必须与检察院起诉指控的对象保持同一，法院只能在检察院起诉指控的对象范围内进行审判"。[①]法院不得随意变更指检察院的指控事实以及对被追诉人的法律评价，对于检察院未指控的被告人及其罪行，法院无权进行审理和判决。按照《最高人民法院关于适用〈中华人民共和国刑事诉讼法〉的解释》第243条的规定，人民法院只能就起诉指控事实进行裁判。第241条规定，法院在做出罪名变更时，必须在判决前听取控辩双方的意见，保障被告人、辩护人充分行使辩护权，必要时重新开庭进行法庭辩论，体现审判权受诉审同一的限制。此外，公诉权变更对审判权的制约。公诉变更权是公诉权派生的一种权利，2012年《人民检察院刑事诉讼规则（试行）》第458条、第459条规定检察院在提起公诉之后、法院判决之前，有权变更、追加、补充、撤回起诉的情形，这将影响审判的对象范围，甚至终结审判程序。对于法院做出的一审判决、裁定，检察院认为确有错误时，可以提出抗诉，启动二审程序。对一审裁判的抗诉权是公诉权的自然延伸，如果不能保证裁判结果的正确性，之前公诉工作所作的一切努力都可能付诸东流，"这种抗诉权作为公诉权的一个重要组成部分，对审判权具有制约作用"。[②]

第二，审判权制约公诉权。一为检验公诉质量。起诉指控的犯罪事实、认定的证据需接受法院庭审的审查，在经过法庭调查和法庭辩论后只有法官认为案件事实清楚，证据确实充分时，才会追究被告人的刑事责任，对于过度起诉、不当追诉行为，法院可以做出否定公诉主张的判决对其进行制约。因此公诉权质量受到审判权的检验，法院作为定罪量刑的决定者，公诉权追诉犯罪目的的实现依赖审判权对其主张的认可。二为制约公诉程序。公诉权的行使过程是否合法、是否适当也要接受审判权的审查，如果公诉权运行过程违法，侵害了诉讼参与人的合法权益，则可能受到法院的程序性制裁，如法院排除公诉机关违法取得的证据。

（4）行使公诉权的检察机关对审判权的监督。

对审判活动进行监督与公诉权对审判权的制约不同，两者虽均以控制权力、保障权益为目的，但"制约关系是双向的，是权力主体之间相互约束牵制的关系；而监督关系是非对称性的，监督者可以对被监督者权力行为进行单方的监察、督促"，[③]因而有必要将其单列。法律监督机关是我国检察机关的宪法定位，法律监督权是宪法赋予检察机关的国家性职能，2018年《刑事诉讼法》第8条规定人民检察院依法对刑事诉讼实行法律监督，一般认为"检察机关的刑事诉讼监督职能贯彻从立案程序到执行程序的刑事诉

---

① 谢佑平、万毅：《刑事控审分离原则的法理探析》，载《西南师范大学学报》2002年第3期。
② 张智辉：《论检察》，中国检察出版社2013年版，第214页。
③ 陈国权、周鲁耀：《制约与监督：两种不同的权力逻辑》，载《浙江大学学报》2013年第6期。

讼全过程"，① 对审判权进行监督亦在法律监督权之列。我国公诉权具有指控犯罪和诉讼监督两项基本职能，在对犯罪提出指控的同时，对在公诉执法活动中发现的法院及其工作人员的违法或错误诉讼行为进行监督纠正，"审判监督是检察权的法律监督职能在公诉环节的重要体现和公诉权内涵的重要组成部分"。② 审判监督一般包括三种方式：一为对审判过程中法院及其工作人员的违法或错误行为通过发出检察建议、纠正违法通知书等进行监督纠正；二为对严重违法的审判人员进行立案调查和职务犯罪侦查；三为对法院的判决、裁定认为确有错误时提起抗诉。③

2. 诉审关系的实践样态

诉审权力配置的基本结构决定诉审权力在刑事诉讼中功效的发挥，在权力结构发挥的作用中诉审关系在司法实践中的具体样态得到完整展现。

（1）发现真实中的诉审关系。

"刑事法是关于犯罪与刑罚的法律，直接关系到个人的权利和人的尊严，因此刑事法要求以真实为根据解决案件。"④真实包括积极方面的凡是犯罪必受惩罚，以及消极方面的无辜者不受处罚。刑事诉讼程序中的诸多要素均旨在推进真相的发现，"首先，程序目标在于提供既能发现违法行为，又能准确地确定违法者的侦查能力……发现真相还要求一个可靠的，既能够对定罪的被告人定罪，又能够给予被错误指控的人昭雪的审判程序"。⑤ 在某些时期，当出现严重的刑事犯罪浪潮时，公检法三机关在发现真实尤其是惩罚犯罪上的作用会得到着重强调，出现联合办案、职能的相互替代等情形，长期的司法传统对日后的司法实践产生强大的惯性，在打击犯罪的一致目标下，分工负责、相互配合、相互制约的关系在实践中常常变为公检法相互配合、相互协调、相互混淆，公检法人员成为"政策实施型司法"⑥下的同僚。在侦查体制不健全、口供中心主义、侦查权封闭运行等结构性因素影响下，侦查阶段成为诉讼程序的核心环节，侦查收集的证据材料以案卷形式进入审查起诉、审判阶段，"公诉方通过宣读案卷笔录来主导和控制法庭调查过程，法庭审判成为对案卷笔录的审查和确认程序"。⑦ 其结果，庭审基本沦为控审双方的程式化表演，难以纠正侦查中的错误，审判程序的入罪功能得到彰显而出罪功能微弱。

（2）权力制约中的诉审关系。

基于控辩双方对抗交锋的庭审作为实现案件实体和程序公正的基本场所、法官的中

---

① 卞建林：《强化诉讼监督是检察机关的重要使命》，载《检察日报》2012 年 3 月 27 日。

② 彭东：《论现代司法规律与我国公诉权配置》，载《河南社会科学》2010 年第 1 期。

③ 抗诉具有双重属性，既是公诉权的自然延伸，通过抗诉以实现对犯罪的正确指控，又是行使监督职能的体现，以此纠正法院错误裁判，保证法律统一正确实施。

④ ［日］山口守一：《刑事诉讼法》，张凌、于秀峰译，中国政法大学出版社 2010 年版，第 17 页。

⑤ ［美］伟恩. R. 拉费弗、杰罗德. H. 伊斯雷尔、南西·J. 金：《刑事诉讼法》（上册），卞建林、沙丽金译，中国政法大学出版社 2003 年版，第 32 页。

⑥ 美国学者达马什卡将法律程序的目的分为纠纷解决和政策实施，进而推演出纠纷解决型和政策实施型两种程序模型。见［美］米尔伊安·R. 达玛什卡：《司法和国家权力的多种面孔》，郑戈译，中国政法大学出版社 2014 年版。

⑦ 陈瑞华：《案卷笔录中心主义——对中国刑事审判方式的重新考察》，载《法学研究》2006 年第 4 期。

立地位及在诉讼程序中的终局话语权，西方国家多强调法庭及法官在诉讼程序的中心地位，审判权在诉讼程序中发挥着最为重要的权力制约作用，不仅在庭审程序中享有绝对权威，在审前程序中也发挥实质性影响。我国的诉审关系中，虽在诉审权力的相互制约上确立了在结构上机构设置和人员组织的分离，程序启动上的不告不理和程序运作中的诉审同一，以及法院裁判对公诉权的制约，但从现状来看，法院的司法职权对整个诉讼程序的控制功能并没有得到体现，庭审对侦查、起诉活动的制约虚置，"配置给法院的权力不足以对侦查权、检察权形成制约，法院应具备的权力制约功能长期被削弱，公权力相对人的合法权益按照法定程序却得不到司法救济与保护"。① 审判权对公诉权的制约不足表现为以下几个方面："审判被架空和形式化，本应发挥的实质性审查判断和裁决功能被掩抑"；② 法院对公诉案件仅进行程序性审查，导致进入审判程序的案件质量参差不齐；审判中撤回起诉制度等程序回流现象制约乏力；公诉权行使中的程序违法受到制裁的概率很低等。

（3）案件分流中的诉审关系。

刑事诉讼程序的运转是一项庞大、复杂、消耗大量司法成本的工作。"在司法资源投入或耗费得到最大限度的节约的同时又能使产出成果达到最大化"，③ 即实现诉讼效率，是诉讼程序在发现案件真相、保障个人权利之外还具有的价值追求。对繁易程度、科处刑罚的轻重程度不同的案件予以层级化区分，通过诉讼流程对其层层分流，并据此分配不等的有限司法资源，是世界各国为提高诉讼效率，缓和有限司法资源与不断增多的司法需求间的冲突的普遍做法，如美国"虽然许多人会重视适用强度，但对抗制很少充分运作过。纵观整个刑法史，有罪答辩和协商和解似乎是规则而非例外"。④ 我国也采取了由公诉权和审判权对案件进行分流的做法。审查起诉阶段，检察院行使不起诉权分流过滤部分案件，现行立法规定了法定不起诉、酌定不起诉、存疑不起诉、附条件不起诉四种不起诉。审判阶段的分流则由简易程序、普通程序，以及正在试点的速裁程序组成。但由于适用范围狭窄，程序限制严格等原因，实践中适用不起诉案件的比例非常低，审前分流作用微弱，绝大部分刑事案件涌入审判程序，而审判阶段又尚未形成成熟完善的分流机制。"一方面，情节轻微、案情简单、争议不大的案件毫无必要地经历了长篇累牍的质证、辩论等对抗活动；另一方面，复杂的、争议性强的案件由于投入的司法资源相对不足而难以进行充分的对抗"，⑤ 造成案件实质审理的不公，加剧了司法资源稀缺的矛盾。

（4）审判监督中的诉审关系。

审判监督是我国特有的司法现象，是司法制度、检察制度的特色内容，对诉审关系

---

① 姚莉：《法院在国家治理现代化中的功能定位》，载《法制与社会发展》2014年第5期。

② 龙宗智：《"以审判为中心"的改革及其限度》，载《中外法学》2015年第4期。

③ 陈瑞华：《刑事审判原理论》，北京大学出版社2003年版，第81页。

④ ［美］马尔科姆·M.菲利：《程序即是惩罚——基层刑事法院的案件处理》，魏晓娜译，中国政法大学出版社2014年版，第10页。

⑤ 高翣、吴宏耀：《对抗制与所有人的正义》，载顾永忠、苏凌主编：《中国式对抗制庭审方式的理论与探索》，中国检察出版社2008年版，第287页。

的实践考察不能忽略审判监督这一特殊现象的存在。虽然近年来检察机关的诉讼监督职能不断在加强，监督范围也不断扩展，监督内容不断丰富，如 2012 年《刑事诉讼法》增加了检察机关对死刑复核案件的监督、对强制医疗的决定和执行的监督、完善了刑事执行活动监督的内容等，但由于"法律的缺位加上观念认识偏差、监督机制落后等原因，检察机关的诉讼监督现状仍不能令人满意"。[①] 尤其在审判监督上，质疑之声长期存在，认为由行使指控职能的公诉人同时享有对法院审判的监督权，破坏了等腰三角的现代诉讼基本架构，有悖于控辩平等、法官中立、司法终局性原则。检察机关是宪法定位的法律监督机关，检察官是持客观义务的法律守护人，"在刑事诉讼法上与法官同为客观法律准则及实体真实争议的忠实公仆"，[②] 实则为审判监督提供了理论依据。然而质疑之声不绝于耳，出现被监督者不配合监督，甚至公然拒绝监督的情形，造成部分检察人员缺乏理论自信、行为自信，不敢监督。诉审权力的同构性，相互配合下形成的合作关系，共同的职业话语，使部分检察人员不愿对其同僚进行监督。监督措施和方式的不完善，监督刚性不足，则使检察人员不善监督。因此，可以说审判监督是诉审关系中的薄弱环节。

（二）"以审判为中心"对诉审职权关系的影响

以审判为中心的诉讼制度改革，是在实践中的侦查中心主义产生诸多流弊的背景下提出的。当诉讼程序系统总是输出不公正的裁判结果时，"这个系统就会失衡，或者功能失调，功能不能完全满足需要，系统就必须改变，重归平衡状态"。[③] 以审判为中心的诉讼制度改革并非对"分工负责、相互配合、相互制约"原则的根本否定，"刑事诉讼中侦查、起诉、审判三大职能在司法公正实现中各自扮演着重要角色，分别承担了重要使命，相互联系，缺一不可"，[④] "侦查、起诉等审前阶段，是以审判为中心的前提和基础，脱离了侦查、起诉等环节，审判就成了空中楼阁"。[⑤] 因此，以审判为中心是在坚持侦诉审关系的基本原则上强调审判在刑事诉讼中的核心地位，重新调整和科学安排侦诉审职权关系。2016 年 10 月，两高三部联合出台《关于推进以审判为中心的刑事诉讼制度改革的意见》（以下简称《意见》），明确改革的各项要求和具体措施，随着改革的推进，诉讼方式发生变化，诉讼结构相应调整，诉审关系也受到全方位影响。

1. 审判的中心地位彰显

以审判为中心主要针对的是在刑事实体判决的决定权上法院的职权被替代、在判决形成过程中审判程序的地位功能并未充分彰显的问题，这导致审判阶段偏离了在诉讼程序中的中心地位。因此，改革重点回答了两个问题：第一，对于被告人的刑事责任问题

[①] 蒋德海：《宪法的法治本质研究》，人民出版社 2014 年版，第 246 页。

[②] 林钰雄：《检察官论》，法律出版社 2008 年版，第 21 页。

[③] 西方的结构功能主义观点，其基于所有的系统趋向于平衡和秩序的假设，当系统输入或输出的数量和内容有了巨大的变化，系统将会失衡、功能失调，必须改变系统才能重归平衡。见［美］尼考劳斯·扎哈里亚迪斯主编：《比较政治学：理论、案例与方法》，宁骚、欧阳景根等译，北京大学出版社 2008 年版，第 59 页。

[④] 谢佑平：《论以审判为中心的诉讼制度改革——以诉讼职能为视角》，载《政法论丛》2016 年第 5 期。

[⑤] 樊崇义：《"以审判为中心"与"分工负责、互相配合、互相制约"关系论》，载《法学杂志》2015 年第 11 期。

究竟由谁来决策，谁享有终局裁判权力，即"谁来决策"的问题，明确法院对被告人刑事责任问题的最终裁判权力。第二，决策者如何在实体判决形成过程中起主导作用，保障裁判结果的正确性和权威性，即"怎样决策"的问题，通过实质化庭审程序，落实直接言词原则和证据裁判原则，发挥庭审在认定事实、适用法律、保护诉权、公正裁判中的决定性作用，倒逼侦查、起诉工作质量的提升。这两方面实质上是通过重申以下原则，使审判的中心地位得以凸显。一为司法最终处理原则。"法院进行刑事审判的主要目的在于公正地确定被告人的刑事责任，实现刑事实体法的规定。"[1]无论是在诉、辩、审的三角结构还是在侦、诉、审的线性结构中，法院是行使定罪量刑裁判权的唯一主体，其做出的裁决对被告人刑事责任的确定具有最终拘束力，其他主体不得侵蚀、替代法院在诉讼程序中的最终话语权。二为法院中立原则。法院在诉讼构造中是居中裁判者，保持中立的地位，从庭审的直接言词中获取更为客观的案件信息，依据事实和法律对案件独立做出裁判，不受任何不当影响或干涉。三为控辩平等原则。尤其强调控辩双方的平等对抗，通过推动证人、鉴定人乃至侦查人员出庭作证，落实直接言词原则，保障控辩双方在庭审中充分提出证据、发表意见，实现庭审举证质证、辩论中的平等对抗。审判中心下，公诉权回归其作为追诉权的程序性权力属性而不能再共享，甚至侵占法院在定罪量刑上的决定权，庭审功能的发挥也对审查起诉、出庭公诉、公诉变更等形成了全面的约束，公诉工作必须面向庭审、围绕庭审而展开。

2. 审判权对检察权的制约功能加强

"以审判为中心最有力量的部分就在于强调刑事诉讼的整个过程都要体现权力的制衡，体现司法权对刑事程序的充分控制"，[2] 这既表现为审前阶段检察权对侦查权的制约，重点则是审判对诉讼全程的控制力。审判中心下审判权对公诉权的制约体现在实体上的证据裁判和程序上的程序审查。基于证据裁判原则，法院认定案件事实的证据必须具备证据资格，即证据必须具有客观真实性、与待证事实的相关性、程序和形式的合法性；证据必须经过法定程序审查判断才能作为裁判根据，即必须在法庭上出示，并经过控辩双方的充分举证质证，由法院做出最终是否采纳的决定；没有证据不能认定事实，证据在数量上不足、质量上存在疑问或瑕疵、证据之间及证据与事实之间存在矛盾，达不到证明标准，不足以认定案件事实，不能对事实进行认定，即疑罪从无。证据裁判原则能促使公诉人员按照裁判的要求和标准严格依法收集、固定、保存、审查、运用证据，使整个公诉活动围绕证据而展开，审查起诉阶段加强对证据的审查，尤其重视对证明能力的审查，排除不合格和有瑕疵的证据，对未达到法定证明标准的案件，做出不起诉决定阻止其进入审判程序，以强有力的证据作为出庭公诉阶段举证示证的支撑，构筑坚固的证据体系，实现对犯罪的正确指控。程序审查体现为"审判机关在对于案件诉讼活动中涉及的当事人重大程序性权益等事项上也应当具有重要的影响力或决定力"，[3]对影响案件诉讼进程的程序决定享有审查权，对违法程序法定原则的诉讼行为进行制裁，发挥法院在程序事项上的约束作用，促使公诉权运行的合理合法。

---

① 陈瑞华：《刑事审判原理论》，北京大学出版社 2003 年版，第 6 页。

② 张栋：《中国刑事证据制度体系的优化》，载《中国社会科学》2015 年第 7 期。

③ 单民、董坤：《以审判为中心背景下的诉审关系探讨》，载《人民检察》2015 年第 12 期。

3. 诉讼分流程序进一步强化

　　庭审的实质化是以审判为中心诉讼制度改革的应有之义，庭审实质化意味着证人、鉴定人等出庭作证，证据在法庭上得到充分展示，控辩双方的质证和辩论交锋更为激烈，法官在法庭上认定证据，查明事实。审判中心下的庭审实质化并非针对所有刑事案件，精细化、实质化的庭审需要耗费大量人力、物力和时间，在司法资源有限，案多人少矛盾突出的现实因素下，显然不可能对每年百万余件刑事案件均进行实质化审理。且不同案件情况千差万别，需要投入的司法资源不同，对所有案件的平均用力形式上虽公正但有悖实质公正，造成部分司法资源浪费，加剧司法资源紧缺的矛盾。虽然现阶段刑事案件数量在不断增长，但增长类型多为轻微刑事案件，且大部分案件中被告人均自愿认罪，对于案件性质轻微、被告人自愿认罪的案件，只要确保认罪的自愿性和确实充分的犯罪事实依据，就没有必要进行繁复费时的庭审，真正需要进行实质化庭审、投入更多精力的案件一般为重大、疑难、复杂、被告人不认罪的案件。为保障重大复杂、存在争议的案件实质化庭审的顺利进行，需要优化司法资源配置，进一步发挥公诉权和审判权在刑事案件中的分流作用。在审查起诉环节，利用不起诉裁量权，发挥审查起诉的筛选、过滤案件的功能，使一部分案件消化在审前阶段而不占用有限的司法资源。在审判阶段，通过构建速裁程序、简易程序、普通程序的多层级、多元化诉讼程序架构，完善认罪认罚从宽制度，分流事实清楚、证据充分的轻微刑事案件，或者犯罪嫌疑人、被告人自愿认罪认罚的案件，让充足的时间和资源投入在确有争议的、重大的刑事案件上。

4. 审判监督进一步加强

　　以审判为中心强调在线性诉讼结构中审判居于中心地位，审判在实体决定中的绝对权威，公诉权自然应接受审判的制约和检验。如此一来，是否还要监督审判权就越发受到质疑。有观点认为，为了实现以审判为中心，"应明确侦控机关在实质上的诉讼当事人地位，突出检察机关在审判中的公诉地位而非法律监督地位，检察机关在刑事审判阶段只负责公诉工作，而不发挥法律监督功能"。[①] 以审判为中心是否排斥公诉权的审判监督？其实不然。审判中心下审判监督不仅不需要取消或弱化，反而应当加以强化。从宏观层面而言，法律监督是宪法赋予检察机关的国家性职能，审判监督是法律监督在诉讼制度中的体现，以审判为中心的诉讼制度改革虽然涉及公检法三机关职权配置的调整和优化，但改革不能突破已有的宪政体制，不能从根本上改变检察机关作为法律监督机关的宪法定位，对此，十八届四中全会《决定》在规定"以审判为中心"的同时重申和强化了检察监督原则，《意见》第16条也规定"完善人民检察院对刑事审判活动的监督机制"，肯定检察监督、审判监督的存在。从实践层面而言，审判中心下虽然审判的地位和作用得以重视，但"不能把以审判为中心简单地理解为以法院为中心，更不能理解为以审判人员为中心，认为审判人员的地位就比侦查人员和公诉人员高"，[②] 在诉讼中检察机关和审判机关各自履职，各司其职，检察机关有其独立价值而并非绝对地服从法院，检察人员和审判人员同为司法工作人员，也并无高低贵贱之分。审判中心下要防止

---

① 左卫民：《审判如何成为中心：误区与正道》，载《法学》2016年第6期。

② 樊崇义：《"以审判为中心"与"分工负责、互相配合、互相制约"关系论》，载《法学杂志》2015年第11期。

"已经开始呈现出来并在实践中将逐渐膨胀的法院中心主义、法官中心主义倾向",① 尤其随着法官办案责任制改革的推行,审委会权力受限,法官独立性增强,法院内部的监督约束减少,因此审判监督只能强化不能减弱,以此监督法官谨慎用权,防止法官随意运用审判权主观擅断。

(三)新型诉审关系中检察权与审判权的优化配置

以审判为中心的诉讼制度改革对诉审关系产生了重大影响,但构建新型诉审关系不是要完全颠覆诉审权力的基本架构和已有权力配置格局,而是通过调整和重新配置诉审的具体职能来实现诉讼结构的科学性,保障诉讼结果的公正性。为保障审判公正的实现,为庭审功能的发挥创造条件,维持审判监督与审判权威间的平衡,可从以下方面调整和优化诉审职权配置:

1. 加强审判权对公诉权的制约

证据裁判原则和庭审实质化使公诉办案质量面临严格的审查和检验,而要实现公正裁判,发挥审判在诉讼程序中的核心地位及庭审在依法公正裁判中的决定性作用,还要通过起诉审查、规范撤回起诉及加强程序性制裁强化对公诉权的制约。

(1)加强法院对公诉案件的起诉审查。

我国现有起诉审查机制中法院对检察机关提起公诉的案件仅进行程序性审查。形式审查使提起公诉权几乎不受制约就可以启动审判程序,滥行诉权使案件进入审判阶段有时成为检察机关延长办案期限,逃避承担超期羁押责任、国家赔偿责任的方法;进入审判程序的案件质量参差不齐,造成审判资源的浪费,一些事实不清、证据不足的案件使法院面临"定放两难"的困境。而纵观世界各国,几乎都存在对检察机关的起诉决定进行审查的规定,起诉审查是审判权制约公诉权的重要机制。"美国法为防止草率的、恶意的、无充分证据的、政治或宗教迫害的起诉,设置了两个主要机制:大陪审团起诉,由大陪审团审查;预审,由治安法官审查",② 只有通过"相当理由"或"证据之形式上有罪"的审查标准,检察官才能正式提起公诉。德国法则设置了中间程序,"负责法庭审理的管辖法院作为独立于检察院的机关行事,由职业法官阅读案卷,不公开地审查司法存在'足够的犯罪行为嫌疑'"。③ 为督促检察机关严格履行起诉职能、把好案件进入审判的关口,法院可以设立刑事起诉审查庭,对提起公诉的案件进行实体和程序双重审查,审理形式以书面为原则,言词审查为例外,对事实清楚、证据确实充分的案件,允许启动审判程序,根据案件性质、被告人是否认罪,对其适用速裁程序、简易程序还是普通程序进行初判。对事实、证据存在明显问题的案件,阻止其进入法庭审理程序。对公诉方不利的裁决,允许其向上一级法院提起上诉,上级法院做出的审查是终局裁决。

(2)加强法院对撤回起诉的制约。

撤回起诉权是起诉便宜主义下公诉裁量权的重要组成部分,其对实现刑事追诉的合

---

① 苗生明:《构建以公诉为主导的刑事指控体系》,载《国家检察院学院学报》2016年第1期。
② 王兆鹏:《美国刑事诉讼法》,北京大学出版社2014年版,第576页。
③ 宗玉琨译注:《德国刑事诉讼法典》,知识产权出版社2013年版,第176页。

目的性、提高诉讼效率具有一定积极意义。审判阶段检察机关撤回起诉在我国是一种较为常见的现象，判决宣告前检察院均可以要求撤回起诉，法院对撤回起诉的理由予以审查，做出是否准许的裁定。由于缺少对法院审查的明确规定和具体流程，当事人对控方撤诉的意见也不被重视和接受，加之司法解释规定了多种可以撤诉的情形，提起撤诉的时间缺少限制，以及不当司法考核的存在，实践中法院对撤诉的干预几乎形同虚设，提起撤诉的案件法院一般都做出了准许撤诉的裁定。对撤回起诉的制约不力，损害法院居中裁判地位和司法公正，助长了公诉权的滥用，撤回起诉成了滥行起诉权、规避错案责任的"避风港"，严重损害当事人的合法权益，造成超期羁押和案件久拖不决，本应做出无罪判决的案件以撤回起诉消解，被告人长期面临着重新被追诉的风险。法院应当加强对撤回起诉权的制约，建议对撤回起诉的时间进行限制，在法院开庭审理前检察机关提出撤诉请求的，法院无须严格审查，满足撤回起诉的一般条件时可做出允许裁定，以保持裁判者的中立地位和尊重检察机关的起诉变更权。对于经过庭审审理的案件检察机关提出撤诉请求的，检察机关必须提供明确的理由，有充分的支持撤诉理由的证据，以方便法院进行审查，只有在对案件进行全面、严格审查的基础上法院才能做出是否准许撤回的裁定，不允许公诉机关再随意行使公诉变更权，体现法院在审判中的终局决定者地位。对于证据不足，指控的犯罪不能成立的，则只能由法院做出无罪判决，保障被告人的合法权益。因撤回起诉直接与被告人、被害人的利益产生冲突，法院在审查时应分别听取被告人、被害人、辩护人等诉讼参与人的意见，在衡量、协调各方利益的基础上做出公正裁决。

（3）加强程序性制裁对公诉权的制约。

程序性制裁是指法院裁判诉讼行为的合法性，"一旦确认程序违法行为成立，即宣布由此获得的诉讼利益无效或不发生预期的法律效果"。[1] 若程序违法行为无须或难以受到制裁，无疑将助长刑事司法实践中的程序违法现象，程序性制裁体现审判权在程序上的控制力，对于规范诉讼行为，维护法律程序的尊严和权威意义重大。我国现行程序性制裁机制包括非法证据排除规则和撤销原判、发回重审两种制度，对公诉权的制约主要体现在非法证据排除规则上。加强程序性制裁对公诉权的制约，既要充分发挥已有非法证据排除规则的作用，也要探索构建多元化的程序性制裁方式。非法证据排除规则自实施以来在约束国家权力、遏制执法人员的刑讯逼供等违法行为上取得了明显效果，但其还存在适用不够彻底的情形。一方面要通过完善规则，明确非法证据的范围和认定标准，为法院程序裁判提供清晰的依据。对于疲劳审讯，从对每次讯问设置时限、规定每天不低于连续 8 小时的休息时间，明确被讯问人在讯问过程中的合理休息和饮食，方便的权利三方面做出限定；对于威胁、引诱、欺骗行为，严重违法或者严重违反道德，造成犯罪嫌疑人精神剧烈痛苦的，获得的供述应予以排除；对于重复供述，原则上应当排除，但若诉讼阶段发生变更，讯问主体更换，犯罪嫌疑人自愿供述的，重复供述可以作为证据使用；对于"毒树之果"，可参照非法实物证据的排除规则实行裁量排除。另一方面，法院要严格实施排除规则，排除规则应当是一种具有普遍效力的规则，不仅应保

---

[1]　陈瑞华：《程序性制裁理论》，中国法制出版社 2005 年版，第 535 页。

障无辜者不受错误追究，且事实上的有罪者遭遇非法取证时也应当受规则的保护，使非法证据排除规则达到更好的权力制约、人权保障效果。在多元化程序性制裁体系的构建上，除了已有严厉程度处于中等的两种制度，还可以规定最为严厉的诉讼终止制度，"在某些严重违法法律程序、侵犯公民基本权利，继续进行诉讼已丧失正当性的少数案件中，应当终止诉讼"。[①] 例如检察官严重拖延诉讼，被追诉人被羁押的期限已经超过其实际应当判处的刑期，以及重复追诉等滥用诉权行为，都应当成为终止诉讼制度的制裁对象。

2. 优化案件分流中的诉审职权配置

案件繁简分流是实现以审判为中心的必要条件。推进案件繁简分流，既要发挥不起诉制度的功用，扩大不起诉权的适用，有效调控进入审判环节的案件总量，也要探索正在试点的速裁程序中诉审职权的优化配置，形成速裁程序、简易程序、普通程序有序衔接、繁简分流的多层次诉讼制度体系，还要探索即将展开试点的认罪认罚从宽制度中诉审职权的优化配置，实现认罪认罚案件的从简、从快、从宽处理，全面畅通审前和审判阶段的多重分流机制。

（1）促进不起诉制度的分流作用。

通过不起诉制度将部分案件终结在审查起诉阶段，不仅能发挥审查起诉过滤、筛选案件的审判关口作用，提高进入审判阶段的案件质量，还能避免大量刑事案件涌入审判程序，减轻法院办案负担，节约审判资源，确保法庭审理实质化，对犯罪嫌疑人而言则减少了其羁押时间，使其更快复归社会，有利于犯罪人的教育改造。审判中心下要利用存疑不起诉制度，"法庭审理的实质化必然要求充分适用存疑不起诉制度，把那些证据难以达到定罪要求的案件排斥在法庭审理之外"，[②] 而要进一步促进不起诉制度分流作用的实现，提高不起诉在司法实践中的适用率，还应在制度设计上做出如下改变：第一，扩大不起诉的适用范围。酌定不起诉的适用范围可以扩大为犯罪嫌疑人的犯罪情节轻微，依照《刑法》规定可能判处 3 年以下有期徒刑的案件。取消对附条件不起诉的适用案件类型的限制，适用刑期扩大为可能判处 3 年有期徒刑以下刑罚。第二，减少程序限制。在检察官办案责任制契机下，取消不起诉由检察长或检委会决定的规定，由承办案件的检察官独立行使不起诉权，鼓励检察官依法适用不起诉制度。第三，加强检察机关的处罚权。现行司法解释规定人民检察院对决定不起诉的案件，可以根据案件的不同情况，对被不起诉人予以训诫或者责令具结悔过、赔礼道歉、赔偿损失，除此之外，还可以规定要求被不起诉人接受社区监督，缴纳一定数额的罚款，禁止其在一定时间内从事特定职业或参与某项活动等惩罚措施。

（2）速裁程序中的诉审职权配置。

速裁程序是专门处理轻微刑事案件的新型诉讼程序，适用速裁程序的案件可以全面缩短办案期限、简化办案程序，实现从侦查到执行的快速办理，从而与简易程序、普通程序形成繁简分化程度明显的诉讼格局。犯罪嫌疑人、被告人同意检察机关的量刑建

---

① 杨宇冠等：《公正高效权威视野下的刑事司法制度研究》，中国人民公安大学出版社 2013 年版，第 265 页。
② 张智辉：《落实不起诉制度可促使案件分流》，载《检察日报》2016 年 2 月 15 日。

议，控辩双方就定罪量刑达成合意是速裁程序的亮点和难点，以往简化型程序均是庭审阶段程序的简化，审判仍然是定分止争的核心领域，而速裁程序在审前就已基本形成"审判"结果，法院不过是对控辩合意的审查、确定或修改，一定程度上是通过法院审判权的让渡以实现司法效率的提升。在现行速裁程序的制度设计中，检察院只可以建议法院适用速裁程序，法院为是否适用速裁程序的决定权者，这样的权力配置一方面有违速裁程序效率至上、兼顾公正的价值追求，审前阶段既然控辩双方就量刑达成一致，法院再随意否决速裁程序的适用，无疑会造成诉讼拖延，另一方面也可能造成法官的滥权，以速裁来规避繁复的庭审程序。因此，建议将控辩合意作为速裁程序启动的前提，控辩双方就量刑达成一致后，检察机关将案件贴上速裁标签移送法院起诉直接引发速裁程序的启动，公诉案件中法院不得径行启动速裁程序而只有程序否决权，原则上对检察院移送的案件适用速裁程序。为进一步尊重控辩合意的成果，同时拉开速裁程序与其他程序的繁简差距，建议法院实现书面审理，由审判员一人独任审判，对移送的相关案卷及起诉书、合意书等进行书面审查，对量刑建议为判处监禁刑的案件必须讯问被告人，与检察机关的定罪量刑意见达成一致的，可径行做出判决，对认为不符合速裁条件或量刑建议不当时，则转为简易程序或普通程序审理。

（3）认罪认罚从宽制度中的诉审职权配置。

认罪认罚从宽是对犯罪嫌疑人、刑事被告人自愿如实供述自己的罪行，对指控的犯罪事实没有异议，同意人民检察院量刑建议并签署具结书的案件，可以依法从宽处理的制度。[①] 认罪认罚从宽是适用于整个刑事诉讼过程的制度，对于认罪认罚案件，侦查阶段可以撤销案件，审查起诉阶段可以不起诉，审判阶段可以根据案件情形选择适用速裁程序、简易程序还是普通程序。认罪认罚从宽以犯罪嫌疑人、被告人同意人民检察院量刑建议并签署具结书为前提，在这一点上，速裁程序的试点是完善刑事诉讼中认罪认罚从宽制度的先行探索。这种控辩合意的程序设置与国外的辩诉交易制度相类似，但不同之处是，在我国控辩合意的达成中，被指控人无权就量刑建议的内容和检察官进行协商，而只有同意或不同意量刑建议的选择自由。认罪认罚从宽制度未来适用空间广阔，影响范围巨大，因而程序设计上如何分配诉审权力也应更为慎重。在辩诉双方量刑协商上，基于民众可接受度的考量，如果控辩双方能平等协商，辩方能讨价还价，恐引发"权钱交易""拿钱买刑"的批判，现有的犯罪嫌疑人只有同意或不同意量刑建议的选择自由有其合理性，建议保留。对于认罪认罚案件，原则上法院应当采纳检察院指控的罪名和量刑建议，但例外情形下也不予采纳，如《关于授权在部分地区开展刑事案件认罪认罚从宽制度试点工作的决定（草案）》的说明中规定的：刑事被告人不构成犯罪或者不应当追究刑事责任、违背意愿认罪认罚、否认指控犯罪事实、起诉指控罪名与审理认定罪名不一致以及其他可能影响公正审判等情形。

3. 合理布局审判监督

公诉部门履行审判监督职责既有检察官客观义务的理论支撑，也有审判中心下防止

[①]　全国人大常委会《关于授权最高人民法院、最高人民检察院在部分地区开展刑事案件认罪认罚从宽制度试点工作的决定》。

"法院中心主义""法官中心主义"的现实需要，而公诉人如何实现尊重审判权威与履行审判监督的平衡，在维护司法公正、保障法律统一正确实施的同时，又不影响法院独立审判和正常审判秩序，则应调整监督权行使方式，探索更为科学的监督时机、方法和手段。

有的学者认为，为克服公诉人在法庭上既作为控诉方又监督审判权的职能设置存在的弊病，理论上出现诉讼职能与监督职能适当分离的观点，除了公诉人之外，还"应当指派专门的检察官出席法庭对庭审活动实行监督"，[①] 实践中也有部分检察机关开展了试点。

我们以为，这种技术层面的做法并不值得推崇，法庭上另设可以监督审判权的检察官无疑更是对审判权威的威胁，且"监督依附于诉讼职能，如果脱离诉讼职能，问题难以发现，监督缺乏根据"。[②] 要实现审判中心下公诉权与审判监督权的自洽运行，应实行错位监督，即公诉人适度退让庭审阶段的法律监督角色，发现庭审活动存在违法情况时，不直接当庭提出监督意见，而是在庭前、庭后通过多种渠道依法提起监督。为此，在已有监督方式上，一要进一步加强对确有错误的判决和裁定的抗诉工作，发挥刑事抗诉的刚性监督作用。公诉人要从认定事实、采信证据、适用法律、程序运行等方面对裁判决定的程序和实体是否合法进行监督审查，确保刑事抗诉的及时性、准确性和全面性；抗诉办案中遇到问题、阻力或者干扰，及时向上级检察机关请求指导；做好出席刑事抗诉案件法庭的工作，提前制作出庭预案，做好庭审前各项准备，出庭公诉围绕原审法院判决、裁定中的错误进行重点阐述和论证。二要采取从"盯事"到"盯人"的跟进式监督模式。在办案过程中的异常之处挖掘法官可能存在的违法违纪等行为，或在明显不合理的判决裁定背后，敏锐寻找是否存在贪污贿赂等职务犯罪行为，畅通部门联动机制，发现线索时及时向自侦部门反馈。

此外，在监督的路径上，"从以往单纯注重对审判活动的监督，转向同时关注对诉讼参与人的诉讼权利尤其是辩护律师的执业权利进行救济，通过保障诉讼权利强化对诉讼活动的监督"。[③]《刑事诉讼法》第47条新增加了辩护人、诉讼代理人向检察机关提出申诉或者控告的权力，明确了检察机关的救济义务，2012年《人民检察院刑事诉讼规则（试行）》第57条列举了权利受阻的多种情形，包括对辩护人、诉讼代理人提出的回避要求不予受理或者对不予回避决定不服的复议申请不予受理，未依法告知犯罪嫌疑人、被告人有权委托辩护人等，两高三部《关于依法保障律师执业权利的规定》第42条也列举了未依法向律师履行告知、转达、通知和送达义务，办案机关认定律师不得担任辩护人、代理人等情形。诉讼参与人认为法院及其工作人员有阻碍其合法诉讼权利行使的行为时，可以向同级或者上一级人民检察院申诉、控告，而一旦公诉检察官收到申诉、控告，在及时审查、认真核实后发现法院存在阻碍律师依法行使诉讼权利的行为时，通过发出检察建议、发出纠问违法通知或意见书、联席会议制度等，积极开展监督，纠正法院违法行为，发现存在严重违法行为时还可能将案件线索移送自侦部门开展职务犯罪侦

---

① 向泽选：《刑事审判监督机制论》，载《政法论坛》2008 年第 1 期。
② 龙宗智：《诉讼职能与监督职能的关系及其配置》，载《人民检察》2011 年第 24 期。
③ 卢乐云：《以审判为中心创新检察工作模式》，载《人民日报》2016 年 5 月 18 日。

查，以此督促法官及其工作人员依法办案。

四、审判权与执行权的配置关系

审判权与执行权的分离问题，不仅是学术界长期以来讨论的热点之一，也属于当下司法实践领域备受关注的焦点之一。围绕这一议题开展的研究，可谓视角多维、观点各异。党的十八大以来，尤其是十八届三中全会、四中全会的召开，为审判权与执行权相关问题的研究指明了方向。根据党的决定的指引，结合不同类型法律关系处理的特殊性、机构设置的统一性与灵活性，可以将有关审判权与执行权的分离问题主要归结为两个方面来加以进一步研究：一方面，刑事领域审判权与执行权的分离；另一方面，民事领域审判权与执行权的分离。下文分述之。

（一）审判权与执行权的分离：以刑事领域为适用域

根据我国现行制度设计，刑事执行权的配置是多元而分散的。对应于不同的刑罚，我国刑事执行机关有人民法院、公安机关、监狱或其他执行机关，分别行使内容不一的执行权。这一现状，一方面为审判权与执行权的分离提供了限定性的语境，即，并非但凡涉及执行权行使的场合都要谈及其与审判权的分离。事实上，公安机关、监狱或其他执行机关在执行工作中行使的是行政权，唯因人民法院独立行使具有司法权属性的审判权，故在其承担一定刑罚执行职责的当下，才谈及"审执分离"的问题。另一方面，审判权与执行权的分离，其初衷为理顺不同属性权力之间的关系，以促进相关权力的流畅行使与权力运作机制的合理构建。因此，在对审判权与执行权进行恰当分离后，要对相关权力在运作过程中的有序衔接程度给予必要的估量和预判。

1. 人民法院刑事执行权配置现状之评价

根据我国《刑事诉讼法》的规定，人民法院行使死刑（立即执行及缓期执行期间故意犯罪由最高人民法院核准执行）、罚金刑、没收财产刑的执行权。从表面来看，人民法院的刑事执行权是有限的，仅及于生命刑、财产刑，但即便是这种刑事执行权的"有限行使"，也不可避免地给人民法院居中裁判的形象带来负面影响。诚如有学者言，其一，死刑立即执行体现的是人民法院作为"刀把子"的功能；其二，在执行返还各地做法不一的现状下，财产刑的裁量可能受到执行利益预期的干扰，从而损害司法公正。[①] 这种思考不是没有道理的。从外部视角来看，刑事审判如若要达到惩罚与预防犯罪的目的，首先要获得民众认同。以此推之，审判机关及审判者至少要做到三点，即，在审判之前没有预设，在审判之中不偏不倚，在审判之后毫无利益瓜葛。现行制度设计将作为极刑的生命刑、涉及经济利益的财产刑的执行权系于独立行使审判权的人民法院，不免加大了普通民众关于刑事司法审判过多介入政治、经济考量的不实揣测，从而破坏了公信力，折损了司法权威。从内部视角来看，审判权之所以与其他国家公权力严格区分开来、排他性地由人民法院行使，其初衷在于确保其不受邪恶利益驱动或外来不当干预，

---

① 谭世贵、郭林林：《我国刑事执行权配置：现状、问题与优化》，载《浙江工商大学学报》2014年第1期。

从而做出符合公平、正义精神的合法、合理、合情的裁判。以此观之，将部分刑事执行权注入行使审判权的主体，除了给人民法院增添自我克制、防患权力异化的难度之外，并无其他助益。如果说以往制度设计有其具体的时代背景成因，那么，随着依法治国思想的逐步推进与深入人心，传统做法的时代合理性已逐渐丧失。以上为一方面。

另一方面来看，以往改革中审判权与部分刑事执行权的内部分离，并不能有效、充分应对当下实践与未来发展的需要。

首先，我国 2018 年《刑事诉讼法》第 272 条规定："没收财产的判决，无论附加适用或者独立适用，都由人民法院执行；在必要的时候，可以会同公安机关执行。"言下之意：没收财产刑的执行若仅由人民法院一家来完成，在某些特定情形下可能存在现实中的困难。从实践来看，也的确如此。因为，既然没收财产刑由人民法院执行，则对行为人财产状况的调查也顺乎逻辑地成了作为执行主体的人民法院的职责。这就意味着，人民法院不得不从本来就非常有限的资源当中抽调出富有足够经验的人手来处理相关具体事宜。于是，从公安机关借力，便成为当下资源匮乏情形下的变通之举。一来，若在同一刑事诉讼过程中，公安机关在诉讼过程前期可能已经根据侦查需要采取了相应的查封、扣押、冻结措施，或掌握了后来被执行人财产状况的重要信息或相关线索；二来，相比人民法院而言，公安机关作为侦查机关，其工作人员、技术装备等条件具有执行上的一定优越性，更能确保执行工作的效率与准确。由此，既然人民法院自身乏力，又存在其他机关的给力，将没收财产刑的执行转交有执行力的机关来予以专门执行，完全可以成为进一步探讨的议题。

其次，无论是没收财产刑还是罚金刑，在以往执行实践中经常遭遇因主体不明而导致的执行被动问题。如，有的地方交由执行局（庭）执行；有的交由刑庭执行，因为其对被执行人的财产情况掌握得更加清楚；有的则直接交由法警队执行。众所周知的是，刑庭是专司刑事审判工作的，将财产刑的执行权交其行使无异于审、执不分，法警队则除了执行死刑立即执行和配合其他刑罚执行外，亦有其特定的司法辅助职能，而非专司财产刑的执行工作。针对地方执行实践中出现的诸如此类混乱的情形，最高人民法院于 2010 年颁布了《关于财产刑执行问题的若干规定》，其第 1 条明确指出，"财产刑由第一审人民法院负责裁判执行的机构执行"。该条规定的内容在人民法院后来颁布的司法解释中得到再次确认，《最高人民法院关于适用〈中华人民共和国刑事诉讼法〉的解释》（2012 年）第 438 条规定："财产刑和附带民事裁判由第一审人民法院负责裁判执行的机构执行"。以上规定的出台，表明法院系统真切认识到了刑事执行领域司法权与行政权合一的悖理性。即便在将来完全落实相关规定，在法院内部实现审判权与执行权的彻底分离，也难以解决人民法院执行力量根基薄弱的结构性问题；反之，如试图通过加强执行力量来弥补现有资源的供给不足，则势必又面临人民法院内部司法资源与行政资源的平衡问题，从而陷入新一轮结构调整中去。

再次，从制度创新可能的角度，当前审判权与执行权的内部分离模式可能难以应对未来出现的新问题。比如，在关于刑罚易科制度建构可能性的讨论中，大多反对"自由刑易科罚金刑"，其主要理由为可能导致"以钱买刑"的现象，有违刑罚公平原则，同时也使刑罚目的的实现沦为空谈。但是，对于"罚金刑易科自由刑"，则存在进一步讨论的空间。其一，对于财产刑的执行这个老大难问题，也能给予一定程度的化解，因为通过执行自由刑，被执行人能通过付出劳动来折抵原来应当判处的罚金；其二，相对避免了民众对前项易科措施的担忧与诟病，在域外制度中也存在可供借鉴和参考的样本，因此，如果将来相关制度的建构提上日程，则"易科"所涉不同刑罚执行主体之间必然需要建立相应的沟通机制，必定会产生巨大的联系成本。在此假设下，如将当下财产刑的执行权交由自由刑的执行机关来统一行使，则待未来制度创新得以实现之时，因为执行机关的合一化已经完成，无须再为沟通机制的建立付出高额的成本，且在工作协调方面有更为明显的优势，当然属于可取的选择。

综上，现行审判权与部分刑事执行权的表面合一化，以及两种不同性质权力的内部分离之理想与现实的偏差，不仅会给人民法院独立行使审判权的中立形象带来不良影响，于实践中也会在一定程度上造成公权力资源的不当分配，从发展的眼光来看，还束缚了未来制度创新的手脚。在上述意义上，审判权与部分刑事执行权的外部分离当属势在必行之举。

2. "审判权——刑事执行权"外部分离后有序运行、衔接之展望

在以往"内部分离"的经验基础之上，推动审判权与部分刑事执行权的外部分离，应当始终明确制度改革的基本目标，即，"外部分离"不是为了完全割裂两者的关系，而是从尊重司法权与行政权的本原属性、应然定位出发，通过变更现存制度中不合规律与时宜的设计，最终达到两类权力的顺畅、高效的分工与协作。尤其要注意，应结合当下制度与未来情势的变化可能，来稳妥估量审判权与部分刑事执行权的外部分离对刑事权力运作衔接有序性的影响。需要考虑的问题，有两个最基本的：其一，以往"内部分离"改革中，哪些经验可以作为欲进行的"外部分离"改革的有益参考；其二，"外部分离"改革能否适应未来发展的需要，即，当下改革要有预见性，不能陷入所谓"循环改革"的怪圈中去。

对于第一个问题，如前文所述，人民法院在业已进行的"审执分离"改革中采取了一种内置式的分离，这种体制改革在付诸实践的过程中遭遇了相当程度的异化，取得的效果并不如预期良好。不过，在改革过程中产生的若干具体的分权设想、做法，以及学界围绕相关议题提出的一些尚待确证的建议，在一定程度上体现出保留下来作为未来改革中权力优化配置基石的意义。比如，有学者梳理，从现行法律规定及不同行使主体出发，可将刑事执行权进一步细分，一为交付执行权，二为执行实施权，三为执行变更权，四为执行监督权。[①] 又如，有学者认为，应将宽泛意义上的"执行权"分为执行裁决权和执行实施权，前者是指就执行过程中出现的争议进行裁决的权力，后者是指以国家强制力为后盾实施具体执行事务的权力。[②] 不论是第一种分法还是第二种分法，都表明在执行权之行政权属性的应然定位问题上，相关认知朝着科学化的方向愈来愈深入。因此，在未来执行权的优化配置中，有必要借鉴执行权认知领域已经取得的现有成果：第一，将执行实施权定位为严格意义上的"执行权"，即行政权，将其完整剥离出审判机

---

① 谭世贵、郭林林：《我国刑事执行权配置：现状、问题与优化》，载《浙江工商大学学报》2014年第1期。

② 上海市第二中级人民法院课题组：《财产刑执行权的优化配置》，载《人民司法·应用》2015年第9期。

关；第二，对执行裁决权进行程序性事项与实体性事项的二分讨论，就程序性事项的裁决权而言，可以根据资源供给的情况予以灵活处理，或交由权力优化配置后的执行主体行使，或交由审判机关行使，就实体性事项的裁决权而言，则应当以交由审判机关行使为原则。

对于第二个问题，既存的制度设计以及新近司法解释中体现的为要进行的预判提供了可靠依据。

首先，我国的减刑、假释制度的构建与改进，本身就证明审判机关与执行机关之间完全可以建立信息互通、工作衔接有序的关系。在"功利缓和报应下限"定律的支配下，如果交付执行自由刑的罪犯在教育改造、劳动改造中表现好，则被认为危害社会的再犯可能性小，因而实际执行的刑罚可以少于宣告刑。这种做法，既符合社会民众的期待与共识，也符合我国提倡的宽严相济刑事政策。不过，对于刑罚量的实质减少以及具体执行方式的变更，不能由刑罚执行机关直接决定而应交由人民法院裁定，其根源就在于司法权与行政权的性质不同，前者是判断权，而后者为处理权。自由刑的实践表明，在审判权与执行权外部分离的情况下，审判与执行完全可以衔接得很好，这无疑给予了财产刑的执行权剥离与之后的正常运作以启示与信心。

其次，《最高人民法院关于刑事裁判涉财产部分执行的若干规定》（2014年）第8条规定："人民法院可以向刑罚执行机关、社区矫正机构等有关单位调查被执行人的财产状况，并可以根据不同情形要求有关单位协助查封、扣押、冻结、划拨等执行措施。"该条规定赋予了人民法院以要求协助执行权，相应地明确了其他刑事执行主体的协助执行义务，其意在建立一种不同刑事执行主体间的信息沟通以及互助机制，以利于刑事裁判涉财产部分的执行。但是，与其如此，为何不因势利导将财产刑的执行主体与非财产刑的主体合一化，或者由共同主管机关来统一协调、管理呢？如此一来，势必能够节省诸多不必要的沟通成本，促进相关执行工作更为直接、快捷、高效地开展。从刑罚进化的视角来看，自由刑愈来愈成为刑罚体系的中心，执行方式上也正在发生着从封闭走向开放的趋势。为符合开放式刑罚执行的要求，我国在法律层面实施了修改，并设置了对应的执行机构。如，我国在2012年修订《刑事诉讼法》时于第258条规定："对判处管制、宣告缓刑、假释或者暂予监外执行的罪犯，依法实行社区矫正，由社区矫正机构负责执行。"负责社区矫正管理工作的机构，则内设于司法行政机关，同时，从中央到地方的体系建设也在逐步完善之中。[①] 可见，刑事执行权向司法行政机关汇聚的这一趋势，不仅没有被弱化，反而正在进一步加强。在此环境下，将财产刑的执行权赋予司法行政机关，既不显得突兀，也能满足新近司法解释中体现的联动需求，更能因为未来自由刑执行的体系化而省却沟通成本，从而使执行工作得到有力保障。

总之，人民法院所拥有的部分刑事执行权的剥离，要与其他刑事执行权的合理配置同步进行，纳入统一刑罚执行体制的建设当中。在机构设置层面，存在不同的见解。主要见解有两种：一种为，将人民法院的部分刑事执行权剥离出来，成立专门的执行机构；另一种为，将其划归司法行政机关行使，建立统一的刑罚执行机构。结合上文所

---

① 以前由公安机关负责，现在改为了司法行政机关主导。

述，第二种方案相对更为可取。因为，设立专门执行机构涉及新的资源分配，同时平添了与其他刑事执行机构的沟通成本，且与建立统一刑罚执行体制的目标背道而驰。因此，由司法行政机关统摄刑事执行权，在内部进行优化组合配置，应为上策。当然，对于刑事执行权整合可能引起的权力制约问题，则可放到更为宏大的司法权力优化配置的大环境中去处理，通过强化法律监督来予以解决，因而不必有过多地顾虑。

（二）审判权与执行权的分离：以民事领域为适用域

相对刑事领域而言，在民事领域关于审判权与执行权的分离这一议题的讨论，是沿着较为不同的方向展开的。主要原因有二：其一，从我国历史传统来看，民事执行权配置在人民法院，由人民法院单独行使这一权力，这点显著不同于刑事执行权的多元配置。因为没有其他民事执行机关的存在，所以围绕其优化配置展开的讨论，更多集中在如何更好实现内部分离的议题上，而较少涉足外部分离的场合。其二，刑罚体现了国家的惩罚权，尽管就财产刑而言，对其性质的理解存在"公法债权"之说，但即便如此认识，这一特殊债权也归属于国家。相对而言民事关系中双方当事人处于平等地位，在债权人一方需要权利救济时必须借助于国家即申请执行，普通民事意义上的"私法债权人"与财产刑中所谓"公法债权人"之不同，也在一定程度上造成了以往"审执分离"改革中民事执行权与刑事执行权处于不同讨论层次的情形。[①] 在体认民事领域与刑事领域之区别的前提下，下文首先对业已展开的民事执行权与审判权的内部分离予以评价，然后对两种权力的外部分离进行一定程度的探讨。

1. "审判权——民事执行权"内部分离之述评

追本溯源，从权力性质认知出发厘清民事执行权的性质，然后再考虑权力应当以及如何优化配置的问题，是符合一般思维逻辑的做法。事实上，这种理路也在制度建设和学术讨论两个层面展开。

从制度层面来看，实事求是地说，人民法院在民事执行改革方面进行了长期的摸索与探求。有学者通过梳理，将我国民事执行制度的发展归结为三个阶段：第一阶段，中华人民共和国成立到 1989 年的"审执合一"阶段；第二阶段，1990 年到 2008 年法院内部审判机构与执行机构的分离阶段；第三阶段，2009 年至 2015 年的执行局内部执行权实施权、执行审查权的分离阶段。[②] 这一过程，反映出人民法院在审判权与民事执行权的权力性质认识方面，以及在民事执行权的配置改进方面，愈来愈深入与细化，体现出其在破解"执行难"问题上所做的重要努力。十八届四中全会以来，在党的重要决定指引下，人民法院课题组进行了深入调研工作，对审判权与执行权相分离的"彻底外分""深化内分""深化内分、适当外分"三种模式予以了研究，并提出第三种模式即"深化内分、适当外分"模式在理论、可控性、成本上具有优势。[③] 该模式的提出，在一定程度

---

①　从理论研究来看，"审执分离"有广义范畴与狭义范畴之分。广义范畴，即包括本文所涉猎的刑事领域和民事领域这两个领域的审判权、执行权的分离；狭义范畴，一般限于民事领域的审判权、执行权的分离。

②　褚红军、刁海峰、朱嵘：《推动实行审判权与执行权相分离体制改革试点的思考》，载《法律适用》2015 年第 6 期。

③　江必新、刘贵祥：《审判权和执行权相分离的最优模式》，载《法制日报》2016 年 2 月 3 日。

上代表了人民法院关于执行权优化配置的最新态度，但是，有关内容尤其是"适当外分"具体指涉为何，目前来看尚不明晰，到底限定为刑事执行权与审判权的分离还是真正涉及民事执行权的"外部分离"，有待进一步的说明。

从学术层面来看，在民事执行权性质的认识上存在不同见解。如，有学者指出，"司法权应当属于包括司法强制权在内的综合性权力，而民事执行权就是司法权下独立于审判权的司法强制权"，[①]"民事执行权和审判权的分离，应当在人民法院内进行分离"。[②] 又如，有学者指出，执行权本质属性应为行政权，只涵括执行实施权和程序性事项的裁决权，但基于我国特殊的国情可以归由人民法院行使，当然在具体设计上可以进行调整。[③] 类似的，有学者认为，执行权是一种特殊的复合权力，兼具司法性和行政性，执行裁决权具有司法权的特点而执行实施权具有行政权的特点。[④] 以上代表性观点折射出，在民事执行权性质认知存异的情况下，在权力的归属问题上却仍然能够达成共识，即人民法院为民事执行权的行使主体。当然，也有观点认为，人民法院因其审判机关定位而不可避免地在行使执行权时参照审判权的标准，造成执行体制扭曲，因而应将执行权从法院职能中剥离出去。[⑤] 这种民事执行权从人民法院彻底剥离的意见，在学界属于少数意见。

在笔者看来，相关改革及其衍生的讨论之所以呈现出多种面向，其根源在于参与其中的设计者与论者的视角、立足点不尽一致。特别在学界，不同参与者在讨论过程中交错运用了实然分析法与应然分析法，使得提出的解决方案、具体路径更趋多样。其实，根据民事执行权性质与权力归属这两个问题的不同，从逻辑上可以归类为四种情形：第一，执行权是行政权，"审执分离"是审判权与执行权的分离；第二，执行权是行政权，"审执分离"是审判机关与执行机构的分离；第三，执行权兼有行政权与审判权属性，"审执分离"是审判权与执行权的分离；第四，执行权兼有行政权与审判权属性，"审执分离"是审判机关与执行机构的分离。以上述四类情形为框架，就能对迄今以民事执行权与审判权分离为议题展开的讨论有较为准确的理解和把握。

首先，执行权具有行政权属性是难以回避的事实。当下司法改革重要任务之一，就是理顺司法权与行政权的关系，既要让司法权的运行更为清晰、有力，又要让行政权的运行更为顺畅、有效，将审判权与执行权之分离纳入改革的范畴，就是正视以往权力配置中存在的缺憾，这是大的背景。然而，经过历次司法改革，执行制度已日趋复杂精细，具有司法权属性的权力与具有行政权属性的权力相互咬合、共同运行于其中，故而形成了如今所谓的"复合型执行权"。[⑥] 两相对照，关于民事执行权属于行政权还是兼具司法权、行政权之属性的问题，就不难看出各自结论的不同指向。其次，如前文所提，

①　肖建国：《民事审判权与执行权的分离研究》，载《法制与社会发展》2016年第2期。
②　肖建国：《民事审判权和执行权应在法院内实行分离》，载《人民法治》2015年第7期。
③　易玲、廖永安：《民事执行权微观配置再思考——以民事执行权法律性质分析为切入点》，载《湘潭大学学报(哲学社会科学版)》2012年第3期。
④　张峰：《论民事执行权配置与执行的优化》，载《华东政法大学学报》2012年第5期。
⑤　汤维建：《执行权应从法院分离交给司法行政》，载财新网2015年3月6日。
⑥　如《最高人民法院关于执行权合理配置和科学运行的若干意见》(2011年)第1条规定："执行权是人民法院依法采取各类执行措施以及对执行异议、复议、申诉等事项进行审查的权力，包括执行实施权和执行审查权。"

民事执行权在历史上形成的一元配置提出了一个现实难题，即如将其剥离出人民法院，由何者行使比较合理、恰当？十八届四中全会决定明确了刑罚执行体制的统一而非囊括民事、刑事等在内的整个执行体制的统一，大体也考虑到了现有资源对于意欲进行的改革的支撑能力，这成为影响当下民事领域"审执分离"应当如何开展的重要制约因素。在有关意见、建议中，尽管少数派学者反对多数派学者所提出的严格区分审判权与民事执行权之性质、两种权力配置于不同部门或机构但统一于人民法院的主张，但并没有提出切实可行的替代性方案，因而难以在改革论争中脱颖而出、占据上风。

我们认为，权力关系的清理及不同性质权力归为不同主体行使是国家权力运作合理、正当、高效、有序的必然之路，但具体到民事执行领域，因其历史形成的症结过于顽固，刚性地立即将民事执行权从人民法院剥离出来，可能会适得其反，产生与"审执分离"之初衷背道而驰的后果，不利于今后执行工作的开展。从民事执行与刑事执行之比对来看，人民法院之外刑事执行的现有资源之丰富，远非民事执行所能比拟，此亦为不争之事实。因此，将民事执行权、刑事执行权这两种权力与审判权的分离置于不同层面，制定不同的改革进度表，当属实事求是的做法。进言之，在策略上可以采取一种柔性的渐进模式，即，以民事执行权与审判权的彻底分离为方向，在积累充分经验、集聚足够资源之前，仍由人民法院主导民事执行权的行使，但进一步加强法院系统的紧迫感，促其全力推进改革，列出具体时间表，并结合当前的信息互联网大环境将具体改进举措予以公开，将权力运行状况及其效果置于阳光之下来让社会民众检视，以求在审判权与执行权彻底分离的过渡期内稳妥、尽力解决执行工作中存在的老大难问题。以"深化内分"或"深化内分、适当外分"相关建议为基础，以法律、成本等诸因素为限定，走出一条过渡时期的改良道路，应是符合目前情形的最佳选择。[①]

2. "审判权——民事执行权"外部分离之探讨

在执行权从审判机关逐步分离、外在资源日益满足相关需求的预期下，民事执行权与审判权之分离的柔性渐进模式最终应当指向执行机构从人民法院的彻底剥离。在此之前，有两个问题需要回答。第一，人民法院现有权力除了审判权、民事执行权外，还有审判管理权等权力，前两者的分离势必对现有权力格局及其运作产生影响，要对此予以估量；第二，民事执行机构彻底分离出人民法院后，如何与审判机关实现有序协作，产出正面效果而非负面效果，也是值得考虑的。

关于第一个问题，有论者对人民法院权力结构及其关系予以了梳理，借此来否定外部分离的做法。第一，其认为，"民事司法权从其内部机构来看，它是由一系列子权力构成的。在这些子权力中，民事审判权居于核心地位，其他权力是由审判权派生出来的"[②]。推论为，审判权是主要权力，其他权力是次要权力，人为割裂它们之间的主次关系有违客观事实，是不可取的。的确，审判权是人民法院的中心权力，诸如审判管理

---

① 有学者建议，各级法院可以设立专门的执行裁判庭、组建跨区域或与审判机构彻底分离的执行机构、实施多元分级管理制度，见曹凤国：《审判权和执行权"深化内分"模式研究》，载《法律适用》2016年第8期。亦有学者提议，必须严格区分法官与执行员，重构执行机构，建立以执行指挥中心为中枢、下设执行裁判庭和执行团队的新体系，见王林清、张璇：《审判权与执行权分离模式之建构》，载《华东政法大学学报》2016年第5期。

② 肖建国：《民事审判权和执行权应在法院内实行分离》，载《人民法治》2015年第7期。

权等权力是辅助性权力，是为审判权的正常行使服务的。当下进行的司法改革中，强调权力应当优化配置，其中一项重要任务就是将审判权和审判管理权区分开来，两者不能混同，尤其后者不能侵蚀、取代前者，以真正实现审判权的独立运作。以此来看，上述主张似乎有其道理。但是，如细究之，会发现执行权和诸如审判管理权等辅助性权力有明显差别。因为，执行权与审判权之间存在的是一种弱的关联性，而审判管理权等辅助性权力与审判权之间存在的是一种强的关联性。进言之，执行权在审判权行使之后有一个相对独立的运作空间，而审判管理权等权力对审判权有高度的依附性，并不具有执行权之于审判权的逻辑延展性。因此，将民事执行权与审判权进行外部分离，不会对人民法院内部现有的权力结构造成根本性冲击。第二，其指出，基于各种原因，审判权存在相对其他公权力的薄弱之处，其强制是"潜在的、隐性的和预备性的"，需要在强制上"显在的、直接的、赤裸裸的"执行权予以补足。[①] 这种逻辑无疑是站不住脚的。实际上，作为司法权的审判权尊严之维护，在法律上已经通过司法拘留、扰乱法庭秩序罪等的设定予以保证。执行权之强制性，与通过发挥强制性来确保司法权的威严，显然不能具有同一性。综上，从人民法院现行权力结构来看，相关权力及其行使主体的外部分离是可期的。应当说，如同任何重大改革一样，民事执行权与审判权及相关机构的剥离不可能不给现行体制带来影响，但只要这种影响是非崩溃性的，并且从长远来看能够获得建设性的成果，则当取之。

关于第二个问题，即民事执行权与审判权的有序协作，可以借鉴现行"审执分离"改革的一些建议与做法，并紧盯刑事执行改革的进程，吸收后者取得的成效。就前者而言，首先，在审判过程中坚守实体和程序公正的同时，应注重裁判文书的明确性，以减少将来执行中不必要的阻碍；[②] 其次，借助信息互联网的发展，审判与执行之间要建立更能符合时代需要的信息沟通共享机制；最后，进一步夯实执行环节的异议处理机制与转向审判权行使的衔接机制，实现两种权力之间的灵活切换。就后者而言，如前文所言，无论从实务界还是学界来看，刑事执行权从审判机关彻底剥离出来的异议较少而共识居多。其中，主要涉及的就是财产刑的执行。须知，财产刑的执行与一般民事执行之间在性质上存在根本差异，在若干外在表征上却是类似、相同，从而涉及的具体问题处理方式是可以互相参照的。如，新近颁布的《最高人民法院关于刑事裁判涉财产部分执行的若干规定》(2014年)第14条指出，当事人、利害关系人及案外人提起异议的，执行法院应当依照《民事诉讼法》第225条的规定处理；同时，该《规定》第16条明确，"人民法院办理刑事裁判涉财产部分执行案件，《刑法》《刑事诉讼法》及有关司法解释没有相应规定的，参照适用民事执行的有关规定"。由此，尽管刑事执行改革先行，但依据两者在实际操作中相当程度上的同一性，后行的民事执行改革完全可以吸收成功经验，如此一来才真正实现了司法改革的良性互动。所以，民事执行权与审判权在彻底分离后的协调，能够通过正向改革效果的层层叠加来予以完成，有关"另起炉灶"而"寸步难行"的担忧，实无必要。

---

① 肖建国：《民事审判权和执行权应在法院内实行分离》，载《人民法治》2015年第7期。

② 肖建国、黄忠顺：《论司法职权配置中的分离与协作原则——以审判权和执行权相分离为中心》，载《吉林大学社会科学学报》2015年第6期。

"执行难""执行乱"在很大程度上牵系于民事执行工作，所以后者历来为执行工作的重点。从以往历史来看，人民法院均进行了力度不小的改革，文件颁布、机构变更、人员配备、配套建设等，不一而足。但是，因为顶层权力配置不尽合理，导致迄今为止的改革都很难说取得了实质性成功。唯有优化权力配置，让特定属性的权力回归本位，才可能破解根基性的问题，进而一一化解其他问题。因此，在受限于民事执行外在资源短缺的情形下，可以先采取以人民法院为主导的"深化内分"或"深化内分、适当外分"模式，以一种柔性渐进的方式，结合刑事执行改革中积累的经验，最终实现民事执行权与审判权的"外部分离"。执行体制的改革，是时候打开想象的空间了。[①]

五、诉讼参与人的权利对司法职权的制约

我国《刑事诉讼法》规定的诉讼参与人包括辩护人（辩护律师或其他辩护人）、当事人、法定代理人、诉讼代理人、证人、鉴定人和翻译人员。不同的诉讼参与人在司法程序中所处地位不同，权责各异，进而从不同层面、不同角度对司法职权形成制约。2012年《刑事诉讼法》在传统职权主义模式的基础上，引入更多当事人主义模式的要素，进一步强化了对司法职权的制约。优化司法职权配置，也涉及优化司法职权与诉讼当事人权利之间的关系。正如有的学者指出的："优化司法职权配置也会影响到当事人及律师在诉讼中的权利行使。这在刑事诉讼中体现较为明显。"[②]

（一）辩护律师权利对司法职权的制约

按照《刑事诉讼法》的规定，辩护人可分为一般辩护人和辩护律师。前者是指人民团体或者犯罪嫌疑人、被告人所在单位推荐的人以及犯罪嫌疑人、被告人的监护人、亲友担任辩护人；后者指由执业律师担任辩护人。在诉讼参与人当中，辩护人特别是辩护律师地位较为特殊，对于司法职权的制约更为明显。一方面是因为律师作为法律专业人士，具有丰富的法律知识和经验，熟悉司法过程中的法律事项和各类规则，另一方面，其接受委托和履行职责是依法全面维护当事人的利益，有充分动力制约司法职权的滥用。因此，我们将主要从刑事诉讼不同的阶段，分别讨论辩护律师的权利。

1. 侦查阶段辩护律师向嫌疑人提供法律帮助的权利

辩护律师在侦查阶段可以直接为犯罪嫌疑人提供法律帮助，向办案单位了解案件情况。

第一，律师可以向办案单位了解案情。由于办案单位在拘留嫌疑人后依法应在 24 小时内通知家属，在给家属的拘留通知书上已有涉嫌罪名、关押地点等基本信息，因此，辩护律师向办案单位了解案情，应当不限于罪名、关押地点等简单信息。由于现行法律对律师了解案情的具体内容、范围和程度没有明确规定，辩护律师在了解案情时，侦查人员可以提供什么信息并不明确。一般而言，侦查机关在侦查阶段会担心泄露侦查

---

① 张志铭：《执行体制改革的想象空间》，载《人民司法》2008 年第 21 期。
② 沈德咏主编：《中国特色社会主义司法制度论纲》，人民法院出版社 2009 年版，第 234 页。

秘密，导致同案犯串供或者证人作伪证，进而妨碍侦查，一般会尽可能避免向辩护律师透露案情，但这种做法违背了刑事诉讼法的基本精神。除了程序上的信息外，侦查机关至少应当向辩护律师提供嫌疑人现实表现、关押状态、生活情况，以及未受刑讯逼供、诱供等说明侦查程序合法且不妨碍侦查的信息，这也为辩护律师在侦查终结前向办案单位出具意见提供了依据。由于我国《刑事诉讼法》目前并未赋予嫌疑人沉默权，有论者提出应给予嫌疑人在被讯问时的律师在场权这一西方国家广泛采用的制度来替代沉默权，这一主张并未被纳入《刑事诉讼法》，部分原因可能在于我国刑事司法制度改革的渐进性，以及对这一改革可能导致破案率下降的担心。

第二，为嫌疑人提供法律咨询意见，防止嫌疑人在不了解法律规定的情况下被逼迫、诱导而自证有罪。在侦查过程中确定嫌疑人有罪并追究其有罪责任，是握有侦查权的办案人员的主要目标，嫌疑人在此过程中处于孤立状态，且极易被客体化、拟物化。现代心理学研究表明，类似的场景下，无可避免地会导致办案人员对作为其工作对象的嫌疑人权利的限制、剥夺甚至侵犯。因为一般只有在类似的场景下才能顺利实现侦查机关的办案目标，而办案人员为了全力达成破案目标，如果忽视嫌疑人的基本人权和诉讼权利，使用了胁迫、诱导等手段，又极容易导致办案过程中证据与事实发生偏离。只有保障律师会见权，确保律师可以不受限制地会见嫌疑人，帮助被关押人知晓自己合法的诉讼权利，才可以防止嫌疑人被刑讯、引诱或误导做出有罪但错误的供述，反过来制约侦查机关违法办案，促使侦查活动走向合法轨道。

第三，律师如果在会见嫌疑人过程中发现嫌疑人的合法权利受到了侵害，可以代为向法律监督机关申诉和控告。由于嫌疑人处于关押状态，不可能与外界亲属或朋友见面，当发生其合法权利被侵犯的时候，比如被刑讯逼供或者诱供时，唯有有权会见嫌疑人以及了解情况的辩护律师才可以向检察机关进行申诉和控告。赋予辩护律师这一权利，在一定程度上会对侦查机关形成制约，促使其在办理案件过程当中对自身的侦查行为有所约束，确保其侦查活动合法。

第四，辩护律师可以向司法机关申请变更强制措施。自嫌疑人第一次被采取强制措施起，辩护律师就可以申请变更强制措施。如从刑事拘留或逮捕变更为取保候审或者监视居住。辩护律师有申请权并不意味着办案单位就一定同意，但是辩护律师可以向侦查机关提交有关证据和申请文件，说明嫌疑人符合相关的规定且应当变更强制措施，如果办案机关置之不理或者符合变更强制措施的法定条件而不予变更的话，将构成程序违法。法律规定侦查机关在侦查结束时，应当听取辩护律师的意见，如果发生程序违法，辩护律师可以在其最终给侦查单位的律师意见中明确指出来，并进入案卷材料，这在一定程度上制约着侦查机关前期侦查行为。当确实符合应当变更强制措施的，侦查机关不能置之不理，否则在律师提出申诉的情况下，侦查机关将会受到检察机关的质询和监督。在之后公诉和审理阶段，辩护律师也可以提出变更强制措施的申请，司法机关如果不同意也应当依法说明理由，而不是仅下达一纸不同意的通知。

2. 调查取证和申请调取证据、核实证据权利

辩护律师在案卷移送审查起诉之后，可以向嫌疑人、被告人核实相关的证据，这是建立在辩护律师在审查起诉阶段以后能够查阅全部案卷的基础上派生出来的权利。也就是说辩护律师在查阅了所有案卷之后，可以将这些证据向嫌疑人、被告人展示，向他们核实案卷当中所有证据的真实性、合法性和关联性。真实性就是核实证据是否属实，被告人在侦查阶段所作的供述是否符合其真实的意思，是否有意歪曲其本意，是否有诱导或者胁迫嫌疑人签字等情况；合法性就是有关的证据的取证过程是否合法，是否有通过变相刑讯逼供等方式获得口供，比如长时间不允许睡觉，言语诱导或以亲属及家人的安危诱导或胁迫等；关联性是核实证据是否与案件相关，是否涉及案件无关事项或者涉及其自身或他人个人隐私等情况。

辩护律师核实相关证据时，如果发现确实有违法或者不真实的证据，在后续司法程序中有权向司法机关提出。辩护律师可以首先向检察机关部门提出，要求公诉部门依法不采纳相关的违法证据作为公诉的证据，或者在法院审理阶段，向法院提出非法证据排除的请求，要求法院对有关非法证据排除，不予采信，不作为定案的依据。由于在后续司法程序中辩护律师有权对侵犯嫌疑人合法权利的取证行为进行申诉控告，以及启动非法证据排除程序，从而形成对于侦查环节违法获取证据的制约。办案人员在调查和收集证据过程中，需要考虑自己的取证方式是否合法，所取的证据会被检察院或者法院作为合法证据采纳还是会被认定为非法证据而排除。这又会促使侦查机关办案人员自觉形成依法办案的意识，确保侦查活动的合法性。

虽然法律赋予辩护律师有向有关个人和单位调查取证、通知有关证人出庭作证的权利，但在实践中辩护律师的取证非常少。法律规定辩护律师有权在侦查、公诉和审理阶段向检察院和法院申请调取证据的权利，是弥补辩护律师自身调取证据能力的限制和不足。通常情况下，持有有关证据的个人、机构、组织或者其他国家机关、事业单位在面对代表私权的辩护律师取证时，往往有所防范，不愿配合；如果是代表国家权力的侦查人员或法官、检察官依职权调查取证，公民和单位一般会给予配合，除非涉及自身重大利益。

赋予辩护律师进一步核查侦查证据的权利，足以对侦查机关在侦查活动中公正、平等、全面调查证据形成制约。假如案件中确实存在有利于被告的证据而侦查机关有意不去调取，但事后由辩护律师取得；或者对同一个证据，辩护律师调取得的证据和侦查机关所获取的证据出现矛盾，在后续司法程序中必然要对该证据进一步甄别。这就会对侦查机关在前期调取证据过程中，可能的伪造或者故意隐瞒证据的行为形成一定制约，反过来必然约束侦查机关在取证时要做到全面、客观、公正，不得隐瞒有利于嫌疑人的证据。如果事后辩护律师自己调取了或者申请法院或检察院调取得到了原来被隐瞒的证据，就反过来可能证明原侦查办案人员有涉嫌滥用职权或者玩忽职守的可能。这会督促办案人员更加谨慎地办理案件，更倾向于全面真实地反映案件事实。办案人员不能为了完成领导交办的任务，或者是为了制服作为工作对象的嫌疑人，在对抗情绪升级的情况下，从证据方面做出可能偏离事实、有罪倾向的证据材料。虽然法律规定侦查人员不得隐瞒、毁灭或者伪造证据，也不得故意不调取案件中的罪轻、无罪证据，但把证据调取的工作仅赋予侦查机关单方，不符合侦、控、辩之间权利平衡的原则。

3. 与嫌疑人、被告人会见及通信的权利

新《刑事诉讼法》实施以来，各地律师反馈在普通刑事案件会见方面已经基本不受限制。辩护律师在嫌疑人被采取强制措施之时一般可以立即会见，这对过去经常发生的办案人员在获取口供过程中刑讯逼供或者变相刑讯逼供、诱供的情况形成了有效制约。如前述，辩护律师第一时间会见嫌疑人，将会及时了解嫌疑人被刑讯等情况并引起律师的申诉、控告，这自然会对侦查机关形成压力。然而，现实当中侦查机关也往往采取在48小时之内，也就是必须将嫌疑人移送看守所之前法律允许在办案点关押嫌疑人的最长期限内进行连续突击审讯，往往是一旦将嫌疑人拘留，就采取连续讯问、通宵达旦地讯问等手段获得有罪口供。由于此时嫌疑人并未被关押到看守所，实际排除了辩护律师第一时间会见犯罪嫌疑人并为其提供法律帮助的可能性。尽管《刑事诉讼法》规定了律师为嫌疑人提供法律帮助的时间提前到嫌疑人被首次采取强制措施时，但在司法实践中仍被打了折扣。

对于法律规定的危害国家安全犯罪、恐怖活动犯罪、特别重大贿赂犯罪三类案件，辩护律师在侦查期间经侦查机关许可后才能会见嫌疑人。辩护律师对这三类案件提出会见申请，侦查机关如果不许可，必须说明理由。假如不许可的理由不充分或者不符合法律规定，比如贿赂案据初步了解案情不到50万元或者是非国家工作人员的贿赂案，则依法无须批准。侦查机关如拒绝批准会见，同样会导致辩护律师提出抗议或申诉，辩护律师的意见必然会进入案件的侦查材料中随案卷移送。辩护律师的这一程序权利，会在事实上对侦查机关形成一定的制约，促使侦查机关重视和保障犯罪嫌疑人和辩护律师的合法权益。

另外，虽然《刑事诉讼法》规定除了危害国家安全犯罪、恐怖活动犯罪、特别重大贿赂犯罪案件以外的案件，律师的会见不应再受到阻碍。然而，对于某些特殊案件，侦查机关认为需要限制会见的，也可能采取其他技术性方式来实际限制辩护律师的会见。比如：(1)连续审讯以挤占律师会见的可能，侦查人员与看守所协调好，每次审讯时间开始于正式上班之前，结束于看守所下班之后，以此方式来挤占律师可能的正常会见时间。(2)通过对关押的犯罪嫌疑人本人做工作，要求犯罪嫌疑人写一份书面"目前暂不需要律师"的字条，传递出看守所交给在外守候的亲属和律师，此方式来排斥律师的会见。(3)将非贪污贿赂案件，比如职务侵占案件或者是商业贿赂案件解释成为贪污贿赂案件，引用《刑事诉讼法》上述三类特殊案件禁止律师会见。

4. 辩护人会见权及会见过程中不受监听权和保密权

辩护律师在会见嫌疑人或被告人的时候有权不被监听，当然根据这一规定，可以通过视频系统对会见过程全程监视，但是不能有监听设备。不被监听权意味着辩护律师和嫌疑人或被告人之间的谈话处于保密状态，赋予辩护律师这项权利，其根本目的也是为了更好地保障辩护律师充分地、无顾虑地行使辩护权，在行使辩护权过程中没有心理压力。处于被监听状态下的辩护律师是无法充分全面地与嫌疑人或被告人沟通和交谈的。只有辩护律师可以不受约束地与嫌疑人或被告人进行证据和案情的交流，才能够更全面真实地了解案情。辩护律师也只有在此情况下与嫌疑人沟通，才能获得嫌疑人在关押期间的权利是否受到侵犯等真实情况，从而得以在后续程序过程中向相关部门申诉或控告，维护被告人的合法权益，并对办案单位在侦查活动中的侦查行为形成有效的制约。新《刑事诉讼法》实施以来，辩护律师普遍会见次数增加，法律帮助更为有效，也造成了对被告人口供获取难度的增大，翻供的可能性增加，随之而来的是对侦查技术能力的要求的提高，对刑事案件的口供的依赖必然逐步下降。

辩护律师在执业活动中，对于了解或者掌握的被告人或者嫌疑人的秘密有保密权，即不向司法机关告发、检举的权利，这一权利符合国际司法准则。正因为辩护律师对在辩护活动中掌握嫌疑人或被告人可能涉及罪行或罪重的秘密有权予以保密，不向司法机关告发，辩护律师才能够获得委托人以及嫌疑人、被告人的充分信任，使得他们得以全面和诚实地向律师坦白和陈述自己涉案情况，扫清辩护律师与犯罪嫌疑人、被告人之间的交流障碍。与此同时，司法机关也不得以任何方式向辩护律师施加压力，要求律师交出或者提供其掌握的犯罪嫌疑人向律师所披露的案情。保密权排除了司法机关以调查发现案件真相的名义，对辩护律师形成压力的可能性，律师有更自由的刑事辩护权，而不必顾虑因"知情不举"而导致后续不利的法律后果。

我国《刑事诉讼法》对律师保密权有明确的限制，如果辩护律师了解到嫌疑人准备或者正在实施危害国家安全、公共安全以及严重危害他人人身安全的犯罪，有举报的义务。虽然有论者提出应当进一步增加对保密权其他除外性的规定，但并无实质必要性和可操作性，而且会影响破坏律师与嫌疑人、被告人的互信，并不值得提倡。

5. 查阅全部案卷材料的权利

通常在侦查终结后也就是全部侦查证据的案卷完成之时，移送检察院的已经是完整的证据材料。由于全部证据已经固定，无须担心嫌疑人的串供、翻供。《刑事诉讼法》规定辩护律师在案卷移送到检察机关之后可以查阅全部案卷材料，由此控辩双方在接触书面侦查证据材料这一环节上已处于平等地位。辩方和公诉方能够同时看到全部的案卷材料。这就要求，一方面侦查机关在证据材料移送时要确保能完整准确地反映案件基本事实，不得存在虚假或隐瞒证据的情况；另一方面，检察机关的公诉部门，也必须提前认真审查全部证据材料。这较之以前，辩护律师要到案件移送法院之后才能获得"主要证据材料"的做法有很大的进步，这反过来对侦查机关取证的完整性和公诉机关准备指控工作的全面性都形成了一定的制约。

6. 获得通知权利

辩护律师有权在侦查机关侦查终结并移送人民检察院审查起诉之时，获得侦查机关的正式的通知。这一程序性规定实际上使辩护律师得以在第一时间向公诉机关提出全面查阅、复制案卷的申请，从而辩护律师甚至可能早于公诉人看到全面的案卷材料。一般而言，辩护律师所承办案件数量少于检察院公诉人，有更多的时间和精力查阅案卷，这就意味着，辩护律师很可能第一时间发现侦查过程中的违法之处。违法行为一旦被发现，侦查机关就不能在移送材料之后再来接受检察院公诉部门的提醒和帮助，对违法行为进行补正或者弥补漏洞等。这就反过来，要求侦查部门必须严格遵守法律规定，更细致完整地做好侦查证据材料收集工作。

律师有权在开庭前10日获得法院送达的起诉书副本，并在3日之前，获得开庭的通知。由于法律已经赋予辩护律师在检察院审查起诉时查阅复制全部案卷材料的权利，所以规定3日之前通知开庭时间，一方面可以提高司法程序的效率；另一方面也不会对辩护律师庭前准备工作形成实质上的限制。

7. 在侦查、审查起诉和审理阶段提出辩护意见和上诉的权利

（1）侦查阶段的辩护权。

辩护律师在侦查终结时有权要求侦查机关听取辩护律师的意见并记录附卷。正因为如此，侦查机关就会在形式上对自己的侦查活动有所限制，避免侵犯嫌疑人和辩护律师的诉讼权利，导致下一步在移送案卷材料时，材料当中出现针对侦查程序违法的申诉、控告等由辩护律师提交的材料。赋予辩护律师在侦查终结时提出意见的权利，会促使侦查机关在侦查过程中严格自律，确保侦查程序合法，对保障犯罪嫌疑人基本诉讼权利提供一定程度的制约。然而，实践中，侦查机关对于辩护律师听取意见的要求基本持抵触情结。总体而言，侦查机关的理解和贯彻 2012 年《刑事诉讼法》的规定方面，仍有待进一步改善。

（2）审查起诉阶段的辩护权。

检察院的公诉部门在审查案件的过程当中，应当听取辩护人意见，口头意见应做笔录，提交有关的书面意见应当附卷。然而对辩护律师在审查起诉过程中提交的书面意见，包括所提交的证据，公诉人在审查起诉时所做笔录等，是否作为全部案卷材料一并移送法院，现行法律并无明文规定。目前的普遍做法是，公诉机关一般不会将他们在审查起诉阶段对嫌疑人的讯问笔录，以及辩护律师所提交的书面辩护意见或者做的口头意见的笔录提交法庭。公诉机关通常的解释是，这部分案卷材料属于检察机关的内部案卷材料，不是侦查阶段的证据材料，可以不移送。

公诉方不愿意让嫌疑人或者辩护人在审查起诉阶段提出的有利于嫌疑人或者被告人的有关供述、意见作为案卷证据材料提交法庭，其潜在考虑是认为被告人在审查起诉阶段供述和辩解以及律师意见不值得信赖，有更大可能翻供或狡辩，或者是辩护律师为被告提供逃脱惩罚的虚假或诡辩说法。因此，作为公诉方如不赞同，就不会将其移交法庭。

（3）法庭审理阶段的辩护权。

法庭审理阶段的辩护权主要是参加法庭调查和法庭辩论的权利，这是辩护律师最核心、最基础、最重要的权利。党的十八大以来，中央提出以审判为中心的司法制度改革，目的就是进一步发挥法院审判作用，使刑事案件能够得到公开、公正、公平的结果。

公正审判案件，应当赋予控辩双方平等的诉讼地位，双方能平等地对案件事实、证据和法律适用从正反两方面展开分析和辩论，从而更真实地展现出案件的事实和确定刑事责任。在法庭调查过程中，首先要解决的问题就是认定证据的合法性。早在 2010 年 6 月 13 日，最高人民法院、最高人民检察院、公安部、国家安全部、司法部就出台了《关于办理死刑案件审查判断证据若干问题的规定》和《关于办理刑事案件排除非法证据若干问题的规定》，确立了非法证据排除原则。2012 年《刑事诉讼法》延续和发展了非法证据排除制度，但目前这项程序性权利改革并未被贯彻到底。2012 年《刑事诉讼法》颁布之后，最高人民法院和最高检察院均在 2012 年底各自出台了司法解释，对于《刑事诉讼法》第 56 条规定的"非法方法"，两高的解释均认为暴力取证方法或造成痛苦程度类似方法所取得的证据，才可以排除，而将一般程序性违法取得的证据不作为非法证据予以排除。此外，实践中法官在是否排除非法证据时，面临的正反两方的压力也完全不同。完善非法证据排除的程序以及适用标准，仍是下一步刑诉法改革的方向。

（4）代理被告人上诉权的权利。

被告人和自诉人及辩护人近亲属，法定代理人，都有权提起上诉。法律规定辩护律师或近亲属必须经被告人同意才可以提起上诉。在司法实践当中，被告人及近亲属或法定代表人在提起上诉的时候，均以被告人名义。一般而言，辩护律师事先会征询被告人对上诉的意见，并在一审判决书下达后直接与被告人会见洽商最终上诉与否及其具体上诉诉求和策略。赋予辩护律师代理被告人上诉权，显然是对一审法院判决的一种制约，让对案件的事实认定，适用法律是否正确以及量刑是否适当可以得到上级司法机关再次审查和判别，这是对一审法院可能出现的不当甚至错误判决的一种制约。

（二）当事人权利对司法职权的制约

刑事诉讼程序中的当事人包括犯罪嫌疑人、被告人、被害人、自诉人、附带民事诉讼的原告人和被告人，以下分别讨论。

1. 犯罪嫌疑人和被告人

涉及刑事案件的个人或单位如处于侦查阶段是嫌疑人，进入审查起诉及法院阶段为被告人。讨论被告人和嫌疑人的诉讼权利首要就是获得公正侦查、起诉和审判的权利以及在各阶段的自我辩护权。自立案开始，犯罪嫌疑人就有诉讼权利，自由地、不受强迫的陈述案件的权利即自愿供述的权利、不被强迫自证其罪的权利。所谓不会被强迫，一般而言是指在侦查阶段不被强迫，因为被告人在法庭上一般不会再受到直接强制，而且被告一般也会珍惜在法庭上为陈述事实真相以及为自己辩护的机会。虽然目前我们刑事司法改革的方向是以审判为中心，但由于传统司法实践和证据固定方便等原因，在刑事案件审理过程中，首先依据的仍然是书面案卷材料中内容反映的案件情况，这将作为法官内心确认和最终判决的主要依据。刑事审判过程当中，在当庭供述与原侦查阶段的多份供述存在矛盾时，法官往往不会理睬被告人当庭的辩解，一般将其视为翻供或对抗司法调查和审判，而更愿意采信被告人在侦查阶段的有罪供述；如果侦查阶段的有罪供述和无罪供述同时存在并相互矛盾，法官往往更倾向于相信犯罪嫌疑人的首次供述的有罪的内容，认为首次由办案人员突审获得的口供是真实的。这种成见的存在，导致侦查机关在早期不惜一切代价获得有罪口供，甚至可能出现刑讯或以变相侵犯嫌疑人诉讼权利获取口供，或以侦查人员自己对案件设想内容为依据取得口供证据，如出现与事实真相之间的偏差，就可能导致冤案、错案。因此，在侦查阶段保障嫌疑人有自愿供述、不被刑讯逼供、不受到诱供、不被迫自证有罪的权利，就显得非常重要。

近年来被曝光的重大刑事错案在侦查过程当中，常常因为侦查人员面临限期破案的压力下，发生了刑讯逼供的问题。在破案技术手段不发达，主要依赖犯罪嫌疑人口供的前提下，如果嫌疑人首先做无罪辩解和抗议，嫌疑人和侦查员就会形成在关押场所里直接针锋相对的对抗，必然会导致处于关押状态的人被暴力或准暴力对待。所以，从法律上应首先保障犯罪嫌疑人和被告人拥有不被强迫自证其罪的权利，虽然我国《刑事诉讼法》没有沉默权，但可以参照米兰达规则，在讯问前由侦查人员明确告知嫌疑人享有不受迫自证有罪的权利，并配合赋予其侦查阶段可以不受限制的会见辩护律师的权利，必然会形成对侦查权可能被滥用倾向的有效制约。

改变传统上严重依赖犯罪嫌疑人口供的侦查手段，向更为现代文明的技术侦查转变，是全球刑事案件侦查发展的趋势。侦查方式转换的一个重要前提是技术侦察手段的进步。我国目前已经将主要城市的天网系统建成，基本形成全面无死角地覆盖各个小区、道路、公园、商场和其他主要公共场所的视频监控系统，这为主要城市刑事案件的破获提供了很好的技术支持。这些系统基本上取代了传统上所依赖的目击证人以及犯罪嫌疑人自我供述的内容。其他侦查技术手段比如物证、痕迹检验、血液和人体组织的DNA鉴定，也为破获各类案件提供了更为强大的能力。近些年机动车盗窃的发案率降低，也与全国各高速公路、城市道路网、国省县主干道的道路监控系统的全覆盖是分不开的。

我国的司法实践当中，对犯罪嫌疑人或者被告人的自我辩护权利的保障仍然不够，辩护律师的辩护权原则上来源于委托人的委托，直接来源是被告人或者嫌疑人的刑事诉讼权利。然而，我国《刑事诉讼法》虽然赋予了辩护律师多项辩护权利，但是对嫌疑人或者被告人的辩护权的防范仍大过赋权。具体来说，①在侦查阶段，犯罪嫌疑人即使被变更强制措施为取保候审，不再处于受关押状态，也不得接触证人、被害人或者其他同案被告。其目的是防范嫌疑人或者被告受到相互影响和干扰，或可能妨碍、诱导、欺骗、胁迫证人作证，或与其他嫌疑人、被告人发生串供或者翻供。②嫌疑人或者被告人在审查起诉之后，没有查阅案卷材料的权利，查阅案卷的权利只属于辩护人或辩护律师。其目的是防范被告了解案卷内容后，可能对证人、其他被告、被害人或者刑事自诉人的打击报复。③在庭审过程中，被告人和辩护律师是隔开落座，庭审中交流案情更是不被允许，甚至被告人在庭审当中接受辩护人的提示、暗示或者私下沟通等，均会被视为妨碍诉讼，有损法庭审理的行为。虽然在程序上，无论是在公诉阶段或者是法庭审理阶段，无论是对质证还是对控方所发表的公诉意见，主持庭审的法官首先会询问被告人意见，之后才由辩护律师发表意见，然而被告人实质的诉讼权利保障并不多。

至于犯罪嫌疑人和被告人的其他的诉讼权利，根据《刑事诉讼法》规定包括了：用本民族语言文字进行诉讼；控告权；申请回避及申请复议；参与法庭审理权；申诉权；申请排除非法方法收集的证据权利。

在这些权利当中，需要特别说明的是申请回避和控告的权利。申请回避和控告的权利是对司法人员可能滥用权力的有力制约。在县乡甚至市级是一致的侦查、公诉和审判过程当中，发生办案人员与被告人、嫌疑人或者被害人一方有一定关联的可能性是很大的，越是小区域，比如乡镇人民法庭，当事人与司法人员有关联的可能性就越大。赋予当事人提出回避的权利，能保障案件审理的公正和无私，避免有利害关系的司法人员以权谋私，偏袒利益相关方。

2. 被害人和自诉人

一般而言，被害人有启动刑事案件的控告权以及在此后过程中的知情权，一审判决以后，如对判决结果有异议，有权请求检察院对案件进行抗诉（一审判决）以及获得自身安全保障的权利。新《刑事诉讼法》规定被害人在特定的情况下可以成为自诉人，自诉人有独立起诉权。相比而言，当事人当中的被害人或自诉人对司法权力的制约的着眼点在于司法机关可能对被告人的过于宽容、放纵或应当追究而不追究的情况，被害人有权请求检察院进行抗诉。检察院对于判决的案件如果提起抗诉，其法律后果就是不再受被告人上诉不加刑的限制，二审或者再审后，可能加重对被告人的处罚。无论是上诉还是因被害人请求而提起抗诉，司法机关都应公正地审理和判决案件，以公正的方式使得被害人的损害得以恢复，正义得以实现。

2012 年《刑事诉讼法》修订以后，对于刑事自诉案件有了很大调整，除了传统的告知才处理的案件，即侮辱案、诽谤案、暴力干涉婚姻自由案和家庭成员虐待案、侵占案之外，还增加了两类案件。首先是检察院没有提起公诉，但被害人有证据证明的轻微刑事案件，包括故意伤害、非法入侵住宅、侵犯通信自由、重婚、遗弃，以及销售伪劣产品、侵犯知识产权等案件。其次是被害人有证据证明，被告人侵犯了自己的人身权和财产权利，应当追究刑事责任，但是公安和检察机关已经做出了不予追究的书面决定的案件，被害人可以在拿到书面决定情况下，直接向法院提起自诉。

后两类自诉案件的新规定是考虑到假如侦查机关或者检察院可能出现的放纵犯罪侵害被害人的合法权利而无法通过正常途径得到保障的情况下，赋予的公民直接要求人民法院追究侵权人的刑事责任的权利。这将传统上由代表国家的侦查机关和检察机关对嫌疑人和被告人独占的侦查权、起诉权部分赋予公民即被害人。由此导致的法律后果是侦查机关、检察机关对案件侦查和起诉权力的分割，这也赋予公民对侦查机关和检察机关权力制约的权利。一旦侦查机关或者检察机关以书面形式做出对侵权人也就是嫌疑人不予追究的法律文书，而被害人提起自诉，其自诉请求最终得到或部分得到法院的支持，这将反过来证明侦查机关或检察机关当初未能正确、全面履行职责，有渎职的嫌疑。虽然我国《刑事诉讼法》及其他法律对于出现上述情况的后续处理并没有进一步规定，但是普通刑事案件救济性的自诉权这一规定，反过来对侦查机关和检察机关前期办案的公正性形成了制约。

尊重和保护受害人的自诉权，也是为了维护社会公平、正义和秩序。假如被害人的合法权益得不到国家司法系统的保护，又告状无门，就有可能导致被害人寻求私力救济或进行私自报复。而私力报复不仅没有限度，而且往往会超出之前侵害人给予被害人的伤害程度，势必引发报复的循环效应，这对公民的安全保障和社会秩序的稳定是不利的。所以赋予被害人除传统自诉案以外的其他刑事案件的自诉权，也是保护社会秩序稳定，将个人追求正义的方式纳入合法轨道当中来的一种制度性安排。

实践当中侦查机关对于被害人的报案不予立案的可能性，较之与公诉机关对于侦查机关已经移送的案件不予起诉的可能性更大。这也是侦查机关的资源有限，无法全面顾及实践中各种多发轻微刑事案件所致。典型的是徐玉玉受电信诈骗事件。这类案件通常因涉案金额不大，侦查工作跨多省多区域，或者嫌疑人在异地甚至国外，个案很少被侦查机关侦破。而这次被害人因受骗死亡，引发网络舆论关注，公安部督办，5 天内即抓获远在福建的多名嫌疑人。说明从侦查技术层面来说，追查此类犯罪的难度和障碍并不大，而是否真正立案侦查并追查逮捕罪犯，实际取决于是否愿意投入充分资源。

3. 附带民事诉讼原、被告人

刑事附带民事诉讼的被告人，一般是刑事案件的被告人，在被告人不能直接承担民事责任的情况下，由其监护人承担民事责任。附带民事的被告人有可能是监护人、共同致害人或被告人遗产继承人。

根据我国《刑事诉讼法》的规定，可以作为刑事附带民事诉讼的原告人提起附带民事诉讼的一般是被害人，如被害人不能提起诉讼或者死亡时，其法定代理人或者近亲属有权提起附带民事诉讼。当国家或集体财产遭受损失时，检察院也可以代表国家提起附带民事诉讼。

根据我国《刑事诉讼法》的规定，只有在被害人及其直系亲属因犯罪行为遭受到物质损失的时候，才可以提起刑事附带民事诉讼。最高人民法院的司法解释将物质损失扩大到人身受到侵害遭受到的损失，但是明确排除了精神损害赔偿的可能性。

通常而言，刑事附带民事诉讼是刑事特别程序上的设置，是为了确保被害人或其直系亲属在刑事案件中因犯罪行为造成其经济损失时还可以通过司法途径获得补偿，这就要求司法机关在追缴犯罪嫌疑人或被告人的财产过程当中，尽可能确保被害人的利益首先得到补偿。但最高法院这一新司法解释将死亡赔偿金和残疾赔偿金排除在外，是对原刑事附带民事诉讼制度的重大改变。这种改变其实也是法院系统的无奈之举，因为绝大多数刑事被告人在法律上应当独立承担民事责任，但被告人往往无任何财产可供法院执行，导致多数情况下刑事被害人即使拿到法院生效的刑事附带民事判决，也无法获得充分赔偿。现代法律不再适用亲属连坐，此种情况下法院亦无法追究被告人其他亲属的财产来赔偿被害人，而且如被告人去服刑或被执行死刑，留下的直系亲属生活困难，还需要保障他们的基本生活条件，即使被告的直系亲属有少量共同财产也无从执行，这种状况导致大量的刑事附带民事案件判决以后无法执行到位，成为积案。而申请执行人即被害人或者其近亲属又会将全部的压力都集中在法院，法院不堪重负。目前司法实践中的做法是鼓励被告人亲属、朋友主动赔偿被害人，取得被害人的书面谅解，法院据此酌情从轻对被告人判处刑罚。从而既保障了被害人的利益，让他们能够及时得到赔付，另一方面也可体现司法过程中的人性化，避免太多的重刑特别是死刑的适用。

（三）诉讼代理人、法定代理人及近亲属权利对司法职权的制约

1. 诉讼代理人

诉讼代理人，是指被害人方面委托的在刑事案件中参与诉讼的代理人。《刑事诉讼法》规定诉讼代理人不仅仅是附带民事代理人，也可以作为刑事审判当中被害人的代理人出席法庭，享有相应在法庭上的诉讼权利。

《刑事诉讼法》规定的诉讼代理人，较修订之前增加了可以在法庭上向被告人发问、申请证人出庭作证的权利，在对鉴定意见有异议时也可以要求鉴定人出庭作证，并且有对证人和鉴定人发问的权利；与公诉人和辩护人一样，还有权对证据提出质证意见，通知新的证人出庭作证，调取新的物证，申请重新鉴定或者勘验；诉讼代理人也可以申请法庭通知有专门知识的人出庭，就鉴定人做出的鉴定意见提出意见。在法庭辩论阶段，诉讼代理人跟公诉人、辩护人一样，还可以就刑事案件本身发表辩论意见。刑事案件的二审如果不开庭审理，法院也应当听取诉讼代理人的意见。

可见，刑事审判程序中诉讼代理人事实上已经享有与辩护律师几乎相同的诉讼权

利。由于被害人的诉讼代理人是代表被害人一方，相当于增加了公诉方要求追究被告人责任一方的力量，这在某种程度上改变了传统刑事诉讼程序的制度架构。传统上对被告人涉嫌犯罪提起公诉是只有代表国家的公诉人独有的权力，这是传统刑事诉讼权力配置均衡性的体现。传统刑事诉讼理论认为国家应排斥私力报复，刑事司法程序不应受到被害人私人感情的影响，由公诉机关代表国家指控犯罪是更为客观和中立的制度安排。然而，《刑事诉讼法》规定被害人一方也可以委托专门的律师作为诉讼代理人，这种格局的改变，对检察权和审判权形成新的制约，同时也使得检察权和审判权原有的配置发生失衡。就公诉权而言，公诉方在指控犯罪过程中假如有所缺陷、有所放纵或有所偏袒，作为代表被害人的诉讼代理人，必然会提出质疑，并会在法庭上提出控告，由于被害人的诉讼代理人（代理律师）在司法程序中更为专业，虽然同台的公诉人是作为代表国家履行职责的控方，独立享有指控犯罪的权力，在被害人的诉讼代理人同台指控被告人的情况下，其不得不考虑被害人及其诉讼代理人中感受，相应理论上的法律后果和实践上的实际效果必然会导致增加对被告人更严重的指控，提出更重的量刑建议。对于这种新的权力和权利的配置又会导致控、辩、审三方原本平衡的诉讼架构的设计，在某种程度上出现新的不平衡，发生新的偏差。

2. 法定代理人

法定代理人是指被代理人的监护人，如父母、养父母，或负有保护责任的机关、团体的代表，这里的被代理人可以是犯罪嫌疑人、被告人、自诉人、被害人以及附带民事诉讼案件的当事人（被害人或其近亲属）。

法定代理人由于是被代理人的直系亲属，其享有的诉讼权利与作为嫌疑人、被告人、自诉人、被害人以及附带民事诉讼的当事人的被代理人的权利相同。法定代理人依法有权为被代理人申请回避、委托诉讼代理人、委托辩护人以及提起上诉和向检察院申诉的权利。这一权利不需要被代理人同意。甚至被代理人与法定代理人之间有不同意见时，法定代理人有权独立发表自己的意见。法律赋予法定代理人上诉权利，正是为了保障被代理人在个人思想有缺陷和意思表达不成熟、不完整的情况下，正确向司法机关表达意思，全面维护被代理人的合法权利。

（四）证人、翻译人及鉴定人权利对司法职权的制约

1. 证人

（1）真实作证的权利。

由于证人是能够反映案件真相的主要来源之一，因此应确保证人享有充分、自愿、不受引诱或胁迫提供证词的权利。假如证人在提供证词过程当中受到了侦查人员不恰当的引导，甚至受到某种压力，使得证人配合办案人员向办案人员希望的方向陈述并提供证词，势必会损害司法的真实与公正。因此证人必须有充分自由以及不受外界压力发表证词的权利。

然而，在受贿类型的案件中，一般由检察机关与纪委联合办案，办案单位比较普遍的做法是，先让处于"双规"状态下的受贿方嫌疑人承认收受了某些特定人员的贿赂，并确定有关时间、地点、金额，再让行贿方作为证人按照受贿人供述当中有关的时间地

点等要素进行作证，提供证言。由于行贿本身就是犯罪，即使证人有不同的意见或不同的说法也往往会面临办案人员的压力，如果不按相关的意思提供证言，办案人员可能对证人以行贿犯罪追究刑事责任；相反，假如按照办案人员的意图，提供证言，他们是侦查机关的污点证人，完全有可能不被移送检察院或者法院，当然就不会被追究刑事责任，或者他们被提前取保候审，即使被移送也一般会被判处缓刑。

司法实践当中这种不被追究或最终被从轻、减轻判处刑事责任的行贿人或者污点证人非常多，为避免这种偏离事实、有损司法公正的情况发生，就必须保障证人有不受压力、处于自由状态下自愿提供证言的权利。然而在这方面，不像犯罪嫌疑人和被告人一般会有辩护律师提供帮助，对证人而言取证方往往是司法机关的办案人员，而根据我国法律，对证人的取证不仅无须律师在场，甚至律师应当回避。证人也无权要求律师提供法律帮助。相反，对于司法机关已经做过取证的证人，辩护律师如果通过与证人沟通、交流，再以律师取证的方式获取了与之前说法不同的证言，两种证言如发生矛盾，最大可能的后果往往是证人和律师均会被认为是妨碍作证，甚至可能会因此被定罪处刑。

（2）获得保护的权利。

刑事案件证人的另一主要权利是在特定案件中，即对于危害国家安全犯罪、恐怖活动犯罪、黑社会性质的组织犯罪、毒品犯罪等案件的证人，司法机关应对他们提供保护，证人在此类案件中有获得保护的权利。具体表现在：一是对证人的信息保密，二是出庭作证时通过特殊方式和技术方式进行身份保密，三是禁止特定案件的相关方接触证人。

这一系列的保护措施，其主要目的是确保证人在没有心理压力、没有顾虑的情况下，自主自愿地向法庭陈述案件的事实。这就对司法机关给证人的保护措施提出了更高的要求。通常对证人的信息进行保密比较容易做到，司法机关的其他办案人员，接触到证人信息的其他人如辩护律师等都应当遵守职业规范，对于案件材料中涉及的保密信息，不得随意披露。而在另一种情况下，当证人的信息不可避免地已经被公众或者被告、犯罪嫌疑人或其他的利益相关方所获知，就对司法机关主动保护证人的人身安全工作提出了更高的要求。

除了发出有关特定人员不得接触证人的法庭禁令之外，我国并没有对证人通过变换和隐藏身份的异地安置的计划。在我国，出庭作证的证人将仍然生活在以前的社会圈之内，实际上将证人置于不利的环境当中。这就要求司法机关应当更主动和有效地采取更多方式，保障证人基本生活不受影响。

2. 鉴定人

鉴定人一般是指受司法机关的委托，针对案件特定的事实，以专门的技术手段和方法，对有关专门事项进行检测检验，并做出结论的专业技术人员。鉴定人的首要权利是不受干扰，只根据专业知识进行评价，独立判断涉案事实和得到有关结论的权利。鉴定人只应当对事实的真相负责，他们会基于科学手段和专业知识得到结论，形成对案件事实的评判，这对办案机关在取证过程当中获取的其他证据如供述、证言是否真实，是否矛盾，形成实质上的制约。办案人员假如对案件有预判，鉴定人员所做出的结论与之相矛盾，办案人员必须遵从鉴定人员对事实的判断，而不是引导鉴定人员做出有利于侦查人员预设的鉴定结论。鉴定人还应当获得必要的鉴定材料和技术条件，以保证获得真实有效的鉴定结果。鉴定人员在特定的情况下还需要出庭作证，当其面临人身危险时，应当有获得司法机关安全保证的权利，这是为了保障鉴定人员可以不受压力，自由、客观、公正地提供鉴定结论。相应就对司法机关对鉴定人员的保护工作提出了更高的要求。

《刑事诉讼法》规定，鉴定人在特定情况下有出庭作证的义务，这是比较重要的庭审质证程序的改变，也体现了以庭审为中心的司法改革的方向。但调查表明，鉴定人员出庭率并不高，如2011年到2013年福建省整个刑事案件当中，鉴定人出庭作证的比率不到1%，2010年北京某基层法院的鉴定人出庭率也只有0.7%。

3. 翻译人员

由于翻译人员是独立于司法人员的诉讼参与人，因此一般而言翻译人员应当不是侦查机关或者检察院、法院的司法工作人员，而是独立第三方的专门翻译机构的人员。为了避免翻译差错和信息失真，对翻译后的，也即传来说法的理解偏差，导致案件结果不公正，建议对于翻译过程实施全程录音录像，以便在司法程序各环节均可以随时复查核实原被翻译的诉讼参与人各方的真实意思表达。翻译人员应当与嫌疑人、被告人或者被害人、诉讼当事人或者其他诉讼参与人没有利益关系，否则应当履行回避义务。

在侦查过程当中，由于供述笔录一般只可能有一份，记录方式是只由办案人员一人问话另一人记录。通常情况下只需要有翻译人员现场翻译给相应人员以后，再由办案人员、嫌疑人和翻译人员在笔录上签字即可，这就导致记录下来的供述是由嫌疑人看不懂的方式记录在卷，这在形式上对非母语的嫌疑人是不公正的，刑事诉讼程序的设计应对此有进一步的改进。

（五）诉讼参与人权利与现行司法职权配置的冲突及优化

虽然我国刑事诉讼仍是职权主义诉讼模式，但修订后的刑事诉讼架构已明显有向当事人主义刑事诉讼模式借鉴的痕迹，扩大了公权力相对方的辩护律师及当事人的诉讼权利，使公权利受到一定限制，以避免权力被滥用。然而，随着社会的进步，教育水平的提高，国家整体公民素质的提升和权利多元化趋势的发展，有必要对刑事诉讼中诉讼参与人与司法职权的配置进行进一步分析，司法机关的职权配置如不做出相应的调整和改变，必然会与不断扩展的诉讼参与人权利产生冲突，因此需要进一步研究司法职权配置的优化。

1. 辩护律师权利与司法职权配置

第一，《刑事诉讼法》扩大了辩护律师在侦查阶段的权利，在对应司法职权的配置上仍然保留了侦查阶段三种特殊类型案件需经批准才能会见的规定。这是新赋予司法机关批准职权，但目前只规定需要经过办案单位的许可，至于在什么情况下许可，什么情况下不予批准，并无进一步明确规定。这导致实践中存在办案单位经常将此权力用到极致，只要有可能，基本上在侦查阶段全程不予批准会见。这就导致这一司法职权的配置与相应辩护律师权利的配置之间的不均衡，实践中形成了司法职权的单方权力独大，辩护律师的权力无法抗衡的局面，辩护权利和司法职权必然发生冲突。我国《刑事诉讼法》规定，侦查阶段最长可以达到 7 个月，中间还可以以发现新罪为名重新起算，实际是进一步延长了侦查期限，又会导致辩护律师在办理三类案件时侦查阶段的会见权完全被剥夺。

有必要将相应司法机关批准会见职权配置进行进一步调整，做出详细规定。如果辩护律师经申请后办案单位拒不批准会见，辩护律师的正常会见权无法得到保护，应当设置相应救济程序，申请人应当有机会向办案单位的同级检察院(办案单位是公安机关、国家安全机关时)或者上一级检察院(办案单位是检察机关时)申请复议，原办案单位应当向复议机构和复议申请人说明不批准会见的正当理由，并由复议机关审查是否符合不许可会见的有关规定(合法性)及是否有禁止会见的必要(合理性)，由复议机构做出最终决定。由于会见权仅仅是侦查程序中的程序性权利，提出复议后不宜长时间议而不决，一般复议机关应于 7 天内做出最终复议决定。这种规定就考虑到了司法职权配置的相互制约性和权力救济性的原则。

第二，对于非三类特殊案件，可以考虑规定首次问话律师在场权，这也需要调整相应司法职权配置。非三类特殊案件虽然不需要司法机关批准即可以会见，但基于保障人权的基本要求，可以考虑赋予辩护律师或援助律师在嫌疑人被刑事拘押以后首次被问话时在场权。将三类案件排除在外是考虑到这三类案件影响极大，而且定罪主要依赖口供，目前反腐、反恐和反黑的高压形势下，不宜全面放开和赋予三类案件嫌疑人过多的权利。如实供述是我国刑事政策的基本原则，可以考虑对普通非三类案件的首次问话时必须有辩护律师或指定法律援助律师在场的制度，见证首次口供录取过程，较之于全程录音录像，能更有效地防范刑事诉讼中侵犯人权情况的发生。

第三，对辩护律师的调查取证权应赋予一定程度的豁免权，对相应司法机关启动《刑法》等 306 条进行"辩护人、诉讼代理人毁灭证据、伪造证据、妨害作证罪"调查程序在权力配置上做出适当限制。按现行《刑法》第 306 条的规定及刑事诉讼规则，实际上基本已经阻止了辩护律师在侦查阶段的取证的可能性。特别是就口供、证言等主观证据而言，律师对调查取证退避三舍，原因在于律师极易落入伪证罪的陷阱。已经有不少学者提出应当赋予辩护律师在刑事辩护过程中的豁免权，降低执业风险，加强辩护律师的积极性。为保障刑事诉讼程序上的公正性，鼓励正反两方面不同的证据均能平等地进入诉讼程序，打消辩护律师对涉及调查刑事证据时自身难保的恐惧，应当赋予辩护律师在侦查阶段调查取证行为免予刑事追究的豁免权，保留最高到吊销执业证的行业处罚。如果发生故意伪证的情况，吊销律师资格已经对其有足够的威慑力，这就涉及是否取消《刑法》第 306 条规定的问题，退一步说，如果不直接取消，可以重新配置司法机关直接启动《刑法》第 306 条进行调查的权力。建议改为在司法行政机关对律师伪证行为已经行政调查，并做出决定移送刑事司法机关时，才能由公安机关启动调查程序。将司法行政机关对律师是否违反执业纪律调查作为启动刑事程序的前置程序来配置，可以有效地减少对《刑法》第 306 条的滥用，优化辩护律师的执业环境，同时也是保护刑事司法程序中当事人的基本人权。

第四，对检察机关职权配置中，应当增加审查起诉阶段公诉方对被告人的讯问笔录证据及辩护律师口头或书面律师意见强制移送法院的规定。为保障无罪的人不受刑事追究，应当允许嫌疑人、被告人等被关押人员及其辩护人有充分的、在司法程序任何阶段都有澄清事实和自我辩护的权利，就要求司法机关全面移送与案件有关的证据。在检察机关审查起诉阶段，公诉人讯问或提审嫌疑人的笔录也是证据。辩护人在侦查阶段和审查起诉阶段提交的律师意见同样是应当移送的证据。法庭阶段出庭的辩护律师和侦查阶段以及审查起诉阶段的律师可能不同，法庭是最终审理判决案件的机关，必须全面了解涉案证据以及全面审查刑事诉讼各阶段辩护律师的意见。假如侦查阶段或审查起诉阶段辩护律师的意见没有机会在最终法庭审判时展示，就使得被告人在前期聘请的律师的主张或不同的辩护意见无法在最终审判时展现给法庭。因此，为保障诉讼程序的公正性，就应允许犯罪嫌疑人和被告人各阶段的供述和律师意见均被全面、无保留地提交给法庭，并将这部分证据展示并参与法庭调查、质证和辩论。唯有如此，才能有效维护当事人的诉讼权利，形成对各阶段司法职权的有效制约。

第五，在审查起诉以及法庭审判阶段的司法职权配置应当有更强的开放性。按《刑事诉讼法》的规定，辩护律师不可能在司法机关内部的最后决议机构，即检委会或审委会有陈述意见的权利。这就导致为学界所一直诟病的司法程序中实质上的审者不判，判者不审的弊端。因此，可以考虑在检委会或审委会议程中增加律师陈述程序。具体安排可以是在主承办检察官或法官汇报案情时，辩护律师能与委员们同时听取，之后律师可以直接向检委会委员或审委会委员们发表陈述意见。在听取承办人以及律师汇报或陈述后，委员们再对案件的实体处理进行投票，由于投票以后的处理基本上是决定性的，投票前听取各方意见是司法公正的基本要求。律师在委员们讨论和投票时当然应当回避，但是应当在第一时间被告知投票结果。与当庭宣判规定类似，这可以避免外在人为干扰或暗箱操作，保障司法制度的公开公平公正。司法职权配置的开放性，一方面维持了刑事案件审理直接言词原则，避免对案件最终处理在信息上的遗漏或偏差；另一方面，如确实发现重大疑点，或者检委会、审委会认为有必要，可以要求进一步重新查明相关事实，确保案件的实体公正。这就将辩护律师的权利与司法系统内部的职权配置有机结合起来，更能体现权力运行的公开与公正性，也是司法民主化、透明化的需要。

2. 当事人诉讼权利与司法职权配置

当事人中的嫌疑人、被告人处于被国家追诉的不利地位，他们的权利与司法职权配置应当有平衡原则。

第一，确保嫌疑人有不受刑讯或遭受酷刑的权利。如前述应赋予辩护律师或援助律师在嫌疑人第一次讯问时的在场权，将司法人员讯问嫌疑人地点限定在看守所。同时，应当对办案的司法人员职权配置上做出要求，明确首次对嫌疑人采取强制措施时，应告知嫌疑人享有免予刑讯的权利，被问话时有辩护律师或援助律师在场的权利等，并且有辩护律师或援助律师未到场时拒绝回答问题的权利。为确保上述权利的实现，可以规定第一次讯问笔录如果没有律师在场并签字，不具有证据效力。在人民法院的非法证据排除规则中也应增加对应内容，将首次讯问律师在场作为证据合法性的审查内容。这可以进一步减少对书面口供的依赖，更多地采用客观证据和外围证人证言等证据来认定嫌疑人、被告人是否有罪。这是在不赋予嫌疑人、被告人沉默权的前提下，对现有司法职权配置做出适用安排，以符合刑事诉讼无罪推定、疑罪从无的基本原则。

第二，在公诉阶段了解自己涉案案情的权力。相应司法职权配置中应当增加告知义务和提供查阅的义务。比如鉴定结论等书证，除了在被告人签字确认时让其浏览外，还应提供书面文本给被告人，让其可以仔细研读，提出有效抗辩。此外，被告人应当能了解其他同案人或证人对自己指控的基本情况，并有解释和抗辩的机会。如果嫌疑人有辩护律师或援助律师，律师了解的案情可以与之沟通交流，在庭审前被告人可以通过其辩护律师查阅案卷；如果没有律师，检察官有义务告知被告人，该案证人指控证言或同案指控供述以及其他证据的证明内容。

第三，为了从实质上充分保障被告人的诉讼权利，还可以赋予被告人庭审过程中与辩护律师坐在一起并可以随时沟通的权利，以及部分问题由辩护律师代为回答的权利，以真正体现控、辩平等，法官居中的控、辩、审的三方关系。这种司法职权活动的配置更多地体现了刑事案件审理过程形式上的公正性，有利于民众形成对国家和司法公正的信赖，以及对司法判决的服从。

第四，法院司法职权配置可以考虑增加承办法官的隔离制度。这是在回避申请权之外，为进一步保障司法公正的制度安排。法院办案法官与当事人或者辩护律师的隔离制度的具体方式，可以考虑正式审判前法院内部不确定承办人，由司法助理人员做基础准备工作，再由通过随机安排的法官审理。真正体现以审判为中心，让法官在庭审调查中对被告人、证人及其他证据综合认定来决定案件的处理，同时增加当庭宣判率，以尽可能避免外在因素影响案件的公正审判。重大复杂案件，仍需休庭合议甚至提交审委会讨论决定。隔离制度的另一方面，可以考虑在基层建立巡回审判制度，避免由当地法官审理当地案件，建立不定期、不规律的异地法院法官的巡回审判，可以避免因法官长期在某地方工作生活，而影响案件的公正处理。

第五，应新增残疾赔偿金和死亡赔偿金单独提起民事诉讼的权利，相应法院的司法职权配置要有对应规定。《刑事诉讼法》不再支持被害人追索死亡和残疾赔偿金，这一规定导致的困境是，部分个人或家庭条件困难的被告人没有亲属或朋友为其筹集资金代为赔偿被害人及其亲属，而家境富裕的人犯罪能够补偿被害人从而得到被害人谅解，可以获得从轻、减轻处罚，贫困者则失去从轻的机会。这又会导致另一种形式上的，甚至是新的实质上的不公正。除了鼓励被告人家属或亲友主动出资赔偿被害人取得和解外，另外还应赋予被害人及其近亲属在刑事附带民事诉讼之外，单独提起民事诉讼要求支付残疾赔偿金和死亡赔偿金的权利。为避免这部分民事案件最后的执行压力集中在法院，对于超期无法执行到位的，可以考虑由国家设立统一的赔偿基金的制度。

3. 诉讼代理人权利与司法职权配置

《刑事诉讼法》对诉讼代理人权利的规定有很大变化，就追究犯罪突破原来国家公诉的模式而引入被害人诉讼代理人这一新的诉讼参与者。诉讼代理人全方位参与诉讼过程，使得代表追究犯罪的一方力量大为加强。让被害人方深入参与刑事诉讼有其弊端，如前所述，使得原本较为中立、公正的公诉人一方，受到了在场对被告人有怀有仇恨情绪的被害人或其诉讼代理人的影响和压力，导致控、辩、审三方原本平衡的权利设计架构失衡。为避免上述问题，在司法职权配置上，明确对犯罪的指控、辩论以及量刑建议权是公诉人的独占权力，由公诉人独立行使，诉讼代理人的其他刑事诉讼程序上只保留向被告人发问、质证等权利，诉讼代理人没有对案件的指控、法庭辩论以及提出量刑建议的权利。

4. 证人权利与司法职权配置

证人出庭率不高一直是我国刑事诉讼程序中的困境。因为证人往往是控方证人，为避免麻烦，且指控过犯罪的证人也担心报复，证人一般不愿意出庭作证。但随着辩护律师的取证权的增强，不仅允许而且应鼓励辩方证人和专家证人（有专门知识的人）出庭作证，并应规定假如辩护方证人的证言与原侦查单位所获得的证人证言矛盾的，公诉人有义务传唤控方证人出庭作证，以便当庭对质。这既能体现以庭审为中心的改革方向，也有利于法庭查明事实，便于法官形成内心确信，促使法官更公正地审理和判决案件。因此，在检察机关的职权配置上应增加向通过原办案单位传唤证人的义务。假如控方证人拒绝出庭，而只以早先侦查阶段所作笔录证词应付法庭的，应推定出庭作证和接受质证的证人证言的效力大于未出庭的证人笔录证词的效力。这就要求在法院的职权配置上，对法院庭审中证据认定规则做出相应的改变。

5. 翻译人员权利和司法职权配置

侦查的职权配置中应增加同步做出嫌疑人母语笔录的要求。侦查阶段，应当由翻译人员用嫌疑人母语做出一份同步笔录，同时由翻译人员翻译给办案人员，再由办案人员在翻译人员的帮助下就同一份供述做出中文的笔录，两种就同一事实的笔录都应当入卷，嫌疑人或者被告人应在两种笔录上签字。如有偏差或不同，应以嫌疑人或被告人母语的笔录为准。只有这样才足以制约侦查人员或者翻译人员在翻译过程中对事实细节的理解偏差或对事项的遗漏，保障嫌疑人、被告人全面、如实供述和辩解的基础诉讼权利。

在审查起诉阶段及法庭审理的讯问过程中，应由翻译人员同步记录有嫌疑人供述和辩解的笔录交由被告人阅读并签字。基于刑事司法效率的考虑，不可能对所有的案件以通过事后复查的方式来保障嫌疑人、被告人的权利。如果产生疑问，被告人或嫌疑人提出合理理由，应当赋予被告人或者嫌疑人及其辩护律师在审理过程中对所记录的原始母语笔录进行重新翻译、复核或申请更换翻译人员的权利，以保障以非母语进入刑事诉讼程序的犯罪嫌疑人或者被告人在司法程序的任何阶段，有向司法人员全面真实地表达意思的权利，避免由此导致的司法系统对案件认定和处理发生偏差。

第十章　司法职权的运行机制改革

一、司法职权运行的现状

（一）司法职权在司法机关内部运行的情况

有关司法职权的内部运行情况，主要从业务管理、人员管理、行政事务管理三个层面展开讨论。

1. 业务管理

根据《人民法院组织法》《人民检察院组织》，以及《刑事诉讼法》《民事诉讼法》《行政诉讼法》的规定，人民法院、人民检察院内部行使司法职权的主体分别是：法定主体为独任审判员、检察员，合议庭、办案小组，以及审判委员会、检察委员会；实际享有司法职权、司法管理权、司法人事权、司法行政权等多种司法权力的院长、检察长，副院长、副检察长，庭长、科处长，副庭长、副科处长；依法行使司法职权的法官（审判长、主审法官和承办法官）、检察官（检察官、助理检察官）和人民陪审员。司法主体在司法职权运行中的位序体现为：院长、检察长—副院长、副检察长—庭长、科处长—副庭长、副科处长—审判员、检察员。人民法院办理案件的运行程序为：承办法官受理案件，提出意见，交合议庭或处室讨论；合议庭或处室讨论后如果认为案件重大、疑难、复杂的，提交庭长或科处长会议、审判长联席会议、审判委员会讨论，对案件做出决定后，承办法官拟定法律文书，报所在合议庭的审判长、审判庭庭长，分管副院长或院长审查核准并签发后，印制正式法律文书。人民检察院办理案件，由检察人员承办，办案部门负责人审核，检察长或者检察委员会决定。在司法职权运行过程中，各级领导都对案件的处理有较大的影响力，但院长、检察长或分管副院长、分管副检察长，庭长、科处长实际上是案件的最终决策者。这样就使人民法院、人民检察院的办案活动（行使司法职权的活动）呈现出案件承办法官、检察官（合议庭或办案小组）具体办理—部门领导（庭长、科处长）进行审核—院领导（分管副院长、分管副检察长，或院长、检察长，或审判委员会、检察委员会）做出决定—以办案组织或办案人名义出具法律文书的办案程序。

这种司法职权运行机制主要涉及案件审批制度、合议庭制度、审委会制度、检委会制度四个方面的内容。

（1）案件审批制度。

从 20 世纪 70 年代开始，人民法院、人民检察院推行案件审批制度至今，院长、检察长，庭长、科处长的行政管理责任及其行政权力日益得到强化，虽然中间经历了三轮司法改革，但司法机关内部的案件审批模式并未产生根本变化，在司法机关内部，承办法官、检察官和合议庭等办案组织在司法裁判中的影响力仍然很小，司法人员作为承办人承办具体案件事项，但没有决定权。20世纪90年代末，最高人民法院、最高人民检察院分别启动了还权于合议庭、还权于主诉检察官的改革方案，最高人民法院"第一个五年改革纲要"要求院长、庭长直接参加合议庭审理，2002年《最高人民法院关于人民法院合议庭工作的若干规定》明确了院长、庭长对合议庭的评议意见和制作裁判文书进行审核的职权。最高人民检察院也于同一时期启动了"主诉检察官办案责任制"改革，2000年《关于在审查起诉部门全面推行主诉检察官办案责任制的工作方案》指出：要"改革与完善检察机关审查起诉部门办案机制，建立责任明确、高效廉洁、符合诉讼规律的办案责任制"。此后，最高人民法院在"第二个五年改革纲要"中提出强化法院院长、副院长、庭长、副庭长的审判职责。并在2007年《关于完善院长、副院长、庭长、副庭长参加合议庭审理案件制度的若干意见》中规定，各级人民法院院长、副院长、庭长、副庭长除参加审判委员会审理案件以外，每年都应当参加合议庭或者担任独任法官审理案件。最高人民检察院2005年《关于进一步加强公诉工作强化法律监督的意见》也强调："要进一步推行主诉检察官办案责任制。"但是，最高人民法院在"第三个五年改革纲要"中要求建立健全院长、庭长的一岗双责制度，落实一手抓审判，一手抓队伍的双重职责，加重了院长和庭长在非审判业务方面的管理责任，司法权运行的行政性进一步强化。2012年《人民检察院刑事诉讼规则（试行）》也规定"人民检察院办理刑事案件，由检察人员承办，办案部门负责人审核，检察长或者检察委员会决定"，恢复了检察机关内部办案的三级审批模式。[①]

继十八届三中全会和四中全会相继提出要健全司法权力运行机制，"两高"先后启动了新一轮的司法改革，最高人民法院合议庭推行办案法官与合议办案责任制改革，最高人民检察院提出了以落实和强化检察官执法责任为重点，完善主任检察官办案责任制改革。2015年最高人民检察院下发了《关于完善人民检察院司法责任制的若干意见》。这些改革文件和措施意味着司法机关内部的案件审批制度必然要被打破。

（2）合议庭制度。

现行《人民法院组织法》规定，人民法院审判案件实行合议制。合议庭作为人民法院的基本审判组织以及行使审判权的基本行使主体，经历了长期的发展过程。在中华人民共和国成立初期，以合议庭审判为原则、以独任审判为辅助的审判组织形式已经存在，1954年《人民法院组织法》予以规定。从20世纪90年代末开始的两轮司法改革中，人民法院先后在第一个和"第二个五年改革纲要"中先后提出，要"建立符合审判工作规律的审判组织模式，强化合议庭和法官职责"，以及"建立法官依法独立判案责任制，强化合议庭和独任法官的审判职责，逐步实现合议庭和主审法官负责制"的要求。2010年《最高人民法院关于人民法院合议庭工作的若干规定》对合议庭的审理及决定程序进一步予以规范。党的十八届三中全会提出要改革审判委员会制度，完善主审法官、合议

---

① 随着司法责任制的全面落实和不断深化，这种状况在逐渐改变。

庭办案责任制，让审理者裁判，由裁判者负责的要求。

但是在实践中合议庭在审理案件中作用的发挥和相关规定的要求并不一致，具体表现在：一是合议庭对案件的承办往往表现为参与庭审，然后围绕承办法官对案件的审查报告就裁判结果、法律适用进行合议，对案件事实、证据、裁判理由的认定等一般由承办法官独立完成，承办法官提出的意见合议庭很少会完全否定，存在一定程度的"形合实独"问题。二是最高法院对合议庭职能的规定不够清晰，职责有重合之处。《人民法院组织法》规定，合议庭由院长或者庭长指定审判员一人担任审判长。院长或者庭长参加审判案件的时候，自己担任审判长。有关合议庭、承办法官、审判长的职责，2010年《最高人民法院关于进一步加强合议庭职责的若干规定》与《最高人民法院关于人民法院合议庭工作的若干规定》规定得不够清晰，职责多有重合，致使在合议庭开庭过程中产生承办法官与审判长的角色错位现象，承办法官一般会成为庭审的主导者，而审判长则成为庭审程序的主持者。

（3）审判委员会和检察委员会。

在中华人民共和国成立初期，我国宪法、"两院"组织法规定了审判委员会和检察委员会制度，审判委员会制度和检察委员会制度经历了长期的发展过程，职能不断得到发展完善。现行《人民法院组织法》规定，各级人民法院设立审判委员会，实行民主集中制。审判委员会的任务是总结审判经验，讨论重大的或者疑难的案件和其他有关审判工作的问题。2010年最高人民法院《关于改革和完善人民法院审判委员会制度的实施意见》规定，各级法院审判委员会履行审理案件和监督、管理、指导审判工作的职责。2012年修订的《刑事诉讼法》规定，对于疑难、重大、复杂的案件，合议庭认为难以做出决定的，由合议庭提请院长决定提交审判委员会讨论决定。审判委员会的决定，合议庭必须执行。现行《人民检察院组织法》规定，"检察委员会实行民主集中制，在检察长的主持下，讨论决定重大案件和其他重大问题"。2008年《人民检察院检察委员会组织条例》、2009年《人民检察院检察委员会议事和工作规则》基本没有脱离检委会"重大案件和重大业务工作"的职能规定。2012年《人民检察院刑事诉讼规则》规定，"人民检察院办理刑事案件，由检察人员承办，办案部门负责人审核，检察长或者检察委员会决定"。实践中，审判委员会和检察委员会制度的运行情况在委员选任、议事程序、责任追究方面较为相似。

一是在委员选任方面。审判委员会和检察委员会都是经由地方人大及其常委会任命产生，没有严格的选任条件和任期限制，在人员构成上一般都是院长、检察长，副院长、副检察长或党组成员、专职委员、主要业务部门正职，鲜有行政级别较低，但专业素质能力强的检察业务专家或办案能手。根据《中共中央关于进一步加强人民法院、人民检察院工作的决定》规定，人民法院审判委员会和人民检察院检察委员会专职委员的选任，也需"按照同级党政部门副职规格和条件"，从具备良好政治业务素质、符合任职条件的法官、检察官中产生。实践中一般是由下级人民法院的院长或者人民检察院的检察长到上级院经由同级人大任命专职委员，行政化选任委员的倾向明显。前两轮司法改革中，最高人民法院和最高人民检察院分别在相关改革审判委员会和检察委员会的文件中要求，各级审委会委员和检察委员会除去院长、检察长，副院长、检察长和庭长、科处长外，还应当配备若干名不担任领导职务、政治素质好、业务经验丰富、法学理论水平较高、具有法律专业高等学历的资深法官委员和检察官委员。但在实践中，这种要求并没有得到彻底的推行。审判委员会和检察委员会委员作为一种行政待遇、行政身份大于专业色彩，专业素质不能得到保障的现象还相当普遍。

二是在议事程序方面。实践中，审判审委会和检察委员会一般采用集中审议案件或重大事项的方式，在一个上午或者一天的时间内，通过听取办案人员汇报事实、证据、争议事项，然后轮流口头发表意见等形式，讨论决定多起案件或事项。会前，由于审判委员会和检察委员会委员多数兼职各种行政职务，在事前不能长时间对案件进行具体的调查研究，仅通过书面报告或者讨论时向承办人提问的方式了解案件情况。在会议过程中，审判委员会、检察委员会在听取承办人口头汇报后，一般先就案件事实部分提问，然后按照专职委员、非院领导委员、院领导委员的顺序发表处理意见，院长或检察长作为主持人最后发言并汇总意见做出决定。实践中存在个别院长或检察长会忽视议事程序，有意无意地先行发表倾向性意见，影响其他委员表达意见，以及由于议题报告概括性强、承办人汇报案件主观性强、议题材料发放不及时、委员掌握信息片面性等原因，影响决策质量等问题。最高人民法院在"第二个五年改革纲要"中提出将审委会的运行由会议制改为审理制，审委会可以自行组织或者与其他法官组成合议庭，审理重大、疑难、复杂或者具有普遍法律意义的案件，但这项审理制改革一直未能实现。

三是在责任追究方面。由于审判委员会和检察委员会都采用集体民主决策的形式对案件做出决定，且经过会议决议的案件定性等法律问题，必须服从并遵照执行。如果出现决策错误，责任应由审判委员会和检察委员会集体承担，但是在司法实践中，审判委员会和检察委员会很少因为办案问题承担责任，出现集体负责而最终无人负责的实际情况。有的办案人员或者办案部门遇到疑难敏感信访案件，为规避办案风险而将案件提请审判委员会或检察委员会讨论，使审判委员会和检察委员会成为规避办案责任的"避风港"。十八届三中、四中全会之后新一轮司法改革提出司法办案"谁决定、谁负责"的要求，承办法官和检察官对案件质量终身负责，给审判委员会和检察委员会的决策功能带来很大挑战。当前，全国及各省份司法机关先后出台了有关执法过错的责任追究条例或办法，但具体到审判委员会和检察委员会层面如何落实，如何认定追究委员执法过错责任仍是语焉不详，一旦出现执法过错，仍然会无法追究具体委员责任，不符合权责相统一的办案及改革原则。

2. 司法人员管理

主要从司法机关的人员选任、晋职晋级、工资待遇、业绩考核四个方面讨论。

（1）人员选任。

中华人民共和国成立初期，我国对司法人员确立了非职业化的传统，司法人员主要是从工人、农民、革命军人等有较高的政治觉悟和政治素质，但没有受过专门法律教育的人中选任。1982年，《关于公安、检察、法院、司法行政系统编制和经费若干问题的联合通知》中就明确规定："全国各级公安、检察、法院、司法行政系统编制单列，实行统一领导，中央和省、市、自治区分级管理。"1995年《法官法》和《检察官法》对法官、检察官的职责、权利、义务、资格、任免以及等级、回避、考核、培训、奖惩等作了具体规定。但是，人民法院、人民检察院工作人员，包括审判和检察人员，行政管理人员，法警等人员编制开始作为政法专项编制单独管理，在选任、晋升、监督方面与国家政权中的其他机关工作人员的管理方式相同，在法院内部，审判人员与非审判人员的管理方式也相同。1987年，党的十三大要求确立了公务员制度，对司法机关的工作人员和管理制度参照公务员进行设置和管理。最初的《法官法》和《检察官法》也都没有规定对法官和检察官有别于其他公务人员的特殊要求。多年来，人民法院和人民检察院的司法人员主要通过接受应届大学生、社会公开招录公务员、接收军队转业干部准入，并没有设定的符合司法工作特点的招录标准。招录的司法人员相当一部分长期通不过国家司法考试，只能从事业务辅助或行政后勤等工作。

（2）晋职晋级。

《法官法》和《检察官法》分别将法官和检察官分为12级，最高人民法院院长、最高人民检察院检察长为首席大法官、首席大检察官，第二至十二级法官、检察官分为大法官、大检察官，高级法官、高级检察官，法官、检察官。法官和检察官的级别是根据法官、检察官的行政职务职级编制等级，由人民法院和人民检察院来评定，评定等级的主要依据是行政职级、任职期限、工作年限等情况。在对司法机关领导干部特别是人民法院院长、人民检察院检察长的选任中，行政能力、政治素质是更加重要的选任标准。在司法人员晋职晋级的程序方面，一般遵循公布方案和职位——公开报名—资格审查—笔试—上台演讲—民主测评—组织考察—党委（党组）集体讨论决定的程序，其中，投票数量的多少是司法人员晋职晋升的一个重要因素，得不到多数人支持的，不能选拔任用。在对人民法院院长、人民检察院检察长的选任上，对于业务工作的考察相对较少，甚至有些没有法律工作经验的人，具备一定的职级、任职经历和年限等也可以被任命任职。可以说，法官、检察官的等级源于一定的行政级别，一定的行政级别又对应着相应的审判职称和行政职务。

（3）工资待遇。

法官、检察官的工资待遇和被评定的行政级别紧密相关，《法官法》《检察官法》规定，法官、检察官的工资制度和标准，根据司法工作的特点，由国家规定。实践中，法官、检察官的工资标准是按照公务员的工资来执行的，工资标准根据相应的行政级别进行调整，也就是说，法官、检察官的工资，首先取决于他们的行政级别，而行政级别的晋升则是由组织人事部门经过一定的程序进行评定。2006年，公务员工资改革确认为坚持职务与级别相结合，增强级别的激励功能，实行级别与工资等待遇适当挂钩的工资定级方式。2007年，国家开始按照法官、检察官的等级发放审判和检察津贴，但津贴数量对于法官、检察官收入的影响很小。新一轮法官、检察官入额改革推进后，按照中央的要求，全国各个省份都提高了对入额后法官、检察官的岗位津贴数额，但是全国各省份的标准不统一，差别很大。

（4）业绩考核。

人民法院和人民检察院对工作实绩的考核，都是根据系统内拟定的标准进行的。对审判工作的考核是以2008年《关于开展案件质量评估工作的指导意见（试行）》、2011年《关于开展案件质量评估工作的指导意见》、2013年《人民法院案件质量评估指数编制办法（试行）》的规定，按照审判公正、审判效率和审判效果等共计数十个指标来评估审判质量；对检察工作的考核是根据 2010 年《基层人民检察院建设考核办法（试行）》等设定的考核指标来进行。2014 年以来，司法机关开始对各项业务考核制度进行改革，"结案率""执结率""上诉率""调解率""发回重审率""改判率""不捕率""无罪判决率""不诉率"等用来对下级院工作进行考核排名的制度，逐步被废止，但还没有得到彻底的废除，司法机关各个部门的考核标准普遍仍然都在执行，各种单项的年度考核项目也在按照常规执行。

3. 行政事务管理

中华人民共和国成立初期，司法行政事务的管理归属司法部，《中华人民共和国中央人民政府组织条例》《中央人民政府司法部试行组织条例》规定，由司法部负责法院、检察署的机构设置、人员编制、干部任命、干部培训、办公楼建设、物资装备及财政保障等司法行政工作。随着 1954 年宪法和《人民法院组织法》《人民检察院组织法》的实施，审判机关的司法行政事务仍归属司法行政机关管理，检察机关则开始实行垂直领导，推行检察权与检察行政事务管理权"上下一体、内部统筹"的管理模式。20 世纪 80 年代末，根据最高人民法院与司法部的联合通知，审判机关的司法行政事务由司法部移交给审判机关内部管理。至此，审判机关、检察机关的司法行政事务实行系统内部自行管理，由此，司法机关的行政事务管理在外部形成了人财物等由地方政府保障、法律职务任免由地方人大进行的管理体制，在司法机关内部则形成由院长、检察长全面负责、行政等级分明、行政事务与司法权混同交叉管理的体制机制，法官、检察官在司法机关内部普遍存在人员混编、岗位混管、考核评价、待遇混同的现象。

十八届三中全会和四中全会提出推动省以下地方法院、检察院人财物统一管理以及改革司法机关人财物管理体制，探索实行法院、检察院司法行政事务管理权和审判权、检察权相分离的司法改革要求后，中央政法委、最高人民法院、最高人民检察院在全国范围内开始对这项改革要求进行试点。目前，从已经试点改革的司法实践看：在法官、检察官选任、考核等人员管理方面，按照中央《关于司法体制改革试点若干问题的框架意见》，各试点地区主要是成立相对独立的法官、检察官遴选委员会，委员会组成人员分为非常任委员和常任委员两类，由法学专家、省级人大、组织部门、党委政法委、省法院、省检察院有关人员以及人大代表、政协委员、律师等组成；在财政拨款等财物统管方面，三级人民法院、人民检察院的财政拨款统一由省财政部门进行财政预算，市、县人民法院和人民检察院同时也作为一级预算单位，直接向省级财政部门报送预算，行政事务管理权与司法权开始初步剥离。但是也存在不少的问题，如，按照既定员额制改革方案，入额后的检察官或检察官助理在体制内的晋升渠道只有一个，就是等着上一级检察官退休或检察官由于年龄、责任追究等各种原因空缺。员额制改革过程中出现了法官和检察官的逆淘汰现象。全省所有的司法机关都作为一级预算单位向省级财政部门报送预算，也存在报送的预算不统一、省级财政部门难以应付突然大幅度增加的工作量等问题。

（二）司法职权之间的运行情况

1. 公检法三机关的关系

从 20 世纪 60 年代公检法三机关合署办公、由公安部党组统一领导，到 1979 年《刑事诉讼法》和 1982 年《宪法》确立分工负责、互相配合、互相制约办案原则已经运行了数十年的时间。在 1983 年、1996 年、2001 年、2010 年，根据中央的要求和形势的需要，三机关先后配合开展了四次"严打"活动。1996 年、2012 年及 2018 年我国三次对《刑事诉讼法》进行修改，都确认了公检法三机关分工负责、互相配合、互相制约的办案原则。实践中，公检法三机关之间的关系主要包括三个方面。

（1）分工原则。

分工原则的本质是分权，是三机关互相配合、互相制约的基础。国家将侦查权、起诉权、审判权分别赋予公安机关、检察机关和审判机关行使的目的，是通过权力的分立，防止刑事追究权的过分集中，保障公民权利。分工原则根据我国《刑事诉讼法》的规定，体现在三机关的办案程序及办案类型上。首先，在办案程序上，根据现行《刑事诉讼法》的规定，公安机关对刑事案件的侦查、拘留、执行逮捕、预审负责。检察机关对检察、批准逮捕、检察机关直接受理的案件的侦查、提起公诉负责。审判机关负责审判工作。其次，在办理案件的类型上，《刑事诉讼法》对三机关的分工原则规定得比较清楚，但是在实践中，三机关对分工原则执行得并不彻底。对于一些大案要案，为了能够使办案取得好的社会效果和法律效果，在短时间内成功办理案件，三机关往往在当地党委及其政法委的领导协调下实行"联合办案"。对于一些实践中难以处理的疑难复杂案件或者超期羁押案件，三机关也往往存在在政法委的协调下配合办案的现象，对于一些极个别的案件，三机关负责人甚至共同对某一个环节的案件作签批式处理等。

（2）配合和制约。

《刑事诉讼法》对公安机关立案、侦查、提请逮捕，检察机关的审查起诉和诉讼监督，人民法院的审判活动等都作了详细规定。在互相配合方面，在案件线索的受理上，规定应当先受理再移交。在立案侦查中，规定涉及公安机关、检察机关都有管辖权的案件，且主要罪行和次要罪行难以区分的，应协商处理。对涉案人采取逮捕、指定居所监视居住强制措施的，规定由检察机关决定，但公安机关执行。在对案件审查逮捕或审查起诉过程中，发现案件事实不清、证据不足的，可以退回公安机关补充侦查。在审判环节，需要侦查人员出庭的，侦查人员应当出庭作证。在互相制约方面，检察机关和公安机关在刑事案件的立案、侦查、不起诉等方面互相制约，和人民法院的相互制约主要体现在人民法院对于检察机关提起公诉的案件做出无罪判决，检察机关对于人民法院的判决裁定有权进行抗诉或以其他方式进行监督等方面。实践中，三机关在配合与制约关系的处理上还是存在一定的问题，重配合、轻制约的倾向较为明显。如关于指定居所监视居住的执行，《刑事诉讼法》规定指定居所监视居住的执行由公安机关负责，检察机关对此进行法律监督，但实践中公安机关对此态度消极，检察机关对此无能为力。再如，人民法院在经过审理后认为依法应当做出无罪判决的案件，在作无罪判决之前一般会与检察机关协调，是由检察机关撤回起诉还是做无罪不起诉。检察机关对于不符合起诉条件的案件，在要求公安机关撤案之前，一般也会与公安机关协商，是对案件做出不起诉处理还是由公安机关做撤案处理，有些案件在协商无果的情况下就可能会长期拖延不做处理，造成诉讼程序的停滞和倒流现象。

（3）办案特点。

三机关的办案特点突出表现为三个方面：一是公安机关的办案程序相对封闭，证据不够精细，检察机关的制约力不足。有的侦查人员对口供还比较依赖，有的在取证过程中对程序性问题不重视，没有严格按照法律规定调查取证，存在刑讯逼供、非法取证等不严格执法的现象，致使在庭审中有些辩护人专攻证据的程序问题，给案件败诉埋下隐患。二是检察机关和审判机关的办案以书面审查方式为主，对公安机关在侦查过程中的问题，一般采取退回公安机关补充侦查的方式，但是公安机关补充侦查的证据又不能很好地详细审查，致使对证据中的问题发现不及时或者根本不能发现。实践中，有些案件的客观证据对侦查时机的要求非常高，错过侦查时机就无法调取。还有的证据因取证程序违法成为瑕疵证据或者非法证据，如果审查起诉阶段发现不了问题，不能使证据得到合理的补充或补正，在法庭审理时，面对辩护人对这些瑕疵证据的质疑，公诉人就很难当庭做出有力的答辩，使证据的采信出现困难，影响案件的裁判结果。三是开庭审理重形式不重实体，庭审过程存在书证中心主义的特点，重视初期侦查、庭审中大量使用书面证言、控辩双方平等对抗性不足、判决裁定依赖卷宗等倾向较为明显。有的法庭在审理过程中，法、检对案件的事实证据认识不一致，致使案件在诉讼中长期流转。有的案件检察院怎么起诉法庭就怎么判，以打击犯罪为主，不敢轻易排除非法证据。有的法庭在庭审过程中发现问题，希望公诉机关能够传唤证人出庭，但公诉机关还不能很好地配合。有的法庭对示证、质证、辩论程序不重视，主持控辩双方对关键证据的质证不到位，辩论不充分等现象还较为普遍。

2. 审判职权内部的监督与被监督关系

主要涉及司法行政管理、请示批复、业绩评价及巡视制度四个方面。

（1）司法行政管理。

在司法政务上，下级法院要在司法警察、司法统计、案卷管理方面配合上级法院的工作。在当前正在推行人财物省级统一管理改革中，中级人民法院和基层人民法院法官的任用和惩戒统一由省级人民法院管理，办案经费和财政拨款统一归口省级财政管理，同时，法官遴选委员会和惩戒委员会也设在省级法院内部，省级人民法院对下级法院的行政管理权有增无减。

（2）请示批复。

上下级人民法院之间的业务管理主要表现在对案件的请示和批复方面。根据《刑事诉讼法》的规定，上级人民法院对下级人民法院的审判监督，主要体现在对二审和再审案件的监督上。但是实践中，下级人民法院在一审判决做出之前，一般会就疑难复杂案件的实体问题主动向上级法院请示，上级人民法院在审查或听取汇报之后做出批复意见或口头答复，扭曲了审级设计的本来功能，致使当事人通过上诉挑战原审法院判决的可能性消失。

（3）业绩评价。

人民法院系统内的业绩评价主要是根据系统内的业务考核积分排名来进行的。在考核标准上，上级法院的改判和发回重审都会对下级法院的质效考核结果造成不利，成为启动法官违法责任追究的原因以及裁判结果错误的标准。除了审判质效上的考核，信访工作、队伍建设、调研宣传以及法院装备建设等指标都被列入考察项目。2014年，最高人民法院提出取消对全国各高级法院的考核排名。2015年初，中央政法委取消了有罪判决率、结案率等考核指标。但上级对下级法院领导的政绩考核仍然可以通过法院领导对下级法院法官的司法审判倾向产生影响。

（4）巡视制度。

巡视这项制度是加大上级法院对下级法院的领导班子及其成员进行协助管理和监督力度，借鉴党内的巡视制度而建立的。2008年最高人民法院《关于巡视工作的暂行规定》推行司法巡视工作试点。2010年《人民法院司法巡查工作暂行规定》正式确立了司法巡查制度，上级人民法院对下级人民法院的领导班子建设、司法业务建设、司法队伍建设等方面可以以巡查的方式进行监督，事实上是对下级人民法院的政务、人事和审判业务工作全面进行统一考察，通过这种方式进一步加大了对下级人民法院各项工作的监管。这种监督从主体、行为方式和后果看，都是行政性的。

3. 检察职权内部的领导与被领导关系

1954年《宪法》确立检察机关的垂直领导体制，1978年《宪法》修改为监督体制，1982年《宪法》修正案正式确定了检察机关的双重领导体制。1999年，最高人民检察院开始推动检察一体化改革，以强化上下级领导关系，改革首先以侦查一体化为主要标志，2006年最高人民检察院发布《关于进一步加强公诉工作强化法律监督的意见》，开始推动公诉一体化建设。2007年高检院发布《关于加强上级人民检察院对下级人民检察院工作领导的意见》，从范围、力度上全面完善了上级检察院对下级检察院的领导。虽然我国现行《宪法》和现行《人民检察院组织法》都明确规定了检察机关的领导与被领导关系，但由于规定过于原则，没有明确上级检察院对下级检察院领导的范围、权限、程序、方式、后果，也没有检察经费保障制度、检察职务保障制度等配套性保障制度，事实上，目前检察机关上下级之间的垂直领导关系不包括人财物等行政事务的管理，仅限于业务指导关系。根据有关文件规定，实践中，上级检察机关对下级检察机关的领导主要涉及以下几个方面：一是请示报告制度。下级检察院对检察工作中的重大事项和办理的重大疑难复杂案件，需要向上级检察院请示的，应当严格按照报送公文和请示件的有关规定办理。二是报请备案、审批制度。下级人民检察院对于县处级以上干部职务犯罪案件线索，直接受理侦查案件决定立案、逮捕，以及拟作撤销案件、不起诉决定的，对申请赔偿的违法侵权事项拟作不予确认决定的，应当按照相关规定报送上级人民检察院备案或者批准。上级人民检察院经过审查发现下级人民检察院的决定不当的，应当予以纠正，对于上级检察院的纠正意见或者决定，下级人民检察院应当执行。三是检察一体化工作机制。四是领导班子协管。五是巡视制度。上级检察院可以对下级检察院开展业务工作考评，对下级人民检察院民主生活会议情况、个人事项报告执行情况以及述职述廉等情况进行巡视，对严重违反法律和有关规定的依法依规追究责任。

（三）司法权运行的外部环境

主要涉及司法权运行与党的领导、政府保障、人大监督的关系。

1. 司法权运行与党的领导

坚持党的领导是我国执政党对待政法工作的一贯态度。1949年《中央人民政府组织条例》规定，政务院下设的政治法律委员会负责指导内务部、公安部、司法部、法制委员会和民族事务委员会的工作。1954年《宪法》确立人民代表大会及一府两院体制，规定一府两院在中共中央的领导下对全国人大负责。1980年《中共中央关于成立政法委员会的通知》提出，政法委员会负责组织党内联合办公，妥善处理重大疑难案件。1990年《关于维护社会稳定加强政法工作的通知》规定，政法委员会主要对政法工作进行宏观指导和协调，当好党委的参谋和助手，其办事机构主要做调查研究工作，不要过于具体干预各部门的业务。2004年《中共中央关于加强党的执政能力建设的决定》指出，加强和改进党对政法工作的领导，支持审判机关和检察机关依法独立公正地行使审判权和检察权。2005年《中共中央关于加强和改进党对政法工作领导的意见》明确规定了中国共产党对各项工作包括政法工作的领导权，并赋予政法委协助党委和组织部门考察管理干部、掌握政法工作动态、对一些重大问题要及时向党委汇报、开展执法监督、协调政法部门之间的关系等职能。各级人民法院、人民检察院内部也设立党组领导审判和检察工作，形成了司法机关接受内设党组领导、地方司法机关受同级地方党委领导，全国司法机关受中央领导的体制。

1979年《关于坚决保证刑法、刑事诉讼法切实实施的指示》规定了由上级公、检、法协助地方党委管理干部的制度，地方党委对公、检、法机关干部的调配，应征得上级公、检、法机关的同意。1999年《中共中央关于进一步加强政法干部队伍建设的决定》规定，地方各级政法部门继续实行干部双重管理。地方党委决定任免政法部门的领导干部，要征得上一级政法部门党组（党委）同意。1983年中央组织部《关于改革干部管理体制若干问题的规定》指出，对于法院、检察院、公安厅的干部，和其他干部一样在管理上实行双重领导，以地方为主的单位，地方党委应当把干部管理各项工作认真做好。2014年《党政领导干部选拔任用工作条例》规定，部门与地方双重管理干部的任免，主管方须事先征求协管方的意见，进行酝酿。实践中，地方党委组织部门负责地方干部的人事管理。司法机关的正、副职的任免实际上都是由地方党委先行决定，再由人大及其常委会选举、任免，上级人民法院、人民检察院和同级地方党委可以提出建议，其他党组成员的任免决定权在同级地方党委，但需要征求上级司法机关党组的同意。司法机关内部职能部门的庭处长及其副职一般由司法机关的党组决定，同级地方党委及其组织部基本不加干预。随着近些年来党政干部任用的异地交流，由上一级司法机关委派干部到下一级司法机关担任院长和检察长，已经成为一种惯例。

2. 司法权运行与政府保障

1954年《宪法》确立的"一府两院"制度，实现了司法权和行政权在根本制度上的初步分离。对于司法权运行与政府之间的关系，主要从司法行政管理、经费管理、其他关系三个方面讨论。

（1）司法行政管理。

根据 1954 年《中央司法部关于各省与中央直辖市审判机关与司法行政机关分立问题的意见》《人民法院组织法》《人民检察院组织法》的规定，各级人民法院的司法行政工作是由司法部来管理的，而人民检察院的司法行政工作则采取自行管理的方式。1959 年由于司法部被撤销，人民法院的设置、编制、干部任免等原属于司法部的相关权限划归最高人民法院。1979 年《人民法院组织法》恢复了 1954 年《人民法院组织法》对于人民法院司法行政事务管理的规定。根据 1982 年《关于司法厅（局）主管的部分任务移交给高级人民法院主管的通知》规定，人民法院的司法行政事务划归最高人民法院管理。1983 年《人民法院组织法》修改确认了这一规定。2005 年《公务员法》规定了对法官检察官参照公务员法管理之后，增减法官检察官编制、人民法院和检察院的办案经费、法官检察官工资预算等权限，随之人民法院和人民检察院工作人员纳入公务员编制划归同级人民政府管理。2008 年后，国家多次提出对司法机关的工作机制和人财物管理体制进行改革，实现司法权和司法行政事务相分离，目前，省级以下司法机关人财物由省级政府统管的改革基本完成。

（2）经费管理。

1985 年《最高人民法院、财政部关于切实解决人民法院业务经费困难问题的通知》要求各级财政部门对司法经费实行单列。1989 年最高法院和财政部发布《关于加强诉讼费用管理的暂行规定》规定，法院依法收取的诉讼费用暂不上缴财政，以弥补法院业务经费的不足。1999 年《人民法院诉讼费用管理办法》规定，各级人民法院依法收取的诉讼用，属于国家财政性资金，其收取、分配和使用要纳入财政管理。各级人民法院的诉讼费用全额纳入财政专户，严格实行收支两条线管理。地方政府对人民法院、检察院的经费和员工收入有着控制权。目前，人财物由省级法院统一管理的改革基本完成，省高级法院统一管理，中央财政适当补贴，地方各级法院经费由省级财政统筹，并补充以中央转移支付资金和专项资金，而不再依靠同级地方财政。基层和中级人民法院收取的诉讼费、检察院没收的违法所得等费用也交由省级财政统一管理。

（3）双向制约关系。

虽然司法权运行所需的人财物需要同级地方政府保障，但是人民法院和检察院与行政权之间也存在制约关系。根据十八届四中全会《决定》要求及修改后《立法法》《行政诉讼法》规定，人民法院除对行政诉讼案件进行审理外，还拥有对行政机关规章以下规范性文件的审查权。即，公民、法人或者其他组织认为行政所依据的国务院部门和地方人民政府及其部门制定规范性文件不合法，在对行政行为提起诉讼时，可以一并请求对该规范性文件进行审查。人民法院在审理行政案件中，经审查认为规范性文件不合法的，不作为认定行政行为合法的依据，并向制定机关提出处理建议。检察机关除履行对行政诉讼的法律监督等传统的法定职责外，还可以对不作为、乱作为的行政违法行政行为进行监督，对符合法定条件的行政事项提起公益诉讼等。

3. 司法权运行与同级人大及其常委会的关系

根据我国《宪法》规定，人民代表大会是国家权力机关，审判机关、检察机关由人民代表大会产生，对它负责，受它监督。《人民法院组织法》《人民检察院组织法》也分别规定了各级人民法院、人民检察院应当向同级人民代表大会及其常委会负责并报告工作，同时规定，各级人民法院院长、检察院的检察长由人民代表大会选举，人民法院的审判委员会委员、副院长、庭长、副庭长和审判员，人民检察院的检察委员会委员、副检察长、检察员均由人民代表大会常务委员会任免。同时，根据《人民检察院组织法》的规定，检察委员会讨论决定重大案件和其他重大问题。如果检察长在重大问题上不同意多数人的决定，可以报请本级人民代表大会常务委员会决定。对于"重大问题"的范围，全国人大常委会法工委于1986年对此做了解释，明确"重大问题"不但包括贯彻执行国家法律、政策、本级人大及其常委会决议的事项，还包括"重大案件"。2008年修订后的《人民检察院检察委员会组织条例》对这一规定进行了修改，规定"地方各级人民检察院检察长在讨论重大案件时不同意多数检察委员会委员意见的，可以报请上一级人民检察院决定；在讨论重大问题时不同意多数检察委员会委员意见的，可以报请上一级人民检察院或者本级人民代表大会常务委员会决定"。通过上述规定可以看出，地方权力机关对司法机关拥有机构设置、人事任免、视察和质询等多项权力，对检察机关还拥有重大问题的决定权，并不是单纯的监督与被监督关系。

4. 司法职权运行中的监督

对司法职权运行过程中的监督是近年来司法改革的重要内容。根据相关法律法规的规定，目前享有司法监督权的主体较多，主要包括：①县级以上党委及其纪检委对同级党政司等国家机关的党内公职人员"遵守宪法、法律，坚持依法执政的情况"进行党内监督，包括法官检察官行使司法权时违法违纪情况的监督。②各级人大常委会根据《各级人民代表大会常务委员会监督法》的规定，可以听取和审议本级人民法院、人民检察院的专项工作报告、进行执法检查、询问和质询同级司法机关的负责人、组织特定问题调查等监督。③人民政协主要通过其委员提案、视察司法工作、开展民主评议、向法院反映社情民意等行使司法监督权。④检察机关根据《人民检察院组织法》规定，对于"人民法院的审判活动是否合法，实行监督"。⑤上级人民法院根据《人民法院组织法》规定对下级人民法院的审判工作实行监督。⑥人民监督员通过行使职权对职务犯罪案件办理进行监督。⑦当事人通过诉讼权利的行使、司法机关通过内部的监督制约机制、新闻媒体以及社会各界通过新闻报道或者发表评论等方式对司法权进行监督。⑧国家监察委员会对所有公职人员履职行为的全面监督。可以看出，在司法机关外部，有权对司法权进行监督的主体分别来自司法机关的上级或者平级、下级，官方或者民间组织，既有专业性较强的监督，也有非专业化的监督。司法系统内部的监督除了各业务部门之间在职能上的互相制约之外，主要依托于司法机关内设的纪检监察部门来进行。实践中，在外部监督方面，存在着主体过多，监督不系统、不专业、不常态，监督效果不理想，监督权受到限制，监督机制不健全等问题。司法机关内部的监督则存在审判监督权与审判管理权难以区分，两种权力的运行在权力主体、程序、效果等方面有混同现象。如，司法机关内部的纪检监察部门在院长和检察长的领导下开展工作，通过案件管理获得的信息发现问题，如果发现法官、检察官的违法问题，监督部门要经由审判委员会、检察委员会和院长、检察长在内的党组讨论决议后，才能做出处理决定。监督部门也会更多地将处理结果与法官检察官日常的业绩评价相结合，通过监督权的行使，从而影响法官、检察官对于司法权的运行。

二、司法职权运行中存在的主要问题

（一）司法职权的运行结构不合理

司法职权在实际运行中往往呈现出复杂化的运行结构。以一个办案的法官或检察官为例，他在办案过程中受到的管理表现为：

在单位内部，承办案件的法官或检察官所办理的案件往往要经过庭长或科处长，分管院领导，审委会、检委会或院领导三级审批，如果是合议庭审理的案件，还要经过合议庭合议，然后才能被授权印制法律文书，完成办案过程。在人事管理中，法官或检察官的选任、晋升、晋级要经过单位内部的考试、公开演讲、领导及同事投票、政治审查、报党委审批、提请人大任命等一系列参照公务员管理又有别于公务员管理的复杂程序。在待遇方面，司法机关的政治部门要对法官或检察官的工资待遇参照行政职务、职级，参照公务员待遇标准核算出相应的工资津贴，报地方政府财政部门拨付。在责任追究方面，本单位的纪检监察部门、控申部门、案件管理部门要从不同的侧面对法官检察官的行为进行全方位的监督以及提醒。

在单位外部，承办案件的法官或检察官要同时接受至少8个监督主体来自专业或非专业方面的监督，既要接受上级司法机关的业绩评价和考核，还要接受来自人大及其常委会、政协、新闻媒体、诉讼参与人、检察机关、人民监督员的监督或者咨询。

司法职权在运行过程中，司法职权运行的主体不可避免地受到多头的、复杂的内部和外部关系的制约，司法职权与行政事务管理权混同、司法人员权利与责任界定不清、司法职权地方化行政化倾向明显等特征，是司法职权的运行机制既没有体现出司法工作的规律，也不利于法官、检察官有效地行使权力。

针对上述现象和问题，在新一轮的司法体制改革中，最高人民法院推行了主审法官、合议庭办案责任制改革，以达到让审理者裁判、由裁判者负责的目的，做到有权必有责、用权受监督、失职要问责、违法要追究。最高人民检察院也在北京、河北、上海、湖北、广东、重庆、四川7个省（市）的17个工作基础较好的市、县检察院试点开展主任检察官办案责任制改革，目的是要落实主任检察官的办案主体地位，核心是检察长和检委会放权。在法检两院的改革试点中，普遍推行的是员额制改革，即在省一级的人民法院和人民检察院内部成立法官和检察官遴选委员会，然后通过相应公布改革方案、组织申请入额的法官和检察官考试、业绩考核、领导和同事投票计算出申请人员的得分，由院党组讨论决定入额人选，有遴选委员会投票表决确定入额人员后，公示任命。同时，"两高"及各级人民法院和人民检察院大都制定了司法职权的权力清单，对办案人、分管院领导、院领导、审委会或检委会以及合议庭等的权力做出列举式规定，有的试点单位还推行了省以下人财物统一管理的相关改革措施。从目前已经推行试点的情况看，这些改革进行得并不彻底。

（二）司法权的运行方式不完善

主要涉及侦查、起诉、审判、诉讼监督等在司法权运行中存在的问题。

1. 公诉权运行中存在的问题

公诉权实际运行中存在的问题，表现在以下方面：

（1）不起诉权运行问题。

不起诉权在行使过程中遇到的问题主要有：一是适用不起诉裁量案件数量过少。从改革实践过程来看，我国的案件分流制度较为疏陋简单。审前的案件分流功能较弱。法律对不起诉适用范围的规定较为严格，法定不起诉外，检察机关酌定不起诉权较小，范围仅限定在"对于犯罪情节轻微，依照刑法规定不需要判处刑罚或者免除刑罚"，且在具体适用时通过一系列内部关系制约上级检察院监督，刑事案件的不起诉率很低。二是附条件不起诉的范围受到严格限制，程序烦琐。2018 年修订后《刑事诉讼法》第 282 条、283 条、284 条规定了附条件不起诉的适用范围、考察方法、撤销情形以及期满后的处理结果。在职权运行中存在的主要问题是：所附条件设置不合理。按照修改后刑诉法第 282 条的规定，附条件不起诉需要同时符合"涉嫌刑法分则第四章、第五章、第六章规定的犯罪，可能判处一年有期徒刑以下刑罚，符合起诉条件，但有悔罪表现"三个条件，在罪名章节、刑罚期限、所附条件方面都比相对不起诉还要严格，不够合理；适用附条件不起诉工作量大。检察机关既要做出附条件不起诉决定和不起诉决定，还要负责对被附条件不起诉人进行监督考察、矫治、教育，各种职能一肩挑，影响了司法的中立性。三是有些问题法律规定还不明确。法律规定，人民检察院在做出附条件不起诉决定以前，应当听取公安机关、被害人的意见。但是公安机关、被害人不同意检察机关适用附条件不起诉怎么办，公安机关、被害人的意见能否左右检察机关的附条件不起诉决定等问题，在执行中存在困惑。

（2）未成年人社会调查权运行问题。

新修订的《刑事诉讼法》第 279 条增设了未成年人社会调查制度。《刑诉规则》第 486 条规定了人民检察院开展社会调查的程序和内容。2013 年 3 月，《未成年人刑事案件社会调查实施办法》对社会调查制度予以进一步规范。运行中的问题主要有：一是检察机关开展社会调查的主体单一、力量薄弱。多个地市没有专门的社会调查组织和机构。检察机关未成年人检察部门成立不久，人员配备不足，硬件设施落后，调查能力有限，不适应工作需要。二是调查报告的内容单一。报告内容主要包括调查对象基本情况、教育和成长经历、在校或社区表现、性格特点、犯罪原因等。表述比较简单，缺少深层次的调查及对犯罪原因的剖析，对案件处理参考价值不大。三是调查手段单一。社会调查限于走访家人、同学、邻居等，有的被调查人员与未成年人有利害关系，不能提供全面客观真实的信息，有的调查报告不能客观反映涉案人员的主观恶性和人身危险性。四是不利于未成年人隐私保护。对未成年人社会调查的目的，是为了保护未成年犯罪嫌疑人诉讼权益。但是在开展社会调查时，办案人员需要履行有关告知程序，不可避免地会将涉案信息透露给被调查对象，不利于未成年人的隐私保护。

（3）检察机关在审查起诉中无权对案件中止审查。

由于 2012 年修订后的《刑事诉讼法》和《刑诉规则》取消了关于中止审查的规定，案件在检察环节不能中止审查，不能撤销案件，只能做出不起诉决定。虽然 2013 年 12 月《对审查起诉期间犯罪嫌疑人脱逃或者患有严重疾病的情况应当如何处理的批复》规定，检察机关遇到此类情形可以采用释放或变更强制措施、到案后重新移送、退回补充侦查等方式解决，但是在执行中仍然可能存在退补期间不到案、到案后再次脱逃、犯罪嫌疑人长期患病等难以处理的情况。

（4）改变管辖权的公诉案件移送期间问题。

《人民检察院刑事诉讼规则》（以下简称《刑诉规则》）第 362 条第 1 款规定，公诉部门收到移送审查起诉的案件后，经审查认为不属于本院管辖的，应当在 5 日以内经由案件管理部门移送有管辖权的人民检察院。一些疑难、复杂的案件，改变管辖要经过公诉部门审查、提请讨论决定、移交案件管理部门、移送有管辖权的检察院等多个环节，《刑诉规则》规定的 5 日期限过短，不能适应工作需要。

2. 审判权运行中存在的问题

主要涉及庭前程序、证人出庭作证、二审。

（1）庭前审查程序运行问题。

新修订的《刑事诉讼法》第 187 条第 2 款规定了庭前审查程序，"在开庭以前，审判人员可以召集公诉人、当事人和辩护人、诉讼代理人，对回避、出庭证人名单、非法证据排除等与审判相关的问题，了解情况，听取意见"，执行中的问题主要有：一是法律及相关司法解释没有对庭前会议的召开条件、申请主体、会议程序和效力做出规定，不利于庭前会议的规范运行。二是有些地方庭前会议召集比较随意，审议范围把握不当。《刑诉规则》第 431 条关于非法证据排除、了解辩护人收集的证据等规定在庭前会议中没有得到落实，一些辩护人在法庭审理时搞证据突袭。三是有的地方庭前会议流于形式，在法庭审理过程中，仍然纠缠需要由庭前会议解决的问题，影响庭审效率。

（2）证人出庭作证问题。

新修订的《刑事诉讼法》第 192 条和第 193 条规定了证人出庭作证制度以及相关法律责任。《刑诉规则》也对此做了相应规定。《最高人民法院关于适用〈刑事诉讼法〉的解释》第 207 条至 209 条明确了证人出庭补助、强制证人出庭的方式，以及对出庭证人的相应保护措施。但实践中证人出庭率依然不高。主要原因有：一是证人不愿、不敢出庭作证。受传统观念的影响，很多证人仍然对法庭敬而远之，生怕惹上麻烦。一些证人碍于情面，不敢当面作证。二是伪证问题不好解决。被告方申请的证人，有的不客观陈述，甚至配合被告人翻供作伪证，但查明伪证、追究证人的法律责任难度很大。三是证人出庭保护和保障措施不完善。法律对公检法在证人保护中的时间划分、职责分工、保护手段等规定不明确。证人出庭作证后，受到当事人家属的恐吓、辱骂、纠缠等轻微行为很难进行有效处理。有的法庭没有配备隐蔽证人身份、转化证人声音的设备，不具备保护证人隐私和人身安全的客观条件。证人的出庭补助尚未落实，补助来源和标准没有明确，"打白条"情况居多，导致证人不愿出庭作证。四是"对定罪量刑有重大影响"不好理解和把握。《刑诉规则》第 440 条规定，公诉人对证人证言有异议，且该证人证言对定罪量刑有重大影响的，可以申请通知证人出庭作证。如何界定"对定罪量刑有重大影响的"证人证言，标准不明确，认识不统一。

（3）简易程序运行问题。

我国 1979 年《刑事诉讼法》没有确立快速处理刑事案件的程序。1996 年《刑事诉讼法》在审判程序中设立了简易程序，适用于依法可能判处 3 年以下有期徒刑、拘役、管制、单处罚金的公诉案件，且应当事实清楚、证据充分。2003 年最高人民法院、最高人民检察院、司法部联合发布《关于适用简易程序审理公诉案件的若干意见》。2012 年《刑事诉讼法》修正案扩大了简易程序适用范围，同时规定适用简易程序审判公诉案件，人民检察院应当派员出席法庭，以加强对简易程序审理案件的监督，增加被告人在适用简易程序方面的选择权和异议权，是对我国刑事一审程序进行分层设计的重要改革。目前简易程序运行中的问题主要有：一是简易程序案件庭审前后工作量没有简化。检察机关对简易程序案件没有灵活受理机制，向法院建议适用简易程序的案件，如果被告人在押，还需要到看守所征求其意见。根据《刑事诉讼法》第 221 条的规定，庭审中发现不宜适用简易程序的，须转为普通程序案件重新审理。简易程序案件的出庭预案、公诉意见、庭审笔录等工作文书以及卷宗装订要求，与普通程序案件相比差别不大，没有得到简化。二是审理期限较短，不能适应实际需要。《刑事诉讼法》第 220 条规定，适用简易程序审理案件，应当在受理后 20 日内审结，可能判处有期徒刑超过 3 年的，才可以延长期限至一个半月。简易程序案件多是判处 3 年以下有期徒刑的案件，一般都提起附带民事诉讼或可能判处缓刑。法院对附带民事诉讼需要进行调解，对被告人判处缓刑须经过审委会决定，在 20 日内结案困难。有的法院为了争取审理期限，把应当适用简易程序的案件适用普通程序审理。三是公检法的权力运行规律不同，影响简易程序案件的快速办理。公安机关由于办案部门多，案件出口多，实行集中移送审查起诉难度大。法院审判人员分案、确定开庭各有安排，难以统一集中，导致集中移送、集中起诉、集中开庭难以实现。

（4）二审程序运行问题。

2012 年《刑事诉讼法》修正案扩大了二审应当开庭的案件范围，规定除死刑上诉案件外，当事人对第一审判决认定的事实、证据提出异议，可能影响定罪量刑的，第二审人民法院应当开庭审理。限制了发回重审的次数。规定原判人民法院对于判决事实不清楚、证据不足发回重审的案件做出判决后，被告人上诉或人民检察院抗诉的案件，第二审人民法院应当依法做出判决或裁定。并对审判监督程序进行修改。细化、补充了关于申诉案件重审的条件，增加规定，除原审人民法院审理更适宜的，上级人民法院指令下级人民法院再审，应当指令原审人民法院以外的下级人民法院审理；规定再审开庭审理的案件，同级人民检察院应当派员出席法庭；规定了再审案件强制措施的决定主体；增加规定审判监督程序中原判决、裁定的中止执行制度。实践中运行的问题是：人民检察院查阅二审案卷的期限过短。《刑事诉讼法》第 243 条、第 235 条分别规定了第二审人民法院开庭审理的情形和人民检察院查阅二审案卷的期限。《刑诉规则》第 474 条规定，对抗诉和上诉案件，人民检察院查阅或者调阅案卷材料应当在接到人民法院的通知之日起一个月以内完成，在一个月以内无法完成的，可以商请人民法院延期审理。实践中，需要开庭的二审案件相对普通一审案件，案情更加复杂、卷宗多、复核证据任务重。按照《刑诉规则》第477条的规定，人民检察院办理二审案件需要履行六项工作职责，应当讯问并听取原审被告人辩解、必要时听取辩护人意见、复核主要证据且必要时询问证人、必要时补充收集证据、重新鉴定或者补充鉴定、听取被害人的意见等，检察机关一个月的阅卷期限过短，不能适应需要。尽管《刑诉规则》第474条规定了商请延期审理制度，但检察机关如何商请法院延期、谁来审批、商请后法院是否必须同意延期审理、如果不同意延期审理检察机关该怎么办，这些问题规定不明确，缺乏可操作性。

（5）减刑假释案件开庭审理问题。

2014年最高人民法院《关于减刑、假释案件审理程序的规定》第6条规定了减刑、假释案件应当开庭审理的六种情形。《刑诉规则》第651条规定，人民法院开庭审理减刑、假释案件，人民检察院应当指派检察人员出席法庭，发表意见。执行中的问题主要有：一是庭审程序的启动缺乏监督。法律没有赋予检察机关启动减刑、假释庭审程序的权利，也没有赋予假释案件的被害人、服刑人员等利害关系人启动程序的相关权利，庭审程序的启动缺乏监督。二是检察人员在庭审中的地位职责不清晰。一些出席案件庭审的检察人员是派驻监管场所减刑、假释评审委员会的列席人员，在庭审中的地位和职责不明确。从庭审过程及审理结果的救济看，检察机关在庭审中不参与举证，很少对执行机关的意见提出异议，对裁定结果没有抗诉权。三是法庭审理流于形式。法院每次开庭审理减刑、假释案件的数量大、时间短，庭审有形式化倾向，有的法庭审理一个案件一般在10分钟左右，审判人员很少在庭审中详尽调查，有的法庭扎堆审理，影响了庭审的质量和严肃性。

3. 诉讼监督权运行中存在的问题

主要涉及以下问题：

（1）财产刑执行监督运行问题。

《刑诉规则》第658条明确了检察机关对人民法院执行涉案财产活动的监督职责。2014年最高人民法院《关于刑事裁判涉财产部分执行的若干规定》进一步规范了涉案财产执行活动。执行中的问题主要有：一是财产刑的执行主体不统一。根据规定，财产刑由一审人民法院负责执行，但是由法院哪个部门执行却没有规定。有的法院由刑庭执行，有的由执行局执行，有的由审判监督庭或法警队执行，判决与执行之间缺乏内部制约，存在诸多弊端。二是财产刑的执行程序不明确。强制执行、变更执行等没有规范程序。对于被告人死亡、无财产可执行等情况，应中止或终结执行财产刑的，也没有法律依据，长期不能结案。三是财产刑的"随时追缴"不利于执行和监督。《刑法》第53条规定，对于不能全部缴纳罚金的，人民法院在任何时候发现有可以执行的财产，应当随时追缴。实践中，多数罪犯被收监后无法缴纳罚金，被交付执行自由刑的罪犯，原判决法院对其失去控制，刑满释放后，由于人口流动、户籍管理等原因，法院既无能力，也无相应的机制对其财产状况随时监控，随时追缴无法实现，也不利于执行监督。四是财产刑执行方式缺乏规范。有的法院"先收罚金，再作判决"，有的法院对于财产刑的执行实行"不结不立"，只对随案移送赃款赃物、被告人及其家属主动缴纳的案件予以立案，多数财产刑案件没有进入实质意义上的执行程序。有的法院较少运用强制执行方式执行财产刑，执行力度不足。五是法院、监狱、看守所、社区矫正机构缺乏联动和协作。罪犯被交付监狱、看守所服刑之后，财产刑的执行基本处于停滞状态，法院难以对罪犯的财产予以追缴。社区矫正人员的财产刑执行工作无人启动。监狱、看守所、社区矫正机构缺乏相应的联动机制，无法协助法院掌握罪犯财产情况，督促罪犯缴纳罚金。六是财产刑执行监督缺乏明确的操作规范。《刑诉规则》第658条没有明确财产刑执行监督的具体程序，没有赋予检察机关对财产刑执行的调查取证权，检察机关无法掌握财产刑执行的相关信息，难以开展监督。

（2）强制医疗执行监督运行问题。

2018年新修订的《刑事诉讼法》第302条规定，实施暴力行为，危害公共安全或者严重危害公民人身安全，经法定程序鉴定依法不负刑事责任的精神病人，有继续危害社会可能的，可以予以强制医疗。《刑诉规则》第661条规定，强制医疗执行监督由人民检察院监所检察部门负责。执行中的问题主要有：一是强制医疗案件的判断标准不明确。"严重危害公共安全""严重危害公民人身安全"应达到何种程度，"有继续危害社会可能"的判断条件有哪些，公检法认识不一致。二是缺少专门的强制医疗执行场所。公安机关一般对强制医疗的精神病人送交本辖区精神病院或普通医院精神病科执行。这些医院由于没有专门的强制医疗执行区间，把被强制医疗人员与普通精神病人混同治疗，影响治疗效果，存在安全隐患。三是法律有关规定不明确。对于如何会见涉案精神病人、相关利害关系人是否参与案件审理、采取临时保护性约束措施是否折抵刑期、被强制医疗的条件、补查证据期限、费用保障、解除强制医疗决定的标准等没有明确规定，执行机关自由裁量权过大，监督困难。四是审理案件的合议庭组成不合理。审理强制医疗案件的合议庭组成人员需要具备法学专业知识和精神病学专业知识，但《刑事诉讼法》及相关司法解释均未对此做出规定，开庭审理时除了鉴定人，其他参与法庭审理人员都不具备这方面的专业知识，难以保证案件的正确裁判。

（3）因保外就医而暂予监外执行监督的运行问题。

2018年新修订的《刑事诉讼法》第266条至268条规定了检察机关对暂予监外执行决定进行监督的职责。《刑诉规则》第645条规定了人民检察院对暂予监外执行决定应当予以审查的七种情形。执行中存在的问题主要有：一是暂予监外执行的条件不好把握。《刑诉规则》第645条第2项规定的"有严重疾病需要保外就医的罪犯"，以及第5项"适用保外就医可能有社会危险性的罪犯，或者自伤自残的罪犯"，两种情形中的"严重疾病"和"可能有社会危险性或者自伤自残"不好界定。二是监外执行的期限不明确。因保外就医而暂予监外执行的比例相对较高，法院决定保外就医时没有期限限制，"一保到底"的现象较为突出，监督难度大。三是在监外执行期满后，撤销暂予监外执行的标准各地掌握不一致，有的法院要求证明脱管必须有两名以上邻居证明，但邻居出于邻里关系往往不愿证明。

（4）死刑复核法律监督运行问题。

按照1979年《刑事诉讼法》规定，判处死刑立即执行和死刑缓期二年执行案件的核准权，分别由最高人民法院和高级人民法院行使。2012年《刑事诉讼法》规定最高人民法院复核死刑案件，应当做出核准或者不核准死刑的裁定。

当前死刑复核程序运行中存在的问题主要：一是死刑案件如何向检察院机关通报。新《刑事诉讼法》第 251 条第 2 款规定"在复核死刑案件过程中，最高人民检察院可以向最高人民法院提出意见，最高人民法院应当将死刑复核结果通报最高人民检察院"，但对于通报的时间、内容、方式等问题没有做出规定，对如何保障高检院对于最高法院死刑复核案件开庭审理、提审被告人、召开审委会等办案知情权，检察机关如何向最高法院借阅卷宗等，也没有予以明确。死刑复核监督实践中制度不健全，沟通不通畅、协作不到位的问题较为突出。二是高检院与省级检察院如何就监督工作开展协作。死刑案件的批捕、公诉、判决、上诉、复核和执行等环节，可能涉及县、市、省、最高法院和高检院四级办案机关和部门。高检院在短时间内对死刑复核案件的事实证据、审理程序、判决裁定等情况不能及时全面掌握，与省级检察院的协作配合尤为重要。目前，省级检察院怎么参与死刑复核法律监督的工作职责、程序和内容，实现高检院与省级检察院办理死刑案件的工作衔接和案件信息共享，省级检察院能不能就死刑二审案件向高检院进行备案或专题报告，高检院能否在全国范围内对省级检察院的死刑案件办案力量进行综合调配等，都不清楚。三是检察机关的死刑复核法律监督工作面临着立法、制度和执法层面的困境。新《刑事诉讼法》对检察机关死刑复核监督的范围、途径和方式未作规定，相关配套性制度尚未建立，《刑法》规定的死刑判决标准过于原则，死刑复核监督还缺乏相应的工作经验。人员、机构、考核等仍然是制约死刑复核法律监督工作开展的重要因素。四是死缓案件的检察监督。从司法实践中暴露的问题看，目前死缓案件的案件质量和法律监督比较弱化。省级检察院对死缓案件的监督还没有形成系统的认识，缺乏主动性和积极性，监督缺位现象普遍。监督工作中存在监督力度不够、监督方式不多、监督范围不明等问题。死缓案件办理过程中控、辩、审三方还没有形成长效联系机制。

（三）司法职权运行中的监督问题

对于司法职权运行的监督主要存在以下问题：

1. 监督程序设计不科学不合理

对司法职权运行的监督主要体现在司法机关的内部监督与外部监督两个方面。

内部监督的方式一方面是通过部门之间的分权产生监督制约的效果，另一方面是通过纪检监察部门查处并追究司法责任的方式对法官和检察官违法违纪现象进行监督。

外部监督主要是通过前面分析的监督主体对法官和检察官进行专业或者非专业的来自各领域的监督。这些监督方式，在防止检察权被滥用方面，确实发挥了积极的作用。

但是在司法机关内部，设置中间环节分散检察权的做法，是以丧失效率为代价来保障检察权正确行使的，使办案人员在办理案件过程中责任不明、积极性不高，同时也使以案谋私或者办"关系案""人情案"的现象不易被发觉，更难以查处。同时，还存在纪检察部门工作人员并不直接接触案件，有的纪检监察人员甚至并不熟悉办案环节，不了解办案规律，工作重心不是案件办得对不对，再加上工作人员有限，纪检监察人员事实上没有能力深入案件的办理过程，不了解办案人员对案件处理得正确与否，难以发挥对案件办理情况的监督职责。在外部监督方面的问题前面已经分析，不再重复。

2. 对司法职权运行错误的防范与救济不力

这方面的问题主要表现在以下几个方面：

一是对来信来访人员反映问题的疏导和处置不及时，个别时候存在迟缓和推诿现象，使一些司法权运行中的问题得不到及时纠正。

二是对律师执业权利的保障不够。律师介入司法活动，是犯罪嫌疑人、被告人进行维权的一种方式，同时也是对司法权的重要监督方式。司法实践中，目前仍然存在不依法让律师会见犯罪嫌疑人、被告人，对律师反映的问题重视不够等现象。

三是少数司法机关对明显错误的决定或者案件结论纠正不及时，致使申诉人不断重复、越级上访。

四是刑事赔偿不及时。部分司法机关对刑事赔偿申请有意回避，或者"蛮不讲理"予以驳回；有的甚至对上级检察机关或人民法院做出的赔偿决定能拖则拖。

三、完善司法职权运行机制的建议

结合十八届三中全会、四中全会精神，十九大政治报告及相关改革文件，针对实践中存在的问题，我们就完善司法职权运行机制，提出以下建议：

（一）优化司法职权的运行结构

1. 优化司法权运行的主体结构

司法积极运行过程中，法官、检察官制度的改革与完善是关键环节。2001 年修订的《法官法》《检察官法》确立了新的司法考试制度，调整了担任法官和检察官的条件，是法官、检察官专业化发展的重要改革。应当重点把握好以下几个问题：

（1）对司法人员进行分类管理。

人民法院、人民检察院实行分类管理制度，即对办案人员按照《法官法》《检察官法》进行管理；对行政管理人员按照国家有关公务员管理的规定进行管理，检察官等级不应适用于行政管理人员；对司法警察按照《警察法》进行管理。目前，这项改革措施远没有达到分类管理的标准，只是以岗位津贴的方式把法官、检察官的工资局部提高，对于有些省以下司法机关人财物统管改革没有推行的省份，司法机关做到从人员、待遇、等级全方位的分类管理还需要全面统筹的安排。

（2）统一提高法官、检察官的待遇。

由中央统一标准，从制度上保障法官、检察官的待遇高于行政管理人员。在员额制改革的过程中，法官、检察官的待遇是一个极为敏感的问题，目前从推行试点的省份来看，入额法官、检察官的岗位津贴差距很大，最高的可达近 4000 元，最低的只有 500元。由于司法权从本质上属于中央事权，现在的省级以下司法机关只是暂时的过渡性措施，所以对入额后法官、检察官的待遇需要中央统一制定具有可操作性的岗位津贴标准，只有从制度上保障法官、检察官的待遇在全国范围内高于同一机关中的行政管理人员，才能真正有效地吸引优秀的办案人员去竞争业务工作岗位，减少司法机关优秀业务骨干的流失现象。

（3）由中央统一遴选标准。

遴选标准应当在全国范围内统一制定，地方改革应当严格按照既定标准进行。从目前试点的情况看，各省的司法机关在改革过程中推行的方案有的惊人的雷同，有的差距较大，仅从入额考试的内容来看，就存在内容、形式、出题、改卷、分数核定等各个方面的差别。有的省份入额考试题过于简化，只出几道案例题，有的省份则以单选、多选、简答、判断、案例的考题进行笔试。有的是所在地省份的考试中心出题，有的是司法机关内部出题。有的司法机关会有针对性地进行考前辅导，有的则严格考试纪律。应当由中央或两高统一法官、检察官的遴选标准，地方在改革中应当严格按照中央拟定的法官、检察官选拔标准进行遴选，不能脱离中央和上级司法机关的规定任意改变选拔程序和条件，确保能够把符合《法官法》《检察官法》规定的任职资格又具有办案经验和优良的政治素质的人员选拔到办案第一线，使不能胜任办案工作的人员，退出办案队伍。

（4）完善办案人员队伍结构。

严肃改革纪律，坚持人员分流，采取有效措施尽快改善办案人员队伍结构。对于在办案中或者在改革中弄虚作假的人员坚决逐出法官、检察官队伍。通过改革入额后的法官和检察官出现违法乱纪、以案谋私行为，应当坚决辞退；对于办案能力低下，不能独立承办案件的人员，应当采取强制待岗培训或者分流的方法，使其不再承担办案任务。

2. 改革完善司法权决策机制

应当从以下几个方面对司法职权行使的领导和决策机制予以完善。

一是要理顺司法机关的领导体制。从前面的分析可以看出，现行的法律法规只规定了上下级人民法院之间的监督与被监督关系，上下级人民检察院之间的领导与被领导关系，但是领导权和监督权应当如何运作以及采取什么模式，则没有明确规定，致使实践中上下级司法机关之间以及司法权力之间运行界限不清，权力越界、混同、交叉等现象时有发生。在下一步的改革方案以及有关法律案的修改中，应对这方面的问题引起充分的关注和重视。如，可以考虑在《人民法院组织法》和《人民检察院组织法》中明确上下级司法机关之间的关系定位、领导和监督方式、内容权限、保障措施、监督救济等内容。

二是要改革审判委员会和检察委员会制度，对审判委员会、检察委员会的人员选任、议事程序、审议案件方式、任职期限、责任追究等做出新的规定，改变现有的书面审议、人员重行政资历不重专业能力、责任不清等不符合司法规律的实际问题，通过改革使审判委员会和检察委员会在人员资质、专业能力、议事程序、议事方式、责任承担等方面能够完全胜任业务决策的职责。对于会议审议案件的方式，可以考虑建立审判委员会委员和检察委员会委员旁听法庭审理，或者审判委员会和检察委员会委员参与庭审、参与审议案件前必须观看庭审录音录像等的常态化制度机制，确保审判委员会和检察委员的议事质量。

3. 完善司法权运行的管理制度

建议从以下几个方面入手：

（1）在司法权的管理上应大胆放权、简化程序。

一是应当认真总结试点单位员额制改革的经验，大胆放权法官和检察官，使承办案件的法官、检察官对于自己所办理的绝大部分案件享有独立自主地做出决定的权力。二是简化法官和检察官的办案程序。在放权法官、检察官的同时，废除现有的司法机关内部三级审批制度，法官、检察官办理的案件不再按照既定的三级审批制度进行研究或审核，承办案件的法官、检察官不再把自己所办理的案件提交庭长、科处长把关，对于司法权力清单中列明的事项直接决定案件处理结果，或者直接提交分管院领导或审判委员会、检察委员会。三是把司法机关内部的综合内勤人员调整到案件管理办公室，负责案件的分流、卷宗整理、各种办案程序性事务的处理，为法官、检察官办理案件节省更多的精力和时间。

（2）全面推行省级以下司法机关人财物统一管理。

使司法权与行政事务管理权真正分离。省级以下司法机关人财物统一管理改革中，引起关注的问题主要有三个方面：一个是根据试点情况，各省法官、检察官的遴选委员会设在省级司法机关内部。另一个是省级人民政府财务部门对全省所有司法机关的财政预算拨付统一进行核算存在操作层面的问题。第三个方面就是省级人财物统一管理地方法官、检察官，如何管理以及任命权由谁来行使的问题。如果这三个方面的问题解决不到位，处理得不恰当，就可能导致省级以下人财物统管改革失败或被停止。对此，我们建议：一是法官和检察官遴选委员会交由相对中立的机关来开展遴选工作，或者统一由最高人民法院和最高人民检察院在全国范围内统一标准进行遴选，遴选完成后交由省级司法机关履行相关程序。二是省以下各级司法机关的财政预算可以采取逐层上报审核的方法，由各级司法机关提出后同时报省级司法机关以及本地政府财政部门，然后经由政府财政部门条线上报审批。三是通过遴选程序进入员额的法官、检察官的任免，统一由省级人民法院和人民检察院提请省级人大常委会任命，使推行改革的主体、对象、措施与改革结果做到的权责利的统一。

（二）建立以审判为中心的司法职权运行机制

1. 以证据为核心

证据制度是法治国家的一项基本法律制度。2018年《刑事诉讼法》第55条规定，对一切案件的判处都要重证据，重调查研究，不轻信口供。2010年"两高三部"联合颁布的《关于办理死刑案件审查判断证据若干问题的规定》第二条规定，认定案件事实，必须以证据为根据，正式确立了刑事诉讼中的证据裁判原则。证据是刑事诉讼的基础，也是以审判为中心的诉讼制度的关键要素。目前，在证据的调取、固定、保存、审查、运用等方面存在的问题，需要及时予以调整，以适应推行以审判为中心的诉讼制度改革需要。

（1）全面贯彻证据裁判原则。

2018年《刑事诉讼法》多个条款都涉及证据裁判原则。如第193条增加了对量刑事实进行证明的条款，解决了需要运用证据加以证明的案件事实的范围；第55条第1款和第2款分别规定了口供补强规则及证明标准问题，即定罪量刑的事实都有证据证明，据以定案的证据均经法定程序查证属实，综合全案证据，对所认定事实已排除合理怀疑，解决证明标准问题；第56~60条从排除的主体、对象、程序三个方面规定了非法证据排除规则，虽然是对2010年"两个证据规定"重要条款的沿用，但是引发了司法实践对长期以来所忽视的证明能力问题的重视。第193条和194条规定了证人出庭作证及相关问题，推动了以证人出庭作证制度为基础的证据审查判断程序的完善。这些规定目前在执行中还存在不少问题，并未得到完全彻底的贯彻落实，应予尽快转变。

（2）统一公、检、法对案件事实的证明标准。

按照《刑事诉讼法》的规定，案件侦查终结，提起公诉、有罪判决的证据标准都是案件事实清楚、证据确实充分。2010年以来，最高法院率先将"排除合理怀疑"的标准引入我国司法解释之中，并将其作为法院在裁判死刑案件时，判断案件是否达到"证据确实、充分"的标准之一。2018年《刑事诉讼法》把"排除合理怀疑"全面纳入证明标准，并使其成为证据确实、充分的三个法定条件之一，意味着证明标准中注入了一种带有主观性的证明要求。实践中，各部门司法工作人员因为工作性质、职能不同，对于没有直接证据、客观不变证据，或者间接证据之间存在矛盾的案件，很容易对证据确实、充分的理解产生差异，致使案件久拖不决。也有一些进入庭审程序的案件，由于没有收集或者没有依法收集关键证据，达不到定罪的标准，需要进一步统一认识。

（3）更加重视客观证据，弱化口供。

适应以审判为中心的诉讼制改革，应当首先转变侦查人员对口供的依赖心理，实现从"由供到证"到"由证到供""以证促供""供证结合"的模式转变，在侦查过程中注意运用科技手段及时发现、收集、固定各种证据，摆脱对口供的过分依赖。其次还要特别重视取证程序的合法性，切实实现由重证据内容向重内容与程序并重转变，通过证据全面再现案件事实经过、案件侦查经过以及合法调查取证过程。办案人员在侦查过程中，不仅要重视收集证明犯罪嫌疑人有罪的证据材料，还要重视调取和收集不利于定罪的证据材料、反映全部侦查人员所有侦查活动和行为的证据材料，以及排查犯罪事实过程的证据材料，并将上述证据全部移送审查起诉。通过证据体系的完整性、证据材料的完整性，客观再现发现犯罪线索、侦破案件、证实犯罪嫌疑人有罪等事实经过，使审判人员能够当庭通过这些证据获得内心确认，顺利做出判决。

2. 以公诉为前提

公诉权是检察机关运用公权力，对违反刑事法律构成犯罪的人，诉求国家审判机关依法追究其刑事责任的权力。提起公诉的权力由检察机关行使，几乎是现代世界各国的通例。在我国，对涉嫌犯罪的人提起公诉是检察机关的职责，也是启动庭审程序的前提。"以审判为中心"的诉讼制度强调的是审判环节的重要性，但并不否认这一审前程序的重要性。目前，应从以下四个方面着手做好准备，适应改革需要。

（1）以证据为核心加强侦查监督。

强化对侦查活动的介入、指导、监督、规范，进一步理顺检警关系。首先以证据为核心强化检察机关的侦查监督职能，严格贯彻执行刑诉法规定的关于审查逮捕、审查公诉、提起公诉的标准和条件。其次，要积极运用《刑事诉讼法》第57条的规定，加强对侦查机关违法取证、非法取证行为的调查和监督，对办案发现的相关线索或者接到当事人的举报、控告的材料，通过依法开展审查和调查、调取非法取证行为、排除非法证据等方式加强侦查监督工作的有效性和正确性，保证案件得到合法公正的处理。此外，在日常的工作中应当探索形式多样的检警联络沟通机制，通过与建立联席会议制度，定期对证据标准、取证行为以及重大疑难案件进行会商，介入重大案件的侦查及讨论环节等制度或方式，规范和指导侦查活动依法开展，引导侦查人员全方位收集和固定证据，确保案件顺利侦办。

（2）严格证据审查标准。

改变传统的证据审查模式，由以往的以书面审查为主向书面审查、现场勘查、社会调查相结合的方式转变，防止不符合条件的案件进入审判程序。在办案过程中，检察机关必须坚持客观中立的态度，从维护国家利益、当事人合法利益的角度，彻底摒弃卷宗中心主义，全面审查复核案件证据。必须坚持优先运用客观证据，客观性证据应当与案件的其他证据相关联，犯罪嫌疑人或被告人供述应当有客观性证据进行检验，以及坚决排除非法证据排除的规则。必须坚持不仅审查证据的内容，还要审查取证的程序是否合法。必须坚持重视听取对证据合法性异议的意见，认真对待犯罪嫌疑人的辩解，对影响证据客观性、真实性的情形及关键证据认真核查，不能以侦查人员说明情况代替对供述合法性的调查活动。必须坚持依法讯问犯罪嫌疑人，询问与案件有关的证人、被害人、鉴定人等诉讼参与人，会见和听取辩护律师的意见，并对调查过程形成详细的笔录附卷，确保侦查、审查起诉案件事实和证据经得起法庭调查、质证、辩论的检验，防止事实不清、证据不足的案件进入审判程序，确保公诉案件办案质量。

（3）根据案件的多样性实行程序分流。

"以审判为中心"的诉讼制度并不意味着所有案件都要以审判方式解决，关注案件的不同形态，采取不同方式对待，兼顾诉讼的公正与效率，十分必要。我们认为，审前的妥善分流是对"以审判为中心"的诉讼制度的重要补充，目前在实践中，以不起诉案件为代表的审前分流大大减轻了庭审压力，节省了司法资源。下一步应当考虑把在案件总量中占大多数的事实清楚、无争议或基本无争议的案件，以及比较轻微的刑事案件，如，对适用普通程序简化审、简易程序及速裁程序的轻微刑事案件导入庭前分流程序，进行合理分流，确保法庭有时间、有精力对进入庭审的罪行严重，而且是有争议的案件，按照程序正当化要求予以充分的实质化审理。

（4）做好证人出庭作证的准备和保障工作。

证人出庭是以审判为中心的制度改革的关键因素，证人不出庭，直接言词证据不能贯彻，以审判为中心的诉讼制度改革无法得到彻底推行。但证人出庭目前还存在非常大的难度，一些证人出庭不配合，或不愿意出庭作证，或出庭不如实作证，或作证了人身财产安全得不到保障等现象还较为普遍，有的案件即使证人出庭了，也没有达到预期的效果。目前，需要尽快建立证人出庭的保障机制，明确证人出庭如何通知，谁来通知，如何保障，出庭费用谁来解决等问题，建立健全证人保护、强制证人出庭、证人如实作证、作证费用和保障等一系列切实可行的制度，让证人无保留、无顾虑地出庭如实作证。

3. 以庭审为关键

正义应当以看得见的方式实现，法庭审理是司法追究公正的具体途径和措施，良好的法庭审理方式是以审判为中心的核心要素，庭审过程和结果对刑事案件具有决定性作用，重要性不言而喻。我国1996年修订《刑事诉讼法》时，借鉴、吸收了当事人主义对抗式诉讼的积极因素，在庭审模式上由原来以法官调查为中心转变为控辩双方对抗推动诉讼进行。目前，应从以下几个方面解决庭审虚置化问题：

（1）对法庭审理及证据展示提出明确要求。

从形式上看，审判是在侦查、起诉、审判三道工序中的最后一个环节，是确定案件事实的权威性活动。但是在诉讼的实际运行中，对于侦查搜集、起诉补充的证据，法院照单全收，对原始证据不予直接审查，只审查卷宗材料，没有发挥实质审查和独立判定的职能作用。推行以庭审为中心的诉讼制度改革，应当首先转变多数一审刑事案件特别是二审案件多数以书面卷宗材料作为定案依据的现状，明确要求证据调查、定罪量刑和法院判决的基础必须形成于法庭之上，不能在庭审前也不能在庭审后，更不能以庭审以外的因素作为裁判的依据。其次还要强化控辩双方的证据展示、移送和保障证人到庭等义务，对无罪、罪轻等各种证据都要充分展示和移送，全部证据纳入庭审调查范围，保障应当出庭作证的证人、鉴定人、侦查人员能够到庭作证。对于控方未移送的证据，辩护人有权申请控方或法院调取，辩护人收集的证明被告人无罪、罪轻的证据也应当及时向控方和法庭展示，不能搞证据突袭，为法庭全面客观审理案件，解决庭审虚置化问题创造基础和条件。

（2）在庭审程序中强化控辩平等对抗，实现居中裁判。

在庭审中真正落实无罪推定原则和不得强迫自证其罪原则，强化被告人的诉讼主体地位，充分保障被告人、辩护人的刑事辩护权。改进法庭讯问方式，淡化形式上不平等的讯问色彩。严格落实修订后《刑事诉讼法》关于指定辩护的规定，对法律援助辩护人的辩护情况进行合理评价，促使其不断提高辩护质量。严格落实《刑事诉讼法》规定的证人、鉴定人、侦查人员出庭作证制度，果断适用强制证人出庭令和训诫、拘留措施，不断提高证人、鉴定人出庭作证的比例，减少依赖卷宗材料或庭后调查做出判决裁定。增加控辩双方对证据质证、法庭审理过程辩论的时间，使控辩双方对案件某一事实或证据的观点得到充分的展示和辨析。重视控辩双方对事实、证据提出异议，应当在庭审中提出方予以解决，不能含糊其词，搁置了之。对于当事人、辩护人、诉讼代理人当庭提出非法证据排除的申请认真开展调查，充分展开辩论，对于确认或不能排除的非法方法收集证据的，对有关证据应当当庭排除，不能当庭查清的，要把调查结论告知庭审控辩双方，并在裁判文书中明确阐述，不能回避问题。

（3）规范案件请示汇报，减少判者不审、审者不判现象。

目前法院审判活动呈现庭上功能弱化、庭下功能增强的趋向，上下级法院之间案件请示批复现象较为普遍。虽然最高人民法院"第二个五年改革纲要"第 12 条要求改革下级法院就法律适用疑难问题向上级法院请示的做法，但是内部请示汇报的情况仍然较为普遍。对此，应当对审判活动内部请示汇报问题严格进行限制，明确并严格执行就事实和证据问题向上级法院请示汇报的制度，禁止上级法院干涉下级法院的事实认定。下级法院证据采信和事实认定有问题，应通过二审程序解决。

4. 以公正为目标

公正是法治的生命线。各级司法机关为追求和实现司法公正付出了积极的努力，多数情况下，人民群众能够从个案司法活动中切实地感受到司法公正。十八届四中全会决定指出，司法公正对社会公正具有重要引领作用，司法不公对社会公正具有致命破坏作用。以审判为中心的诉讼制度改革正是彰显司法公正的重要措施之一，具体包括以下几个方面的要求：

（1）既要依法办理案件，也要加强释法说理，取得当事人的理解。

司法公正既有事实和法律方面的客观标准，又具有主观性的特点。受不同评价主体评价角度、价值取向，以及对法律认识程序不同的影响，不同的评价主体对同一个案件处理会有不同的评价。从近年来的司法实践中一些焦点案件不难发现，人们不仅要求实体公正，而且要求程序公正，也要求及时的公正，不要"迟来的正义"。案件办理中涉及的证据审查标准、刑事政策把握、举证责任等问题比较专业，当事人或群众因为不了解或不懂这方面的法律对司法公正产生怀疑属于正常现象。这就要求司法机关改变传统的办案模式，既要依法审理每一起案件，也要通过深化司法公开、加强司法宣传、做好析理答疑等方式，争取当事人和群众对司法活动的理解和接受。

（2）既要在办案中实现公平正义，也要恪守司法职业道德和司法礼仪。

司法工作应当做到实现总体公正与个案公正、结果公正与过程公正、实质公正与可感受公正相统一，不能因为大多数案件办得公正，极个别案件办错而感到心安理得。不能认为只要实体没有错误，程序上有些错误或瑕疵没什么大不了。不能因为案件办理没有问题，就对当事人来信来访有态度粗暴等不文明行为，引发当事人对司法公正的怀疑。

（3）积极推进司法改革，确保检察权、审判权依法独立正确行使。

党的十八届三中、四中全会以建立公正高效权威的社会主义司法制度为目标，对推进司法体制改革的任务、完善确保依法独立公正行使审判权和检察权的制度、优化司法职权配置等方面做出一系列重要决策部署。加快推进司法人员独立享有检察权、审判权，改变检察权、审判权职能不清、权责不明的行政化倾向，加快推进司法人员分类管理，严格界定和区分各种权力和职能的不同属性，改变审者不判，判者不审，审与判相脱节的现象。

（4）科学评价裁判结果，确立司法裁判的权威性、终局性，发挥其社会规范作用。

科学界定冤假错案的概念和标准，以审判为中心的诉讼制度的推行，必然会导致无罪判决、撤回起诉案件的增多，这是符合司法规律的现象，应当允许在实践中出现一定的无罪判决和撤回起诉案件，科学区分证据不足、事实不清的无罪判决和工作失误、玩忽职守、滥用职权造成的无罪判决，科学界定冤假错案的概念和标准。落实终审和诉讼终结制度，实行诉讼分离，保障当事人依法行使申诉权利，实现司法的归司法、行政的归行政，有效解决突出的社会问题。严格落实《决定》提出的完善审级制度的要求，即一审重在解决事实认定和法律适用，二审重在解决事实法律争议，实现二审终审，再审重在解决依法纠错，维护裁判权威，确立司法裁判的权威性、终局性，发挥其社会规范作用。

（三）强化司法职权运行的监督措施

党的十八大强调，要健全权力运行制约和监督体系，让人民监督权力，让权力在阳光下运行。以审判为中心的诉讼制度在强化了审判环节的职责和权力的同时，还应当推

动建立有权必有责、用权受监督、失职要问责、违法要追究的监督制约机制，确保司法权能够依法公正高效行使

1. 深化司法公开，把各项司法活动置于社会监督之下

司法公开的价值具有多元性，不仅是促进司法公开、提升司法公信的手段和保障，同时还是一项中央和司法机关非常关注、强力推进的法律制度和重点工作。当前有些地方司法公开流于形式，对当事人真想了解、通过其他途径不可能了解、司法机关也应该公开的内容公开不够，没有达到应有的效果。因此，推进司法公开，首先应当更多地考虑和满足当事人需求，在司法公开的内容和要求方面，尽可能地围绕当事人关注的焦点和疑问进行，如，案件进入诉讼程序后为什么这样办？为什么这样判？在裁判文书说理上下工夫，化解当事人或群众对裁判结论的疑虑，切实做到服判息诉。其次司法公开还要坚持全面公开、全程公开、即时公开的理念，在统一推进司法公开上、在加强实体性公开上、在完善配套保障机制上下工夫。通过民意吸纳、群众参与、民主监督等方面的改革，使更多社会主体和力量有序地参与到司法活动中，使各项司法活动都置于社会的监督之下，避免司法活动的暗箱操作，保障正义以人们看得见的方式得到实现。

2. 发挥近距离民主监督

在我国，人民陪审员制度和人民监督员制度是我国公民作为决策者参与司法的两种主要表现，它们不仅具有相同的法理基础，而且蕴含着相同的司法民主、司法公开、保障人权、权力制约等现代司法理念和价值观念。两项制度的实施，拉近了司法机关与人民群众的距离，弥补了司法人员社会经验和做群众工作的不足，展现了司法机关的亲和力，提升了司法公信力。目前，党的十八届四中全会决定已经明确提出完善人民陪审员制度，要求保障公民陪审权利，扩大参审案件范围，完善随机抽选陪审员方式，提高人民陪审的公信力，逐步实行人民陪审员不再审理法律适用问题，只参与审理事实认定问题。把人民监督员的监督纳入诉讼程序，针对案件当事人投诉的或认为有必要监督的案件，赋予人民监督员启动监督程序的决定权，进一步改善监督程序，允许人民监督员查阅案件材料，核查有关情况，保证人民监督员独立行使监督权。切实把上述两项制度作为发扬司法民主，落实司法公开，接受司法公开监督的重要途径、载体和平台，发挥人民陪审员制度和人民监督员制度对审判活动的民主监督作用。

3. 完善检察机关对诉讼活动的法律监督

完善检察机关对于审判活动的监督，既要重结果，也要重过程，既要重刑事监督，也要重民行监督，对审判活动实行全过程监督，实现监督的同步性与实效性。厘清检察监督的范围、对象、程序、启动方式，监督形式、效力、期限，以及检察机关在法律监督中的强制性义务、对检察监督权的制约等。健全公安机关、检察机关、审判机关、司法行政机关的侦查权、检察权、审判权、执行权相互配合，相互制约的体制机制，通过对司法活动中存在的问题的反思，摆正司法机关之间的关系，打破刑事诉讼阶段论、流水线的传统观念和习惯做法。加大对刑事审判活动的监督力度，不仅要监督法庭组成是否合法、法庭审理是否依法，审判结果是否公正，还应当强化对合议庭和主审法官对事实认定及法律判断的依据和标准、量刑标准的监督，确保自由裁量权得以正确行使，国家法律得到正确有效实施。

4. 建立专门的案件监督部门

针对现有司法权内外监督中存在的主体多头、监督不专业、流于形式等问题，建议在司法机关内部设立专门的案件监督部门，在内部统一行使对法官、检察官的专门监督，并负责对外部多类监督主体的衔接。在机构的规格设置上，案件督察部门作为司法机关的正规内设机构，专门负责案件的督察和违法违纪行为的处理工作。从人员选任的条件来说，案件督察部门的工作人员必须是熟悉检察业务和办案流程的人员，必须具有一定的专门知识，既了解有关的检察业务，熟悉有关的法律规定，既懂得如何办案，知道办案过程中哪些环节或哪种情况下容易发生问题。从管理权限来说，案件督察部门应当与业务部门分设。案件督察部门只有与办案部门互不隶属，才能有效发挥监督职能。但是，案件督察部门应当有权了解办案部门所办案件的情况，办案部门和办案人员应当有义务如实提供案件督察部门要求提供的情况。

参考文献①

一、著作类

（一）中文著作

[1] 卞建林主编：《现代司法理念研究》，中国人民公安大学出版社 2012 年版。

[2] 卜开明：《刑事司法职权配置论》，中国法制出版社 2016 年版。

[3] 陈光中：《陈光中法学文选》（第一卷），中国政法大学出版社 2010 年版。

[4] 陈光中等：《中国司法制度的基础理论问题研究》，经济科学出版社 2010 年版。

[5] 程春明：《司法权及其配置·理论语境、中英范式及国际困境》，中国法制出版社 2009 年版。

[6] 邓思清：《检察权研究》，北京大学出版社 2007 年版。

[7] 黄竹胜：《司法权新探》，广西师范大学出版社 2003 年版。

[8] 洪浩：《检察权论》，武汉大学出版社 2001 年版。

[9] 季卫东等：《中国的司法改革》，法律出版社 2016 年版。

[10] 蒋德海：《控权型检察制度研究》，人民出版社 2012 年版。

[11] 李景鹏：《权力政治学》，北京大学出版社 2008 年版。

[12] 李心鉴：《刑事诉讼构造论》，中国政法大学出版社 1992 年版。

[13] 刘家琛、钱锋：《司法职权配置的探索与实践》，法律出版社 2011 年版。

[14] 沈德咏主编：《中国特色社会主义司法制度论纲》，人民法院出版社 2009 年版。

[15] 宋英辉：《刑事诉讼原理导读》，中国检察出版社 2008 年版。

[16] 孙长永：《侦查程序与人权》，中国方正出版社 2000 年版。

[17] 谭世贵：《中国司法改革理论与制度创新》，法律出版社 2003 年版。

[18] 王利明：《司法改革研究》，法律出版社 2000 年版。

[19] 王敏远等：《重构诉讼体制——以审判为中心的诉讼制度改革》，中国政法大学出版社 2016 年版。

[20] 王玉梅：《司法职权配置问题研究》，武汉理工大学出版社 2016 年版。

[21] 谢佑平：《刑事司法权力的配置与运行》，中国人民公安大学出版社 2006 年版。

[22] 徐汉明主编：《问题与进路：全面深化司法体制改革》，法律出版社 2015 年版。

[23] 杨宇冠等：《公正高效权威视野下的刑事司法制度研究》，中国人民公安大学出版社 2013 年版。

[24] 詹建红、吴家峰：《人本法律观下的检察职权配置及其实现》，法律出版社 2014 年版。

[25] 张穹、张智辉主编：《权力制约与反腐倡廉》，中国方正出版社 2009 年版。

[26] 张文显主编：《法理学》，高等教育出版社、北京大学出版社 1999 年版。

[27] 张智辉：《检察权研究》，中国检察出版社 2007 年版。

[28] 张智辉主编：《检察权优化配置研究》，中国检察出版社 2014 年版。

[29] 甄贞等：《检察制度比较研究》，法律出版社 2010 年版。

---

① 本部分由迟大奎整理。

［30］朱秋卫：《我国检察权的定位及职权配置研究》，中国政法大学出版社 2012 年版。

（二）外文译著

［1］［德］托马斯·魏根特：《德国刑事诉讼程序》，岳礼玲、温小洁译，中国政法大学出版社 2004 年版。

［2］［美］理查德·波斯纳：《法官如何思考》，苏力译，北京大学出版社 2009 年版。

［3］［美］哥伦比斯、［美］沃尔夫：《权力与正义》，白希译，华夏出版社 1990 年版。

二、论文类

［1］卞建林：《我国刑事强制措施的功能回归与制度完善》，载《中国法学》2011 年第 6 期。

［2］卞建林、谢澍：《刑事执行检察监督专题研究》，载《河南社会科学》2015 年第 7 期。

［3］卞建林、许慧君：《论刑事诉讼中检察机关的职权配置》，载《中国刑事法杂志》2015 年第 1 期。

［4］卜开明：《刑事司法职权配置的概念解析》，载《燕山大学学报（哲学社会科学版）》2010 年第 2 期。

［5］陈光中、魏晓娜：《论我国司法体制的现代化改革》，载《中国法学》2015 年第 1 期。

［6］陈瑞华：《刑事程序失灵问题的初步研究》，载《中国法学》2007 年第 6 期。

［7］陈瑞华：《法院改革的中国经验》，载《政法论坛》2016 年第 4 期。

［8］陈瑞华：《刑事再审程序研究》，载《政法论坛》2000 年第 6 期。

［9］陈瑞华：《法官责任制度的三种模式》，载《法学研究》2014 年第 5 期。

［10］陈卫东：《检察一体与检察官独立》，载《法学研究》2006 年第 1 期。

［11］陈卫东：《司法机关依法独立行使职权研究》，载《中国法学》2014 年第 2 期。

［12］陈卫东：《合法性、民主性与受制性：司法改革应当关注的三个"关键词"》，载《法学杂志》2014 年第 10 期。

［13］陈文兴：《司法权配置的两个基本问题》，载《法学杂志》2007 年第 5 期。

［14］褚红军、刁海峰、朱嵘：《推动实行审判权与执行权相分离体制改革试点的思考》，载《法律适用》2015 年第 6 期。

［15］崔敏：《优化司法职权配置的三点建言》，载《刑事司法论坛》（第一辑）。

［16］单民、董坤：《以审判为中心背景下的诉审关系探讨》，载《人民检察》2015 年第 12 期。

［17］邓思清：《检察权内部配置与检察机关内设机构改革》，载《国家检察官学院学报》2013 年第 2 期。

［18］邓思清：《完善我国刑事再审启动程序之构想》，载《当代法学》2003 年第 4 期。

［19］樊崇义：《"以审判为中心"与"分工负责、互相配合、互相制约"关系论》，载《法学杂志》2015 年第 11 期。

［20］顾培东：《人民法院内部审判权运行机制构建》，载《法学研究》2011 年第 4 期。

［21］顾培东：《当代中国司法生态及其改善》，载《法学研究》2016 年第 2 期。

［22］顾培东：《再论人民法院审判权运行机制的构建》，载《中国法学》2014 年第 5 期。

［23］何家弘：《刑事庭审虚化的实证研究》，载《法学家》2011 年第 6 期。

［24］黄晓辉：《马克思恩格斯的国家权力配置观》，载《福建师范大学学报（哲学社会科学版）》2018 年第 5 期。

［25］洪冬英：《论审执分离的路径选择》，载《政治与法律》2015 年第 12 期。

［26］冀祥德：《论司法权配置的两个要素》，载《中国刑事法杂志》2013 年第 4 期。

［27］江必新：《论审判管理科学化》，载《法律科学》2013 年第 6 期。

［28］姜小川：《检察权定位——检察职权配置的关键》，载《法学杂志》2011 年第 9 期。

[29] 蒋慧岭:《司法权力地方化之利弊与改革》,载《人民司法》1998 年第 2 期。

[30] 景汉朝、卢子娟:《论民事审判监督程序之重构》,载《法学研究》1999 年第 1 期。

[31] 李建明:《检察机关侦查权的自我约束与外部制约》,载《法学研究》2009 年第 2 期。

[32] 李秋成:《政治权力结构中的司法权》,载《理论与改革》2015 年第 6 期。

[33] 李生龙、贾科:《反思与重塑:法院系统内部审判管理机制研究》,载《西南政法大学学报》2010 第 4 期。

[34] 李爽:《优化司法职权配置的理论解读与制度建构——"第 12 期金杜明德法治沙龙暨优化司法职权配置研讨会"综述》,载《法制与社会发展》2016 年第 3 期。

[35] 吕冰:《论孟德斯鸠的分权制衡思想及其当代价值》,载《理论观察》2016 年第 2 期。

[36] 李翔:《检察权配置如何体现和反映司法规律》,载《法治论丛》2011 年第 5 期。

[37] 刘计划:《检警一体化模式再解读》,载《法学研究》2013 年第 6 期。

[38] 刘计划:《逮捕审查制度的中国模式及其改革》,载《法学研究》2012 年第 2 期。

[39] 刘玫、耿振善:《审判方式视角下刑事二审程序的制度功能——兼评新〈刑事诉讼法〉第 223 条》,载《上海大学学报(社会科学版)》2013 年第 3 期。

[40] 刘哲:《刑事二审程序问题研究——兼评〈刑事诉讼法〉修改相关内容》,载《法律适用》2012 年第 7 期。

[41] 刘作翔:《中国司法地方保护主义之批判——兼论"司法权国家化"的司法改革思路》,载《法学研究》2003 年第 1 期。

[42] 龙宗智:《诉讼职能与监督职能的关系及其配置》,载《人民检察》2011 年第 24 期。

[43] 龙宗智:《审判管理功效、局限及界限把握》,载《法学研究》2011 年第 4 期。

[44] 龙宗智:《庭审实质化的路径与方法》,载《法学研究》2015 年第 5 期。

[45] 龙宗智:《"以审判为中心"的改革及其限度》,载《中外法学》2015 年第 4 期。

[46] 闵春雷:《以审判为中心:内涵解读及实现路径》,载《法律科学》2015 年第 3 期。

[47] 明喻:《洛克与孟德斯鸠权力分立思想的比较分析》,载《党史博采(理论)》2017 年第 1 期。

[48] 齐文远:《提升刑事司法公信力的路径思考——兼论人民陪审制向何处去》,载《现代法学》2014 年第 2 期。

[49] 钱坤、张翔:《从议行合一到合理分工:我国国家权力配置原则的历史解释》,载《检察官学院学报》2018 年第 1 期。

[50] 秦倩、李晓新:《国家结构形式中的司法权配置问题研究》,载《政治与法律》2012 年第 10 期。

[51] 沈德咏:《论以审判为中心的诉讼制度改革》,载《中国法学》2015 年第 3 期。

[52] 施鹏鹏:《审判中心:以人民陪审员制度改革为突破口》,载《法律适用》2015 年第 6 期。

[53] 施鹏鹏:《人民陪审员制度的改革历程及后续发展》,载《中国应用法学》2018 年第 4 期。

[54] 施向峰、王岩:《西方分权学说的发展脉络考辨》,载《理论视野》2009 年第 10 期。

[55] 石佩琴、汪培伟:《当代中国检察权配置的理性反思及完善——以中国特色司法规律为视角的分析》,载《华东政法大学学报》2010 年第 3 期。

[56] 孙洪坤:《刑事司法职权优化配置的模式》,载《法治研究》2014 年第 3 期。

[57] 孙洪坤:《论建立与行政区划适当分离的司法管辖制度》,载《东方法学》2016 年第 4 期。

[58] 孙谦、童建明:《遵循刑诉规律 优化职权配置》,载《人民检察》2009 年第 22 期。

[59] 童之伟、伍瑾、朱梅全:《法学界对"议行合一"的反思与再评价》,载《江海学刊》2003 年第 5 期。

[60] 童之伟:《"议行合一"说不宜继续沿用》,载《法学研究》2000 年第 6 期。

[61] 谭世贵:《论司法独立与媒体监督》,载《中国法学》1999 年第 4 期。

[62] 谭世贵、郭林林:《我国刑事执行权配置:现状、问题与优化》,载《浙江工商大学学报》2014 年

第 1 期。

[63] 王林清、张璇：《审判权与执行权分离模式之建构》，载《华东政法大学学报》2016 年第 5 期。

[64] 王敏远：《司法改革背景下的三机关相互关系问题探讨》，载《法制与社会发展》2016 年第 2 期。

[65] 魏晓娜：《以审判为中心的刑事诉讼制度改革》，载《法学研究》2015 年第 4 期。

[66] 吴家麟：《"议行"不宜"合一"》，载《中国法学》1992 年第 5 期。

[67] 吴英姿：《论司法认同危机与重建》，载《中国法学》2016 年第 3 期。

[68] 薛爱昌：《当代中国的"司法"概念——基于宪法文本和政策文本的实证分析》，载《政治与法律》2008 年第 7 期。

[69] 肖建国：《民事审判权与执行权的分离研究》，载《法制与社会发展》2016 年第 2 期。

[70] 肖建国、黄忠顺：《论司法职权配置中的分离与协作原则——以审判权和执行权相分离为中心》，载《吉林大学社会科学学报》2015 年第 6 期。

[71] 谢冬慧：《优化法院司法职权配置的理论反思》，载《河北法学》2011 年第 7 期。

[72] 谢佑平、万毅：《分工负责、互相配合、互相制约原则另论》，载《法学论坛》2002 年第 4 期。

[73] 谢佑平、闫自明：《宪政与司法：刑事诉讼中的权力配置与运行研究》，载《中国法学》2005 年第 4 期。

[74] 熊秋红：《刑事司法职权的合理配置》，载《当代法学》2009 年第 1 期。

[75] 徐秉晖、袁坚：《对审判权优化配置的实证分析与改革建议》，载《时代法学》2015 年第 6 期。

[76] 徐汉明、王玉梅：《我国司法职权配置的现实困境与优化路径》，载《法制与社会发展》2016 年第 3 期。

[77] 徐鹤喃、张步洪：《检察机关内设机构设置的改革与立法完善》，载《西南政法大学学报》2007 年第 1 期。

[78] 徐美君：《刑事司法职权优化配置论》，载《东岳论丛》2009 年第 7 期。

[79] 岩皓：《审判委员会功能的异化与重构》，载《西南政法大学学报》2005 年第 6 期。

[80] 杨力：《中国法院职权优化配置研究》，载《东方法学》2013 年第 4 期。

[81] 姚石京、李克英：《"司法拆分论"与我国的检察权配置》，载《法学杂志》2008 年第 6 期。

[82] 叶青：《以审判为中心的诉讼制度改革之若干思考》，载《法学》2015 年第 7 期。

[83] 袁其国、尚爱国：《试论刑事执行检察理论体系之构建》，载《河南社会科学》2015 年第 7 期。

[84] 张步洪：《跨行政区划检察院案件管辖》，载《国家检察官学院学报》2015 年第 5 期。

[85] 张栋：《我国刑事诉讼中"以审判为中心"的基本理念》，载《法律科学》2016 年第 2 期。

[86] 张峰：《论民事执行权配置与执行的优化》，载《华东政法大学学报》2012 年第 5 期。

[87] 张嘉军：《人民陪审制度：实证分析与制度重构》，载《法学家》2016 年第 5 期。

[88] 张建伟：《审判中心主义的实质内涵与实现途径》，载《中外法学》2015 年第 4 期。

[89] 张翔：《国家权力配置的功能适当原则——以德国法为中心》，载《比较法研究》2018 年第 3 期。

[90] 张翔：《我国国家权力配置原则的功能主义解释》，载《中外法学》2018 年第 2 期。

[91] 张智辉：《论检察权的构造》，载《检察官学院学报》2007 年第 4 期。

[92] 张智辉：《论司法责任制综合配套改革》，载《中国法学》2018 年第 2 期。

[93] 郑成良：《司法改革四问》，载《法制与社会发展》2014 年第 6 期。

[94] 周永坤：《司法的地方化、行政化、规范化——论司法改革的整体规范化理路》，载《苏州大学学报(哲学社会科学版)》2014 年第 6 期。

[95] 朱孝清：《略论"以审判为中心"》，载《人民检察》2015 年第 1 期。

[96] 朱孝清：《错案责任追究与豁免》，载《中国法学》2016 年第 2 期。

[97] 朱孝清：《司法职权配置的目标和原则》，载《法制与社会发展》2016 年第 2 期。

［98］朱应平：《功能适当原则是解释宪法国家机关权力条文的最佳方法》，载《法律方法与法律思维》第八辑。

［99］邹绯箭、邵晖：《"检察一体"与中国上下级检察院组织关系构建》，载《中国刑事法杂志》2013 年第 8 期。

［100］左卫民：《死刑控制与最高人民法院的功能定位》，载《法学研究》2014 年第 6 期。

［101］左卫民：《健全分工负责、互相配合、互相制约原则的思考》，载《法制与社会发展》2016 年第 2 期。

［102］左卫民：《未完成的变革——刑事庭前会议实证研究》，载《中外法学》2015 年第 2 期。

［103］左卫民：《审判如何成为中心误区与正道》，载《法学》2016 年第 6 期。

三、其他

［1］陈卫东：《如何实现优化司法职权配置》，载《人民法院报》2007 年 12 月 12 日。

［2］李正新：《优化职权配置：我国司法体制改革的重任》，载《光明日报》2016 年 5 月 29 日。

［3］邵新：《司法权力的宪法表达》，载《法制日报》2014 年 1 月 15 日。

［4］张智辉：《优化司法职权的瓶颈》，载《法制日报》2008 年 1 月 27 日。

［5］左卫民：《司法职权配置改革应该如何推进》，载《社会科学报》2014 年 12 月 25 日。